일본 사료 속의 독도와 울릉도

유미림(柳美林)

이화여자대학교 정치외교학과 졸업
동대학원 졸업(정치학 박사)
한국고전번역원 국역연수원 수료
일본 도쿄대학교 법학정치학연구과 수학
한국해양수산개발원 독도연구센터 부연구위원 역임
현재 한아문화연구소(韓亞文化研究所) 소장

## 일본 사료 속의 독도와 울릉도

초판 제1쇄 인쇄  2015. 10. 15.
초판 제1쇄 발행  2015. 10. 22.

지은이    유 미 림
펴낸이    김 경 희
펴낸곳    (주)지식산업사
　　　　　본사 ● 10881, 경기도 파주시 광인사길 53
　　　　　　　　전화 (031) 955-4226~7  팩스 (031) 955-4228
　　　　　서울사무소 ● 03044, 서울특별시 종로구 자하문로6길 18-7
　　　　　　　　전화 (02) 734-1978  팩스 (02) 720-7900
　　　　　영문문패 www.jisik.co.kr
　　　　　전자우편 jsp@jisik.co.kr
　　　　　등록번호 1-363
　　　　　등록날짜 1969. 5. 8.

책값은 뒤표지에 있습니다.

ISBN 978-89-423-1188-0  (93910)

이 책을 읽고 저자에게 문의하고자 하는 이는
지식산업사 전자우편으로 연락바랍니다.

# 일본 사료 속의 독도와 울릉도

유미림

지식산업사

# 책머리에

### 1.

이 책은《우리 사료 속의 독도와 울릉도》(2013)에 이은 두 번째 저서이다.《우리 사료 속의 독도와 울릉도》가 한국 사료를 가지고 일본 주장을 반론하는 데 중점을 두었다면, 이 책은 일본 사료로써 한국의 영유권을 입증하는 데 중점을 두었다.

일본은 1877년에 태정관(太政官) 지령으로 독도 영유권을 부인한바 있다. 그런데 일본 정부는 공식적으로 이 지령을 언급한 바가 없고, 학자들 사이에도 의견이 나뉜다. 최근에 일부 학자들이 지령으로 일본이 독도 영유권을 부인했음을 인정하기 시작했다. 그러나이들은, 일본이 영유권을 부인했다 할지라도 그것이 바로 한국의 영유권을 인정했음을 의미하지는 않으므로 한국의 영유권은 한국스스로 입증하라는 논리를 펴고 있다.

한국과 일본 사이에 있는 '독도(獨島)'는 울릉도보다 더 멀리 한국본토로부터 떨어져 있는 고도(孤島)이다. 조선시대에는 해금(海禁)정책을 시행했으므로 울릉도보다 먼 독도를 오가는 일은 드물었다. 설사 울릉도를 갔다 왔을지라도 그 사실을 비밀에 부쳐야 했던 만큼 이를 기록으로 남기기는 쉽지 않았다. 그럼에도 "맑은 날 울릉도에서 우산도(독도)가 보인다"고 기술한 사실은 15세기 초부터 나타난다. 이와 달리 일본 오키 섬에서는 독도가 보이지 않는다. 일본 외무성은 거리의 근접성이 국제법상 영유권의 인정과는 관계없다는 논리를 펴고 있지만, 에도(江戸)막부의 판단 기준은 온전히 거리 관계였다.

일본은 울릉도의 자원을 침탈하고자 이 섬을 드나들다가 독도에서 정박하곤 했는데, 이런 사실이 기록으로 나타나는 것은 17세기 초이다. 일본에서 '마쓰시마' 즉 독도에 관한 기록이 한국에 견주어 많은 것은 사실이지만, 거기에는 언제나 '다케시마(울릉도)'와 '마쓰시마(독도)'가 한 묶음으로 언급되고 있었다. 일본이 노린 것은 울릉도였고, 17세기 후반 이 섬의 영유권을 두고 두 나라가 다투었을 때도 두 섬을 따로 나누어 다룬 적은 없었다. 울릉도를 둘러싸고 1693년에 시작된 영유권 분쟁은 1696년 에도막부가 도해금지령을 내고 이어 1699년 쓰시마번이 사건의 종결을 알리는 외교문서를 보내옴으로써 완전히 매듭지어졌다. 1876~1877년 내무성과 태정관의 처리는 이들 문서의 연장선에서 이루어진 것이었다. 그러므로 태정관 지령은 국내문서이므로 한국과는 상관없으니 한국령임을 한국 스스로 입증하라는 일본의 주장은 성립하지 않는다. 지령의 성립 경위를 알고 있는 학자라면 독도에 대한 한국의 영유권을 흔쾌히 인정해야 마땅하다.

일본은 태정관 지령이 한국의 영유권을 인정했음을 의미하지는 않는다는 논리가 궁색하다고 여겨서인지, 지령 이후의 상황을 끌어다 다른 주장을 펼치고 있다. 일본이 1877년 당시 독도가 한국령이었음을 인정했다 할지라도 1900년경에 한국인들이 독도를 인식한 사실은 입증되지 않았다는 것이다. 이에 비해 같은 시기에 일본인들은 독도에서 어로활동을 하며 실제적 경영(실효 지배)을 해왔으므로 그것을 바탕으로 1905년에 독도를 '편입'한 조치는 근대 국제법적으로도 효력이 있다는 것이다. 말하자면 독도 영유권과 관련해서 중요한 것은 태정관 지령이 아니라 그 이후의 역사적 전개라는 것이 일본의 주장이다.

일본의 주장대로 1900년 전후 한국이 독도를 인식하지 못하고 있었는가? 1900년 대한제국 칙령 제41호는 독도를 인식하고 이 섬에 대하여 관할권을 행사해왔음을 보여준다. 칙령에 울도 군수의 관할 구역으로 '석도' 즉 '독도'를 명기했기 때문이다. 이에 대해 일본은 1차적으로는 칙령의 '석도'가 '독도'임을 인정할 수 없다고 주장하며, 나아가 "칙령의 '석도'가 '독도'라 할지라도 칙령 공포 앞뒤로 한국인이 독도를 '실효 지배'한 사실이 없으므로 영유권은 확립되지 않았다"고 한다. 이는 사실상 칙령의 '석도'가 '독도'임을 인정하는 논리이다. 이 때문에 일본은 관할구역에 '독도'를 포함시킨 것만으로는 충분하지 못하다며 '실효 지배'라는 카드를 꺼내든 것이다.

일본 외무성은 2008년도 홈페이지에 이른바 '10포인트'를 게재할 때도 '실효 지배'를 운운했는데, 우리는 대한제국 칙령이 독도에 대한 주권 행사의 증거이자 '실효 지배'의 증거임을 내세우고 있었다. 그러는 가운데 2010년 말 울릉군청 문화관광과가 〈울도군 절목(鬱島郡節目)〉(1902)을 관련 학자들에게 제공한 일이 있었다. 사료를 번역해보니, 대한제국이 칙령을 낸 뒤에도 계속 울도군을 관리해왔음을 확인할 수 있었고, 그 안에 세금 관련 규정이 있다는 사실도 주목할 만했다. 그러나 당시는 이 규정을 '독도 강치'와 연관 지을 생각을 하지 못했다. 일본 외무성 자료에서 '울릉도 수출품목' 안에 '독도(원문은 리양코 도) 강치'가 포함되어 있다는 사실을 알게 된 뒤에야 〈울도군 절목〉의 세금 규정이 '독도 강치'에도 적용된다는 생각을 하게 되었다. 이후 "수세 관행과 독도에 대한 실효지배"(《우리 사료 속의 독도와 울릉도》 수록)를 발표했고, 이로써 한국의 '실효 지배'가 입증된 것으로 여겼다. 그러나 이 논문이 발표된 뒤 '〈울도군 절목〉은 허위문서다', '수출업자는 일본인이 아니라 조선인인데 저자가 해석을 잘못했다'는 등의 비판이 있었다.

이에 대한 반론을 준비하던 가운데, 2013년 초 홍성근 박사가 영국에서 '라포르트 보고서'를 찾아 관련 내용을 발표하였다. 이 문서는 1899년 6월 부산해관의 관리 라포르트(E. Laporte)가 울릉도 도감 배계주(裵季周), 일본 외무성 관리와 함께 이틀 동안 울릉도 일본인의 침탈 현황을 조사한 내용을 기록하고 있다. 이 문서로 1899년 당시 수출화물에 대한 납세자가 일본인임이 입증되었고, 이 밖에도 여러 문서가 1900년 이후 일본인의 납세 사실을 증명해주었다. 이로써 1905년 이전 울릉도의 일본인들이 '수출세'를 납부했다는 사실을 밝혔고, 일본인들이 독도를 울릉도의 부속도서로 인식, 군수의 관할권을 인정했다는 결론에 이를 수 있었다.

그러자 이번에는 울릉도의 일본인이 울도군에 납부했다면, 오키의 일본인도 시마네현에 납부했을 것이며, 그렇다면 양쪽이 똑같이 '실효 지배'했다고 볼 수 있지 않겠는가 하는 견해가 제기되었다. 이에 1905년 이전 시마네현민이 현에 납세했는지가 다시 쟁점이 되었다. 마침 일본 교민들에게 강의를 하기 위해 시마네현에 갈 일이 있었다. 짬을 내어 현립도서관에서 1890년대 이래 시마네현의 어업 관련 통계 자료와 현령 모음집을 찾았고 나중에 자료 보강이 필요해서 다시 한번 도서관을 찾았다. 이렇게 해서 나온 것이 "일본 지방세와 강치어업"에 관한 논문이다. 이 논문이 발표된 뒤에는 고유 영토론과 무주지 선점론 사이를 임의로 취사하며 논리를 개변(改變)해온 일본이 '실효 지배'의 논리를 다시 어떻게 바꿀지가 자못 궁금하다.

이렇듯 독도 영유권을 입증하는 데는 여러 가지가 있으며 긴 시간이 소요된다. 다만 이를 위해서 선행되어야 하는 것이 사료의 축적과 올바른 해석이다. 위에서 보았듯이 '실효 지배' 입증을 위해 동원된 사료는 칙령 말고도 절목과 라포르트 보고서, 외무성 자료, 어업통계, 법령 등 다양하다. 이들은 별개의 사료였지만 하나의 사료로 말미암아 다른 사실이 밝혀지고, 이는 또 다른 사실을 밝힐 수 있는 실마리가 되어, 결과적으로는 각각 '실효 지배'의 입증 자료로서의 구실을 하기 때문이다.

우리는 "독도는 한국 땅"이라고 쓴 문서 발굴에만 매달리고 있다. "독도는 한국 땅"이라고 직접적으로 명기한 문서를 발굴하면 좋겠지만, 아직까지 발굴하지 못했듯이, 앞으로도 그럴 가능성은 낮다. 우리가 칙령의 '석도(石島)'가 '독도(獨島)'라고 주장할 수 있게 된 것도 칙령 하나에 매달린 것이 아니었음을 인식할 필요가 있다. 그 과정을 보면, "본군 소속 독도"를 처음 언급한 1906년의 심흥택 보고서 부본은, 1947년 '울릉도독도학술조사대'가 울릉도청(鬱陵島廳)에서 발굴한 바 있다. 이때 역사학자 신석호는 '독도'를 돌섬·독섬과 연관지었으나, '석도'를 언급하지는 않았다. 오히려 조사대의 일원이었던 국어학자 방종현이 '독도'를 실견한 뒤 섬의 명칭이 '석도'와 관계있다고 추정했다. 그러나 이때는 칙령의 존재가 알려지기 전이다. 1953년에 최남선은 독도의 속칭으로 '독섬'을 언급하되 '독섬〔甕島〕'과 연관지은 데 그쳤지만, 처음으로 1900년 10월 칙령의 존재를 언급했다. 다만 최남선은 칙령의 '석도'는 주목하지 않아, '석도'가 울도군의 행정관할 안에 포함되어 있다는 사실까지는 인식하지 못했다. 따라서 이때까지는 '독도'가 칙령 제41호의 '석도'와는 분리된 채 '돌섬·독섬'과의 연관 속에서만 언급되고 있었던 것이다. 그런데 칙령의 '석도'를 '독도'와 연관지은 것은 1969년 법학자 이한기에 와서이다. 이어 1978년에 송병기 선생은 '독섬(돌섬)'의 뜻을 취하면 '석도', 음을 따르면 '독도'가 되며 이때의 '석도'는 1906년 보고서의 '독도'와 일치한다고 보았다. 이로써 1900년의 '석도=돌섬·독섬'과 1906년의 '독도'와의 연관구조가 제대로 밝혀졌다. 당시 송병기 선생은 방종현의 글을 접하지 않은 상태였다. 이렇듯 우리가 대한제국 칙령의 '석도'가 '독도'라고 주장하기까지에는 거의 30년이라는 시간이 걸렸다. 그리고 그 과정에 활용된 것이 사료 및 언어학적 방증이었다.

사료의 측면에서 본다면, 1987년에 일본 학자가 태정관 지령을 발굴하여 발표한 뒤에도 양국에서는 계속 사료가 발굴되었다. 2005년에는 무라카미 집안이 소장하던 이른바 1696년의 '각서'가 발표되었고, 태정관 지령 첨부지도인 〈이소타케시마 약도〉가 우루시자키 목사에 의해 발표되었다. 2006년에는 김기혁 교수가 박세당의 〈울릉도〉(1696년 이후)를 장서각에서 찾아냈다. 2009년에는 재일 교포 이양수 씨가 '총리부령 24호'(1951)를 발굴했다. 2010년에 〈울도군 절목〉, 2011년에 숙종 시대의 〈책문〉, 2013년에 고종의 밀명을 받고 울릉도에 특파된 이명우의 글 〈鬱陵島記〉(1882년 이후)를 저자가 소개했다. 이 해에 라포르트 보고서도 발표되었다. 이들의 증거 능력은 각기 다르지만 울릉도·독도와 직·간접적으로 관련 있는,

한국 측에 유리한 문서임은 분명하다. 이것이 우리가 사료 발굴을 게을리해서는 안 되는 이유이며, 저자가 독도 연구를 재미있어하는 이유이기도 하다.


2.

독도 연구를 하면서 느꼈던 저자의 생각을 2013년의 책에서 펼친 바 있다. 긴 시간이 흐른 것은 아니지만, 그때와 비교해볼 때 연구 환경이 크게 달라지지는 않은 듯하다. 독도 관련 연구기관들은 보고서와 자료를 제공하는 데 여전히 인색하다. 독도 사료 전반을 아우르는 아카이브도 구축되지 못했다. 한 해에 100편이 넘는 연구 성과물(저널 포함)이 나오고 있지만, 대부분 기존의 연구를 반복하고 있다. 우리가 통설로 여기는 내용 가운데 재검토되어야 할 내용도 적지 않다. 연구서를 보면, 1차 사료를 원문 소장자로부터 제공받거나 저술에서 재인용했음이 분명한데도 제공자와 저술을 밝히지 않는 비례(非禮)도 그대로이다. 번역서도 새로 많이 나왔지만, 오역(誤譯)이 적고 충실한 역주(譯註)와 해제를 실은 것은 손가락으로 꼽을 정도다. 저서 및 홍보자료의 용어를 보더라도, 각 기관이 발행하는 부교재와 팸플릿에는 여전히 '다케시마 도해금지령'과 '죽도 도해금지령', '울릉도 도해금지령'이 혼재되어 있어 독자에게 혼돈을 주고 있다.


최근에는 우려할 만한 일이 더 늘었다. '독도'가 국민적 관심사다 보니, 잘못된 지식과 정보를 제공하여 왜곡된 인식을 갖게 하는 일이 늘어나고 있는데, 점차 그 도를 넘고 있다는 사실이다. 그 행태는 여러 가지여서, 이른바 '독도 전문가'의 이름으로 수준 낮은 논저를 양산하는 데 일조하거나, 새로 발굴한 사료임을 내세워 잘못

된 사실을 언론에 제공하는 경우, 그리고 독도 관련 이벤트나 사업
을 펼치는 경우가 있다.

최근 독도 연구자가 비약적으로 증가하고 있다. 젊은 연구자 가
운데 처음부터 '독도'를 주제로 연구하는 이가 늘어나는 것은 환영
할 만한 일이지만, 저자처럼 관련 연구기관에 속한 것을 계기로, 또
는 의도적으로 늦게 시작하는 경우가 있다. 그런데 수십 년간 축적
된 선행 연구를 제대로 검토하지 않고 단기간의 단편적인 지식에
의거하다 보니, 사료를 자의적으로 해석하는 경우가 있다. 새로 발
견된 사료임을 내세워 잘못된 사실을 언론에 제공하는 경우로, 가
장 자주 일어나는 것이 지도에 관한 오보이다. "일본이 독도를 한
국령으로 표기(인정, 승인)한 지도를 발굴했다"는 기사는 잊을 만하
면 나온다. 지도가 국제법상 갖는 증거력은 지도의 성격에 따라 차
이가 크다. 지도의 국제법적 증거력은 태정관 지령 첨부지도처럼
공문서에 첨부된 경우가 가장 크다. 그 밖의 경우라면, 일본이 편입
이후에도 '독도'를 한국령으로 표기했는지, 강화조약 준비과정에서
는 초안 작성과정에 첨부된 지도인지, 일본 국회비준과정에서는 부
속지도인지 참고자료인지, 중의원·참의원에 둘 다 제출되었는지,
국회에서도 독도를 한국령으로 인식하고 있었는지가 구분되어야
하고, 이것이 전체적인 맥락에서 설명되어야 한다. 그러나 어느 경
우라도 국가 의사를 표현한 공문서의 부속지도가 아닌 한, 지도상
에 그려져 있다는 사실만으로 영유권을 주장할 수는 없다.

'(역사·지리적)인식'과 '(국제법적)효력'은 엄연히 다르지만, 제
보자가 관련 정보를 올바로 제공하지 않을 경우 언론은 임의로 윤
색하게 되고, 그 결과 우리는 과장된 헤드라인만 접하게 된다. 언
론의 보도로 인한 폐해는 저자 역시 경험한 바 있기에 지금도 조심

스러운데, 이는 연구자들이 늘 경계해야 하는 점이다. 더구나 제보자 자신이 처음 접하면, 그 문서나 지도는 '최초 발굴'이 되어 보도되고, 이어 우리에게 되돌아오는 것은 일본인의 비웃음이다. 인터넷만 검색해 보아도 알 수 있는 사실을 전문가의 검증도 거치지 않고 보도하는 데서 오는 폐해이다. 한편 일부 학자가 독도 연구사업의 성장에 편승하여 역사적 사실을 왜곡, 특정 인물을 과대평가하는 경우가 있다. 그렇게 되면 그 인물의 출신지역 자치체는 학자의 평가에 기대어 인물 현창(顯彰)사업을 대대적으로 전개한다. 그 부작용 가운데 하나가 불필요한 박물관과 기념관의 신설이다. 선의로 시작한 일이 곡학아세(曲學阿世)가 될 수 있음을 연구자들은 경계해야 할 것이다.

이렇듯 학자로서의 진정성이 의심되는 우려할 만한 행태는 근절되지 않고 있을 뿐만 아니라, 그 제보 범위도 군위안부, 강제징용, 쓰시마로 확대되고 있다. 독도 및 한일관계와 관련된 것이면 무엇이든 보도할 만하다고 여기는, 성찰 없는 일부 언론도 문제지만, 자성(自省)적인 발언이나 일본에 우호적인 발언을 용납하지 않는 사회 분위기도 이런 행태를 방조하는 요인이라고 본다. 영토문제와 과거사 문제에 관한 한, 제보자와 언론사 모두 선공후사(先公後私)의 자세가 필요하다. 그리고 잘못된 내용에 대해서는 보도 뒤라도 권위자가 바로잡아줄 필요가 있다. 1905년 시마네현 고시 제40호의 원본이 소실되었다고 하여 '편입'의 국제법적 효력 무효를 운운하며 일본 재판소에 제소한 경우도 있다. 이에 대해 법학자 사이에 의견이 일치하지 않는 점도 저자로서는 이해하기 어렵다. 독도에는 이미 충분한 시설물이 있고, 우리나라가 주권을 행사하고 있으므로 시설물 증가는 '영유권 강화'에 더 이상 영향을 미치지 않는다는 것이 국제법학자 대부분의 견해지만, 우리 정부 부처는 혼선을 빚고 있고, 정치인들은 이를 비판의 호재로 이용한다. 저자가 감히 이런 연구 외적인 부분까지 언급하는 이유는 우리 사회의 잘못된 묵인이 울릉도·독도 영유권 확립 및 수호를 위해 노고를 아끼지 않았던 선인(先人)들에 대한 예의가 아니라고 생각하기 때문이다.


### 3.

대체로 연구자는 자신이 옳다고 믿는 사실을 쓰기에, 자신의 오류를 스스로 알기는 쉽지 않다. 특히 사료 해석에는 늘 오역(誤譯)의 우려가 있기에 오류가 있다면 질정(質正)받는 것이 오히려 연구자로서는 고마운 일이다. 오류가 있음에도 질정받지 못한다면 같은 오류를 반복할 것이기에 연구자에게도 좋지 않다. 그런데 도리어 질정하는 자가 틀린 경우라면 질정자 자신의 무지를 드러낼 수가 있다. 섣부른 질정을 경계해야 하는 이유는 이 때문이다. 대체로 우리 사회는 질정과 비난, 비판이 뒤섞여 행해지고 있다. 통설에 갇혀 제대로 질정하지 못하는가 하면, 반대로 근거 있는 비판 대신 근거 없는 비난이 행해지기도 한다. 연구자에게 질정과 비난, 비판은 모두 분발을 촉진하는 요소이며, 이 책도 그 산물이라고 할 수 있다.

박학하지 못한 저자의 지식 탓에 이 책을 준비하는 데 많은 어려움이 있었다. 특히 일본의 정치제도와 일본 사료에 대한 부족한 지식과 불완전한 이해는 많은 어려움을 겪게 했다. 태정관 지령 관련 문서는 많은 부분 번역되어 있긴 하지만, 원문을 대조해보니 해독이 불가능하거나 알기 어려운 물명(物名)도 있었다. 어업과 관련된 내용에서는, 어구와 어망, 어업세와 관련된 지방세 내용이 생소한지라 더 많은 어려움을 겪었다. 관련 서적을 뒤져봐도 이해되지 않을 때는 서적의 저자 및 국내외 전문가를 찾아 전자우편과 전화로 실례를 무릅쓰고 여쭐 수밖에 없었다. 이분들의 도움이 아니었다면, 이 책은 완성되지 못했을 것이다. 저자가 평소 자료 면에서 도움을 가장 많이 받는 분은 재일(在日) 연구자 박병섭 선생이시다. 선생께서 개인적으로 사이트를 구축하여 게재한 사료·자료들은 국내 유수의 기관 사이트보다 충실하고 유용하다. 저자가 사이트상에 없는 자료를 요청할 때도 선생께서는 기꺼이 제공하셨다. 늘 새로운 주제를 탐색하고 전거(典據)에 충실한 선생의 자세는 저자를 부끄럽게 한다. 국방대학교 김병렬 교수께서는 저자가 국제법 내용을 문의할 때마다, 그리고 미완성의 원고를 보여드리며 의견을 구할 때마다 바쁘신 가운데 큰 가르침을 주셨다. 일본의 주장과 반박논리에 가장 정통한 분이라고 여겨 저자가 많이 성가시게 해드렸다. 이 자리를 빌려 감사드린다. 그리고 퇴사한 뒤에도 물심양면으로 지원해준 한국해양수산개발원과 옛 동료들에게도 감사의 마음을 전한다. 지난번에 이어 이번에도 흔쾌히 출판을 허락해주신 지식산업사 사장님께 감사드리고, 편집진의 노고에도 깊이 감사드린다.

2015년 10월
유미림

## 〈일러두기〉

1. 에도시대의 '다케시마'는 울릉도를 가리키지만, 현재의 '다케시마'는 독도를 가리키므로 각각의 글에서 밝혀주기로 한다. '竹島'는 '다케시마'로 발음되지만, '죽도'를 의미할 때도 있고 분명하지 않은 경우도 있다. 이에 '竹島'로 표기하는 경우도 있다.

2. 인명과 지명은 통칭되는 현지발음을 따르되 국립국어원의 표기 원칙을 따른다.
   예: 아베 분고노카미(安部豊後守), 고타니 이헤(小谷伊兵衛), 돗토리번(鳥取藩)

3. 일본이 옮긴 서양 지명은 원문대로 표기한다.
   예: 부솔 락(Boussole Rk), Boussole Rx, 다카시마(Takasima), 마쓰시마(Matsusima), 리앙쿠르 락스(Liancourt Rocks), 리엥코루토 로크, 리앙코루도 락스

4. 직위, 행정단위, 그 밖에 한글로 표기해도 의미가 통하는 한자어는 통상적인 한글 발음대로 표기한다. 단, 쇼군(將軍), 다이묘(大名) 같이 널리 알려진 용어는 일본어 발음대로 표기한다. 일본의 구니[國]는 정권의 지배 영역인 영지를 나타내는데, 여기서는 국(國)으로 표기한다.
   예: 노중(老中), 감정봉행(勘定奉行), 유수거(留守居), 백서원(白書院), 천룡원(天龍院), 호키국(伯耆國), 요나고정(米子町)

5. 서명은 다음과 같은 형식으로 표기하되, 지명이 중간에 들어가 있는 경우는 다음과 같은 형식으로 표기한다.
   예:《호키지(伯耆志)》,《다케시마 기사(竹嶋紀事)》,《조선 죽도 도항 시말기(朝鮮竹島渡航始末記)》

6. 연도는 사료 번역인 경우 연호, 서기 순(順)으로 적고, 분석인 경우는 서기, 연호 순으로 적는다.

# 차 례

부록: 회도 목록 및 출전

〈회도-1〉
〈磯竹島略圖〉:《공문록》, 국립공문서관

〈회도-2〉
〈고타니 이헤가 제출한 다케시마회도(小谷伊兵衛より差出候竹嶋之繪圖)〉(1696)
: www.pref.shimane.lg.jp/admin/pref/takeshima/web-takeshima/
takeshima04/takeshima04_01/takeshima04d.data/5-3-3-01.pdf

〈회도-3〉
〈고타니 이헤가 제출한 다케시마회도를 필사한 회도(小谷伊兵衛ニ所持被成候竹嶋之繪
圖之寫)〉(1724)
: www.pref.shimane.lg.jp/admin/pref/takeshima/web-takeshima/
takeshima04/takeshima04_01/takeshima04d.data/5-3-4-01.pdf

〈회도-4〉
〈竹島渡海一件記〉에 첨부된 회도〈竹嶌方角圖〉(1836) : 도쿄대학 부속도서관 소장

# 1장

# 일본이 부인한 자국의 독도 영유권

# 1. 태정관 지령과 일본의 '독도'영유권 부인

## 1) 태정관 지령의 연구현황

1877년 메이지 정부는 울릉도와 독도에 대한 일본의 영유를 부인했다. 이른바 태정관 지령이다. 그 내용은 '다케시마 외 일도(一島)가 일본과 관계없음을 명심하라'는 것이었다. 여기서 '다케시마(竹島)'는 울릉도를 가리키고 '일도'는 '마쓰시마(松島)' 즉 독도를 가리킨다. 이 지령이야말로 일본이 자국의 독도 영유를 부인한 가장 명확한 공식문서라고 할 수 있다.

이 지령의 존재를 가장 먼저 밝힌 사람은 일본 교토대학 교수 호리 가즈오(堀和生)[1]로서, 시기는 1987년이다. 그러므로 1950년대에 한·일 양국이 구상서를 왕복하며 영유권에 관해 논쟁할 당시에는 이 문서가 언급되지 않았다. 호리가 독도 연구에 관심을 갖게 된 것은 영토문제가 이성적인 사고를 마비시켜 배타적인 내셔널리즘으로 내몰 수도 있음을 경계해야 한다는 문제인식 때문이었다. 그는

---

1) 호리 가즈오(堀和生), 〈1905년 일본의 다케시마(竹島) 영토편입〉, 현대송 편, 《한국과 일본의 역사인식》, 나남, 2008.

국제법을 관계 당사국에 적용하려면 분쟁 대상 지역의 역사를 좀 더 구체적이고 객관적으로 해명해 나가는 것이 필요하다는 인식에서 영유권 관련 연구를 했다. 그 결과 근대기 메이지 정부의 최고의 결기관인 태정관이 독도는 일본과 관계없다고 결정한 바 있음을 밝혀냈다.

태정관 지령이 한국에 알려진 지는 오래되었기에, 한국과 한국의 연구자들은 독도 영유권을 거론할 때마다 이 문서를 언급하였다. 그러나 일본 정부는 이 지령의 존재를 공식적으로 밝힌 바가 없고, 일본 연구자들은 이 지령에 대해 해석을 달리하는 경우가 있다.[2]

지령을 다르게 해석한다는 것은 지령의 '일도'를 '독도'로 인정하지 않는다는 의미이다. '일도'를 독도로 인정하는 것은, 독도에 대한 한국의 영유권을 인정하는 것과 직결되기 때문이다.

최근 일본에서 지령의 '일도'가 '마쓰시마'이며 그것은 독도를 가리킨다는 사실을 인정하기 시작했다.[3] 다만 이 경우, 지령에서의 '일도'가 '독도'라 할지라도 그 자체가 조선령이라고 밝힌 것은 아니므로 한국의 영유권을 인정하기 어렵다는,[4] 부분적 인정이다. 이런 논의를 하는 이케우치 사토시(池内敏)의 관점은 지령의 '일도'가 독도임은 인정하지만, 지령 이후인 1880년대부터는 한일 양국에서 독도에 대한 영유권 인식이 흐려진 것은 마찬가지라는 것이다. 따라서 태정관 지령에 대한 올바른 해석이 자동적으로 한국의 독도 영유권을 보장해주는 것은 아니라는 입장이다. 이는 태정관 지령이 나온 시기와 그 이후의 영유권을 분리시켜 보는 입장이다.

---

2) 나이토 세이츄(內藤正中)는 호리 가즈오(堀和生)의 주장을 보강하여 태정관 지령으로 독도의 일본 영토설은 이미 부정되었음을 지적한 바 있다(《竹島(鬱陵島)をめぐる日朝関係史》, 多賀出版, 2000) 다케우치 다케시(竹内猛)는 시모조 마사오(下條正男)의 '외 일도'에 대한 해석을 비판했다(〈'竹島外一島'の解釋をめぐる問題について〉, 《郷土石見》 87, 2011).

3) 池内敏, 《竹島問題とは何か》, 名古屋大學出版會, 2012, 7장.

4) 김학준, 《독도 연구》, 동북아역사재단, 2010, 142쪽.

이케우치는 한국이 대한제국 칙령 제41호의 '석도'가 '독도'라는 사실을 입증한 적이 없으며, 1900년 시점에도 대한제국이 독도에 대한 영유의사를 명시한 적은 없다는 주장을 하고 있다.[5] 그의 논리의 핵심은 1905년 2월 이전 시점에 독도가 한국령이었음을 한국이 적극적으로 증명할 수 없는 이상, '무주지 선점'론에 근거한 일본의 영토편입은 유효하다는 것이다.[6]

우리는 일본 학자의 이 논리를 따져보기 전에 태정관 지령부터 검토해볼 필요가 있다. 우리는 독도 영유권을 논할 때마다 태정관 지령을 거론하지만, 정작 지령의 성립 배경이나 적용 범위, 첨부 문서 등이 제대로 검토된 적이 없기 때문이다.

1877년의 태정관 지령이 일본에만 관계될 뿐 조선의 영유권과 관계없는지를 보려면, 그것이 나오기까지의 과정, 즉 내무성이 시마네현으로부터 제출받은 문서와 지도를 정밀하게 분석할 필요가 있다. 내무성은 시마네현이 제출한 문서 가운데 에도시대 돗토리번이 작성한 문서 외에 쓰시마번[7]의 문서까지 검토하여, 결국 이 문제가 조선과 관계된 외교문제였음을 확인했기 때문이다. 태정관의 지령은 그 연장선에서 이루어진 결과다.

일본의 일부 학자는 지령의 '일도'가 독도임을 부인하는 데 1880년 전후로 등장한 개척원에서의 호칭 혼란을 논거로 들고 있다. 이런 논란을 불식시키기 위해서도 지령 이후 등장한 개척원을 내무성과 외무성이 어떻게 인식하고 있었는지, 그리고 지령을 어떻게 정책결정에 적용했는지도 고찰할 필요가 있다.

5) 池內敏, 앞의 책, 304쪽. 칙령의 '석도'를 '독도'라고 간주하는 한국 측 연구현황에 대해서는 유미림, 〈대한제국 칙령 제41호 '석도=독도'설 연구현황〉(한국해양수산개발원, 비공개, 2013) 참조.

6) 池內敏, 앞의 책, 311쪽.

7) 쓰시마번의 경우 쓰시마, 쓰시마주로 호칭할 것인가에 대해서 논란이 있지만, 이 글에서는 지배기구를 나타낼 때는 쓰시마번으로 통일하기로 한다(허지은, 《근세 쓰시마 조선어통사의 정보 수집과 유통》, 서강대학교 박사학위 논문, 2008, 1쪽 참조).

태정관 지령에 관한 연구는 어느 정도 진행되어 있는가? 이를 보면 문제의 소재가 드러난다. 우선 태정관에 대한 호칭부터가 제각각이다. 논자에 따라 최고국가기관(호리 가즈오, 박병섭), 국가최고기관, 최고행정기관으로 부르고 있다. 필자는 최고의결기관[8]으로 부르기로 한다. '지령'은 지령서, 지령문, 지령 문서, 지령 포고문 등으로 표기하기도 하여 통일성이 없다. 지령을 내게 한 중요한 문서 〈日本海內竹島外一島地籍編纂方伺〉에 대한 번역만 보더라도 논자에 따라 다양하여 그 의미가 명확하지 않다. 즉 〈일본해내 다케시마 외 일도 지적 편찬 방사(日本海內竹島外一島地籍編纂方伺)〉(호리 가즈오), 〈일본해에 있는 다케시마 외 일도의 지적 편찬방법에 관한 문의서(日本海にある竹島外一島の地籍編纂方法に關する伺い書)'(나이토 · 박병섭, 2007), 〈일본해에 있는 다케시마 외 일도의 지적 편찬방(方)에 대한 문의(日本海にある竹島ほか一島の地籍編纂方について伺い)〉로 번역하고 있어(이케우치 사토시, 2012), '編纂方伺'에서 '方'의 의미가 명확하지 않다.[9] '일본해내 다케시마 외 일도 지적 편찬 방사'로 번역하는 경우, 제목을 그대로 한글로 옮긴 것에 불과하므로 번역이라고 하기는 어렵다.

이를 가장 본뜻에 가깝게 번역하자면, '일본해에 있는 다케시마

---

8) 태정관제는 1869년에 신설된 뒤 1885년에 폐지되기까지 몇 번의 직제 개편을 거쳤다. 태정관은 의정관(입법), 행정관(행정), 형법관(사법)을 기본구성으로 하여 출발했으므로 만기를 총괄하는 최고의 권력기관이라고 볼 수 있다. 따라서 행정을 특정(特定)하는 듯한 인상을 주는 최고행정기관으로 일컫는 것은 부적절하다고 생각한다. 1871년에 태정관은 정원, 좌원, 우원의 3원제로 개편하고 그 밑에 8성을 두었다가, 1875년에는 정원만 남겨두고 양원을 폐지했다. 그러므로 이 글에서는 태정관의 성격을 나타내는 표현을 '최고의결기관'으로 통일하기로 한다. 조선은 1894년 내각제로 개편되기 전까지는 의정부가 국정의 최고의결기관이자 집행기관이었다.

9) 필자는 '方'의 의미에 대하여 일본사 전공자 여러 분에게 자문을 구했지만 통일된 견해가 없었다. '方'을 '방법' '방식' '방침' 혹은 '담당자' 등 여러 가지 해석이 있었지만, '방법'으로 보는 것이 가장 무난하다는 견해에 따라 '방법'으로 해석했다. 이케우치 사토시의 해석대로 '일본해에 있는 다케시마 외 일도의 지적 편찬方에 대한 질의'로 번역하면 논란을 피할 수는 있겠지만, '方'자의 의미는 밝혀지지 않았다. 시마네 현령이 내무경에게 "어찌 판단해야 할지 지령을 (내려주시기를) 아룁니다"라고 한 것으로 보건대, '방법'을 내려주시기 바란다는 의미로 해석하는 것이 타당할 듯하다.

외 일도의 지적 편찬방법에 관한 문의서'라고 할 수 있겠다. 이 글
에서는 '일본해에 있는 다케시마(竹島) 외 일도(一島)를 지적(地籍)에
편찬하는 방법에 대한 문의'로 번역하기로 한다. 지령에 첨부된 지
도 〈이소타케시마 약도(磯竹島略圖)〉에 대해서도 시마네현은 이 약
도가 교호 연간(1716-1735)에 만들어졌다고 했고, 어떤 이는 메이
지 연간(1868~1912)에 만들어졌다고 보기도 하는데, 과연 그러한지
도 검토해볼 필요가 있다. 이렇듯 태정관 지령 연구는 지령의 내
용은 물론 지령이 나오게 된 배경 관련 문서 해석조차 명확하지 않
다. 이런 불분명함은 태정관 지령이 한국에 소개된 경위와도 관련
이 있다.

필자가 아는 한, 한국에서 태정관 지령을 맨 먼저 소개한 이는
신용하 교수였다. 1981년에 신용하 · 송병기 · 백충현 세 사람은 일
본학자들과 좌담회를 가진 뒤 자료 교환을 하였다.[10] 이어 1987년
에 호리 가즈오는 논문에서 지령의 존재를 밝혔다. 2년 뒤 신용하
는 〈조선왕조의 독도 영유와 일본제국주의의 독도침략〉(1989)이라
는 논문에서 지령을 다루었다.[11]

또한 신용하는 1999년부터는 독도 관련 자료를 집대성하는 작업
을 시작하여 《독도 영유권 자료의 탐구》라는 총서 3권을 냈다. 그
가운데 2권(2000)에는 일본 측 자료가 실려 있지만, 태정관 지령은
실려 있지 않다. 태정관 지령을 실은 것은 1989년과 2003년의 연구
서에서이다. 다만 두 연구서의 내용은 같다. 여기서 밝힌 지령의 내
용은 대략 다음과 같다. 내무성은 지적(地籍) 편찬사업에 임해 두 섬
을 지적에 포함시켜야 하는지에 관한 질의서를 1876년 10월 16일

---

10) 신용하에 따르면, 1981년에 자료 교환을 할 당시 양국 학자들은 호리 가즈오의 논문
   이 학술지에 먼저 발표된 뒤에 한국에 소개하기로 약속했다고 한다.

11) 《한국 독립운동사 연구》 3집(1989)에 실려 있다. 〈조선왕조의 독도 영유와 일본 제
   국주의의 독도침략: 독도 영유에 대한 실증적 일 연구〉, 《한국의 독도 영유권 연구
   사》(독도연구보전협회, 2003)에 같은 내용이 실려 있다.

자 공문으로 시마네현 참사(参事) 사카이 지로(境二郎)로부터 접수했다. 이후 내무성은 5개월 동안의 조사를 거쳐 두 섬이 일본 영토와는 관계없는 것으로 결론 내렸으나 "판도의 취사는 중대한 사건"이므로 1877년 3월 17일 태정관에 품의서를 제출했다. 태정관은 20일 조사국장 기안으로 지령문을 작성했고, 27일 승인 결정했는데, 이를 29일 정식으로 내무성에 보내 지령 절차를 완료했다는 것이다.

신용하는 이 지령의 의의에 대해, 메이지 정부 내무성과 최고국가기관인 태정관이 '울릉도(竹島)'와 '독도(松島)'가 조선 영토이며 일본 영토가 아니므로 일본은 두 섬이 일본과 관계 없음을 1877년 3월 29일자로 재확인하고 결정했다고 평했다. 즉 1870년에 외무성이 조사 복명서를 통해 두 섬이 조선 영토임을 인지하고 재확인하여 결정했는데, 다시 1877년에 내무성의 품의를 받아 최종적으로 승인, 결정했다는 것이다. 그는 '다케시마(竹島) 외 일도'의 일도가 마쓰시마(松島) 즉 독도임은 내무성의 질품서에 첨부된 별지 서류에 "磯竹島 일명 竹島라고 칭한다. … 다음으로 일도가 있는데 松島라고 부른다"고 한 것으로 알 수 있다고 했다. 그러나 신용하는 위 연구에서 〈磯竹島略圖〉[12]에 대해서는 언급하지 않았다. 이어 그는 두 섬을 지적에 포함시켜야 하는지를 처음 물은 당사자로서 시마네현 참사를 거론했지만, 지적 편찬 계획을 수립한 주체는 내무성이다. 다만 신용하의 연구는 태정관 지령을 가장 먼저 언급했으며 관련 문서를 원문 이미지와 텍스트, 번역문을 첨부하여 공개했다는 데 의의가 있다.

---

12) 〈이소타케시마 약도(磯竹島略圖)〉를 처음 발견한 사람이 누구인가에 대해서는 이견이 있다. 호리 가즈오가 태정관 지령을 처음 언급했으므로 지도의 존재를 알고 있었을 것 같지만, 그의 논문에는 지도에 대한 언급이 없다. 태정관 지령의 존재를 호리 가즈오에게서 들었다는 신용하도 당시 저술에서는 〈磯竹島略圖〉를 언급하지 않았다. 박병섭은 2005년에 이 자료를 우루시자키 목사가 발굴했고 자신은 그에게서 제공받아 2006년에 발표했다고 말한 바 있다(박병섭, 〈2000년 이후 독도 관련 일본학계의 역사학 연구〉, 《일본문화연구》 49집, 2014). 2007년에 발간된 內藤正中·金柄烈, 《(史的檢證) 竹島·獨島》(東京:岩波書店)에는 〈磯竹島略圖〉가 언급되고 있다.

1998년에 《독도-독도자료총람》[13]이 나왔는데, 여기에 태정관 지령이 언급되어 있다. 제목은 '명치 일본 정부 태정관의 지령서(1877)'로 되어 있고, 내용은 3월 20일자 지령안을 싣고 있다. '분석'에서는 시마네현이 두 섬을 지적에 포함시킬지를 내무성에 문의하자, 내무성이 조사한 후 두 섬이 조선 영토이므로 포함시켜서는 안 된다는 내부방침을 정한 뒤 태정관에 결재를 요청하여 승인한 것으로 되어 있다. 지적에 포함시킬 것인지를 문의한 주체가 시마네현으로 되어 있는 것으로 보아 신용하의 설을 그대로 따른 듯하다. 지령이 나오게 된 배경에 대해서는, 마쓰시마 개척원이 등장하는 시기와 유사하다는 점에 착안하여, 외무성이 혼란을 겪고 있었던 데 비해 내무성은 두 섬을 확연히 구분하고 있었다고 보았다.[14] 송병기의 《울릉도와 독도-그 역사적 접근》(1999)에는 연표에서 태정관 지령이 간단히 언급되어 있고, 같은 저자의 《독도 영유권 자료선》(2004) 부록에는 원문과 번역문이 실려 있다. 최근에는 정태만의 《태정관 지령이 밝혀주는 독도의 진실》(2012)이 나왔다. 《태정류전》을 저본으로 하여 첨부된 문서를 전부 번역했다. 번역문에 해설을 붙인 형태이므로 지령이 성립한 배경 및 전후 인과관계에 대한 분석은 충분하지 않지만, 태정관 지령을 본격적으로 다루었다는 데 의미가 있다.

2000년대에 들어와서는 일본 연구자들이 태정관 지령 관련 연구를 하기 시작했다. 쓰카모토 다카시(塚本孝)는 1877년의 〈日本海內竹島外一島地籍編纂方伺〉(이하 〈편찬방사〉라 함)에 있는 '다케시마 외 일도'의 '일도'가 '마쓰시마'임을 인정했다. 다만 그는 시마네현이 이를 질의한 이유는 '다케시마'[15]를 지적(地籍)에 편제한다면 '외 일

---

13) 이 책은 뒷 표지에는 1998년 1월 발행으로 되어 있고, 도서관 서지사항에는 1997년으로 나와 있다.

14) 김병렬, 《독도-독도자료총람》, 다다미디어, 1998, 344~346쪽.

15) 이 글에서는 '다케시마(竹島)'에 대한 표기를 문맥에 따라 댓섬인 경우에는 '죽도'로, 분명하지 않은 경우에는 '竹島'로 표기하기로 한다.

도'인 마쓰시마도 잊어서는 안 된다는 생각을 하고 있었기 때문이라는 논리를 폈다. 그는 태정관 지령을 인정하여[16] 지령 당시에는 독도가 일본 영토가 아니었을지라도 1905년 시점에는 일본이 '선점'으로 유효한 영유권을 취득했다는 것을 주장하는 데 초점이 놓여 있다.[17]

쓰카모토와 달리 시모조 마사오(下條正男), 스기하라 다카시(杉原隆) 등 이른바 다케시마문제연구회 회원들은 '외 일도'의 '일도'가 독도라는 사실 자체를 인정하지 않고 있다. 시모조는 〈조선국 교제시말 내탐서(朝鮮國交際始末內探書, 이하 〈내탐서〉라 함 - 필자)와 태정관 지령에서 독도가 일본 영토가 아니라고 했을지라도, 당시 한국은 독도를 인식하지 못했기 때문에 독도는 한국 측과는 관계없다는 논리를 폈다.[18] 또한 그는 태정관 지령에 보인 '다케시마'와 '마쓰시마'는 둘 다 현재의 울릉도를 가리킨다고 주장했다. 당시 정부가 발행한 지도에는 현재의 다케시마 위치에 아무런 기재가 없고, 다케시마와 마쓰시마 두 섬이 그려져 있으므로 태정관은 두 섬이 관계없다고 했을 뿐이라는 것이 시모조의 논리이다. 한편 시모조는 《포토 시마네-특집 다케시마(フォトしまね: 特集 竹島)》에서는 "외 일도란 현재의 다케시마(독도)라고 보인다"라고 인정하여 일관성 없는 태도를 보였다.[19] 그러나 내무성은 태정관에 최종 결정을 요청하면서 시마네현이 제출한 〈磯竹島略圖〉를 함께 첨부했다. 이 지도에는 '이소타케시마'와 '마쓰시마'라는 두 개의 섬이 분명히 그려져 있다. 지도를 본 자라면 누구라도 '다케시마 외 일도'의 '일도'가 어느 섬

---

16) 塚本孝, 〈獨島領有權をめぐる日韓兩國政府の見解〉, 《レファレンス》617, 2002. 6, 58쪽 및 70쪽 주24.

17) 塚本孝, 〈日本の領域確定における近代國際法の適用事例—先占法理と竹島の領土編入を中心に〉, 《東アジア近代史》3, ゆまに書房, 2000, 89쪽;ー, 〈'竹島領有權紛爭'が問う日本の姿勢〉, 《中央公論》, 2004.10, 117~118쪽.

18) 下條正男, 《竹島は日韓どちらのものか》, 文春新書, 2004, 123쪽.

19) 시모조 연구의 문제에 대해서는 박병섭, 《일본문화연구》49, 2014, 129쪽 참조

을 가리키는 지를 혼동할 여지는 없다. 그런데도 시모조와 쓰카모토, 스기하라 등은 이 '일도'에 대해 이견(異見)을 제기하고, 그것이 독도임을 부인하고 있다.

더구나 시모조는 자신의 설을 여러 번 바꾸었다. 쓰카모토도 나중에 '일도'가 '마쓰시마'임은 인정하되, 다시 자신의 주장을 바꾸어 내무성이 별지로 첨부한 겐로쿠시대의 문서는 오직 다케시마(울릉도)에 관한 내용이었는데 마쓰시마까지 '본방과 관계없음'으로 되었다고 주장한다. 나아가 그는 "이 마쓰시마는 시마네현의 질의에서는 에도시대의 마쓰시마 즉 오늘날의 다케시마를 가리키지만, 메이지 초기에는 서양에서 기원한 지도와 해도 때문에 울릉도가 마쓰시마로도 불렸으므로 중앙 정부에서는 다케시마와 마쓰시마를 모두 울릉도로 인식하고 있었을 가능성이 있다"고 주장한다.[20] 그가 이렇게 이야기하는 배경에는 시마네현 다케시마문제연구회의 스기하라 다카시(杉原隆)의 주장이 있다. 이에 대해 이케우치의 비판이 있었지만, 이후에도 쓰카모토는 유사한 주장을 하고 있다. 그리하여 그는 "태정관 결정은 최초에 시마네현에서 질의한 건명을 유지하여 '다케시마 외 일도'라는 문언(文言)을 쓰고 있지만, 중앙정부 레벨에서는 대상을 다케시마(울릉도) 및 마쓰시마(오늘날의 다케시마)가 아니라 '다케시마로도 마쓰시마로도 불리는 섬(울릉도)'이라고 인식하여 해당 대상에 대해 본방과 관계없다는 판단을 내린 것일 가능성이 있다"[21]는 주장을 폈다. 그리하여 그는 1877년 시점에 영유의사를 지니지 않는다는 것을 태정관이 결정해 보였다고 하더라도 이것은 후일 선점 등 별개의 권원으로 해당 영토를 취득하는 것을 방해

---

20) 塚本孝, 〈竹島領有權問題の經緯(第3版)〉, 《調査と情報-ISSUE BRIEF》 701, 2011. 2, 5쪽.

21) 塚本孝, 〈韓國の保護・倂合と日韓の領土認識〉, 《東アジア近代史シ》 제14호, 東アジア近代史学会, 2011. 3, 58쪽.

하지 않는다[22]는 논리로 비약시켰다. 그가 근거로 든 것은 1876년부터 제출된 개간원인데, 이에 대해서는 2절에서 다시 다룬다.

2000년에 나이토 세이츄가 태정관 지령을 논한 뒤로 나이토·김병렬,[23] 호사카 유지,[24] 김학준,[25] 한철호,[26] 김호동[27] 등으로 이어져 계속 지령이 소개·분석되어왔다. 이들의 논리는 주로 시모조와 스기하라 등의 주장을 반박하는 데 역점이 놓여 있었다. 태정관 지령의 '일도'가 '울릉도'일 수도 있다는 주장을 처음 한 이는 스기하라 다카시이다. 그의 주장은 시마네현이 1881년에 내무성에 제출한, 오야 겐스케(大屋兼助) 외 1명의 '마쓰시마 개척원'에 대한 내무성의 회신, 즉 "태정관 지령대로 마쓰시마는 본방과 관계없으므로 개간을 인정할 수 없다"는 내용에 근거한다. 스기하라는 "에도시대 초기 마쓰시마로 불리던 현재의 다케시마는 암초이므로 개간이 불가능하다. 메이지 10년 당시 '다케시마 외 일도'로 기록된 때로부터 마쓰시마를 울릉도로 메이지 정부는 인식하고 있었다"[28]고 주장한다. 그가 이런 논리를 펴는 목적은 '다케시마 외 일도'의 '일도'가 '마쓰시마' 즉 '독도'임을 부정하기 위해서이다.

이런 주장은 다케시마문제연구회 2기 보고서의 의견이기도 하다. 앞서 스기하라는 "개간원 등을 종합적으로 판단해볼 때 문제가 된

22) 앞의 글, 58쪽.

23) 內藤正中·金柄烈,《(史的檢證) 竹島·獨島》東京:岩波書店, 2007.

24) 호사카 유지, 〈'다케시마문제연구회'의 '다케시마문제에 관한 조사연구 최종보고서'의 문제점—태정관 지령문에 대한 시모조 마사오의 견해를 중심으로〉,《일본문화연구》25집, 2008.

25) 김학준, 앞의 책, 2010.

26) 한철호,《明治時期 日本의 獨島政策과 인식에 대한 연구 쟁점과 향후 전망》, 한국해양수산개발원, 2006.

27) 김호동, 〈메이지시대 일본의 울릉도 독도 정책〉,《일본문화학보》46, 2010;〈明治10년 太政官 指令—竹島外一島件에 대하여 本邦과 관계없다—를 둘러싼 제문제(杉原隆)"의 비판〉,《독도연구》12, 영남대학교 독도연구소, 2012. 6.

28) 杉原隆, 〈淺井村士族 大屋兼助外一名의 松島開拓願について〉,《鄕土石見》83, 2010, 23쪽.

'다케시마 외 일도는 본방과 관계가 없다'고 한 것은 다케시마(울릉도)와 마쓰시마(현재의 다케시마)가 일본과 관계가 없다고 한 것이 아니라 다케시마라고도 불리고, 마쓰시마라고도 불리는 섬(울릉도)이 일본과 관계가 없다고 해석하는 것이 유리할 듯하다"[29]고 언급한 바 있다. 이에 대하여 다케우치 다케시(竹內猛)는 스기하라의 이런 해석은 사료 해석의 문제 이전에 일본어 능력이 의심되는 해석이라며 비판한 바 있다.[30]

이렇듯 한국 연구자들은 지령의 '일도'가 독도임을 입증하는 것과, '일도'의 '마쓰시마'가 울릉도 호칭이 아님을 입증하는 데 역점을 두되 주로 전자에 치우쳐 있다면, 일본 연구자들은 '일도'가 독도임을 부인하는 데 치우쳐 있는 실정이다.


## 2) 태정관 지령의 성립과정

### (1) 19세기 중반의 상황과 도해금지령

조선 정부는 '울릉도 쟁계(鬱陵島爭界)'[31] 이후 섬에 수토관을 정기적으로 파견하여 관리해왔지만 여전히 주민의 이주 및 정착을 허락한 상태는 아니었다. 일본 에도막부도 이른바 '다케시마 일건' 이후 자국 어민의 도해를 금지해왔으므로 울릉도와 주변 도서에서 양국 국민이 만나 다툴 일은 없어 보였다. 그러나 양국 지역민의 울릉도 도해는 지속되었다. 조선 후기 영·정조, 순조 연간에 사람들이 울릉도에 들어가 인삼을 캐거나 전복을 채취하는 일은 공공연한 비밀

---

29) 〈웹 다케시마문제연구소에의 의견〉(2009년 4월분 질문5에 대한 회답)은 이케우치 사토시(池內敏), 《竹島問題とは何か》(名古屋大學出版會, 2012, 138쪽)에서 재인용.

30) 竹內猛, 〈'竹島外一島'の解釋をめぐる問題について〉, 《鄉土石見》87, 2011, 43쪽.

31) 일본은 이를 '다케시마 일건(竹島一件)'이라고 한다.

이었고, 이는 헌종 연간(1835~1848)에도 마찬가지였다. 일본인들 가운데는 울릉도로 건너와 몰래 교역을 하다가 처형당하는 일까지 일어났다. 덴포(天保) 연간(1830~1843)의 이른바 '덴포 다케시마 일건(天保竹島一件)'[32]이 그것이다. 당시 교역품은 울릉도의 목재와 전복, 일본도(日本刀) 등이었다. 울릉도에서 교역이 있었다는 것은 거주민이 있었음을 말해준다. 그런데 에도막부가 '덴포 다케시마 일건'을 처리할 때 참고한 것은 17세기 '겐로쿠 다케시마 일건' 당시의 문서였다. '겐로쿠 다케시마 일건' 문서는 메이지시대에도 도서 영유권 문제를 처리할 때 주요 논거가 되었다.

19세기 중반의 '덴포 다케시마 일건'이 막부에 보고된 시기는 1836년이지만 사건의 단서는 1830년대 초부터 있었다. 하마다번의 운송업자 이마즈야 하치에몬(今津屋八右衛門)은 이와미국(石見國) 마쓰바라포(松原浦, 현재의 시마네현 하마다시 마쓰바라정)에서 운송선 한 척을 소유하여 화물을 싣고 운항하는 한편, 운송중개도 하는 화물운송업자였다. 그는 마쓰바라와 홋카이도의 마쓰마에(松前)를 오가며 물자를 나를 때 울릉도를 지나게 되면서 이 섬의 풍부한 산림에 주목했다. 하치에몬은 하마다번의 재정 상태가 열악한 것을 기회로 삼아, 번의 감정방(勘定方) 하시모토 산베(橋本三兵衛)에게 "다케시마(竹嶋)에 건너가 그대로 방치되어 있는 대나무와 목재를 벌채하고, 해산물을 가져오면 번에 이익이 될 것이다"고 설득했다. 이에 하마다번의 가로(家老) 오카다 다노모(岡田賴母)와 연기역(年寄役) 마쓰이 즈쇼(松井圖書)도 가담했다. 막부의 필두 노중(筆頭老中)이기도 한 영주 마쓰다이라 스오노카미 야스토(松平周防守康任)는 이를 묵인해주었다. 이에 하치에몬은 1833년 7월에 울릉도에 건너가 대나무와 목재, 전복 등을 가지고 돌아왔고, 일본도 등을 싣고 가서 교역했다.

이런 사실은 1836년 막부의 명으로 일본 각지의 상황을 조사하던

---

32) 이를 '이마즈야 하치에몬사건' 또는 '하마다번 다케시마 밀무역 사건'이라고도 한다.

마미야 린조(間宮林藏)에게 발각되었다.[33] 하치에몬은 에도막부의
평정소로 넘겨졌다. 하치에몬을 넘겨받은 오사카봉행소(奉行所)의
오사카정(町)봉행은 하치에몬을 심문하면서 "(하마다번의 관리가) 가
까운 마쓰시마에 도항한다는 명목으로 다케시마로 도항하는 방법
이 있다"는 사실을 가르쳐주었다는 것을 알아냈다. 이에 관해서는
견해가 엇갈려, 마쓰시마(독도)가 일본에 속한다는 인식이 있었던
증거라고 보는 견해[34]도 있고, "도해금지령은 운반선 등이 외국 배
를 만나지 않도록 먼 바다로 나아가는 것을 조심하도록 주의를 환
기하고 있으니, 당연히 마쓰시마로의 도해도 금지됐다"고 보는 견
해도 있다.[35] 결국 이 사건으로 하치에몬은 하마다번의 감정방(勘定
方) 하시모토 산베와 함께 1836년 12월 23일 처형되었다. 또한 조사
에 앞서 오카다 다노모(岡田賴母), 마쓰이 즈쇼(松井圖書)를 비롯한 번
의 중신은 할복하였다. 3대 하마다번주 마쓰다이라 야스토(松平周防)
는 하치에몬이 조사를 받던 중 영구 칩거를 명령받았다.[36] 이어 에
도막부는 1837년 2월 21일, 지역민의 해외도항을 엄금하는 '다케시
마 도해금지령(竹島渡海禁止御觸)'을 전국에 내렸다.

　19세기에 일어난 하치에몬 사건이 17세기 사건의 연속선에서 처
리되고 있었음은 사건의 처리경위를 보면 알 수 있다. 에도막부는
하치에몬 사건을 처리하기 위해 쓰시마번의 관리를 불러 "두 섬이
모두 조선의 울릉도인지 혹은 다케시마는 울릉도이며 마쓰시마라
는 조선 밖의 땅인지?" 등을 물은 적이 있었다. 이에 대해 쓰시마번

---

33) 한국해양수산개발원 편,《독도 사전》, 한국해양수산개발원, 2011.

34) 塚本孝, 1994,〈竹島 領有權 問題の 經緯〉,《調査と月報》(ISSUE BRIEF) 244, 國立
　　國會圖書館, 1994. 11.; 박병섭, 2014,〈2000년 이후 독도 관련 일본학계의 역사학 연
　　구〉,《일본문화연구》49, 126쪽에서 재인용.

35) 內藤正中,《竹島＝獨島問題入門》, 新幹社, 2008, 33쪽, 박병섭, 위의 글, 127쪽에서
　　재인용.

36) 朴炳涉,〈元祿 天保竹島一件と竹島＝獨島ノ領有權 問題〉,《北東アジア文化研究》,
　　40, 鳥取短期大學北東アジア文化總合研究所, 2015. 3., 37쪽.

은 겐로쿠 연간의 막부 질문에 쓰시마가 회답했던 내용을 다시 인
용하였다. 즉 다케시마는 강원도 울릉도이며, 겐로쿠 연간에 다케
시마 근처에 마쓰시마라는 섬에도 건너가 어업을 했다는 소문을 들
은 바가 있다는 사실이었다. 다만 이때 쓰시마번은 '마쓰시마'도 '다
케시마'와 같이 도해가 정지된 섬이라고 생각되지만, 이를 단정하
는 일에 관해서는 대답을 못하겠다고 회피했다.[37]

쓰시마번은 하치에몬 사건 당시 마쓰시마에 대해 단정짓는 일은
회피했지만, 겐로쿠 연간 다케시마뿐만 아니라 마쓰시마까지 도해
가 금지되었던 것임은 하치에몬 당시 그려진 지도를 보더라도 알
수 있다. 오사카정 봉행은 하치에몬의 진술에 기초하여 〈다케시마
방각도(竹嶋方角圖)〉[38]를 작성했다. 이 회도(繪圖)는 하치에몬의 진
술을 기록한 〈다케시마 도해 일건기(竹島渡海一件記)〉(1836)[39]에 실려
있는데, 마쓰시마와 다케시마가 조선 본토와 같은 분홍색으로 채색
되어 있어 조선 영토임을 보여주고 있다. 오키는 일본 본토와 같은
노란색으로 채색되어 있다.

에도막부는 이 사건을 조사한 뒤 다시 〈조선 죽도 도항 시말기(朝
鮮竹嶋渡航始末記)〉라는 기록을 남겼다. 여기에도 〈竹嶋方角圖〉를 수
정한 회도가 삽입되어 있다.[40] 이 회도에서 일본 혼슈(本州)와 오키,
쓰시마는 무색이지만, 다케시마(竹嶋)와 마쓰시마(松嶋)는 조선 본토
와 같은 붉은 색으로 채색되어 있다.[41] 이 회도를 보면, 이와미에서

---

37) 박병섭, 〈日本의 獨島 領有權 主張에 대한 觀点〉, 김병우 외, 《한일 양국의 관점에
　　서 본 울릉도 독도》, 지성人, 2012, 171쪽.; 《대마도 종가문서》 국편소장 고문서목
　　록 #4013(박병섭, 〈근대기 독도의 영유권 문제〉, 《독도 영유권 확립을 위한 연구Ⅴ》,
　　2013, 158쪽에서 재인용)
38) 진술기록 〈竹島渡海一件記〉에 첨부된 회도 〈竹嶋方角圖〉를 보면, "앞서 말한 진술
　　과 대조하여 그려보았다"고 되어 있으므로 하치에몬을 취조한 오사카정 봉행이 하치
　　에몬의 진술에 근거하여 그린 것임을 알 수 있다.
39) 본문 19장, 지도 1장으로 구성되어 있다. 도쿄대학 부속도서관 소장이다.
40) 이 회도의 작성자를 박병섭은 사사봉행(寺社奉行) 혹은 평정소로 보았다.
41) 森須和男, 〈八右衛門とその時代〉(石見学ブックレット⑩), 浜田市教育委員会, 2002.

다케시마까지는 89리로 되어 있는 반면, 조선까지는 36리로 되어 있다. 이 회도는 〈竹嶋方角圖〉에 근거하여 작성된 것이다. 이는 당시 막부가 하치에몬의 진술을 수용하여 다케시마와 마쓰시마를 조선 영토로 생각했음을 의미한다.

1837년 2월, 막부가 이른바 〈竹島渡海禁止御觸〉[42]을 전국적으로 공포한 것은 하치에몬 사건의 결과를 발표한 것이다. 주요 내용은 "울릉도는 먼 옛날 호키국 요나고 사람들이 도해하여 어로활동을 했으나 겐로쿠시기에 조선국에 건네준 이래 도해정지를 명한 곳이었다. 무릇 이국(異國)도해는 엄중히 금지된 사항이므로 향후 울릉도도 마찬가지라는 점을 명심하여 도해해서는 안 된다"[43]는 것이었다. 1837년의 도해금지령은 1696년의 다케시마 도해금지령이 돗토리번에 내려진 것과는 달리 전국에 내려진 법령이었다. 위에서 "겐로쿠시기에 도해금지를 명했다"고 한 것으로 보건대, 1837년 당시 막부는 이 사건을 조사할 때 1696년의 다케시마 도해금지령의 전말도 살펴보았을 것이다. 이로써 1837년의 도해금지령도 1696년의 도해금지령의 연장선에서 나온 것임을 알 수 있다. 이는 18세기 에도 막부 역시 겐로쿠시기 도해금지령에 '마쓰시마' 도해 금지를 명시하지 않았다 하더라도 '마쓰시마'도 포함된 것으로 인식하고 있었음을 보여준다.

1837년 막부의 도해금지령은 상선의 먼 바다 항해를 금지하고 있었는데, 다케시마도 다른 곳과 마찬가지로 금지된 '먼 바다'에 해당된다. 더구나 마쓰시마는 다케시마에 갈 때만 들르는 곳이었다. 하

---

13~14쪽. 현대송, 〈일본 고지도로 본 일본의 독도인식〉, 《지해해양학술상 논문수상집》(한국해양수산개발원, 2010), 34쪽에서 재인용. 박병섭(2012), 앞의 책, 172~173쪽에도 첨부되어 있다.

42) 원문에는 〈天保八酉二月御觸〉으로 되어 있다.

43) 윤유숙, 〈"천보잡기" 소수 울릉도 관련 사료〉, 271~272쪽 (《영토해양연구》 1, 2011.9. 동북아역사재단에서 재인용)

치에몬은 마쓰시마, 즉 독도에 대해 "나무도 없고 경제적 이득이
없는 별 볼일 없는 섬이라 상륙할 필요도 없이 통과"[44]하는 섬이라
고 진술했다. 이로써 보더라도 울릉도에 가지 못하게 되면 독도에
더 이상 갈 일이 없어지는 것은 당연했다.

19세기 중반 하치에몬 사건은 일본인들 사이에 두 섬에 대한 기억
을 흐려지게 했다. '다케시마' 즉 울릉도에 대해 일본 사람들의 관심
이 다시 모이기 시작한 것은 하치에몬 사건이 있은 지 40여 년이 지
난 뒤였다. 계기가 된 것은 이른바 '신도(新島) 개척원'이었다. 일본
정부 차원에서도 메이지유신 이후 전국적인 지적(地籍) 편찬을 계획
하면서 과거 인연이 깊었던 두 섬에 대한 관심이 다시 일어났다.


### (2) 1869년 외무성의 조사

일본은 1858년 미국과 통상조약을 체결하고 개항한 이래, 1868
년 메이지유신을 단행하여 근대 국가로의 전환을 추진하고 있었다.
메이지 정부는 천황 친정체제로의 변환을 알리는 서계(書契)를 조선
에 보내면서 외교관계를 수립하고자 했다. 조선이 이를 거부하자,
일본은 조선과 교제를 모색하기 위해 1869년 12월 외무성 관리 사
다 하쿠보(佐田白茅), 모리야마 시게루(森山茂), 사이토 사카에(齋藤榮)
를 쓰시마와 부산왜관에 파견했다.

세 명의 외무성 관리는 먼저 쓰시마에서 자료를 조사했고, 그 결
과를 〈對州朝鮮交際取調書〉[45]로 남겼다. 그 안의 14번째 항목에 '다

---

44) 〈竹島渡海一件記〉, 하치에몬은 1836년의 심문 당시 1833년의 일에 대해 진술했다.

45) 국립공문서관 아시아역사자료센터 홈페이지(www.jacar.go.jp)에서 검색 가능하다.
   이 문건은 외무성 자료 〈對韓政策關係雜纂―明治2年日韓尋交ノ爲森山茂佐田白茅齋藤
   榮一行渡韓ノ件〉에 들어 있다.

케시마 일건(竹島一件)'⁴⁶⁾이 있는데, 에도시대 문서를 발췌하여 싣고 있다. 주요 내용은 17세기에 조선과 일본 사이에 있었던 '다케시마 일건'에 관한 것으로, 1693년 안용복의 납치와 나가사키로의 이송, 이후 안용복 송환과 일본의 서계, 조선의 회답서간과 이에 대한 일본의 요구, 조선 조정의 의논과 일본의 요구, 일본의 도해금지령, 1699년 일본의 회답 등에 관한 내용을 간략히 기술하고 있다. 이 문서들은 주로 쓰시마와 조선 사이에 오간 서간, 즉 외교문서들이다.

외무성 관리들은 〈對州朝鮮交際取調書〉를 복명서인 〈내탐서〉 (1870. 4. 15)의 부속문서로 첨부했다. 그런데 그동안 이런 사실이 별로 알려지지 않았다.⁴⁷⁾ 잘 알려져 있듯이, 〈내탐서〉는 외무성이 지시한 조사항목 13개에 대한 보고서다. 외무성이 3명에게 조사를 지시한 사항 가운데는 '다케시마(竹島)와 마쓰시마(松島)가 조선에 부속하게 된 경위'가 포함되어 있다. 이런 내용을 포함한 〈내탐서〉에 대해서는 그동안 한일 양국에서 많이 언급되었지만,⁴⁸⁾〈對州朝鮮交

---

46) 이 문서의 레퍼런스 코드는 B03030124800이다. 《交隣考略》의 '告竹島一件事考'(김병렬, 《독도-독도자료총람》, 1998 수록)의 내용과 유사한데, 더 축약되어 있다. '告竹島一件事考'는 1693년 안용복과 박어둔을 조선에 송환하면서 쓰시마번이 울릉도를 일본 영토로 탈취하려다 실패한 과정을 기록하고 있다. 1869~1870년에 외무성 관리가 본 자료가 《竹嶋紀事》인지 《交隣考略》인지는 분명하지 않다. 《交隣考略》에 대해서는 별로 알려진 바가 없다. 高峰이 저자로서 쓰시마번의 이정암에 파견되어 외교문서를 작성한 승려이며, 1779년에 죽었다는 정도이다(base1.nijl.ac.jp/infolib/meta_pub/KTGSearch.cgi 참조). 이 부분은 박병섭 선생의 가르침에 힘입었다.

47) 이 문서의 존재는 알려져 있었지만 내용이 소개된 적은 없었다. 이 문서와 〈내탐서〉의 연관성을 처음 언급한 사람은 박병섭이다. 그는 외무성의 《일본외교문서》 제3권 (1938)의 문서를 통해 이런 연관성을 언급했다(박병섭, 〈근대기 독도의 영유권 문제〉, 《독도 영유권 확립을 위한 연구 Ⅴ》, 2013, 154~155쪽)

48) 1965년에 〈내탐서〉를 처음으로 언급하여 일본의 고유영토설을 비판한 사람은 요시오카 요시노리(吉岡吉典)이다(寺尾五郎·吉岡吉典·桑谷森男, 〈竹島問題〉, 旗田巍 等, 《アジア·アフリカ講座 Ⅲ : 日本と朝鮮》, 勁草書房, 1965. 3., 112~114쪽. 한철호, 2006, 앞의 책, 12쪽에서 재인용). 한국에서는 신용하가 1981년 '독도문제 재조명'이라는 좌담회에서 언급한 것으로 되어 있다(독도학회 편, 《한국의 독도영유권 연구사》, 2003, 126쪽). 한국 측의 해석에 대해 쓰카모토 다카시는 다음과 같이 반박했다. 즉 〈내탐서〉에는 '다케시마·마쓰시마가 조선부속으로 되어 있는 시말'이란 항목이 있지만, 정작 '다케시마·마쓰시마가 조선의 부속으로 된 시말'은 쓰여 있지 않다는 것

際取調書〉와의 연관성에 대해서는 간과되었다.[49] 〈내탐서〉의 13번째 조사항목 '다케시마와 마쓰시마가 조선의 부속이 된 경위'에는 다음과 같은 내용이 기술되어 있다.

> (이 건은) 마쓰시마는 다케시마 옆에 있는 섬입니다. 마쓰시마에 관해서는 지금까지 남아 있는 기록이 없습니다. 다케시마에 관해서는 겐로쿠(元禄) 연간에 주고받은 서한에 기록이 있습니다. 겐로쿠 연간 이후 잠시 조선이 거류(居留)를 위해 사람을 파견한 적이 있으나 이제는 이전처럼 사람이 없습니다. 대나무 또는 대나무보다 큰 갈대가 자라며, 인삼 등이 자연적으로 납니다. 그 밖에 물고기도 상당히 있다고 들었습니다.

위 기록은 "마쓰시마(독도)는 다케시마(울릉도) 옆에 있는 섬입니다"라고 했듯이, 외무성 관리가 두 섬을 인지하고 있었음을 보여준다. 그런데 이어 "마쓰시마에 관해서는 지금까지 남아 있는 기록이 없습니다"고 했다. 그리고 이어 "다케시마에 관해서는 겐로쿠 연간에 주고받은 서한에 기록이 있습니다"라고 했다. 이런 논리는 성립하기 어렵다. 〈내탐서〉의 부속문서로 〈對州朝鮮交際取調書〉를 첨부했다면 거기에는 당연히 '마쓰시마'에 대한 기술이 있을 것이기 때문이다. 그런데 외무성 관리들은 왜 이렇게 보고했을까? 그 이유는 〈對州朝鮮交際取調書〉의 〈다케시마 일건(竹島一件)〉에는 '마쓰시마'에 관한 내용이 거의 없기 때문이다. 외무성 관리들은 쓰시마의

---

이다. 즉 쓰카모토는 내용에는 상세한 경위가 나와 있지 않은데 표제만을 보고 다케시마(독도)를 조선령으로 확인한 증거로 보는 한국 측의 견해는 잘못되었다고 비판했다(塚本孝, 〈竹島領有權問題の經緯〉, 《調査と月報》(ISSUE BRIEF) 244, 國立國會圖書館, 1994. 11., 4쪽; 〈竹島領有權問題の經緯(第2版)〉, 《調査と月報》(ISSUE BRIEF) 289, 1996. 11., 4~5쪽(한철호, 앞의 책, 2006, 18쪽에서 재인용), 나이토 세이츄(內藤正中)도 '다케시마와 마쓰시마가 조선에 부속하게 된 시말(경위)'이라는 항목의 제목만으로 한국 측이 속단하는 것은 잘못이라고 했다. 나이토의 비판은 위의 취조서를 보지 않았던 데 기인한다.

49) 박병섭은 일본 연구자들이 이 취조서를 간과한 것을 〈내탐서〉의 의미를 축소하게 된 원인으로 보았다(앞의 글, 2013, 157쪽).

문서를 조사하여 〈對州朝鮮交際取調書〉를 작성했다. 그런데 쓰시
마번은 막부 시절 '다케시마 일건' 관련 문서에서 양국 외교관계에
서 쟁점이 된 '다케시마'만을 언급했을 뿐 '마쓰시마'에 대해서는 언
급하지 않았었다. 막부가 조선에 보내는 외교문서에서 '다케시마'만
을 언급했으므로 조선 입장에서도 일본이 거론하지 않은 '마쓰시마'
를 굳이 언급할 필요가 없었다. 더구나 에도막부 시기 쓰시마번은
'마쓰시마'에 대한 인식이 거의 없었다. 막부를 대신하여 조선과의
외교업무를 맡은 쓰시마번으로서는 막부의 의사를 충분히 반영해
야 했을 뿐만 아니라, '다케시마'를 침탈하려던 의욕마저 막부가 꺾
고 있었으므로 '마쓰시마'까지 거론할 여지는 더더욱 없었다. 그런
데 메이지시대 외무성 관리가 〈對州朝鮮交際取調書〉를 작성할 때
참고한 것은 쓰시마번의 소장 사료였다. 외무성 관리들은 돗토리번
의 사료와는 달리 '마쓰시마'에 대한 언급이 거의 보이지 않는 쓰시
마번 사료를 따랐기 때문에 "마쓰시마에 관해서는 지금까지 남아
있는 기록이 없습니다"고 보고했던 것이다.

  쓰시마번이 '마쓰시마'에 대한 인식을 거의 가지지 않았음을 보
여주는 또 하나의 문헌으로 《다케시마 기사(竹嶋紀事)》(1724)를 들 수
있다. 이 문헌은 쓰시마번이 17세기 〈다케시마 일건〉을 기록한 것
이다. 여기에는 '마쓰시마'에 대한 언급이 별로 없다.[50] 그나마 쓰시
마번이 '마쓰시마'를 언급한 것도 풍문을 전한 것이고 실견(實見)에
따른 것이 아니었다. 그러므로 1870년에 외무성 관리가 '마쓰시마'
에 대한 기록이 없다고 보고한 것은 과거 돗토리번의 문서를 보지
않고 쓰시마번의 문서만 보았기 때문이다. 에도시대 돗토리번의 문
서에는 늘 '다케시마'와 '마쓰시마'가 함께 언급되고 있었으므로 "마
쓰시마에 관한 기록이 없다"고 말하기는 어렵기 때문이다.

---

50) 이에 대해서는 《竹嶋紀事》 3권, 1696년 7월 8일자 참조.

〈내탐서〉보다 조금 뒤의 문헌으로 《磯竹嶋覺書》(1875)[51]가 있다. 이 문서는 내무성 지리국이 조사하여 지지과가 완성시켰다. 겐로쿠 연간의 '다케시마 일건' 관련 문서를 모아 편집했다. 겐로쿠 연간 돗토리번이 막부에 회답한 내용, "마쓰시마는 두 지역(이나바와 호키)에 부속된 것이 아니다. 마쓰시마는 다케시마로 가는 해로상의 섬이다",[52] "마쓰시마에서 다케시마까지는 40리 정도", "마쓰시마까지는 호키국에서 해로 120리 정도"[53]라는 내용을 담고 있어 두 섬을 한 묶음으로 다루고 있었음을 알 수 있다. 《磯竹嶋覺書》를 완성시킨 나카무라 겐키는 태정관 지지괘(地誌掛)로 옮겨 《日本地誌提要》 편찬에도 참여했던 사람이다.[54] 그런데 《日本地誌提要》 권50 '오키(隱岐)' 부분을 보면, 오키의 작은 섬 179개를 언급했지만 '다케시마'와 '마쓰시마'는 포함되지 않았다. 따라서 내무성 관리는 두 섬을 오키의 속도(屬島)로 보지 않았음을 알 수 있다.[55]

이런 경위로 보건대, 메이지시대에는 내무성과 외무성이 모두 다케시마(울릉도)와 마쓰시마(독도)에 대한 조선의 영유를 인정하였음을 알 수 있다. 당시 내무성과 외무성이 두 섬의 소속 판단의 준거로 이용한 것은 다름아닌 17세기 '다케시마 일건'이었다. 따라서 이 사건의 결과로 성립한 '도해금지령'에는 '마쓰시마'가 포함되어 있

---

51) 《磯竹島事略》이라고도 한다. 막부 관계자가 편찬한 것으로 보이는데 쓰쿠바대학 소장본(안의 제목은 《磯竹嶋覺書》)과 국립공문서관 사본이 있는데 공문서관본은 1875년 8월 8일 지지과 나카무라 겐키(中邨'村'元起) 교정으로 알려져 있다(大熊良一, 《竹島史稿》, 原書房, 1968). 《磯竹島事略》 해석은 최은석 박사의 도움을 받았다.

52) 노중 아베 분고노카미(安部豊後守)가 마쓰다이라 호키노카미(松平伯耆守)에게 문의한 것 가운데 "다케시마 외에 마쓰시마라는 섬은 이나바나 호키에 부속된 섬입니까?"라고 물은 데 대한 회답이다. 즉 마쓰다이라는 1695년 12월 25일자 회답에서 "마쓰시마는 두 지역에 부속된 것이 아닙니다. (마쓰시마는) 다케시마로 가는 해로 상의 섬입니다"라고 답한 내용을 싣고 있다(《磯竹嶋覺書》)

53) 막부 질문에 대한 돗토리번의 회답(1696. 1. 23)

54) 박병섭, 앞의 글, 2013, 166쪽.

55) 유미림·최은석, 《근대 일본의 지리지에 나타난 울릉도·독도 인식》, 한국해양수산개발원, 2010, 124~125쪽.

음도 분명하다. 다만 비슷한 시기에 작성된 〈내탐서〉(1870)와 《磯竹
嶋覺書》(1875), 《日本地誌提要》(1873~1879)를 비교해보면, 외무성이
작성한 〈내탐서〉가 내무성이 작성한 《磯竹嶋覺書》, 《日本地誌提要》
에 견주어 '마쓰시마'에 관한 언급이 적다고 할 수 있다.


### (3) 〈日本海內竹島外一島地籍編纂方伺〉의 등장 배경

메이지유신 이후 일본 정부는 근대화의 일환으로 지적(地籍)을 편
찬하는 사업을 추진했다. 이에 내무성은 이 사업을 위한 사전 조사
를 위해 시마네현에 관리를 파견했다. 그런데 조사를 의뢰하게 된
배경에 대해서는 다음과 같은 견해가 있다. 그것은 1876년에 개척
원이 등장하기 시작했는데 이때 제출된 개척원에서 언급한 '마쓰시
마'가 어떤 섬을 가리키는지 외무성 안에서 의견이 분분하자, 기록
국장 와타나베 히로모토(渡邊洪基)[56]가 시마네현에다 섬에 관한 조
회를 제안했다는 것이다.[57] 이 견해대로라면, 외무성이 시마네현에
먼저 조회를 지시했고, 이로 말미암아 시마네현이 내무성에 질문한
것이 된다. 그렇다면 시마네현에 관리를 파견하게 된 배경이 내무
성의 지적 편찬 사업 때문인가, 아니면 외무성의 조사 지시 때문인
가? 이 문제부터 살펴볼 필요가 있다.

《島根縣歷史・政治部》를 보면, 1876년 10월 16일 (시마네현은)
"본적(本籍) 지적(地籍) 편성에 관해 일본해에 있는 다케시마 외 일도
가 어디에 속하는지를 내무성에 질문했"고, 1877년 4월 9일에는 시
마네현이 내무성으로부터 "본방과 관계없는 섬이라는 지령을 받았
다"고 기록되어 있다. 이 《島根縣歷史・政治部》는 10월 5일 내무성

---

56) 와타나베 고키라고도 한다. 《竹島考證》 1876년 7월 이후, 별지 11호와 12호.
57) 內藤正中・金柄烈, 앞의 책, 2007, 71쪽.

이 시마네현에 먼저 조회한 사실은 생략하고 10월 16일 시마네현이 내무성에 질문한 내용만을 기술한 것이다. 이것이 외무성의 질문이 계기가 된 것으로 오해할 여지를 만들었다고 생각된다. 개척원에 등장한 섬을 조사하기 위해 외무성이 시마네현에 조회를 요청한 것이 〈日本海內竹島外一島地籍編纂方伺〉의 등장 배경인지를 보려면, 이즈음 등장한 개척원, 즉 1876년 7월의 무토 헤이가쿠(武島平學)와 고다마 사다아키(兒玉貞陽)의 청원 내용부터 살펴볼 필요가 있다.

1876년 7월 무토는 〈마쓰시마 개척 건의(松島開拓之議)〉를 외무성에 제출했다. 고다마는 일찍이 무토의 《노항기문(露港記聞)》을 읽은 적이 있기에 그 역시 같은 달 〈고다마 사다아키 건백(兒玉貞陽建白)〉을 외무성에 제출했다. 외무성의 대응은 이들 두 건의 개척 관련 문서의 제출과 관계있는 것으로 보인다. 외무성 기록국장 와타나베 히로모토는 이에 대해 의견을 개진한 바 있다('松島之議' 1, '松島之議' 2). 와타나베는 "먼저 시마네현에 조회하여 종래의 예를 조사하고 함선을 보내 조사해본 뒤에 방책을 정할 필요가 있다"고 했다. 개척 관련 문서의 제출이 지적 편찬을 위한 조회의 배경이 된다고 보는 설이 이들 문서의 제출로 인한 것인지는 모르겠지만, 와타나베의 논의 어디에도 '지적' 편찬과 연결시킬 만한 단서는 없다. 오히려 와타나베는 청원자들이 거론한 문제의 두 섬, 즉 마쓰시마(松島)와 다케시마(竹島)가 예로부터 조선과 문제가 되었던 섬이라는 사실을 알고 있었으므로, 내무성이 언급하기 전부터 조회의 필요성을 언급했다고 볼 수 있다.[58] 이 문제에 대해서는 다시 논한다. 와타나베를 비롯한 외무성 관리들은 태정관 지령이 나온 뒤에도 계속 두 섬에 대해 시마네현에 조회할 것을 제안했다.

외무성 관리 기타자와 마사나리(北澤正誠)가 펴낸 《다케시마 고증(竹島考證)》을 보면, 와타나베 히로모토의 의견이 나온 뒤인 1877년

---

58)《竹島考證》1876년 7월 이후, 별지 11호와 12호.

8월에도 외무성 기록국 안에서는 의견 청취가 있었다.[59] 이어 1878
년에 공신국 안에서는 다나베 다이치(田辺太一)를(丁 23호)[60] 중심으
로 논의했다. 와타나베는 공신국의 의견에 평하면서 "이런 사실을
이들 현이 알지 않으면 안 되는데 위의 현들에게 마쓰시마가 다케
시마에 속한 섬인지 아닌지, 다케시마와 마쓰시마가 같은 섬인지
여부를 물어보아 알아둘(1878년 8월 이후)"것을 제안하기도 했다. 그
런데 이때는 태정관 지령이 나온 이후임을 주시할 필요가 있다. 다
나베 다이치 역시 "해군성이 함선을 보내 측량가와 개발자에게 조
사하게 한 뒤 무주지인지 인정하고 이익 여부도 고려해 보아"도 늦
지 않다는 의견을 제시했다. 이런 일련의 움직임은 1876년 7월에
시작되어 1878년 8월 이후에도 지속되고 있었다. 이것이 의미하는
바는 외무성 관리들이 제기한 조사의 필요성은 태정관 지령과는 관
계없이 이루어진 것이라는 점이다. 외무성이 도서 명칭의 혼란을
겪고 있었으며, 그 때문에 현지 조사의 필요성을 제기한 것은 사실
이지만, 그것은 내무성이 지적 편찬사업을 위해 시마네현에 조사를
의뢰한 사안과는 별개로 이루어지고 있었다. 내무성 지리료가 시마
네현에 지적 편찬을 문의한 시기가 1876년 10월 5일이고, 개척원이
처음 제출된 시기가 1876년 7월이라는 점에 비추어 보면, 외무성의
조회를 받고나서 시마네현이 조사를 시작한 것으로 단정하기는 어
렵다. 외무성은 개척원을 처리할 때도 태정관 지령을 근거로 활용
하고 있다. 이는 내무성이 지적 편찬사업을 진행하는 과정에서 지
령이 나왔고, 외무성은 그 결과를 정책에 반영했음을 의미한다. 따
라서 외무성이 시마네현에 조회한 것이 태정관 지령을 내게 된 직
접적인 배경이라고 보기는 어렵다.

---

59) 《竹島考證》 1877년 8월 사카타 모로토(坂田諸遠)의 의견서(제19호 松島異見)

60) 다나베는 1875년 11월 오가사와라 편입을 앞두고 조사를 위해 회수위원으로 이 섬
    에 파견된 적이 있다(김호동, 2010, 앞의 글, 71쪽). 이후 오가사와라 편입은 1869년
    논의가 시작되어 1873~1874년에 본격화하고, 1874년에 4성 합의안이 나왔다.

(4) 지령 관련 문서의 수록 형태

태정관 지령 관련 문서는 세 종류의 문헌에 실려 있다. 《지적(地籍)》과 《공문록(公文錄)》, 《태정류전(太政類典)》이다. 《지적》은 1875년부터 1940년까지의 지적 편찬에 관한 문서를 싣고 있는데, 157책이 남아 있고, 시마네현이 편철했다. '다케시마' 관련 내용은 3책 《明治 9년 地籍》에 수록되어 있다. 《공문록》은 태정관이 접수한 정부 각 조직, 기구 및 지방 부현(府縣)의 문서를 관청별, 연월 순으로 수록한 것이다. 1868년부터 1885년 12월까지의 문서가 수록되어 있고, 태정관 지령도 수록되어 있다. 《태정류전》은 1867년부터 1881년까지의 《태정관 일기(太政官日記)》, 《태정관 일지(太政官日誌)》, 《공문록》 가운데서 법령 등을 분류하여 편수 · 필사한 것이다.[61] 그러므로 《공문록》에 실린 지령이 《태정류전》에도 실려 있지만, 내용은 《태정류전》의 체재에 맞게 개수되어 있다. 《태정류전》은 1882년 이후 《공문록》과 함께 《공문류취(公文類聚)》로 개편되었다. 세 문헌이 모두 지령을 싣고 있지만, 수록 순서와 내용은 동일하지 않다. 우선 각 문헌에 실린 문서를 순서대로 소개하면 다음과 같다.

《지적(地籍)》에는 다음과 같은 순서로 관련 문서가 실려 있다.

1. 〈日本海內竹島外一島地籍編纂方伺〉(10월 16일, 시마네현령 → 내무경)[62]
    1) 원유(原由)의 대략
        ①유래(由來)의 개략: 磯竹島…

---

61) 《독도 사전》 참조
62) 1876년 10월 9일 품의 付箋 〈磯竹島一件〉이라고 붉은 글자로 쓰여 있다.

②막부의 도해허가서: 從伯耆國米子…

③도해금지 경위: 當時米子同町…

④막부의 도해금지령: 先年松平新太郎…

⑤시마네현의 후기: 元和4年丁巳…

2. (붉은 글자로) 〈書面竹島外一嶋之儀者 本邦關係無之義ト可相心得事〉(1877
   년 4월 9일 내무성이 시마네현에 지령 하달)
3. 내무성 조회문 〈乙 제28호〉: 1876. 10. 5(내무성 지리료 → 시마네현)
4. 〈磯竹島略圖〉[63]

《공문록》에는 다음과 같은 순서로 관련 문서가 실려 있다.

1. (붉은 글자로) 立案 第20號
   1877년 3월 20일 지령안: "別紙內務省伺日本海內地籍…"
2. 〈日本海內竹島外一島地籍編纂方伺〉(1876. 10. 16, 시마네현령 → 내무경)
3. (붉은 글자로) 내무성 조회문 〈乙 第28號〉(1876. 10. 5 내무성 지리료
   → 시마네현)
4. 〈日本海內竹島外一島地籍編纂方伺〉(1876. 10. 16, 시마네현령 → 내무
   경)의 부속문서[64]

   1) 원유(原由)의 대략: 磯竹島…

   ① 유래(由來)의 개략: 磯竹島…

   ② 막부의 도해허가서: 從伯耆國米子…

---

63) 부록의 〈회도-1〉 참조

64) 본래 1876년 10월 16일자 〈편찬방사〉에는 "별지로 원유의 대략과 도면을 첨부하
여…"라고 하여 도면 이외 내용을 〈원유의 대략〉이라는 제목 안에 넣고 있다. 內藤
正中·朴炳涉의 저서(2007)에서는 〈원유의 대략〉을 다시 〈由來의 槪略〉등 5개로 구
분하여 각각 표제를 붙였다. 이케우치는 《공문록》에 수록된 순서대로 인용하되 제목
을 붙이지 않고 번호만 붙였다. 이 글에서는 나이토·박병섭(2007)의 분류를 차용하
되 필자가 약간 수정했으며, 원문을 볼 때 편리하도록 각 문서의 첫머리에 나오는 자
구, 예를 들면, ①〈유래의 개략〉 아래 '磯竹島…'라는 식으로 써주었다. 이하도 마찬가
지다. 《공문록》에 실린 원문 탈초문은 나이토·박병섭(2007), 이케우치(2012)에도 실
려 있다. 필자는 그 가운데 필요한 부분만을 인용했다.

③ 도해금지 경위: 當時米子同町…

④ 막부의 도해금지령: 先年松平新太郎…

⑤ 시마네현의 후기: 元和4年丁巳…

2) 에도막부의 문서[65]

① 1호 구 정부 평의의 주지(主旨)(1696년 1월 28일): 天龍院公…

② 2호 역관에게 하달한 문서[66]: 先太守因竹島事…

③ 3호 해당국(조선)이 보내온 서한[67]: 朝鮮國禮曹參議李善溥…

④ 4호 본방의 회답서 및 구상서[68]: 日本國對馬州…

5. 島地 第664號(1877. 3. 17): 〈日本海內竹島外一島地籍編纂方伺〉: 竹島 所轄之儀…

6. 태정관 지령(1877. 3. 29): 〈伺之趣竹島外一島之義 本邦関係無之義卜 可相心得事〉

7. 오야가 도면: 〈磯竹島略圖〉[69]: "생략한다.《지적》에 수록한, 시마네현

---

65) 모두 4개 문서이다. 표제는 3월 17일자 내무성의 〈編纂方伺〉에 나온 것을 참고하여 인용했다. 내무성은 〈편찬방사〉에서 "발췌하여 적은 바와 같이[摘採]"라고 했다. 다만 발췌의 주체가 내무성인지 쓰시마인지가 애매하다. 외교 관계를 과거 쓰시마가 담당했었음을 생각하면, 내무성이 1876년에 쓰시마에 요청하여 제출받아 문서를 검토한 것으로 볼 수 있다. 한편 메이지유신 이후 중앙정부가 옛 막부 문서를 수집하여 관리하고 있었을 경우, 내무성이 자체적으로 조사하여 발췌했을 가능성도 배제하기 어렵다. 쓰시마가 제출한 문서를 내무성이 발췌·요약하여 태정관에 제출한 것인지, 쓰시마가 발췌·요약한 문서를 내무성이 태정관에 첨부한 것인지는 좀 더 검토가 필요하다. 다만 조사를 요청하고 검토한 부서가 내무성임은 분명하다.

66) 쓰시마봉행 平眞賢 등이 동래부 훈도와 별차에게 보낸 서신(1696. 10.)

67) 예조 참의 이선부가 형부대보 소 요시자네(宗義眞)에게 보낸 서간(1698. 3.)

68) 소 요시자네가 이선부에게 보낸 회답서계(1699. 1.)와 구상서

69) 《地籍》에는 〈磯竹島略圖〉로 되어 있다. 나이토·박병섭(2009)에 따르면, 오야가 도면은 국립공문서관 마이크로필름이나《공문록》부본에는 없고, 정본에만《磯竹島略圖》라는 이름으로 보인다고 했다(85쪽). 이 책에서 정본과 부본을 구분한 것은 과거 국립공문서관이《공문록》을 필사(부본)하여 공개하던 일을 가리키는 듯하다. 시마네현이 펴낸《竹島關係資料集》제2집(2011)에는《공문록》부분에〈磯竹島略圖〉가 나온다. 다만 지도에 대해서는 "생략한다.《지적》에 수록한, 시마네현이 제출한 것과 동일한 것"이라고 적혀 있어,《공문록》에도 지도가 수록되어 있었음을 알 수 있다. 아시아역사자료센터에서 첨부지도를 확인할 수 있다(www.jacar.go.jp/DAS/meta/image_A07060000300, 2014년 10월 검색). 단 지도는《지적》과《공문록》에는 보이지만《태정류전》에는 보이지 않는다. 〈磯竹島略圖〉라는 지도명이 있는데, 굳이〈編纂方伺〉본문에서 언급된 '오야가 도면'으로 써줄 필요가 있는지도 의아하다. 이케우치(2012)는

이 제출한 것과 동일한 것"

《태정류전》에는 다음과 같은 순서로 관련 문서가 실려 있다.

1. 1877년 3월 29일 태정관 지령: 〈日本海內竹島外一島ヲ版圖外ト定ム〉[70]
   - 내무성 伺
   - 시마네현 伺(내무성 앞): 御省地理寮官員…(1876. 10. 5)
     ① 유래의 개략: 磯竹島…
     ② 막부의 도해허가서: 從伯耆國米子…
     ③ 도해금지 경위: 當時米子同町…
     ④ 막부의 도해금지령: 先年松平新太郎…
2. 시마네현의 후기: 元和4年丁巳…
3. 시마네현이 제출한 에도막부의 문서
     ① 1호 구 정부 평의의 주지(主旨)(1696. 1. 28): 天龍院公…
     ② 2호 역관에게 하달한 문서: 先太守因竹島事…
     ③ 3호 해당국(조선)이 보내온 서한: 朝鮮國禮曹參議李善溥…
     ④ 4호 본방의 회답서 및 구상서: 日本國對馬州…
4. 본국의안(本局議按): 別紙內務省伺…

이들 문서에서 지령안이나 지령, 〈日本海內竹島外一島地籍編纂方伺〉를 제외하면, 〈日本海內竹島外一島地籍編纂方伺〉 부속문서에 번호와 제목을 붙인 것은 후대의 연구자들이다. 세 문헌에서 보듯이, 문헌마다 실은 순서가 다르고 문헌에 따라 빠진 것도 있다. 그

---

〈磯竹島略圖〉를 국립공문서관 소장의 〈竹島外一島〉의 지도로서 소개하고 있다. 이케우치는 본문에서는 〈磯竹島略圖〉라는 명칭을 사용하고 있지만, 도면을 소개하는 부분에서는 이 명칭을 사용하지 않았다.

70) 여기서는 지령안의 문구는 싣지 않고 맨 뒤의 '본국의안'에서 지령을 작성해도 좋은지 품의하는 내용을 싣고 있다.

러므로 다음과 같이 내용을 날짜순으로 정리해보았다(괄호의 수·발신 관계는 필자가 작성한 것임).

1. 내무성 조회문〈을 제28호〉: 1876. 10. 5(내무성 지리료 →시마네현)

2. 〈日本海內竹島外一島地籍編纂方伺〉(1876. 10. 16, 시마네 현령 → 내무경)

   첨부 문서

   1) 원유(原由)의 대략: 磯竹島…

   ① 유래의 개략[71]: 磯竹島…

   ② 막부의 도해허가서: 從伯耆國米子…

   ③ 도해금지 경위: 當時米子同町…

   ④ 막부의 도해금지령: 先年松平新太郎…

   ⑤ 시마네현의 후기: 元和4年丁巳…

   2) 오야가 도면[72]: 〈磯竹島略圖〉

3. 〈島地〉제664호: (1877. 3. 17, 내무경 → 태정관)

   〈日本海內竹島外一島地籍編纂方伺〉: 竹島所轄之儀…

   첨부문서

   ① 1호 구 정부 평의의 주지(主旨)(1696. 1. 28): 天龍院公…

   ② 2호 역관에게 하달한 문서: 先太守因竹島事…

   ③ 3호 해당국(조선)이 보내온 서한: 朝鮮國禮曹參議李善溥…

   ④ 4호 본방의 회답서 및 구상서: 日本國對馬州…

4. 入案 第20號

   1877. 3. 20 지령안:〈別紙內務省伺日本海內地籍…〉

5. 1877. 3. 29 태정관 지령

---

71) 內藤正中·朴炳涉(2007)은 〈由來의 槪略〉이라고 하고 뒤의 내용에도 따로 제목을 붙였으나, 본래 1876년 10월 16일자 〈편찬방사〉에는 "별지로 원유의 대략과 도면을 첨부하여…"라고 하여 ①부터 ④까지를 〈원유의 대략〉이라는 표제로 포괄하고 있다.

72) 《지적》에는 〈磯竹島略圖〉로 되어 있다. 시마네현이 내무성에 제출하기 위해 교호 연간의 오야가 지도를 옮겨 그릴 때 붙인 이름인 듯하다.

이들 문서는 시마네현과 내무성, 태정관 사이에 왕복한 것들이다. 《지적》은 시마네현이 펴낸 것이므로 내무성과 주고받은 문서가 실려 있고 〈磯竹島略圖〉[73]도 실려 있다. 《공문록》에 실린 문서는 대체로 《태정류전》[74]에도 실려 있지만 《공문록》보다 축약되어 있다.

### (5) 지령의 성립 경위

지령이 나오기까지의 경위를 보면, 우선 1876년에 내무성이 전국적인 규모의 지적 편찬사업을 주도한 것이 계기가 되었음을 알 수 있다. 내무성은 지적 편찬사업을 추진하기 위해 지리료의 관리 다지리 겐신(田尻賢信)과 스기야마 에조(杉山榮藏)[75]를 현지에 파견했다. 두 사람은 이 일로 시마네현을 순회하던 중 다음과 같은 사실을 시마네현에 조회했다.

> 귀 관할인 오키국 모 방향에 종래 다케시마(竹島)로 불려 온 고도(孤島)가 있다고 들었습니다. 본래 옛 돗토리번의 상선이 왕복한 항로도 있다고 들었습니다. 이에 대해서는 구두로 조사하거나 협의한 것도 있는데다 지적 편제에 관한 지방관 심득서 제5조의 취지도 있습니다만, 혹시 모르니 협의해주시기 바랍니다. 그리고 그 내용을 제5조에 비추어 구기(舊紀)와 고지도 등을 조사하여 본 성(省)에 문의해 주시기 바라며, 이를 조회하는 바입니다.

---

73) 이케우치는 〈磯竹島略圖〉라는 표제를 두고 '〈竹島外一島〉의 도(圖)'라고 이름 붙였으나, 본문에서는 〈磯竹島略圖〉라고 언급하고 있다(池內敏, 앞의 책, 146, 360쪽). 이케우치가 소개한 〈磯竹島略圖〉는 국립공문서관 소장본이다.

74) 《태정류전》에 실린 문서는 필체가 모두 같다. 《공문록》에 실린 문서를 태정관에서 일괄 필사했기 때문으로 보인다.

75) 다지리 겐신은 12등 출사(出仕)이고 스기야마 에조는 지리대속(地理大屬)이다.

위 내용을 보면, 내무성 지리료의 관리 두 사람은 시마네현에서 구두 협의를 거친 뒤 다시 현으로 하여금 내무성에 조회하도록 요청했음을 알 수 있다. 두 사람이 구두로 조사한 내용은, 오키국 모처에 '다케시마'라고 부르던 섬이 있으며 이 섬을 돗토리번의 상선이 왕래하고 있었다는 사실이다. 이에 두 사람은 시마네현이 좀더 자세한 내용을 조사하여 다시 내무성에 문의할 것을 요청했다. 이 요청이 있은 지 약 열흘 뒤에 시마네현은 내무성에 문의했다. 이른바 〈일본해에 있는 다케시마 외 일도를 지적에 편찬하는 방법에 대한 문의(日本海內竹島外一島地籍編纂方伺)〉이다. 이때 시마네현은 고문헌과 지도를 1차로 올려보냈다. 문의서의 형식은 시마네현이 내무성에 문의하는 '方伺' 형식이다. 내용은 다음과 같다.

일본해에 있는 다케시마 외 일도를 지적에 편찬하는 방법에 대한 문의

(〈日本海內竹島外一島地籍編纂方伺〉)

귀 성(省) 지리료의 관원이 지적 편찬을 위한 사전 조사에 임하기 위해 본 현(縣)을 순회할 때, 일본해에 있는 다케시마(竹島)를 조사하는 건에 관해 별지 〈을 제28호〉와 같이 조회해보니, 본도(本島)는 에이로쿠(永祿) 연간(1558~1570)에 발견했다고 합니다만, 과거 돗토리번 시절 겐나(元和) 4년(1618)부터 겐로쿠(元祿) 8년(1695)까지 약 78년간 돗토리번의 호키국(伯耆國) 요나고정(米子町)의 상인 오야 구에몬(大谷九右衛門)과 무라카와 이치베(村川市兵衛)라는 자가 구 막부의 허가를 얻어 해마다 도해하여 섬의 동식물을 싣고 와서 내지에서 매각했음은 이미 확실한 증거가 있습니다. 지금까지도 고서(古書)와 구장(舊狀) 등이 전해지고 있으므로 별지로 원유(原由)의 대략(大略)과 도면 등을 첨부하여 우선 상신합니다.

이번에 섬 전체를 조사한 뒤에 상세한 내용을 기재하겠습니다만, 본디 본 현의 관할이 확정된 곳도 아닌데다 북쪽으로 100여 리나 떨어져 있어

항로도 불분명하여 보통의 범선 등은 오가기 힘든 곳입니다. 그러니 앞서 말한 오야 아무개와 무라카와 아무개의 전기(傳記)에 기초하여 추후 상세히 상신하겠습니다. 그러나 그 대략을 헤아려보건대, 관내 오키국의 북서쪽에 해당되며 산인(山陰) 일대의 서부에 속하는 것으로 볼 수 있다고 한다면, 본 현의 국도(國圖)[76]에 기재하고 지적(地籍)에 편입하는 건 등에 대해서는 어찌 판단해야 할지 지령을 내려주시기를 여쭙니다.

메이지 9년(1876) 10월 16일

현령 사토 노부히로(佐藤信寬) 대리 시마네현 참사 사카이 지로(境二郎)

내무경 오쿠보 도시미치(大久保利通) 귀하

위의 문서를 보면, 내무성은 10월 5일자 시마네현 조회문에서는 '오키국 모처의 다케시마'만을 언급했으나, 시마네 현령이 10월 16일자로 내무경에게 제출한 문서(⟨編纂方伺⟩)에서는 다케시마 외에 '일도'를 추가하여 문의하였음을 알 수 있다. 다만 '일도'에 관한 내용이 본문에서는 보이지 않는다. 그렇다면 시마네현은 왜 내무성이 묻지도 않은 '일도'를 추가했을까? 그것은 시마네현이 예로부터 다케시마와 마쓰시마를 한 묶음으로 인식하여, 다케시마에 관한 문의는 당연히 마쓰시마를 포함하는 것으로 여겼기 때문이다. 단지 시마네현은 문의서에서 '다케시마와 마쓰시마'라고 하지 않고 '다케시마 외 일도'라고 한 것뿐이다.

시마네현은 별지로 구기(舊紀)를 첨부하여 ⟨편찬방사⟩에 대한 판단을 문의했고, 내무성은 이를 참조하여 결정을 내렸다. 시마네현

---

76) 국도(구니즈, 國圖)는 구니에즈(國繪圖)를 가리킨다. 구니에즈는 기호를 사용하지 않고 도시, 성(城), 가옥, 토지 등의 상대적 위치를 그림으로 표현한 지도로 현대의 지도 작성기술이 도입되기 이전의 지도양식이다.

이 별지로 첨부한 구기는 이른바 '원유(原由)의 대략'이다. 그런데 이 문서는 시마네현이 내무성에 제출한 것이지만, 본래 오야가의 문헌 및 오야가의 문헌에 근거하여 돗토리번이 작성한 문서이다. 그러므로 이들 문서의 출전을 함께 고찰해야 시마네현과 내무성의 인식 차이를 알 수 있다.

예로부터 다케시마(울릉도)와 마쓰시마(독도)를 왕래한 일본 오야·무라카와 가문은 본래 돗토리번 호키국 소속이었다. 돗토리번과 이 지역 오카지마(岡嶋) 가문의 관련 자료는 공문서와 개인 저술, 지도로 남아 있다. 대체로《히카에초(控帳)》(1655~1873),《어용인 일기(御用人日記)》(1670~1779),〈고타니 이헤가 제출한 다케시마 회도(小谷伊兵衛より差出候竹嶋之繪圖)〉(1696)[77],〈다케시마 지도(竹島之圖)〉(1724),《다케시마노가키쓰케(竹嶋之書附)》(1724),《이나바지(因藩誌)》(1795),《호키지(伯耆志)》(1861),《호키 민언기(伯耆民諺記)》(1742),《호키 민담기(伯耆民談記)》(1742년 이후),《다케시마고(竹島考)》(1828),《인푸 역년대잡집(因府歷年大雜集)》(1632~1854 수록)(작자와 연대 미상),《증보 진사록(增補珍事錄)》(1831년 이후),《다케시마도해유래기 발서(竹島渡海由來記拔書)(1868)[78] 등을 들 수 있다.[79]

이들은 다시 돗토리번과 쓰시마번의 관리가 작성한 1차 사료, 그리고 1차 사료를 바탕으로 재작성한 2차 문헌[80]으로 구분된다. 시

---

77) 부록의 〈회도-2〉 참조

78) 오카지마 가문의 8대 손 마사노부(正脩)가 1868년에 필사한 것이고,,《다케시마도해유래기 발서공(竹島渡海由來記拔書控)》은 오야 가문의 11대(실제는 10대) 가쓰오키(勝意)가 분세이 연간(文政, 1818-1829) 필사한 것으로 되어 있지만,《竹島渡海由來記拔書》를 보면 막부 말기의 기록을 담고 있으므로 1868년에 작성한 것으로 보아야 한다는 의견(시마네현,《다케시마문제연구소 최종보고서》, 2007 )이 있다. 오야 가문의 후손인 오야 후미코(大谷文子)는 1983년에《오야가 고문서(大谷家古文書)》를 펴낼 때《다케시마도해유래기 발서공(竹島渡海由來記拔書控)》의 문체를 현대문으로 바꿔 수록했다.

79) 연도는《다케시마문제연구회 최종보고서》(2007)와《독도사전》(2011)에 근거한 것이다.

80)《竹島考》,《因府年表》,《鳥府誌》,《因府歷年大雜集》,《竹島渡海由來記拔書控》 등이 여기에 속한다.

마네현이 내무성에 1차로[81] 제출한 문서는 위 문헌 가운데 어느 것을 참고한 것일까? 이는 내용 분석을 통해 추정할 수밖에 없다.

우선 1876년 10월 16일자 〈日本海內竹島外一島地籍編纂方伺〉에 첨부된 별지를 보자. 가장 먼저 나오는 것은 '원유의 대략'이다. '원유의 대략'은 다시 여러 개로 분류되는데, 처음 나오는 것이 ①'유래의 개략'이다. 내용을 보면, "이소타케시마(磯竹島), 다케시마라고도 한다. 오키국 북서쪽 120리 정도에 있으며 둘레 약 10리 정도에…"로 시작한다. 〈편찬방사〉에서는 '다케시마 외 일도'라고 하여 '다케시마'와 '일도'를 언급했지만, 별지 ① '유래의 개략'에서는 '이소타케시마(磯竹島)'가 주칭으로 되어 있고, '다케시마'는 별칭으로 되어 있다. 부도 역시 〈磯竹島略圖〉라고 하여 '이소타케시마'가 주칭이다. 또한 '유래의 개략'에서는 "다음으로 한 섬이 있는데, 마쓰시마(松島)라고 부른다. 둘레가 30정(町) 정도이고 다케시마와 동일 항로상에 있으며 오키에서 80리(里) 정도 떨어져 있다. 수죽(樹竹)이 드물다"라고도 했다. 여기서 언급한, 오키에서 80리 정도 떨어져 있는 마쓰시마(松島)는 독도를 가리킨다. 이는 당시 요나고 사람들이 울릉도(다케시마)로 가는 항로에 있던 독도(마쓰시마)에 대해서도 인지하고 있었음을 보여준다. 그렇다면 '다케시마 외 일도'에서 '다케시마'를 제외한 '일도'가 '마쓰시마' 즉 독도임은 '유래의 개략'만 보더라도 분명하다. 이런 내용과 가장 유사한 내용을 싣고 있는 돗토리번 문서로는 《竹島考》(상)과 《伯耆志》(권7), 《磯竹嶋覺書》를 들 수 있다. 그러나 부분적인 내용만 실려 있을 뿐 위 기술에 그대로 부합

---

81) 시마네현은 1876년 10월 16일자 문의서에서 "우선 상신하고 나중에 다시 상세히 상신한다"고 했으므로 2차에 걸쳐 문서를 제출할 것임을 암시했다. 내무성이 3월 17일 태정관에 제출한 첨부문서 목록은 10월 16일자로 첨부한 목록과는 다르지만 이 문서를 시마네현의 문서로 보기는 어렵다. 10월 16일자로 첨부한 문서는 쓰시마에 소장된 외교문서이기 때문이다. 시마네현이 2차 문서를 제출했는지의 여부는 알 수 없다. 다만 이 글에서는 1876년 10월 16일자 첨부문서를 1차 제출문서로, 이듬해 3월 17일자 첨부문서를 2차 제출문서로 구분하기로 한다.

하는 내용을 실은 문헌은 없다. '유래의 개략'에서는 오키에서 다케
시마까지의 거리를 120리로 보았지만, 《伯耆志》에서는 100리로 보
았다. 동식물에 대한 기술은 《竹嶋之書附》 안에서 1724년 '竹嶋之
儀御尋之書付'의 '覺'에 보인다. 그리고 "후쿠우라에서 마쓰시마까
지 80리(里)"라는 내용은 《竹嶋之書附》 안에서 '1696년 정월 28일[82]
고타니 이헤(小谷伊兵衛)가 제출한 문서'에 보인다.

이어 언급된 것은 ② '도해허가서'에 관한 내용이다. 도해허가서
는 막부 노중 4명이 연서하여 돗토리번주 마쓰다이라 신타로(松平
新太郎)에게 보낸 것이다. 내용은 "호키국 요나고에서 다케시마에
예전에 배로 건너갔다고 합니다. 이번에도 도해하고 싶다는 뜻을
요나고 조닌(町人) 무라카와 이치베와 오야 진키치 쪽에서 상신하
여 쇼군이 들으신 바, 이의가 있을 수 없음을 말씀하셨기에, 그 뜻
을 받들어 도해를 지시하셔야 할 것입니다"는 것이다. 날짜는 5월
16일로 되어 있다. 연도는 나와 있지 않으나 앞의 '유래의 개략'에
서 "아베 씨가 에도에 소개하여 허가서를 얻었다. 실로 겐나(元和) 4
년 5월 16일이다"고 했으므로 1618년을 가리킨다. 이 내용은 《竹島
考》, 《伯耆志》(권7),[83] 《磯竹嶋覺書》에도 그대로 보인다.

이어 '원유의 대략'에는 ③ '도해금지 경위'와 ④ '막부의 도해금
지령'이 언급되어 있는데, 모두 17세기 '다케시마 일건'을 인용한 것
이다. 이에 따르면, 오야 씨가 이 섬을 발견한 뒤 해마다 끊임없이
도해하여 어렵을 했는데, "막부에서 멀리 떨어진 땅을 본방(本邦)의
판도(版圖) 안에 넣는다고 했기에 선기(船旗) 등을 주었"다는 것이다.
이어 1694년에는 조선인이 상륙한 경우가 있다는 보고를 받았고,
다음 해에는 두 명을 포박해 돌아와 에도로 보냈다가 본토(조선)로
송환했다는 것이다. 두 명의 이름을 '아히챤', '도라헤이'로 적었는

---

82) 작성한 날짜는 1월 25일로 되어 있다.

83) 《鳥取藩史》에도 수록되어 있다(송휘영, 앞의 책, 2014, 57쪽 참조).

데, 이는 안용복과 박어둔을 가리킨다. 이런 내용은 《竹嶋之書附》,
《竹島考》, 《磯竹嶋覺書》에 보인다.

④'막부의 도해금지령'이 실려 있는 1차 사료는 《어용인 일기》이
다. 《竹嶋之書附》, 《伯耆志》, 《磯竹嶋覺書》에도 보인다. 그런데 시
마네현이 제출한 '도해금지 경위'에 따르면, 같은 해(1695년)에 조선
이 "다케시마는 조선에 가깝다는 이유로 조선 땅에 속한다는 사실
을 자주 말해"왔으므로, 막부는 조선이 다케시마가 일본 관내에 속
한다는 증서를 올린다면 이후 조선에 어렵권을 주기로 평의했다고
한다. 그리고 조선은 이를 수용했다는 사실도 덧붙였고, 이어 일본
인의 도해를 금지한 내용을 인용했다. 이런 기술은 몇 가지 사실을
추정할 수 있게 한다.

우선 막부가 양가의 도해를 허락하고 선기(船旗)를 주거나 쇼군
알현을 허락하는 등의 우대정책을 베푼 이유를 알 수 있다. 그것은
요나고의 양가가 일본에서 멀리 떨어진 땅을 본방 즉 일본의 판도
안으로 넣겠다고 막부를 유인했기 때문이다. 이는 양가가 다케시마
도해 당시의 명분을 적어도 어렵의 이익보다는 '다케시마' 확보에
두었음을 짐작하게 한다. 또한 위 내용은 양가가 1694년(원문대로)[84]
에는 일본인의 수가 적어 그대로 돌아왔지만 다음해에 갈 때는 만
반의 준비를 하고 울릉도로 건너갔다는 사실을 보여준다. 조선인을
납치해올 심산이 처음부터 있었는지는 드러나지 않지만 적어도 그
에 대비하여 갔음은 짐작할 수 있다.

시마네현이 기록한 이런 기술은 지금까지 알려진 것과는 다른 점
이 있다. 우선 양가가 다케시마에서 조선인을 처음 만난 해와 안용
복과 박어둔[85]을 납치한 해가 잘못되어 있다. 또한 위 기록은 두 사

---

84) 1692년이 맞다.

85) 원문은 아히챤, 도라헤이로 되어 있다. 《竹島考》에는 안핑샤(안헨챠우), 도라헤,
  《因府歷年大雜集》에는 안헨치우, 도라헤, 《竹島紀事》에는 안요쿠호키, 도라헤(박토라
  히)로 되어 있다.

람을 에도로 보낸 것으로 적고 있으며, 조선이 울릉도가 조선 땅이
라는 서계를 일본 측에 전달한 시기가 1695년으로 되어 있다. 1694
년이 맞다. 일본은 1693년 12월 10일, 두 사람을 인도하기에 앞서
"조선 어민의 다케시마 출어를 요청하는" 서계를 11월에 보낸 바
있다. 이 서계로 말미암아 울릉도를 둘러싼 분규, 즉 '울릉도 쟁계'
와 '다케시마 일건'은 외교문제로 비화되었다. 이어 위 기록은 송
환 이후 약 2년에 걸쳐 전개되었던 논쟁을 생략한 채 바로 다음 해
(1696) 정월에 도해금지령이 내려진 것으로 기술하고 있다.

더구나 시마네현이 제출한 문서에는 조선이 일본의 영유권을 인
정한다면 에도막부가 어렵권을 주기로 결정했다는 듯이 기술되어
있다. 여기에는 조선이 일본의 영유권을 인정해주었기 때문에 막부
가 도해금지령을 낸 것이라는 의미가 내포되어 있다. 그런데《伯耆
志》를 보면, "조선이 다케시마는 조선 땅이라는 것을 끊임없이 말
하기에 이르렀다. 관이 논의하여 다케시마가 일본 관내라는 증문
(證文)을 올렸으나 이후 조선에 내줘야 한다는 명령이 있었고 조선
은 이를 받아들였다"[86]고 되어 있다.《伯耆志》에서 "조선이 다케시
마는 조선 땅이라는 것을 끊임없이 말하기에 이르렀다"고 한 부분
이 ③ 도해금지 경위에서 "같은 해에 그 나라가 다케시마는 조선에
가깝다는 이유로 조선 땅에 속한다는 사실을 자주 말해 왔다"고 되
어 있는 것은 크게 틀리지 않다. 그러나 뒤의 "관이 논의하여 다케
시마가 일본 관내라는 증문을 올렸으나 이후 조선에 내줘야 한다는
명령이 있었고 조선은 이를 받아들였다"는 내용은, ③ 도해금지 경
위에서는 "막부는 평의(評議)하여 일본 관내에 속한다는 증서를 올
린다면 이후 조선에 어렵권을 줄 것이라고 했다. 저 나라는 이를 받
아들였다"고 되어 있다.《伯耆志》에는 증문을 올린 주체는 돗토리
번, 조선에 내주라고 명령한 주체는 막부로 되어 있는데, 시마네현

---

86) 송휘영, 앞의 책, 2014, 34쪽.

이 제출한 별지 ③ 도해금지 경위에는 막부가 평의하여 돗토리번에 증서를 올리도록 명하고 조선에 어렵권을 주기로 한 것으로 되어 있어 전후 및 사실관계가 달라져 있다. 막부는 돗토리번의 보고를 받은 뒤 다케시마가 조선 영토라고 결정한 것이지 자체적으로 결정을 내린 뒤에 돗토리번에 증서를 올리라고 한 것은 아니다. 막부가 도해금지령을 낸 데는 조선의 영유권 주장이 시발이 된 것이므로 울릉도(다케시마)가 일본 관내에 속한다는 증서를 조선 측이 써줄 이유가 없었음은 여러 문헌으로 알 수 있다. ③ 도해금지 경위에 쓰여 있듯이, 막부가 조선의 어렵권을 인정해주기로 결정했고 조선이 이를 받아들였다는 논리가 맞다면, 이후 도해금지령이 나오지 않아야 한다. 시마네현의 논리대로, 조선이 일본의 영유권을 인정했다면 막부는 조선인의 도해는 금지하되 어렵권은 인정해주는 내용으로 조선인 '도해금지령'을 작성했을 것이다. 그러므로 막부가 "조선인의 도해를 금지했다"고 기술했다면 논리적으로 맞다. 그러나 막부가 내린 도해금지령은 일본인을 대상으로 한 것이었다. 그러므로 이는 역사적인 사실과는 맞지 않는다. 1876년에 시마네현은 에도막부가 '다케시마 도해금지령'(1696년 1월 28일)을 낸 데 아쉬움을 표현했다. 시마네현은 1618년[87]부터 1695년까지 약 78년간 무라카와·오야 두 가문이 도해하여 어렵을 해왔으나 막부가 소홀히 한 탓에 도해금지령을 내게 되었다고 인식하고 있었기 때문이다.

---

87) 1618년 설은 최근 이케우치 사토시의 연구로 인해 1625년 설로 수정되고 있다.

(6) 〈磯竹島略圖〉와 1696년 고타니 회도(繪圖)와의 관련성

시마네현은 내무성에 제출한 〈편찬방사〉에서 '원유(原由)의 대략'과 오야가의 도면을 별지로 첨부했다. 현은 이 오야가의 도면이 "지금 오야 씨에게 전해지는, 교호(享保) 연간에 만든 지도를 축사(縮寫)한"것임을 밝혔다. 교호 연간은 1716~1736년 사이를 말하는데, 구체적으로는 1724년을 가리킨다. 즉 현이 첨부한 지도의 원도는 오야 가문이 소장한, 교호 연간의 지도이다. 첨부 지도는 〈磯竹島略圖〉라는 이름으로 시마네현의 문서철 《지적》에 들어가 있다. 시마네현이 지도명을 붙인 것인지를 알려면, 〈磯竹島略圖〉의 연혁을 알아볼 필요가 있다.

17세기 에도막부는 '다케시마 일건'을 처리하기 위해 돗토리번에 관련 문서와 지도를 요구한 바 있다. 이때 돗토리번의 에도 유수거(留守居)였던 고타니 이헤(小谷伊兵衛)[88]는 관련 문서와 함께 지도를 제출했다. 고타니가 제출한 지도는 당시 오야·무라카와 집안이 소장한 회도를 필사한(〈고타니 이헤가 제출한 다케시마 회도(小谷伊兵衛より差出候竹嶋之繪圖)〉)[89] 것이었다. 고타니는 1695~1696년 시점에 오야·무라카와 집안이 소장하고 있던 회도를 축소·필사하여 막부에 제출하였다.

고타니가 그린 회도에는 후쿠우라에서 마쓰시마까지가 80리 정도, 마쓰시마에서 이소타케시마까지가 40리 정도, 마쓰시마에서 조

---

88) 고타니 이헤(小谷伊兵衛): 1689년에서부터 1700년에 걸쳐 돗토리번의 에도 유수거(留守居)로서 종사했다. 고타니가 회도를 제출한 시기를 미타 기요토(三田清人)는 1692–1696년 사이로 보았다. 그러나 고타니가 막부에 제출한 회답서 날짜가 1696년 1월 25일이고, 그 안의 내용이 회도와 일치하므로 회답서와 함께 제출한 것으로 보인다. 다만 지도 제작 일자는 제출 일자보다 앞섰을 것이므로 고타니가 오야 가의 지도를 옮겨 그린 시점이 1695년인지 1696년인지를 단정하기는 어렵다.

89) 웹 다케시마문제연구소는 이 회도를 사이트에 올렸는데, 돗토리현립박물관과 요나고시립 산인역사관 소장 지도를 싣고 있다. 두 회도가 채색에 약간의 차이가 있을 뿐 섬의 묘사나 기재 내용은 같다.

선국까지가 80~90리 정도로 나타나 있다. 회도에서 울릉도를 다케
시마라 칭하지 않고 '이소타케시마'라 한 것이 특징이다. 이소타케
시마 안에는 민가도 그려져 있다. 또한 이소타케시마 동쪽에는 조
금 큰 섬이 하나 그려져 있는데, '마노시마(まの嶋)'[90]라고 되어 있
다. 회도 아래쪽에는 '磯竹嶋之圖'라는 범례를 실어 울릉도의 여러
지명과 크기 등을 써 놓았다. 이 밖에 濱田浦, 大坂浦,[91] 北浦, 小
浦, 柳浦, いか浦, 竹浦, 鮑浦 등의 지명이 보인다.

교호 연간인 1724년에 막부는 돗토리번에 다시 한번 지도 제출을
요구했다. 이때 돗토리번이 제출한 회도의 이름은 〈고타니 이헤가
바친 다케시마 회도를 필사한 회도(小谷伊兵衛ニ所持被成候竹嶋之繪圖
之寫)〉[92]이다. 즉 돗토리번은 고타니가 1696년 즈음 필사했던 회도
를 다시 필사하여 1724년에 막부에 제출한 것이다.[93] 그런데 1876
년 시점에 시마네현은 교호 연간의 지도를 제출한다고 했으므로 이
지도의 모도는 1696년 즈음으로 거슬러 올라간다.

1696년의 회도와 1724년의 회도를 비교해보면, 1724년의 회도
가 좀 더 자세하다. 1696년 회도의 필사본인 1724년의 회도에도 울
릉도가 '이소타케시마(磯竹島)'로, 독도가 '마쓰시마(松嶋)'로 표기되
어 있다. 그리고 이소타케시마의 둘레는 7리(里) 반, 마쓰시마의 둘
레는 30정(丁)으로 되어 있으며, '마쓰시마'라고 표기된 부분은 붉은
색으로 칠해져 있다. 이소타케시마 주변에는 포구마다 주기(朱記)가
있다. 1696년의 회도에 있던 '磯竹嶋之圖'라는 범례는 1724년의 회
도에도 그대로 들어가 있다. 다만 1724년의 회도에는 이 밖에도 대

---

90) 지도를 보면 '댓섬'이 이에 해당된다.

91) 《竹嶋之書附》에는 '호키국 아이미군(会見郡) 연안 구분[濱目]'에 '古大坂浦'라는 지명
   이 따로 나온다.

92) 요나고시립 산인역사관 소장 지도이다. (부록의 〈회도-3〉 참조)

93) 오야·무라카와 집안이 소장하고 있던 회도를 참조했다고 보지만, 한편으로는 실제
   로 도항했던 뱃사람에게서 들은 것을 그린 것으로 보기도 한다(三田清人, 앞의 글, 61
   쪽, 《다케시마문제연구회 최종보고서》, 2007).

부분의 지명 앞에 주기(朱記)가 추가되어 있다. 이를테면, "다케시마(竹嶋)에 대해 세상에서는 이소타케(礒竹)라고도 하지만, 저희 양인(兩人)은 다케시마라고 합니다. 예전부터 에도 쇼군께 글을 올릴 때는 다케시마라고 해왔습니다"[94]라고 한 것이 그 예이다. 이 설명대로라면, 다른 지역[95]에서는 '이소타케'라고 부르지만 돗토리번 요나고의 두 집안은 '다케시마'로 부르고 있었음을 알 수 있다. 그렇다면 왜 1877년에는 〈竹島略圖〉라고 하지 않고 〈礒竹島略圖〉라고 명명하게 되었을까?

1696년 전후로 그려진 회도가 많이 남아 있지만, 1876년까지 '礒竹島'로 표기된 회도는 1876년에 시마네현이 제출한 〈礒竹島略圖〉가 유일하다. 1696년에 고타니 이헤가 제출한 회도의 표제는 〈礒竹嶋之繪圖〉가 아니라 〈竹嶋之繪圖〉였다. 1876년 〈礒竹島略圖〉에 보인 지명의 대부분은 '이소타케시마'라는 지명을 제외하면 겐로쿠 연간 오야·무라카와 집안이 명명한 것으로 보인다.[96] 따라서 돗토리와 요나고 지방에 전해지는 회도의 대부분도 1696년에 고타니가 제출한 회도의 사본 계열이라고 할 수 있다.[97]

19세기의 하치에몬 사건과 관련하여 남아 있는 〈竹嶋方角圖〉[98] 및 기타 지도,[99] 1835년에 하치에몬이 다른 사람에게 필사하게 했

---

94) 舩杉力修,〈繪圖·地圖からみる竹島(Ⅱ)〉,《竹島問題に関する調査研究最終報告書》, 竹島問題研究會, 2007, 143쪽.

95) 주로 이즈모와 오키 지역이다.

96) 《鳥取藩史》6 〈事變志〉(1971), 송휘영, 앞의 책, 2014, 58쪽에서 재인용.

97) 시마네현 다케시마문제연구소는 1724년 회도와 관련된 회도를 홈페이지에 올렸는데, 이 가운데 8439호만이 교호 9년(1724)으로 명기되어 있다. 8440호와 8441호, 8442호가 모두 같은 계열의 회도지만 연대는 명기되지 않았다. 원래의 회도에는 이름이 명기되지 않았지만 다케시마문제연구소는 이들에 '竹嶋之圖'라는 이름을 붙였다.

98) 부록의 〈회도-4〉 참조.

99) 하치에몬이 그린 지도로 보는 설이 있다. 지도에 있는 설명문이 하치에몬의 설명과 일치하기 때문이다. 이 지도는 나중에 마쓰에번의 학자 가네모리 긴사쿠(金森建策)에게 이어져 〈竹嶋圖說〉로 세상에 알려졌다는 설도 있다(시마네현 홈페이지, 스기하라통신 제13회 "松浦武四郎에 대하여(www.pref.shimane.lg.jp/soumu/web-takeshima/

다는 지도는 모두 하치에몬의 '다케시마' 목격을 근거로 작성된 것
들이다. 이 지도들에는 모두 다케시마와 마쓰시마가 함께 그려져
있다. 1696년 고타니 이헤가 막부에 제출한 회도에서, 이소타케시
마-마쓰시마-후쿠우라의 거리관계는 1876년에 시마네현이 내무
성에 제출한 〈磯竹島略圖〉에서의 거리관계와 거의 같다. 다만 〈磯
竹島略圖〉에는 이소타케시마에서 조선까지의 거리가 해상 약 50리
라는 사실이 추가되어 있다. 이로써 이른바 18세기 '교호 연간의 회
도'란 17세기 오야 · 무라카와 가문 소장의 회도, 바로 겐로쿠 연간
의 회도에서 유래한 것임을 확인할 수 있다.

교호 연간에 막부는 다케시마의 지리와 내력을 자세히 조사하여
보고하도록 돗토리번에 지시한 바 있다.[100]

막부는 왜 다시 '다케시마'에 특별한 관심을 보이게 되었을까? 이
에 대해《竹島考》(1828) 저자인 오카지마 마사요시(岡嶋正義)는 다시
이 섬에 도해를 허락하기 위해서였을 것으로 추정했지만 그 계획이
허무하게 중지된 이유에 대해서는 모른다고 했다.[101] 오카지마는
교호 연간의 시도가 성공하지 못한 원인을 도리어 조선이 다케시마
를 침탈했기 때문이라고 생각했다.

《竹嶋之書附》[102]에 실린 〈竹嶋圖〉는 교호 9년(1724) 윤4월 막부
에 제출된 지도 사본으로 되어 있다. 〈磯竹島略圖〉의 연원은 겐로

---

takeshima04/sugi/take_04g13.html).

100)《竹島考》(상), 번역서, 89쪽.

101) 위와 같음.

102) 이 문서는《鳥取藩政資料目錄》(돗토리현립박물관, 1997년 발간)에 따르면, 1724년
윤4월 16일에 돗토리번이 막부에 제출한 자료로 되어 있다. 1690년대 겐로쿠 다케시
마 일건과 1722년, 1724년의 자료가 들어가 있다. 끝에 수록된 〈竹嶋圖〉(〈竹嶋略圖〉)
도 돗토리번이 막부에 제출한 사본이다. 본래는 돗토리번 이케다 가(池田家)가 소장
하던 개별 문서였는데, 돗토리현립박물관이 1962년에 촬영하여《竹嶋之書附》라는 책
자로 엮었다고 한다. 1962년의 문서 첫 장의 표제는《竹島之書附》로 되어 있다. 1724
년에 3통으로 묶어 보고한 것인지, 현립박물관이 세 시기의 문서를 하나로 묶었다는
것인지가 애매하다. 이 자료에 관한 정확한 해제가 필요하다.

쿠 연간으로 소급해 올라간다. 다만 〈磯竹島略圖〉는 '약도'라고 한
것으로 알 수 있듯이, 다른 지도보다 간략하게 그려져 있는데, 이는
1876년 당시 시마네현이 내무성이 판단할 것을 고려한 것으로 보인
다.[103] 〈표-1〉은 〈磯竹島略圖〉와 그 모도(母圖)에 나타난 거리관계
와 지명을 비교한 것이다.

〈표-1〉 '고타니 회도' 계열 회도에서의 거리관계

| 연도 | 지도명 | 지명과 거리관계 | 비고 |
|---|---|---|---|
| 1696 | 고타니 이헤가 제출한 다케시마 회도 | *조선국→마쓰시마, 80~90리<br>*이소타케시마→마쓰시마, 40리<br>*마쓰시마→오키 도고 후쿠우라, 80리 | *마노시마<br>*범례 '磯竹嶋之圖'에 울릉도 지명 |
| 1724 | 고타니 이헤가 제출한 다케시마 회도를 필사한 회도 | *이소타케시마→마쓰시마, 40리<br>*마쓰시마→오키 도고 후쿠우라, 80리 | *마노시마<br>*범례 '磯竹嶋之圖'에 울릉도 지명<br>*朱記로 부연 설명<br>*이소타케시마의 둘레, 마쓰시마 둘레를 추가 |
| 1877 | 磯竹島略圖 | *조선→이소타케시마, 해상 50리<br>*이소타케시마→마쓰시마, 40리<br>*마쓰시마→오키 도고 후쿠우라, 80리 | |

이로써 1696년의 회도에 견주어 1724년의 회도에는 지명과 섬
의 둘레 등에 관한 설명이 추가되었음을 알 수 있다. 반면 시마네현
이 제출한 〈磯竹島略圖〉는 주변 도서(마노시마 등)와 포구 지명을 생
략한 채 '이소타케시마'와 '마쓰시마'만을 그렸다. 거리관계도 두 섬
과 양국에서의 거리를 위주로 기술했다. 이는 1876년에 시마네현이
내무성에 알려주려 했던 핵심이 무엇인지를 짐작하게 한다. 그것은

---

103) 內藤正中·朴炳涉(2007)의 저술에는 시마네현이 제출한 문서 목록에 '오야가 도면'
으로 되어 있으며 내무성이 태정관에 제출한 문서 목록에는 〈磯竹島略圖〉라고 되어
있다(84-86쪽). 송병기도 〈磯竹島略圖〉를 내무성이 제작한 것으로 보고 있다(《울릉도
와 독도 그 역사적 검증》, 역사공간, 2010, 164~165쪽).

바로 두 섬의 양국에서의 거리관계였다.

1876년 시점에 시마네현과 내무성은 도서 영유권을 판단하는 데 겐로쿠 연간의 문헌과 회도로 거슬러 올라가 근거로 삼고자 한 것이다. 그런데 이때 시마네현은 겐로쿠 연간 회도에서의 명칭 '이소타케시마'를 버리고 오야와 무라카와 두 가문이 실제로 부르던 '다케시마'를 사용했다. 이즈모와 오키 지역에서는 '이소타케(磯竹)'로 불리던 것이 요나고 지방에서 '다케시마'로 바뀌었다고 하지만 그 원인이나 배경에 대해서는 알 수 없다. 다만 1876년에 시마네현이 첨부한 별지 '원유의 대략'에는 '이소타케시마'가 주칭으로 되어 있다. 1876년에 시마네현이 오야가의 도면을 필사하면서 〈磯竹島略圖〉라고 이름 붙였다면, 이는 '원유의 대략'에 나온 '이소타케시마'를 그대로 쓰고자 한 것으로 추정된다.

1696년에 고타니가 막부에 회도를 제출하고 1876년에 〈磯竹島略圖〉가 나오기까지의 사이에는 하치에몬사건 관련 지도들이 있었다. 그것은 〈竹嶋圖〉, 〈竹嶋之圖〉, 〈竹嶌方角圖〉 등인데, 대부분 19세기 중반 하치에몬이 그렸거나 하치에몬의 회도에 근거하여 만들어진 것이다. 그런데 이 회도들은 모두 고타니 회도 계열보다 더욱 소략하다는 공통점을 지닌다. 하치에몬 계열의 회도는 이전 회도에서 보였던, '다케시마에서 마쓰시마까지가 40리'라는 내용을 기술하지 않고 있으며 채색으로만 섬의 소속을 구분하고 있다.[104] 메이지 시대 외무성의 와타나베 히로모토(渡邊洪基)는 〈松島之議 二〉(1876)에서 다케시마와 마쓰시마 사이의 거리가 40리, 오키에서 마쓰시마 사이의 거리가 60리라는 사실을 언급한 바 있다. 그런데 같은 시기 내무성은 시대적으로 가까운 하치에몬 계열의 회도를 참조하지 않고 오히려 17세기 '다케시마 일건' 당시의 회도를 모도로 한 〈磯竹

---

104) 이와미(石見)에서 마쓰시마까지의 거리가 89리라는 사실이 기술되어 있는 정도이다.

島略圖〉를 바탕으로 판단했다. 이것이 의미하는 바는 무엇인가? 그
것은 일본이 메이지 시대에 들어와서도 17세기 오야·무라카와 가
문의 다케시마(울릉도)·마쓰시마(독도) 도해라는 역사적 사실과 그
로 말미암아 내려진 결과를 중시하고 있었으며 태정관 지령도 그
연속선에서 내게 되었다는 점이다. 이런 사실은 태정관 지령에서
'일도'가 가리키는 섬이 어느 섬인지, '다케시마 외 일도' 즉 두 섬
이 일본 영토임을 부인하려는 것인지, 아니면 '다케시마' 한 섬만이
일본 영토임을 부인하려는 것인지에 대해 중요한 논거를 제공한다.
참고를 위해, 태정관 지령을 전후해서 회도와 문헌에 보인, 육지와
섬, 섬과 섬 사이의 거리관계를 표로 나타내면 다음과 같다.

〈표-2〉 문헌 및 회도에서 도서간 거리관계

| 연도 | 지도 또는 문헌명<br>(출전 또는 작성자) | 조선-竹島 | 조선-松島 | 松島-竹島 | 松島-일본 | 竹島-일본 |
|---|---|---|---|---|---|---|
| 1693. 5. 22 | 竹嶋渡海之覺(竹嶋之書附 수록) | | | | | 160리(竹島-호키국 요나고) |
| 1695. 12. 25<br>(1696. 1. 9) | 돗토리 번주의 보고(磯竹嶋覺書 수록) | 40리 | | | | 160리(竹島-호키) |
| 1696. 1. | 小谷伊兵衛より差出候竹嶋之繪圖 | | 80~90리 정도 | 40리 정도 | 80리 정도(松島-오키) | |
| 1696. 1. 28. | 도해금지령 | | 80~90리 정도 | 40리 | 120리(松島-호키)<br>80리(松島-오키의 후쿠우라) | |
| 1696. 5. | 겐로쿠 각서의 안용복 진술 | 30리 | | 50리 | | |
| 1696. 1. | 小谷伊兵衛より差出候竹嶋之繪圖 | | | 40리 | | 100리(竹嶋-인슈) |
| 1724. 윤4. | 小谷伊兵衛二所持被成候竹嶋之繪圖사본 | | | 40리 | 80리(松島-오키) | |

| | | | | | | |
|---|---|---|---|---|---|---|
| 1724. 윤4. | 竹嶋圖105)(竹嶋之書附 수록) | 40리 | | 40리 | | 130리(竹島-요나고) |
| 1724. 윤4. | 竹嶋之書附 | | | 40리 | 60리(松島-오키도고?) | 140~150리(竹島-요나고) |
| 1724. 윤4. | 竹島之圖106)(에도 제출지도의 사본) | | | 40리 | 60리(松島-오키) | 80리(100리) |
| 1742 | 伯耆民談記 | | | | | 100리(竹島-오키) |
| 1763 | 竹島圖說과 첨부지도 | 40리(바닷길) | | 40리 | 60리(松島-오키) | 70리(竹島-오키):160리(竹島-요나고) |
| 1801 | 長生竹島記 | | | 40리 | 70리(松嶋-오키도고) | |
| 1823 | 隱岐古記集 | | | 70여 리 | 40여 리(松島-오키) | |
| 1828 | 竹島考圖說, 竹島松島之圖107) | | | 40리 | 70리(松嶋-오키도고) | 150~160리(竹島-호키) |
| 1833 | 竹嶋圖(하치에몬)108) | | | | | |
| 1835 | 竹嶋之圖(하치에몬 회도에 근거) | | | | | |
| 1836 | 竹嶌方角圖(하치에몬 진술에 근거) | | | | 89리(松島-石見) | |
| 1836 | 《朝鮮竹島渡航始末記》부도, 〈竹嶌方角圖〉를 수정한 회도 | | | | 89리(竹島-石見)36리?(조선-竹島) | |
| 1849 | 竹嶋之圖(金森建築, 하치에몬 회도에 근거) | | | | | 70리(竹島-오키) |
| 1858 이후 | 伯耆志, 會見郡8 | 50리 | | | 60리(松島-오키) | 100리(竹島-오키) |
| 1875 | 磯竹嶋覺書 | 40~50리 | | 40리 | 80리(松島-오키) | |
| 1876 이후 | 松島之議 二(渡邊洪基) | | | 40리 | 60리(松島-오키) | 140리(竹島-요나고) |

| 1877 | 竹島之圖[109]<br>(戶田敬義) | | | | | |
|---|---|---|---|---|---|---|
| 1877(1696) | 磯竹島略圖[110] | 50리 | | 40리 | 80리<br>(松島 - 오키) | |
| 1877. 8. | 松島異見<br>(坂田諸遠) | 40리 | | | 40리<br>(松島 - 오키) | |
| 1876.? | 朝鮮國全圖<br>(瀨脇壽人) | | | | | |
| 1880. 9. | 수로보고 제33호 | | | | | 140리<br>(松島 - 오키) |

*지도명과 제작자에 대해서는 다케시마문제연구회 최종 보고서(2007), 웹 다케시마문제연구소 사이트, 저술 등을 참고하여 필자가 작성한 것이다.

〈표-2〉로 알 수 있듯이, 회도에서 기술한 다케시마와 마쓰시마 및 양국에서 이들 두 섬까지의 거리관계는 차이가 있다. 그러나 대부분의 회도에서 공통적인 것은 다케시마와 마쓰시마사이의 거리 관계를 40리[111]로 보고 있다는 점이다.

---

105)《鳥取藩政資料目錄》에는 〈竹嶋略圖〉로 되어 있다. 원문에는 지도명이 없다.

106)《鳥取藩政資料目錄》에는 〈竹嶋之圖〉라는 이름으로 3개의 회도가 보이는데 크기는 다르지만 같은 계열의 회도로 보인다. '웹 다케시마문제연구소' 홈페이지에는 같은 이름의 회도가 4개 게재되어 있다. 모두 1724년에 제출된 회도의 밑그림으로 보인다(www.pref.shimane.lg.jp/admin/pref/takeshima/web-takeshima/takeshima04/takeshima04_01/takeshima04d.html 참조).

107) 교호 연간의 조사 당시 오야·무라카와 집안이 막부에 올린 지도를 축소하여 그린 것이다. 호키에서 다케시마까지의 거리(150~160리)에 대한 내용은 오카지마의 《竹島考》에 보인다.

108) 이 회도에는 松島가 없다.

109) 〈竹島渡海之願〉 안의 부도이다.

110) 1724년의 회도 〈小谷伊兵衛ニ所持被成候竹嶋之繪圖之寫〉를 참고했다는 설도 있다. 그러나 이 회도의 유래는 1696년 〈小谷伊兵衛より差出候竹嶋之繪圖〉로 거슬러 올라간다.

111)《다케시마문제연구회 최종보고서》(2007)에는 40리를 72킬로미터로 보아 里를 海里로 보았지만, 같은 보고서의 다른 부분에서는 에도시대에 해리는 도입되지 않았다고 했다. 에도시대에는 육상의 리(里)와는 다른 방식으로 항해의 리 수를 적되 지역에 따라 달랐으므로 일괄적으로 정하기 어려운 점이 있다. 필자는 2014년 9월 시마네현의

### 3) '다케시마 일건' 처리에 대한 내무성의 인식

#### (1) 시마네현이 제출한 첨부문서와 내무성의 검토

내무성은 〈편찬방사(編纂方伺)〉에 대해 판단하기 위해 시마네현이 제출한 문서를 검토했다. 시마네현은 두 번에 걸쳐 내무성에 첨부문서를 제출한 것으로 보인다. 첫 번째는 1876년 10월 16일자 문의서에 첨부한 것이고, 두 번째는 그 뒤인 듯하지만 언제인지 단정하기는 어렵다. 내무성이 태정관에 〈편찬방사〉와 첨부문서를 제출한 시기가 3월 17일이므로 시마네현 제출 시기는 그 이전이겠지만 내무성이 검토하는 데 시간이 필요했을 것으로 미루어 1877년 이전으로 보인다. 그런데 내무성은 1877년 3월 17일 태정관에 〈편찬방사〉를 제출할 때 1876년 10월 16일자 문서에 첨부되었던 별지 대신 다른 문서를 첨부했다. 그것은 주로 도해금지령이 나오게 된 경위와 그 뒤의 전개를 다룬 외교문서이다. 이때 내무성이 검토한 문서는 일본과 조선간의 외교문서로서, 이 문제에 대한 두 나라의 인식을 보여주고 있으므로 구체적으로 분석해볼 필요가 있다.

1877년 3월 17일, 내무성이 '다케시마 일건' 관련 문서를 검토한 결과, 두 섬이 일본 영토와 관계없다는 결론에 도달했으나 최종 결정을 최고의결기관인 태정관에 요청했음은 이미 알려진 사실이다. 이때 내무성이 검토한 문서는 시마네현이 제출한 돗토리번 문

---

다케시마자료실을 방문하여 에도시대 회도의 거리를 관계자에게 질문한 바 있다. 관계자는 지역에 따라 다르긴 하지만 해리를 나타낸 것으로 본다고 답변했다. 에도시대에 해리를 도입했다는 문헌상의 기록은 없다. 메이지시대에 공식적으로 해리가 도입된 것은 1872년 4월 태정관 포고에서인데, "해리는 1度60分1을 1里로 정한다. 즉 육리 16町9分7厘5毛이다. 한 시간에 1해리를 가는 속도가 노트(knot)이다"고 정의했다(小泉袈裟勝, 《圖解·單位の歷史辭典》, 柏書房株式會社, 1991, 29쪽). 참고로, 막부가 외국선박의 입항과 통상을 나가사키로 제한하는 쇄국령을 내린 것은 1633년이다. 현재 한국이 공식적으로 밝힌 울릉도에서 독도까지의 거리는 87.4킬로미터이다. 이를 해리로 환산하면 약 47리(浬)이다. 에도시대 기록에 다케시마(울릉도)와 마쓰시마(독도)간의 거리는 40리로 나온다.

서, 그리고 내무성이 따로 수집한(또는 제출받은) 쓰시마번의 문서였
다. 시마네현이 제출한 돗토리번 문서에는 요나고 지역민이 조선의
섬에 건너가게 된 유래를 밝히고, "막부가 외정(外政)을 돌보지 못
해 결국 이렇게 (도해금지가) 되었다"는 식의 아쉬움이 적혀 있지
만, 조선 정부와의 언급은 별로 없었다. 그런데 내무성은 이 문제
가 돗토리번과 막부간의 문서왕복으로 끝난 문제가 아니라 조·일
양국간의 문제로 끝난 것임을 쓰시마번의 문서로 확인했다. 그리고
그 결과로 "두 섬은 본방과 관계가 없다"고 한 것이다. 즉 내무성
은 이 문제를 일본과 조선이라는 국가 차원의 문제로 인식했던 것
이고, 태정관도 이런 내무성의 판단과 결정을 인정하여 "본방과 관
계없다"고 재확인해준 것이다. 그렇다면 태정관이 "두 섬은 본방과
관계없다"고 한 말은 "두 섬은 조선 영토이다"고 한 것에 다름 아니
다. 이런 인과관계는 첨부된 별지문서를 분석함으로써 논증할 수
있다.

1877년 3월 17일자 〈편찬방사〉는 별지 문서를 첨부했다. 그것은
"겐로쿠 9년(1696) 정월 제1호 구 정부 평의(評議)의 주지〔舊政府評議
之旨意〕, 2호 역관에게 하달한 문서〔譯官へ達書〕, 3호 해당국(조선)이
보내 온 서한〔該國來柬〕, 4호 본방의 회답서 및 구상서〔本邦回答及ヒ
口上書〕"였다. 이 글에서는 ① 1호 구 정부 평의의 주지(主旨) ② 2호
역관에게 하달한 문서 ③ 3호 해당국이 보내온 서한 ④ 4호 본방의
회답서 및 구상서로 번호와 제목을 붙였다.

별지 문서를 보면, 1호는 1696년 1월 도해금지령을 전달하는 과
정, 2호는 1696년 10월 조선 역관에게 금지령을 구두로 전달하는
내용, 3호는 1698년 3월 예조 참의 이선부의 회답서, 그리고 4호는
이에 대한 1699년 10월 일본의 회답서이므로 연대순으로 열거된 것
임을 알 수 있다. 내무성은 "시마네현이 별지 문의서를 제출했기에
조사해보니"라고 했으므로 이들 별지 문서는 시마네현이 제출한 것

임을 알 수 있다. 네 개의 문서를 분석해보면, 17세기 '다케시마 일
건'에 대한 에도막부의 인식뿐만 아니라 1877년 내무성의 인식도
엿볼 수 있다.

  '다케시마'를 둘러싸고 1693년부터 1699년 사이에 조 · 일 양국
은 많은 논전이 있었다. 그런데 그 가운데 시마네현이 발췌한 것
은 위의 네 개 문서이다. 시마네현이 1876년에 참고한 문서의 출전
을 정확히 알 수는 없지만, 현이 과거 '다케시마 일건'에 직접 관계
된 돗토리번과 쓰시마번의 문서를 조사했을 것은 쉬 짐작할 수 있
다. 1876년 이전 '다케시마 일건' 관련 문헌은 매우 많다. 그 가운데
대표적인 것은 돗토리번 문서를 엮은《竹嶋之書附》(1724), 쓰시마번
의 기록을 집대성한《竹嶋紀事》(1726),[112] 내무성이 편찬한《磯竹嶋
覺書》(1875)[113]를 들 수 있다. 이들은 '다케시마 일건' 관련하여 막부
와 돗토리번, 막부와 쓰시마번 사이의 대응양상을 담고 있다. 1876
년에 내무성이 가장 궁금해 한 점은 바로 이들 문헌에 수록되어 있
었다.《竹嶋之書附》는 1724년 돗토리번이 막부에 올린 것으로 보
이지만 세 개의 별개 문서를 한 데 모아 놓았고, 이를 1962년에 돗
토리현이 하나로 묶어 놓은 것이므로 편철관계를 자세히 알기는 어
렵다.[114] 그러나 이 문서는 1696년 도해금지령이 나오기까지의 경
위를 담은 관련 문서 및 1722년과 1724년 막부에 제출한 돗토리번
의 문서를 싣고 있으므로 도해금지령과 이후의 양상을 볼 수 있다.
《磯竹嶋覺書》는 두 번(蕃)의 사료를 싣고 있는데, 마찬가지로 도해

---

112) 쓰시마번과 조선의 대응양상을 담은 1차 사료 가운데, 1694년 2월부터 1695년 5월
    까지의 기록을 담은 것으로《竹嶋記下書》가 있다(쓰시마번 종가 기록, 국사편찬위원
    회 기록류 No. 6583). 이를 동북아역사재단에서 번역했다(김강일 · 윤유숙 역,《울릉
    도 독도 일본사료집 Ⅱ -竹嶋記下書 · 上》, 2013).《竹嶋紀事》에도 내용이 일부가 실
    려 있다.

113) 노중 아베 분고노카미의 가신이 작성한 겐로쿠 연간 문서를 1875년에 내무성이 모
    아 교정한 것으로 알려져 있다.

114) 시대와 저자가 다른 문서를 모아 놓은 것이므로 체재(體裁)에 일관성이 없다.

금지령이 나오기까지의 경위 및 이후의 전개과정을 기록하고 있다. 특히 이 문헌은 1875년에 내무성이 작성한 자료로서 시대적으로도 가장 최근 자료이므로 내무성이 주로 참고했을 것으로 보인다. 《竹嶋紀事》는 쓰시마 가로였던 오우라 리쿠에몬(大浦陸右衛門)이 집필하고 번사인 고시 쓰네에몬(越常右衛門)이 편찬한 것으로 주로 도해금지령과 그 이후 조선에 전하는 외교문서를 둘러싼 쓰시마의 대응 양상을 담고 있다.

그런데 1877년에 내무성이 태정관에 제출한 별지 문서만을 보면, 이들을 논리적으로 연결시키기가 어렵다. 문서가 나오는 동안 많은 내용이 누락되거나 생략되었기 때문이다. 그러므로 이들 문서를 배경으로 하여 지령이 성립하게 된 맥락을 전체적으로 보려면 위에서 언급한 세 문헌을 교차 분석할 필요가 있다.

내무성이 태정관에 제출한 〈편찬방사〉에 첨부된 별지 문서를 보면, 대부분 《竹嶋紀事》와 《磯竹嶋覺書》에 실린 내용임을 알 수 있다. 《竹島考證》(1881)[115]은 기타자와가 밝혔듯이 《竹嶋紀事》와 《磯竹嶋覺書》를 참고한 것이고 지령 이후의 저술이기도 하므로 1877년의 상황을 알기에는 부적절하다. 내무성이 태정관에 제출한 2차 첨부문서를 보면, 각 문서의 작성 시기와 작성자가 다르다는 것을 알수 있다. 1호 '구 정부 평의의 주지'는 에도막부가 도해금지를 결정하기까지의 정책결정과정, 즉 최고의결기관인 평정소의 노중(老中)들이 협의한 과정을 기록하고 있다. 1695년 12월 노중 아베 분고노카미(安部豊後守)는 쓰시마의 소 요시자네(宗義眞)에게 도해금지령을 내리기 전 쓰시마번의 가로 히라타 나오에몬(平田直右衛門)에게 자신이 동료 및 데와노카미(出羽守)[116] 등과 평의한 내용을 밝힌 바 있

---

115) 저자인 기타자와는 도해금지령 전후 조선과 일본이 주고받은 서신을 《竹嶋紀事》와 《磯竹嶋覺書》에 실린 것을 참조했음을 밝히고 있다.

116) 데와노카미는 야나기사와 요시야스(柳澤吉保)를 말하는데, 1695년 당시 노중 격(格) 및 가와고에번의 번주였다. 아베가 형부대보 소 요시자네의 문서를 1695년 12월

다. 그 안에 다음과 같은 내용이 보인다.

> '예전(先年)'이라고 되어 있지만 그 연도는 알지 못합니다. 이런 연유로 건너가서 어렵을 해온 것일 뿐, 조선의 섬을 일본이 취했다고 할 만한 것도 없고 일본인이 살지도 않습니다. 거리를 물어보니, 호키에서는 160리 정도 되고 조선에서는 40리 정도 떨어져 있다고 합니다.

위 내용은 에도막부가 일본인들의 울릉도 도해 연도를 정확히 파악하고 있지 못했음을 보여준다. 위 내용으로 보아, 막부는 조선의 섬을 일본이 취했다고 여긴 적도 없었음을 알 수 있다. 따라서 막부는 "그렇다면 (일본인이 도해했던 섬은) 조선국 울릉도일 것으로" 생각했던 것이다. 더구나 막부는 "일본인이 거주하고 있다거나 이쪽이 취한 섬이라면 이제 와서 (조선에) 돌려주기도 힘들겠지만, 그런 증거도 없으므로 이쪽에서는 개의치 않도록 하는 것이 어떠한가"고 하며 쓰시마번에게 개입하지 말 것을 종용했다. 이때 막부가 '다케시마'가 조선에 속할 것으로 결정하는 데 준거로 삼은 것은 바로 일본에서의 거리가 조선에서보다 네 배나 멀다는 사실이었다. 막부는 인민의 거주 여부와 거리관계를 기준으로 하여 귀속을 판단한 것이다. 막부가 보기에, 다케시마(울릉도)가 조선에서는 40리 떨어져 있는데 호키에서는 160리나 떨어져 있어 일본이 조선쪽보다 거의 네 배나 멀다는 것이다. 막부가 이렇게 인식하게 된 이유는 돗토리번의 보고 때문이다. 1693년 5월 22일 돗토리번은 막부의 감정두(勘定頭)[117] 마쓰다이라 미노노카미(松平美濃守)[118]에게 보낸 문서에서 "호키국 요나고로부터 다케시마까지는 해상 약 160리 정도 된다

---

25일 즈음 데와노카미에게 보내 의논하게 한 사실이 《磯竹嶋覺書》에도 보인다.

117) 감정봉행(勘定奉行)을 가리킨다. 겐로쿠 시대까지는 '감정두'라 불렸다.

118) 마쓰다이라 시게요시(松平重良)를 말하는데, 1688~1698년까지 감정봉행으로 재임했다. 이 내용은 《竹嶋之書附》에 수록되어 있다.

고 합니다"라고 보고했다. 이 내용은 다시 1695년 12월 25일 노중 아베가 돗토리번주 마쓰다이라 호키노카미에게서 보고받았다. 이로써 보건대, 아베의 '40리'와 '160리' 운운은 돗토리번의 보고에 근거한 것임을 알 수 있다.

한편 《竹嶋之書附》에 수록된 〈竹嶋圖〉[119]에는 "호키국 요나고에서 다케시마까지는 선로 130리 남짓. 다케시마에서 조선까지는 40리"로 나타나 있다. 막부가 "다케시마가 조선에서는 40리 떨어져 있는데 호키에서는 160리나 떨어져 있어 거의 네 배나 멀다"고 인식하는 데 영향을 미친 것이 겐로쿠 연간의 문헌인지, 교호 연간의 문헌인지 단정하기는 어렵다. 더구나 《竹嶋之書附》에 첨부된 회도에서는 요나고에서 다케시마까지를 130리(竹嶋圖)로, 문헌에는 140~150리로 기술되어 있는데, 막부가 굳이 더 먼 160리를 채택한 이유도 알 수 없다. 다만 위의 내용으로 알 수 있는 것은, 다케시마 즉 울릉도에 더 가까운 쪽은 조선이라는 인식을 막부가 가진 데 변함이 없다는 점이다. 막부는 이 섬에 일본인이 거주한 적도 없으므로 일본 땅이라고 주장할 만한 근거가 없다고 인식했다. 노중 사가미노카미는 "예년에는 오지 않던 이국인들이 (다케시마에) 건너온 까닭에 앞으로는 오지 않도록 하라고" 지시했지만, 오히려 노중들의 평의는 반대로 결정되었다. 영유의 귀속을 결정한 뒤 막부는 다음 방안에 대해 쓰시마번의 의중을 타진했다.

쓰시마 번주가 '울릉도'라고 써 넣은 것을 삭제한 답장을 쓰도록 지시했으나, 답변이 오기 전에 쓰시마 번주[120]가 사거(死去)했으므로 앞에서 말한 답장은 그 나라에 보류해 두었다고 합니다. 그렇다면 형부대보[121]가 울릉

---

119) 1724년 윤4월 에도로 적어 올린 것의 사본.

120) 4대 번주 소 요시쓰구(宗義倫)를 말함

121) 3대 번주 소 요시자네(宗義眞)의 관위(官位)이다. 계명(戒名)은 천룡원(天龍院)이다. 4대 번주 요시쓰구가 일찍 사거하여 5대 번주 요시미치(宗義方)가 즉위했지만

도 건에 관해 언급할 필요가 없지 않겠습니까? 아니면 어찌 됐든 다케시마 건에 관해 형부대보 님이 서한이라도 보내두어야 한다고 생각하시는 겁니까? 이상의 세 가지 방안을 검토하여 알려주시기 바랍니다.

즉 막부는 쓰시마번의 의사를 존중해주고자 위와 같이 의사를 타진한 것이다. 막부는 기본적으로는 "전복을 캐러 갈 뿐 별다른 이익이 없는 섬인데, 이 건이 어렵게 되어 예로부터의 통교를 끊게 되는 것도 좋지는 않다"는 인식을 지니고 있었다. 이에 막부는 쓸모없는 섬을 취하기 위해 일본이 무력에 의존해서는 안 된다는 사실도 쓰시마번에 분명히 했다. 그러자 쓰시마번의 히라타 나오에몬은 "이후 일본인은 그 섬에 가지 말아야 한다는 것인가"를 막부에 확인했다. 그는 또한 "앞으로 일본인이 건너가지 않도록 해야 한다는 것을 (막부가) 알려주셨으니, 다케시마를 돌려준다는 얘기인가"도 재확인했다. 쓰시마번은 본래 일본 땅인 '다케시마'를 조선에 돌려주는 것이라고 조선 측에 생색을 내기 위해 막부에 그 의사를 떠본 것이다. 이에 아베 분고노카미는 '다케시마'가 원래 조선 땅이므로 돌려준다는 표현을 해서는 안 된다고 쓰시마번에 주지시켰다. 사가미노카미는 조선인의 도해를 금지시키려 했지만, 도리어 아베는 사가미노카미의 의견을 접는 방향으로 평의를 주도했다. 그렇다면 그 배경은 무엇일까? 거기에는 아래에서 보듯이, 돗토리번의 보고가 결정적인 영향을 미쳤음을 알 수 있다.

---

1694년 당시 11세로 너무 어렸으므로 아버지인 요시자네가 형부대보로서 섭정했다.

### 2) 1695년 막부의 질문과 돗토리번의 회답

아베 분고노카미는 돗토리번 번주 마쓰다이라 호키노카미(松平伯耆守)에게 문제의 섬에 관해 물은 바 있다. 이에 마쓰다이라는 (문제의 섬이) "이나바나 호키에 부속된 것도 아니고 요나고의 조닌 두 명이 예전대로 도해하고 싶다고 청원한 까닭에 당시의 영주인 마쓰다이라 신타로의 주선으로 이전처럼 도해하도록 신타로에게 봉서로 전달했다"[122]고 보고한 바 있다. 아베는 앞에서 언급했듯이, 다케시마가 호키에서는 160리 정도이고 조선에서는 40리 떨어져 있다는 사실을 알고 있었다. 따라서 이에 근거하여 다케시마가 조선의 울릉도에 속한다는 결론을 내린 바 있다.[123] 아베가 "원래 빼앗아온 섬이 아닌 이상 되돌려준다는 말을 해서는 안 된다"는 입장을 취한 것도 이 때문이다.

그렇다면 아베가 이런 결정을 내리게 된 과정에 '다케시마'만 거론되었는가? 이에 대한 해답은 아베와 돗토리번 에도 번저(藩邸) 사이에 왕래한 질의서와 회답서에서 구할 수 있다. 《竹嶋之書附》에는 1695년 12월 24일자 막부의 질의에 대해 다음과 같이 기록하고 있다.

> 一. 이나바와 호키에 부속된 다케시마는 언제부터 양국에 부속되어 있었습니까? 선조가 영지를 받기 이전부터였습니까?
>
> 一. 다케시마는 대략 어느 정도 되는 섬입니까? 사람은 살지 않습니까?
>
> 一. 다케시마에 어렵을 위해 사람이 온다고 했는데, 언제부터 왔습니까? 매년 옵니까? 아니면 가끔씩 옵니까? 어떤 어렵을 하는 것입니까? 배도 많이 옵니까?

---

122) 1호 '구 정부 평의의 주지'(부록) 참고.

123) 《竹島紀事》 3권, 1696년 정월 28일, 아베가 쓰시마번의 사자를 만난 날은 1월 9일이다.

一. 3, 4년 전에 조선인이 와서 어렵을 해서 당시 인질로 두 명을 잡아왔다
　　고 했습니다. 그 이전에도 가끔씩 왔습니까? 아니면 전혀 오지 않다가
　　그때 2년 연속으로 온 것입니까?

一. (최근) 1, 2년은 오지 않았습니까?

一. 예전에 왔을 때 배는 몇 척이었으며, 사람은 몇 명 정도가 왔었습니까?

一. 다케시마 외에 양국(이나바, 호키)에 부속된 섬이 있습니까? 또 (있다
　　면) 그곳도 어렵을 위해 양국 사람들이 가는 것입니까?

　1695년 12월 25일자로 돗토리번의 에도 유수거(留守居) 고타니 이
헤는 다음과 같은 회답서를 제출했다.[124]

一. 다케시마는 이나바나 호키에 부속된 것이 아닙니다. 호키국 요나고의
　　조닌 오야 구에몬과 무라카와 이치베라는 자가 도해해서 어렵을 행하
　　는 것은, 마쓰다이라 신타로가 영국(領國)을 다스릴 때 봉서(封書)로
　　쇼군의 지시를 받았다고 합니다. 그 전에 도해한 적도 있다고는 하나
　　그에 관해서는 알지 못합니다.

一. 다케시마는 둘레가 8~9리 정도 된다고 합니다. 사람은 살지 않습니다.

一. 다케시마로 어렵하러 갈 때는 2~3월 무렵에 요나고를 출항해서 매년
　　갑니다. 그 섬에서 전복과 강치(みち)[125] 어렵을 하는 크고 작은 배 모
　　두 2척이 갑니다.

一. 4년 전 임신년(1692, 겐로쿠 5), 조선인이 그 섬에 와 있을 때 선두(船
　　頭)들이 가서 마주쳤다는 것은 당시에 보고를 올렸습니다. 다음해 계유
　　년(1693)에도 조선인이 와 있는 동안에 선두들이 가서 마주쳐서 조선
　　인 두 명을 데리고 요나고로 되돌아왔으며 그것도 보고를 올리고 나가

---

124) 1724년 윤4월 16일 막부에 제출하신 문서의 부본(副本)에 실려 있다. 《竹嶋之書附》
　　에 실린 문서 중 하나이다.

125) '강치' 및 관련 용어에 대해서는 이 책의 4장 보론을 참조.

사키로 보냈습니다. 갑술년(1694)에는 난풍을 만나 그 섬에 착안하지
않았음을 보고 드렸습니다. 올해도 도해해 보니, 이국인이 많이 보였기
에 착안하지 않았고 돌아올 때 마쓰시마(松島)에서 전복을 조금 캤습
니다. 이를 보고 드립니다.

一. 임신년에 조선인이 왔을 때, 선박 11척 중에서 6척이 난풍을 만나 나머
지 5척이 그 섬에 머물렀는데 사람 수는 53명이었습니다. 계유년에는
선박 3척에 42명이 와 있었습니다. 올해는 배가 많고 사람도 많아 보였
습니다. 접안하지 않아서 분명히 알 수는 없었습니다.

一. 다케시마와 마쓰시마, 그 밖에 두 지역에 부속된 섬은 없습니다.


1696년 1월 23일 아베가 다시 돗토리번 에도 번저에 물어오자,
고타니 이헤는 1월 25일자[126]로 된 답변서를 1월 28일 노중에게 제
출했다.[127]


호키국 요나고의 조닌 오야 구에몬, 무라카와 이치베의 선원들 말고는
영지 사람들이 다케시마로 건너갈 수는 없습니다. 다른 영지의 사람이 가
는 것은 더더욱 안 됩니다. 오야 구에몬과 무라카와 이치베는 예전부터 다
케시마 도해 면허를 받아 가는 것이니, 다른 지역 사람들이 가는 일은 결
코 없습니다. 사람 수는 해마다 다릅니다. 이즈모국에서는 가지 않을 때도
있습니다. 대체로 이즈모국에서 2~3명, 오키국에서 8~9명 정도 고용해서
간다고 합니다.


1695년 12월 25일 아베가 다른 노중과 의논했고, 또한 같은 날
짜로 돗토리번의 보고를 받았다. 그럼에도 아베는 다음 해 1월에도

---

126) 《磯竹嶋覺書》에는 1월 23일로 되어 있다.

127) 보고 내용과 순서가 《竹嶋之書附》에 실린 문서와 《磯竹嶋覺書》가 약간 다르다. 이
글은 《磯竹嶋覺書》의 순서를 따랐다.

마찬가지로 돗토리번에 질문하여 위와 같은 고타니의 답변을 얻었다. 이 밖에도 고타니가 제출한 답변서가 더 있는데, 그 내용이《竹嶋之書附》와《磯竹嶋覺書》에도 실려 있다. 다만 체재가 다르므로 다음과 같이 내용을 구분해보았다.

〈표-3〉 두 문헌의 거리관계 기술

| 문서형태 | 竹嶋之書附 안의 문서 | 磯竹嶋覺書 |
|---|---|---|
| 비망록(覺) | 一. 호키국 요나고에서 이즈모 구모쓰까지는 10리 정도<br>一. 이즈모국 구모쓰에서 오키국 다쿠히야마까지는 23리 정도<br>一. 오키국 다쿠히야마에서 후쿠우라까지는 7리 정도<br>一. 후쿠우라에서 마쓰시마까지는 80리 정도<br>一. 마쓰시마에서 다케시마까지는 40리 정도 (1월 25일) | 一. 마쓰시마는 어느 영지[國]에도 속하지 않는다고 들었습니다.<br>一. 마쓰시마에 어렵을 하러 가는 것은 다케시마로 갈 때 길목에 있는 까닭에 들러서 어렵을 하는 것입니다. 다른 영지에서 어렵을 하러 온다는 것은 들어보지 못했습니다. 이즈모국, 오키국 사람은 요나고 사람과 같은 배를 타고 갑니다.<br><br>一. 호키국 요나고에서 이즈모 구모쓰까지는 10리 정도<br>一. 이즈모국 구모쓰에서 오키국 다쿠히야마까지는 23리 정도<br>一. 오키국 다쿠히야마에서 후쿠우라까지는 7리 정도<br>一. 후쿠우라에서 마쓰시마까지는 80리 정도<br>一. 마쓰시마에서 다케시마까지는 40리 정도<br><br>一. 마쓰시마까지는 호키국에서 해로로 120리 정도 됩니다.<br>一. 마쓰시마에서 조선국까지는 80~90리 정도 될 것이라고 합니다. (1월 23일) |
| 별지 | 一. 마쓰시마까지는 호키국에서 해로로 120리 정도 됩니다.<br>一. 마쓰시마에서 조선국까지는 80~90리 정도 될 것이라고 합니다.<br>마쓰시마는 어느 영지[國]에도 속하지 않는다고 들었습니다.<br>一. 마쓰시마에 어렵을 하러 가는 것은 다케시마로 갈 때 길목에 있는 까닭에 들러서 어렵을 하는 것입니다. 다른 영지에서 어렵을 하러 온다는 것은 들어보지 못했습니다. 이즈모국, 오키국 사람은 요나고 사람과 같은 배를 타고 갑니다. (1월 25일) | |

돗토리번의 1695년 12월 25일자 보고와 1696년 1월 25일자 보고를 비교해보면, 1695년 12월 25일자 보고는 1695년 12월 24일 막부의 일곱 가지 질의사항에 대한 답변 형식이다. 그런데 1696년 1월 25일자 보고를 보면,《竹嶋之書附》에서는 그 내용이 별지로 다루어져 있다. 주로 '마쓰시마'를 언급한 내용인데, 별지 형식으로 분류한 것이다. 더구나 당시 돗토리번은 막부가 질문하지 않은 사항, 즉 일본에서 두 섬까지의 거리관계, 특히 '마쓰시마'에 관한 사항을 자세히 기술했다. 1696년 1월 25일자 돗토리번의 보고는 막부가 도해금지령(1월 28일)을 내기 직전의 보고이다. 그런데 이때 돗토리번은 마쓰시마와 다케시마를 함께 언급했고 '마쓰시마'에 관해서는 별지로 특별 보고를 했던 것이다. 그런데 1월 28일에 "다케시마로 가는 것을 금지해야 한다는 쇼군의 지시가 나왔습니다"는 도해금지령에는 '다케시마'만 언급되었다. 그렇다면 쇼군은 '마쓰시마'의 존재를 몰랐고 따라서 그 섬에의 도해는 금지하지 않았다고 할 수 있는가?

이 부분에 대해서는 '다케시마'와 관련된 번과 막부의 대응 양상이 돗토리번과 쓰시마번으로 이원화되었다는 사실을 주목할 필요가 있다. 돗토리번은 두 섬과 직접적으로 관련을 맺고 있던 지역이다. 그러므로 (다케시마와 마쓰시마로) 어로하러 가는 자들이 호키국과 이즈모국, 오키국 사람들에 한정되어 있었다. 그런데 돗토리번은 이들 지역민이 어렵을 하러 가더라도 1차적인 대상은 다케시마였으며, 마쓰시마는 다케시마에 갈 때만 들르는 부수적인 섬임을 분명히 밝혔다. 돗토리번으로서는 막부의 질의 대상이 '다케시마'였으므로 굳이 '마쓰시마'까지 언급할 필요가 없었다. 그런데도 돗토리번의 고타니는 막부에 보고할 때 '다케시마'와 '마쓰시마'를 함께 거론했고, 일본에서의 거리뿐만 아니라 조선에서의 거리까지도 기술했다. 마쓰시마가 일본의 어느 지역에도 속하지 않는다는 점도 분명히 했다. 돗토리번은 다케시마와 마쓰시마를 분리시켜 생각한

바가 없었음을 막부에 분명히 전달한 것이다. 그런데 막부의 도해
금지령에는 "다케시마 도해는 지금까지는 어렵을 하고 있었다 할지
라도 앞으로는 다케시마로 가는 것을 금지해야 한다"고 하여 '다케
시마'만이 언급되어 있다. 그런데 도해금지령 당시 작성된 〈이소타
케시마 약도〉의 모도(母圖)에는 '이소타케시마'와 '마쓰시마'가 둘 다
표기되어 있다.

한편 쓰시마번은 도해금지령이 정식으로 나오기 전인 1696년 1
월 9일 아베의 의중을 알게 되자 이 도해금지령이 조선에 바로 전
해지는 것을 두려워했다. 그리하여 쓰시마 번주는 "이쪽 어민의 도
해금지를 저 나라에 알리지 않으면 어떨까 생각되지만, 서간으로
전하면 갑작스러운 듯하니 제가 쓰시마로 돌아갈 때 역관도 파견될
것이므로 그때 구두로 말해야 할 것"이라는 의사를 막부에 타진했
다. 그리하여 쓰시마번은 도해금지령을 공식적으로 전달하지 말고
역관에게 구상서로 전달할 것을 아베에게 권했다. 그렇기는 하지만
쓰시마번이 아베가 지시한 "다시는 이쪽 어민들이 건너가지 말도
록 해야 한다"는 지시까지 어길 수는 없었다. 이 때문에 쓰시마번
은 구상서의 문구에 신경을 쓰지 않을 수 없었다. 쓰시마번은 1696
년 1월 9일 이후 구상서를 몇 번이나 수정하는 과정을 거쳤다. 그럼
에도 그때마다 "조선까지의 거리는 가깝고 호키에서는 멀다"고 확
신하고 있는 막부의 의사를 배제할 수는 없었다.

도해금지령에 '다케시마'만 언급되었다 할지라도 '마쓰시마'가 제
외되지 않았다는 것은 일련의 문서와 회도로 알 수 있다. 도해금지
령에 '마쓰시마'를 언급하지 않았다 할지라도 다케시마 도해가 금지
되면 "다케시마로 갈 때 길목에 있는 까닭에 들러서 어렵을 하는"
마쓰시마는 자연히 도해할 필요성이 없어진다. 그러므로 도해금지
령에 굳이 '마쓰시마'까지 언급할 필요가 없었던 것이다.

일본은 도해금지령을 조선에 전할 때 "저 섬(다케시마=울릉도)은

원래 이나바나 호키에 부속한 것이라고 할 수도 없고 일본에서 취했다고 할 수도 없습니다"라고 하여, 조선과의 관계에서는 '다케시마'만을 언급했다. 일본은 '마쓰시마'를 '다케시마'의 부속 도서로서 인지하고 있었지만 대(對) 조선 외교문서에 '마쓰시마'를 명기한 적은 없었다. 일본이 명기하지 않았으므로 조선으로서도 회답서에 굳이 '마쓰시마'를 언급할 필요가 없었다. 도해금지령에 '마쓰시마'를 언급하지 않았다고 해서 일본 측에 이 섬에 대한 인식이 없었다거나, 반대로 조선 측에 '우산도'에 대한 인식이 없었다고 주장할 수 있는 것은 아니다. 만일 에도시대와 메이지 시대에 걸쳐 '마쓰시마'에 대한 인식이 전혀 없었다면 태정관 지령에서도 '다케시마 외 일도'가 아니라 '다케시마'라고만 명기했어야 한다. 1877년의 태정관 지령에서도 '다케시마'와 '일도'라고 했을 뿐 '마쓰시마'라고 명기하지 않은 배경에는, 외교문서의 작성과 전달에 쓰시마번이 개입되어 있었음을 인식할 필요가 있다.

별지로 첨부한 ② 2호 역관에게 하달한 문서(1696년 10월)는 쓰시마번이 에도의 의사를 조선에 전한 문서이다. 쓰시마번은 도해금지령을 구상서로 전하기 위해 막부의 의중을 탐색한 바 있다. 그런데 쓰시마번이 구상서를 조선 측에 미처 전달하기도 전에 안용복의 2차 도일사건이 발생했다. 아래에서는 이에 대한 쓰시마번의 처리과정을 살펴본다.


## (3) 안용복의 2차 도일 이후 양국의 외교 문서

1696년 3월 중순, 안용복은 10명의 사람을 이끌고 울릉도로 가서 일본인이 나타나기를 기다렸다. 일본인들은 5월 초에 나타났다. 이들과 함께 오키로 들어간 안용복은 거기서 대관의 심문을 받은 뒤 호키로 들어갔다. 이런 사실은 에도막부에도 보고되었다. 이때 막부는 조선인들이 이나바에 소송할 것이 있어서 온 것으로 보고 받았다. 노중 아베 분고노카미는 7월 24일자 문서에서 다른 노중의 지시를 언급했다.[128] 그것은 노중 오쿠보 가가노카미(大久保加賀守)가 돗토리번 유수거(留守居) 요시다 헤이마(吉田平馬)에게 지시한 내용, 즉 "조선인들이 이나바에서 소송을 하겠다고 한다면 이나바에서 받아들일 수밖에 없다"는 것이었다. 당시 쓰시마번의 에도 유수거 스즈키 한베(鈴木半兵衛)는 돗토리번의 요시다 헤이마로부터 다음과 같은 사실을 들었다. 즉 돗토리번은 11명의 조선인이 호키에 도착한 사실을 이나바에 보고하고 이들을 나가사키봉행소로 보내는 것이 관례이므로 이나바로 올 필요가 없다고 말했지만, 안용복 일행이 화를 내고 사람을 때려 눕혔다. 그 가운데 안히챠쿠(안용복)는 모든 일을 잘 알고 있으며 일본어도 할 줄 안다는 것이다. 그런데 돗토리번 에도 유수거는 쓰시마번 유수거에게 "소송은 쓰시마번의 업무라고 들었지만 노중 오쿠보 가가노카미에게는 사실대로 말할 수가 없어 일본어가 통하지 않는다고 보고했다"는 취지로 말을 해주었다.[129]

이를 보면, 돗토리번은 안용복의 도일 목적을 소송 건으로 파악하고 있었고, 쓰시마번도 돗토리번 관리로부터 이 사실을 들어 알고 있었음이 드러난다. 돗토리번은 이 일이 확대되는 것을 막기 위해 말이 통하지 않는 것처럼 막부에 보고해서 시일을 끌고 있었다. 그러는 가운데 돗토리번주 마쓰다이라 호키노카미는 노중에게 다음과 같은 사실을 보고했다. 5월 25일 오키국에 도착한 조선인 문제를 오키 관리로부터 보고받았는데, 조선인의 도일 목적은 호키 지방에 소송하고 싶은 것이 있어서였다는 것이다. 조선인들은 호키

---

128) 《竹嶋紀事》 3권, 1696년 6월 23일조.
129) 위와 같음.

의 아카사키(赤崎)에 6월 4일 도착한 뒤 이나바에 가서 말하고 싶다고 했다. 그들은 6월 5일 인슈(因州)의 아오야(青谷)라는 포구에 도착했다. 이때 인슈의 관리들이 만나 상황을 물었지만 말이 통하지 않아[130] 원하는 바를 얻을 수 없었다는 것이다.

돗토리번의 보고를 받은 노중 사가미노카미는 필담으로 해결하라고 지시했다. 그러나 돗토리번주는 필담을 하면 소송을 받아들이는 것이 된다고 핑계대어 필담을 하지 않으려 하는 한편, 이나바에서는 통사를 보내줄 것을 막부에 요청했다. 쓰시마번의 스즈키 한베는 노중 오쿠보 가가노카미의 지시를 받았다. 노중들은 돗토리번주에게 외국인 소송 건은 나가사키봉행에서 처리하는 것이 원칙임을 거듭 주지시켰다(6월 12일자 봉서). 그런데 봉서 안에 "어쨌든 일본 상선의 도해문제로 소송(訴訟)하려는 것일 테니 저들에게 신경 쓸 필요가 없음을 알아주셨으면 한다"[131]는 내용이 있다. 막부는 안용복의 도일 목적이 요나고 상인과 관련된 소송에 있다고 본 것이다. 쓰시마번의 스즈키 한베는 오쿠보 가가노카미를 만나 안용복 일행을 나가사키로 보내는 문제와 통사를 보내는 문제에 관해 지시받았다.

이렇듯 안용복의 2차 도일 처리과정을 보면, 막부의 노중 4명은 저마다 돗토리번과 쓰시마번의 각각 필요한 영지의 가신을 만나 수시로 협의하고 있었음을 알 수 있다. 막부는 안용복의 2차 도일이 호키국 요나고와 관련된 소송 때문일 것으로 보았지만, 돗토리번은 말이 통하지 않는다는 것을 구실로 시일을 끌며 막부에 올바른 정보가 전달되는 것을 차단하려 했다. 6월 21일 안용복 일행이 돗토

---

130) 6월 말 돗토리번 에도 유수거는 쓰시마번 에도 유수거에게 안용복이 일본어를 할 줄 안다고 했다. 따라서 돗토리번이 안용복과는 말이 통하지 않는다고 에도에 보고한 것은 허위보고이다.

131) 《竹嶋紀事》 3권, 1696년 6월 12일자 봉서.

리번으로 들어온 이후 번의 기록은 매우 소략하다.[132] 안용복의 도
일은 막부에 보고되었지만, 에도에 있던 돗토리번주 마쓰다이라 호
키노카미(이케다 쓰나키요[池田綱淸])는 안용복 일행을 나가사키가 아
닌 쓰시마로 보내 처리하라는 막부의 지시를 받고 7월 19일 번으로
돌아왔다. 이어 7월 중순 안용복 일행을 추방시키라는 막부의 지시
가 번으로 내려와, 돗토리번에 전해진 것은 8월 4일이다. 안용복 일
행은 8월 6일 가로항을 떠나 귀국길에 올랐다. 쓰시마번에서 보낸
통사는 이런 사실을 모른 채 출발하여 안용복이 귀국한 뒤에야 이
나바에 도착했다.

　쓰시마번은 안용복의 도일을 듣자마자 다케시마에 대한 소송 때
문일 것으로 짐작했다.[133] 이로써 볼 때 두 번이 안용복 사건을 바
라보는 시각, 즉 돗토리번이 짐작한 요나고 상선의 도해 건과 쓰시
마번이 짐작한 다케시마 소송 건, 이를 바라보는 두 번의 시각은 다
른 듯하지만[134] 이국(異國)의 섬과 관련된 것이라는 본질은 같다. 쓰
시마번은 도해금지령을 아직 조선에 전하지 않은 상태에서 막부가
안용복의 소송을 허락한다면 조선인들이 이후에도 일이 있을 때마
다 직접 막부에 소송하려 들 것을 우려했다. 그럴 경우 쓰시마번이
그동안 수행해오던 중개 역할이 없어질 것이기 때문이다. 쓰시마번
은 안용복이 직접 막부에 소송하는 것을 막는 데 목적이 있었지만,
양국 통교가 정해진 관례대로 따라야 한다는 명분을 들어 반대했
다. 쓰시마번의 형부대보 소 요시자네는 1696년 7월 24일 노중 아

---

132) 이에 대해 나이토는 돗토리번이 의도적으로 삭제했을 가능성을 제기한 데 비해,
　　이케우치는 안용복 일행이 돗토리번 성하에 들어간 바 없으므로 기록도 존재하지 않
　　는다고 했다(이케우치 사토시, 2012, 앞의 책, 160~162쪽).

133) "지금 다케시마를 드나드는 일이 아직 해결되지 않았기 때문에 다케시마에 관한
　　일이 아닐까 생각되므로…"(《竹嶋紀事》 3권, 1696년 7월 8일자 문서)

134) 오키의 대관은 안용복이 다케시마 건으로 소송하러 왔다고 돗토리번에 보고했다.
　　돗토리번은 안용복의 소송 건이 쓰시마번과 관계된 것으로 들었다고 쓰시마번에 말한
　　바 있다(池內敏, 2012, 앞의 책, 158~159쪽). 그런데 이케우치는 안용복의 안건이 영
　　토문제와는 전혀 관계없는 일이라고 한다.

베 분고노카미와 오쿠보 가가노카미에게 이런 의사를 전달했다.

이에 막부는 통사를 이나바로 파견하되 송사는 받아들이지 말고 조선인들을 이나바에서 조선으로 돌려보내기로 결정했다. 쓰시마번의 "법을 어기고 다른 지방에 건너와 직접 송사를 하는 것은 괘씸한 일"이니 "처벌해야 한다"는 호소를 막부가 수용한 것이다. 안용복 일행이 돗토리번을 떠날 때까지도 쓰시마번은 도해금지령을 조선에 전하지 않은 채 기회를 보고 있었다. 그러다가 1696년 10월에 천룡원(天龍院) 공[135]의 재임 축하와 영광원(靈光院) 공[136]의 조문을 겸해 조선에서 역관을 보내오자 비로소 도해금지 사실을 알렸다. 그때의 구술각서가 《竹嶋紀事》에 실려 있는데, 하나는 도해금지에 관한 내용이고, 다른 하나는 안용복의 2차 도일을 언급한 내용이다.[137]

1876년 말부터 1877년 초 사이에 내무성이 검토한 문서 가운데 이와 관련된 내용을 담고 있는 것은 바로 위의 2호(역관에게 하달한 문서)이나, 다만 여기에 도해금지에 대해서는 언급하고 있지만 안용복의 2차 도일에 관한 언급은 없다. 조선 측이 관련 내용을 언급한 사실은 3호 문서에 보인다. 쓰시마번에서 구술각서를 받은 역관 변동지와 송 판사는 1696년 12월 귀국에 앞서 히라타 나오에몬(平田直右衛門), 다다 요자에몬(多田與左衛門)[138] 등 쓰시마번 가로(家老)에게 두 통의 서신을 제출했다. 하나는 구두로 전달받은 도해금지령을 돌아가 조정에 전하겠다는 내용이고, 다른 하나는 안용복 사건

---

135) 3대 번주 소 요시자네의 계명이다.

136) 4대 번주 소 요시쓰구(義倫)의 계명이다. 요시자네의 아들로 4대 번주에 즉위했지만 1694년 9월에 사망했다. 손자인 요시미치(義方, 5대)가 1694년 11월에 즉위했지만 아직 어려 아버지 요시자네가 다시 재임하며 후견인 역할을 했다. 요시자네의 관위는 형부대보이고, 4대 요시쓰구의 관위는 우경대부이다.

137) 역관의 요청에 따라 한문으로 기술한 것도 두 통 실려 있다.

138) 다치바나 마사시게(橘眞重)를 말한다. 조선에 보낸 외교문서에는 다치바나 마사시게로만 나온다.

에 대한 자신의 의견을 표명한 것이다. 그 안에 "지난번 잔치가 열린 날 귀국의 대인께서 조선인 11명이 이나바주에 도착한 일로 말미암아 막부가 내린 신칙을 부탁하셨고, 또 여러 사람의 말을 들었는데, 이는 저희들이 일찍이 듣지 못하던 바이므로 이번에 듣고는 너무 놀랐습니다"라고 한 내용이 있다. 이로써 역관들은 안용복의 2차 도일 사실을 쓰시마에 와서야 알게 되었음을 알 수 있다. 이미 8월에 양양으로 돌아온 안용복은 9월에 비변사에서 심문받았고, 조정에서는 안용복에 대한 조치가 의논되고 있었다.

쓰시마번은 역관과의 대면에서 안용복의 2차 도일이 가지는 의미를 축소시키고자 했다. 오히려 안용복의 도일에 앞서 막부가 도해금지령을 내게 된 데는 쓰시마번의 역할이 컸음을 조선 측에 생색내려 했다. 이에 번은 역관이 귀국한 후 조선 측이 심심한 사례를 표할 것을 요구했다. 1697년 1월 10일 동래부에 도착한 역관은 1월 24일 동래를 출발하여 한성으로 갈 예정이었다. 이때 왜관의 재판 다카세 하치에몬(高勢八右衛門)은 동래 부사에게 다시한번 사례서간에 대한 임무를 독촉했다. 2호 문서에 쓰여 있듯이, 쓰시마번은 "남궁(南宮:예조)에서 정성스럽게 글을 작성하여 조선에서 보인 훌륭한 감사의 마음을 본주가 대신 막부에 전하게" 해주기를 고대하고 있었다.

조선의 사례 서간은 1697년 4월 27일 동래부로 내려왔다. 내무성도 이 사례서간을 인용하고 있다. 다만 내무성이 태정관에 제출한 조선 서간은 1697년 4월 27일자가 아니라 1698년 3월의 서간이다. 거의 1년의 간격이 있다. 1697년 4월 27일자 서간은 예조 참의 박세준이 작성한 것이다. 일본의 도해금지 결단에 대한 사례가 주요 내용이지만, 조선인 표류 문제도 함께 언급했다. 박세준은 어업을 생계로 하는 백성에게 태풍을 만나 표류하는 일은 당연한 일임을 언급했다. 박세준이 답서에서 "지난해 표류민의 일"이라고 한 것은 1696년 안용복의 2차 도일 사건을 의미한다. 박세준은 조정에서 이미 이 사건에 대해 조치를 취했다는 사실도 밝혔다. 나아가 박세준은 조선 표류민들이 정해진 맹약을 어기고 다른 길을 찾으려 한다고 의심하는 쓰시마번의 태도에 불만을 표출했다. 그러나 박세준을 통해 전한 조선 정부의 진짜 불만은 "일개 사신이 와서 편지를 바친 일"에 있었다. 조선은 쓰시마번이 막부의 도해금지령을 역관에게 구상서 형식으로 전하는 것은 전달 형식에 문제가 있다고 본 것이다.

이 때문에 조선 정부와 쓰시마번 사이에는 1697년 4월 서간 이래 그 형식과 내용 수정을 둘러싸고 신경전이 계속되었다. 쓰시마번이 문제삼은 조선 측 표현은 '우리나라 울릉도(我國之鬱陵島)', '귀주시착(貴州始錯)', [139] '제봉행(諸奉行)'[140] 등이었다. 쓰시마번은 '울릉도' 표기를 삭제하고 '다케시마'로 바꿔 써줄 것을 고집했다. 그러나 조선은 '울릉도' 표기를 포기하지 않았다. 쓰시마번은 "(막부가) '다케시마'에 일본인이 건너가지 말라고 분부하셨는데 귀국이 '울릉도'라고 기재하면 한 섬이라고는 하지만 헷갈린다"[141]는 논리를 내세워 '울릉도' 세 글자의 삭제를 집요하게 요청했다. 쓰시마번은 조선이 서간을 수정해 와야 막부에 보고할 수 있다며 동래 부사를 압박했다.

1694년과 1695년에 쓰시마번이 조선 측에 서계의 수정을 요구하며 '할복' 운운하며 조정에 전달하도록 협박하던 상황과 버금가는 압박이었다. 1697년 5월 14일 동래 부사는 구두 전달에 대하여 서간으로 답하는 법은 없지만, 그나마 자신이 애써서 조정의 서간을 받아낸 정황임을 밝혔다. 여기에는 서간 수정은 기대하지 말라는

---

139) 이런 표현은 쓰시마번의 착오 나아가 막부의 잘못인 듯 오인할 우려가 있다고 보았기 때문이다.

140) '제봉행'이라는 문자는 쓰시마 봉행이 작성한 것으로 오인할 염려가 있다고 보았기 때문이다.

141) 《竹嶋紀事》 4권 185쪽. 1697년 5월 11일 관수와 재판이 동래부사에게 전한 내용 가운데 일부이다.

의미가 담겨 있었다. 동래 부사는 조선은 아무리 작은 일이라도 문
서로 주고받는데 이런 큰일을 구두로 전달받는 것 자체가 있을 수
없음을 재차 강변했다. 이에 대해 쓰시마번은 구두로 전달하는 풍
습도 있을 수 있음을 주장했다. 쓰시마번은 구두 전달을 결정한 것
은 막부이며, 더구나 형부대보와 이정암(以酊庵)의 승려가 그 자리
에 합석한 이상 서간보다 확실하다는 논리를 폈다.

결국 조선 조정은 1697년 7월 21일 수정한 서간을 동래부로 내려
보냈다. 마찬가지로 예조 참의 박세준 이름으로 된 서간이었다. 이
서간에서 '貴州始錯'이란 문구는 삭제되었다. '諸奉行之文字'도 약
간 수정되었다. 다만 '我國之鬱陵島'는 '鬱嶋之爲我地'로 바뀌긴 했
지만, 문구 자체가 삭제되지는 않았다. 쓰시마번은 여전히 이런 류
의 서간을 막부에 보고할 수 없다는 입장을 고수했다. 동래 부사도
물러서지 않았다. 결국 쓰시마번 가로는 9월 10일 왜관의 관수(館守)
와 재판에게 그대로 서간을 받아 귀국하도록 지시했다. 9월 17일에
재판 다카세 하치에몬은 다시 한번 동래 부사에게 서간의 수정을
요청했다. 그 사이인 8월에 왜관의 일본인 특송사들이 부산포를 지
나다가 조선인의 돌에 머리를 맞고 장검과 단검을 빼앗긴, 이른바
'왜관 난출(亂出)사건'이 있었다. 이 일로 동래 부사가 관수(館守)를
대면하게 되었을 때도 일본 측은 집요하게 서간 수정을 요청했다.
그러던 중 동래 부사는 11월에 교체되었고, 신임 부사는 1698년 정
월에 부임했다. 이때 조선 정부는 일본인 난출의 책임을 재판에게
돌리면서 사례 서간을 건네지 않겠다는 의사를 밝혔다. 이 때문에
결국 재판은 답서 없이 빈손으로 귀국했다(1698년 3월 4일). 조선 정
부가 다시 왜관의 관수에게 사례 서간을 보낸 것은 1698년 4월 4일
이다.

내무성이 태정관에 첨부한 문서 3호는 바로 1698년 4월 4일자 서
간이다. 4월 4일자 서간에 앞서 양국은 한 치의 양보 없이 설전을

벌였다. ② 2호 역관에게 하달된 문서(1696년 10월)로부터 3호 문서
(1698년 4월 4일)가 있기까지의 1년 반 동안에는 많은 일들이 있었던
것이다. 시마네현이 내무성에 제출한 첨부문서에는 이런 내용이 생
략되어 있다. 다만 내무성이 3호 문서를 언급한 것으로 보건대, 2호
문서가 나온 뒤 전개된 일련의 사건에 대해 내무성은 파악하고 있
었다고 볼 수 있다.

1698년 4월 4일자 서간은 조선의 예조 참의 이선부가 작성한 것
이다. 이선부는 앞서 박세준의 서간 가운데 일본이 문제 삼았던 '鬱
嶋之爲我地'를 수정하고 '諸奉行'도 삭제했다. 박세준과 이선부의
서간에서 바뀐 내용을 보면, 이 문제에 대처하는 조선 측의 인식변
화를 엿볼 수 있다. 문구에서 변화가 생긴 부분을 뽑아보면, 다음과
같다(윗줄이 박세준, 아랫줄이 이선부 서간. 굵은 글자는 필자).

- 天時政熱

- 春日暄和


- 頃因譯使回自貴州細傳左右面囑之言 **且接諸奉行文字** 備悉委折矣

- 頃因譯使回自貴州細傳左右面托之言 備悉委折矣


- **鬱島之爲我地** 輿圖所載文蹟昭然

- **鬱陵島之爲我地** 輿圖所載文蹟昭然


-鬱陵與竹島爲一島而二名

-鬱島與竹島爲一島而二名


-**甚善甚善**

-**良幸良幸**

－.我國所以處之者 **則鬱島自是我地** 分付官吏以時巡檢 嚴察兩地人之淆雜
其在防微慮患之道 誠不可忽 何待勤囑之縷縷哉
－.我國亦當分付官吏 以時檢察 俾絕兩地人往來淆雜之弊矣

－.左右旣勤親囑於譯使 **諸奉行亦有文字** 而然且無一介行李奉書契以來者
－.左右旣有面言於譯使 而然且無一介行李奉書契以來者

－. 諒照不宣
－. 諒炤不宣

두 서간에서 수정된 내용을 보면, 일본이 삭제를 요청한 '諸奉行
文字'나 '諸奉行亦有文字' 등은 조선 측이 삭제했다. 그리고 '鬱島
之爲我地'는 '鬱陵島之爲我地'로, '鬱陵與竹島'는 '鬱島與竹島'로 수
정되었다. 이는 조선에서 '울도'와 '울릉'이 모두 '울릉도'의 다른 이
름으로 같이 불리고 있었음을 의미한다. '울릉도' 호칭의 삭제 문제
는 조선 정부가 일본 정부의 수정 요구를 끝까지 수용하지 않았다
는 점에서 중요하다. 조선은 "울릉도가 우리 땅임은 여도(輿圖)에도
실려 있어 문적(文蹟)이 분명할 뿐만 아니라, 저쪽(일본)에서는 멀고
이쪽(조선)에서는 가깝다는 것이 분명하므로 경계가 저절로 판명된
다"는 사실을 분명히 했다. 일찍이 여도에 대해서는 일본도 인지하
고 거론한 바가 있었다. 조선이 일컫는 '여도'[142]가 무엇인지는 양국
이 주고받은 문서를 보면 알 수 있다. 1698년 3월 예조 참의 이선부
는 일본 측에 보낸 회답에서 "울릉도가 우리 땅이라는 것은 여도에
실려 있어…"라고 했다. 일본도 1699년 1월 쓰시마번 형부대보 소
요시자네(宗義眞)가 구상서를 전하면서 "원래 다케시마는 분명히 조

---

142)《竹嶋紀事》에는 輿圖로 되어 있다. 여도(輿圖)는 여지지(지리지), 여지도(지도), 판
도 등 여러 가지 의미로 해석될 수 있다.

선국 땅이고, 여지도(輿地圖)에도 분명히 그렇게 되어 있다"는 말을 인용했다. 여도와 여지도를 같은 의미로 사용하고 있는 것이다. 여도가 무엇을 가리키는지 짐작케 하는 것이 《磯竹嶋覺書》에 나온다. 여기에 "조선국의 《여지승람》(200년 전의 책-원주)"과 "조선국의 《지봉유설》(80년 전의 책-원주)"[143]이 거론되어 있다. 1695년을 기준으로 하고 있으므로 《여지승람》은 1481년의 《동국여지승람》을, 여도는 《동국여지승람》의 부도인 〈팔도총도〉를 가리킴을 알 수 있다.

본래 쓰시마번이 이들 문헌을 인용한 의도는 다른 데 있었다. 쓰시마번은 "조선국 《여지승람》(200년 전의 책-원주)이라는 책에서는 울릉도를 무릉이라고도 하고 우릉이라고도 합니다. 우산(于山)과 울릉은 한 섬으로 보입니다. 다케시마(竹島)라는 이름은 보이지 않습니다"라고 했다. 《지봉유설》에 대해서는 "조선국의 《지봉유설》(80년 전의 책-원주)이라는 책에서는 울릉도를 무릉 혹은 우릉이라고 합니다. 아니면 우산국 혹은 이소타케시마(磯竹嶋)[144]라고도 합니다. … 그렇다면, 임진년 이래 일본의 속도(屬島)가 되었다는 것을 조선 전체가 잘 알고 있을 것입니다"라고 했다. 이 내용은 1695년 12월 7일 쓰시마번의 요시자네가 막부에 보고한 내용의 일부이다. 이때 요시자네가 이 사실을 보고한 의도는 조선에 울릉도와 우산도라는 섬이 있지만 같은 섬이고 '다케시마'라는 섬은 없으므로 '다케시마'는 조선 영토가 아니라는 점을 막부에 인식시키기 위해서였다. 그런데도 막부는 도리어 울릉도가 조선 영토라고 결론 내린 것이다. 그렇다면 이는 막부가 조선의 여도에 실린 '울릉도'와 '우산도'가 별개의 섬임을 인정했다는 사실을 의미한다. 조선의 여도인 〈팔도총도〉(1481)[145]에

---

143) 1696년 기준으로 80년 전이라면 1616년이므로, 1614년의 《지봉유설》을 가리킨다.

144) 《지봉유설》에는 "…近聞倭奴占據磯竹島或謂磯竹…"라고 되어 있는데, 일본이 이를 인용하면서 '磯竹嶋'라고 했으므로 '磯竹(嶋)'이 바른 호칭임을 알 수 있다.

145) 현전하는 것은 《신증 동국여지승람》의 부도 〈팔도총도〉지만, 이 부도는 1481년에 《동국여지승람》이 편찬될 당시 함께 만들어진 것이다.

는 '于山島 · 鬱陵島'가 함께 기재되어 있지만, 우산도가 울릉도의 왼쪽에 그려져 있고, "일설에는 우산과 울릉이 본래 한 섬으로"라고도 기술되어 있으므로 두 섬을 한 섬으로 인식할 소지가 있었다. 쓰시마번도 이 점을 분명히 밝혀 놓았다. 그런데도 막부는 지도에서 두 섬의 위치를 문제 삼기보다는 오히려 두 섬이 그려져 있다는 사실에 주목하고 이를 모두 조선 영토로 인정한 것이다.

17세기에 조선 정부가 대일(對日) 외교문서에서 '우산도'를 언급한 적은 없었다. 조선 정부는 '울릉도'와 '다케시마'가 '일도이명(一島而二名)'일 뿐 조선 영토임은 마찬가지라는 주장을 고수했다. 이런 인식 때문에 조선 정부는 '울릉도 쟁계'가 일단락된 뒤에도 일본명 '다케시마'의 단독 표기를 거부하고 '울릉도 · 다케시마' 병기를 고수하면서 같은 섬임을 분명히 했던 것이다.

쓰시마번은 1697년 서간의 '甚善甚善(아름답고 아름답다, 훌륭하고 훌륭하다)'이라는 표현이 1698년 서간에서는 '良幸良幸(기쁘고 기쁘다, 실로 다행이다)'이라는 표현으로 바뀐 것도 문제 삼았다. 사례의 정도가 약해졌다고 본 것이다. 쓰시마번은 이를 빌미로 조선 측 서간 내용을 구두로만 막부에 전달할 것을 제안하기도 했다.[146] 나아가 쓰시마번은 조선 측이 서간을 재작성할 때 일본 측이 양보했기 때문에 도해금지령이 성립한 것임을 인정하는 문구를 넣어주기를 원했다.

이렇듯 1696년에 도해금지령이 나온 뒤에도 답례 서간을 둘러싼 양국의 신경전은 거의 2년을 끌었다. 조선의 답례 서간이 아베 분고노카미에게 전달된 것은 1698년 7월 17일이다. 이로써 아베는 '다케시마 일건'의 문제가 매듭지어졌음을 쇼군에게 보고했고, 형부대보 소 요시자네에게도 쇼군에의 보고 사실을 알렸다. 형부대보는 9월 13일자 서간으로 아베에게 재답신했고, 조선에는 1699년에 재답서를 보내옴으로써 완전히 마무리되었다.

---

146) 《竹嶋紀事》 5권, 1698년 6월 12일자

내무성이 검토한 문서 제4호가 바로 1699년에 조선에 보낸 일본 측 재답서이다. 이 문서는 1699년 1월 쓰시마번이 예조에 보낸 회답서 및 구두 보고 비망록이다. '다케시마 일건'의 종결을 알리는 내용이었다. 재답서 작성 당시 아베 분고노카미는 왜관의 관수에게 조선 측의 잘못을 구두로 지적하도록 지시했다. 이에 재답서에는 "나머지는 관수가 말할 것이다"라고만 적고 자세한 내용을 쓰지 않았다. 에도의 의중—사실은 쓰시마번의 의중이지만—을 '구상서〔口上之覺〕' 형태로 부연해서 전한 것도 이 때문이다. 일본은 구상서에 도해금지령을 내기까지의 경위를 기술하면서, "(조선이) 사례하는 마음도 없고 문장의 내용도 좋지 않아 성신하지 못한 태도라고 (일본은) 생각"하고 있다는 유감을 드러냈다.

쓰시마번은 구상서를 직접 전달할 때도 이런 형식이 사신을 통한 정식 외교문서로 전달한 것과 효력이 같다는 점을 거듭 밝혔다. 쓰시마번은 양국의 사고방식이 서로 틀려 향후의 소통도 제대로 이루어질지 우려된다는 내용으로 구상서를 마무리했다. 1699년 12월 그믐이었다.


(4) 에도시대 문서와 내무성 결정의 상관성

1876년 시마네현이 내무성에 문의할 때의 문서에는 주로 오야 · 무라카와 두 가문의 도해경위와 어렵에 대한 내용이 적혀 있었다. 이에 시마네현이 1차로 첨부한 문서도 그 입증에 관계된, 즉 돗토리번이 작성한 겐로쿠 연간의 문서들이었다. 그 내용은 《竹嶋之書附》에 대부분 실려 있다. 내무성은 돗토리번 문서를 통해 도해금지령을 내게 된 경위를 자세히 파악할 수 있었을 것이다. 시마네현이 과거 돗토리번의 문서를 내무성에 제출한 의도도 다케시마와 마쓰시마에 대한 어렵권이 오야 · 무라카와 가문에 있었음을 들어 메이지 시대에도 그 영유권이 이어지고 있었음을 주장하기 위해서였을 것이다.

그런데 내무성은 돗토리번의 문서 파악에 머물지 않고 쓰시마번과 조선 사이의 외교문서도 검토했다. 17세기 '다케시마 일건' 당시 막부가 쓰시마번에 지시한 내용은 나중에 쓰시마번 가로가 《竹嶋紀事》(1726)로 정리 · 집필했다. 집필 시기도 '다케시마 일건' 시대로부터 멀리 떨어지지 않으므로 비교적 사실적으로 기록했다고 할 수 있다. 한편 내무성은 시마네현의 문서를 검토했으나 태정관 우대신에게 제출한 것은 쓰시마번의 문서였다. 내무성이 쓰시마번의 문서를 태정관에 제출했다는 것은 이 문제를 대외적인 문제로 인식했음을 의미한다.

1876년에 시마네현이 내무성에 제출한 돗토리번 문서는 도해금지령을 전후한 돗토리번의 보고와 이에 대한 막부의 지시를 담고 있는 반면, 쓰시마번 문서는 도해금지령 이후 막부와 쓰시마번 사이의 양상을 담고 있다. 1876년 당시 시마네현이 "관내 오키국의 북서쪽에 해당되며 산인(山陰) 일대의 서부에 속하는 것으로 볼 수 있다고 한다면, 본 현의 국도(國圖)에 기재하여 지적에 편입하는 건 등에 대해서는 어찌 판단해야 할지"라고 했듯이, 다케시마가 오키 관내에 포함되는 것인지 단정짓지 못하던 상황을 보여주는 것과 달리, 내무성은 "대체로 문서 왕복이 끝나 본방과 관계가 없다고 들었지만"이라고 했듯이, 단정적으로 결론지었다. 이어 내무성은 17세기의 '다케시마 일건'을 조선과의 영토문제로 보았고, 결국 일본과는 관계없는 것으로 단정했다.

내무성은 쓰시마번의 문서를 검토했으므로 쓰시마번이 '울릉도'라는 세 글자의 삭제를 집요하게 조선에 요구하고 '다케시마'만 남겨두려 했던 정황도 알았음이 분명하다. 그런데도 내무성은 '다케시마'가 일본과 관계없다는 결론에 도달했다. 시마네현이 제출한 첨부문서의 맥락대로라면 현이 〈편찬방사〉에서 '다케시마 외 일도'라고 했을지라도 내무성은 이를 수용하지 않고 지령에서는 '다케시마'만 언급했어야 맞다. 그런데 시마네현은 '日本海內竹島地籍編纂方伺'라고 하지 않고 '日本海內竹島外一島地籍編纂方伺'라고 했다. 그리고 내무성은 이를 그대로 수용했다. 이는 내무성이 쓰시마번의 '1도'인식[147]을 수용하지 않고 돗토리번의 '2도' 인식을 수용한 것으로 볼 수 있다. 태정관 역시 내무성의 이런 인식을 그대로 계승한 것이다.

　1696년의 도해금지령 이후 막부가 두 섬에 대해 다시 관심을 보이게 되는 시기는 1720년대에 들어와서이다. 1724년 4월 28일(5월 1일자 문서) 막부의 감정봉행(勘定奉行) 가케이 하리마노카미(筧播磨守)는 '다케시마' 관련 문서와 회도를 제출하도록 돗토리번에 요구했다.[148] 이때 막부는 요나고에서 구모쓰까지의 거리, 겐로쿠 연간 요나고에서 도해한 사람들의 숫자와 선박 수, 무기 소지 여부도 질문했다. 이에 대해 돗토리번은 요나고에서 구모쓰까지가 선로로는 9리,[149] 육로로는 7리 반에 5정, 선장과 선원 등은 대략 20여 명, 조선인은 30명에서 50명, 일본 선박은 200석 규모에 두 척, 그리고 강치를 잡기 위해 총포 8~9정을 소지한다고 회답했다. 요나고의 호키에서 다케시마까지는 150~160리라는 사실도 덧붙였다. 또 다

---

147) 쓰시마번은 기본적으로 '다케시마'에 관해서만 인지하고 있었다. 이는 《竹嶋紀事》를 보아도 알 수 있다. 이 문헌에는 '마쓰시마'라는 호칭이 한 번 나온다. 즉 아베 분고노카미의 질문에 쓰시마번의 가로 히라타 나오에몬이 "아랫사람들이 들은 소문에 따른 것"이라고 답한 데서이다. 따라서 쓰시마번이 직접적으로 '마쓰시마'를 인식했던 정황은 보이지 않는다(《竹嶋紀事》 3권, 1695. 12. 11).

148) 《竹嶋之書附》 안의 '다케시마에 관한 질의서(御尋之書付)'(1724. 5. 1). 1720년대에 막부가 조선 영토에 다시 관심을 표명하게 된 배경에 대해서는 지금까지 별로 밝혀진 바가 없다.

149) 《竹嶋之書附》 안의 세 문서 가운데 1696년 1월 28일자 '覺'에는 요나고에서 구모쓰까지가 10리 정도로 되어 있고, 육로는 나와 있지 않다.

른 설명문에는 요나고에서 다케시마까지가 140~150리로 되어 있
지만, 첨부 회도(〈竹島圖〉)[150]에는 130리로 되어 있고, 다케시마에서
조선까지는 40리로 되어 있다. 이들 거리관계를 표로 정리해보면
〈표-4〉와 같다. 다만《竹嶋之書附》에는 1690년대 돗토리번의 보
고와 1724년 시점의 보고가 섞여 있어 정확한 연도와 보고체계를
알기 어렵다는 사실을 감안하고 볼 필요가 있다.

〈표-4〉《竹嶋之書附》에 나타난 거리관계

| 연도 | 울릉도의 조선인 | 竹島-松島 거리 | 松島 및 기타 거리 | 비고 | 출전 |
|---|---|---|---|---|---|
| 1692. 2. 11 | 30명 정도 | | | | 竹嶋之書附 |
| 1693. 5. 22 | | | 요나고→竹島 160리 정도 | | 竹嶋之書附 |
| 1695. 12. 25 | 1692년, 53명 1693년, 42명 | | | 竹島 둘레 8~9리, 강치 | 竹嶋之書附 |
| 1696. 1. 25 | | 40리 | 松島→후쿠우라, 80리(覺) | | 竹嶋之書附 |
| 1696. 1. 25 | | 40리 | 松島→호키, 해로 120리(별지) 松島→조선, 80~90리(별지) | | 竹嶋之書附 |
| 1696. 5. | 11명 | | | | 竹嶋之書附 |
| 1693 | | | 요나고→竹島 140~150리, | | 竹嶋之書附 |
| 1724. 윤4. | | | 요나고→竹島 130리 정도 | 조선－竹島, 40리 | 《竹嶋之書附》 부속〈竹嶋圖〉 |
| 1695년 이전 사실 (1724. 5. 1.보고) | 30~50명 | | 요나고→구모쓰 선로 9리, 육로 7리 반 +5정 | 강치, 철포 8~9정 | 竹嶋之書附 |
| 1696년 이전 사실 (1724. 5. 1 보고) | 40리 | | 요나고→竹島 140~150리 | 竹島는 동서 10리 松島의 두 섬 사이는 40間 | 竹嶋之書附(호키국 濱目 구분) |

150) 이 회도는 1724년 윤 4월 에도로 올려보낸 것의 사본으로 되어 있다.

위의 〈표-4〉로 알 수 있듯이, 1720년대에 기술된 내용 가운데, 특히 거리관계는 1693년 전후의 기술 내용과 같지 않다. 이는 1720년대에 돗토리번이 막부의 질문에 응할 때 1690년대의 문서를 참고했지만 1720년대에도 다시 조사했음을 의미한다.

'다케시마 일건'을 기술한 문헌으로[151] 《竹嶋之書附》(1724), 《竹嶋紀事》(1726), 《竹島考》(1828), 《伯耆志》(1858 이후 1861?), 《竹島渡海由來記拔書控》, 《磯竹嶋覺書》(1875) 등이 있다. 이 가운데 《竹島考》(1828)는 기본적으로 '다케시마'를 되찾겠다는 의도 아래[152] 저술된 것이다. 《伯耆志》는 유학자 가게야마 슈쿠(景山肅, 1774~1862)가 편찬한 것으로 '다케시마 일건'에 대해서는 1615년부터 1744년까지를 다루었지만 내용이 소략하다.[153] 이들 두 문헌은 사건 발생으로부터 한참 지난 뒤의 저술이므로 정확성을 담보하기도 어렵다. 그러므로 '다케시마 일건'에 초점을 맞추어 저술된 것은 《竹嶋之書附》, 《竹嶋紀事》, 《磯竹嶋覺書》 정도라고 할 수 있다. 이 세 문헌은 1720년대 막부의 '다케시마 재탈환'이라는 의도에 맞춰 저술된 것이라는 점에서도 공통점을 지닌다. 그런 만큼 《控帳》, 《御用人日記》 등의 1차 사료에 견주어, 개찬(改竄)이나 편수(編修)의 가능성도 배제하기 어렵다. 시마네현이 내무성에 제출할 때 《控帳》, 《御用人日記》 등의 1차 사료에서 발췌한 것인지, 아니면 1차 사료를 발췌·수록한 2차 문헌에서 발췌한 것인지를 구분해내기는 어렵다. 다만 1876년 시점에서 시마네현이 겐로쿠 연간의 사료를 전부 검토하기에는 시간적인 제약도 있었을 것이므로 오야·무라카와가(家) 소장 문서와 이케다가(家) 소장 문서(《竹嶋之書附》)[154]를 조사하여 제출했을 가능성도

---

151) 문헌의 편찬 연대에 대해서는 기록에 따라, 혹은 후대의 편자에 따라 차이가 있다. 가능한 한 원문을 확인하여 편찬 연도를 적었다.

152) "원래 다케시마는 호키국의 속읍이었으므로 빨리 이를 다시 찾고자"(103쪽)

153) 송휘영 편역, 《일본 향토사료 속의 독도》, 선인, 2014. 17-37쪽 참조.

154) 1962년에 묶을 때 2단으로 하여 상단에는 초서로 된 겐로쿠 연간의 문서(《어용인 일

있다. 내무성의 입장에서는 시마네현이 제출한 문서 말고도 1875
년에 자체 작성한 《磯竹嶋覺書》가 있었으므로 이 문헌에 접근하기
도 쉬웠을 것이다. 그런데 두 문헌은 모두 겐로쿠 연간의 문서를 발
췌·수록하고 있었다. 이런 정황은 다음과 같이 표로 정리해보면
더 잘 드러난다.

<표-5> '다케시마 일건' 관련 문서를 기재한 문헌들

| 사건 연도 | 주요 내용 | 1차 사료 | 2차 문헌 | 3차 문헌 |
|---|---|---|---|---|
| 1618. 5. 16 | 도해면허 | | 磯竹嶋覺書(1875) | 伯耆志(1861) |
| 1625. 6. 7. | 내년에 가도록 권유하는 아베의 서신 | | | 伯耆志 |
| 1692. 4. 9[155] | 무라카와가(家) 사람이 조선인을 竹島에서 조우 | 控帳 | 竹嶋之書附[156] | |
| 1693. 5. 2(23?) | 돗토리번이 감정두 미노노카미에게 보낸 문서-9 개조 | 控帳 | 竹嶋之書附 | 鳥取藩史(明治-大正期) |
| 1693. 5. 23 | 돗토리번이 미노노카미에게 제출한 문서(覺)-9 개조 | | 竹嶋之書附 | 鳥取藩史(明治-大正期) |
| 1693. 6. 27 | 미노노카미에게 제출한 문서 사본(覺)-3개조 | | 竹嶋之書附 | 鳥取藩史 |
| 1695. 8. 12 | 돗토리번이 노중 쓰치야에게 보낸 문서: 竹島에서 채취하지 못하고 松島에서 전복 채취를 보고함 | | 磯竹嶋覺書 | |

---

기》 등)를 싣고 하단에는 이를 탈초하여 실었지만 일부 탈초하지 않은 것도 있다. 앞서
1953년 11월, 시마네현 홍보문서과는 이를 '필사'와 '청서(淸書)' 두 가지 형태로 탈초·
등사하여 《因藩國 鳥取藩主 池田家文書》(돗토리현립도서관 소장)로 낸 바 있다.

155) 1692년과 1693년의 내용이 섞여 있다. 두 사람을 연행해온 일은 1693년의 일이다.

156) 세 문서를 합친 연대는 1962년이지만 돗토리번의 제출 시기는 1724년이므로 2차
문헌으로 분류했다. 2차 문헌과 3차 문헌의 구분은 편의에 따른 것이다.

| | | | | |
|---|---|---|---|---|
| 1695. 12. 7 | 소 요시자네가 막부에 지시 요청하는 口上之覺 | | 磯竹嶋覺書 | |
| 1695. 12. 15 | 소 요시자네의 구상지각과 막부의 회신 | | 磯竹嶋覺書 | |
| 1695. 12. 20 | 소 요시자네가 막부에 보낸 구상각 | | 磯竹嶋覺書 | |
| 1695. 12. 24 | 아베가 소가(돗토리번)에게 보내온 문서 사본(覺)-7개조 질문 | | 竹嶋之書附 磯竹嶋覺書 | 鳥取藩史 |
| 1695. 12. 24(5) | 24일자 질의에 대한 돗토리번의 답변서-6개조 | | 竹嶋之書附 磯竹嶋覺書 | 鳥取藩史 |
| 1696. 1. 9 | 아베가 쓰시마 가로에게 의견을 묻는 구상서 | | 磯竹嶋覺書 | |
| 1696. 1. 12 | 쓰시마번이 아베에게 보고하는 구상서-도해금지령을 구두로 전달하는 건 건의 | | 磯竹嶋覺書 | |
| 1696. 1. 20 | 아베가 쓰시마번에 사례 서간에 대해 질의, 이에 대한 답변 | | 磯竹嶋覺書 | |
| 1696. 1. 23 | 돗토리번이 막부에 올린 답변 | | 磯竹嶋覺書 | |
| 1696. 1. 25 | 돗토리번, 松島에 대한 답서(覺)-5개조 | | 竹嶋之書附 | |
| 1696. 1. 25 | 돗토리번, 松島에 대한 답서(별지)-4개조 | | 竹嶋之書附 | |
| 1696. 1. 26 | 돗토리번이 막부에 올린 답변:磯竹에 관한 내용 | | 磯竹嶋覺書 | |
| 1696. 1. 28 | 도해금지령-29일에 막부가 돗토리번 가신에게 전달 | 御用人日記 | 竹嶋之書附 | 伯耆志 |

| | | | | |
|---|---|---|---|---|
| 1696. 1. 28 | 소 요시자네가 막부에서 받은 도해금지령 관련 구상지각 | | 磯竹嶋覺書 | |
| 1696. 1. 30 | 쓰시마번이 도해 금지령을 조선에 늦가을에 전하겠 다고 막부에 보 고 | | 磯竹嶋覺書 | |
| 1696년 2월 10일 | 막부가 돗토리번 에 오야가 도해 면허 반납받도록 지시 | | 磯竹嶋覺書 | |
| 1696년 6월 22일 | 막부, 쓰시마번 이 이나바에 통 역 파견하도록 요청 | 御用人日記 | 竹嶋紀事 | |
| 1696년 7월 8일 | 쓰시마번, 조선 인을 이나바에서 보내라고 막부에 건의 | | 竹嶋紀事 | |
| 1696년 8월 1일 | 막부, 오야·무 라카와 가(家)에 도해금지령 통고 | 控帳 御用人日記 | | |
| 1696년 8월 6일 | 막부, 조선인의 퇴출을 명령 | 御用人日記 | | |
| 1698년 6월 12일 | 쓰시마번, 조선 에 도해금지령 전했음을 막부에 보고 | | 磯竹嶋覺書 竹嶋紀事 | |
| 1699년 10월 19 일 | 쓰시마번, 조선 측에서 받은 서 간을 막부에 보 고 | | 磯竹嶋覺書 竹嶋紀事 | |
| 1722년 11월 | 1696년 5월, 돗 토리번이 안용복 2차 도일을 막부 에 보고 | | 竹嶋之書附 | 鳥取藩史 |
| 1724년 윤4월 16 일 | 돗토리번이 에도 에 제출한 회도 | | 竹嶋之書附 | 鳥取藩史 |
| 1724년 5월 1일 | 막부 하리마노카 미의 질문에 대 한 돗토리번의 覺 | | 竹嶋之書附 | 鳥取藩史 |

※날짜는 기록에 따라 차이가 있음

## (5) 태정관 지령과 '일도'

내무성은 시마네현이 제출한 '다케시마 일건' 관련 문서뿐만 아니라 그 이후의 경위를 기록한 외교문서까지 검토했다. 그 결과 "다케시마 외 일도는 본방과 관계없다"는 결론을 내렸다. 그러나 영토문제는 중요하므로 최고의결기관 태정관에 최종 결정을 요청했다. 이때 시마네현에게서 제출받은 〈磯竹島略圖〉도 함께 제출했다. 태정 우대신과 참의는[157] 내무성의 3월 17일자 품의서에 근거하여 태정관 본국이 작성한[158] 3월 20일자 지령안을 검토하여 승인했다.[159] 태정관 정원(正院)에서 우대신에게 상신할 때는 '일본해에 있는 다케시마 외 일도를 지적에 편찬하는 건(內務省伺日本海內竹島外一島地籍編纂之件)'이라고 되어 있다. 이때는 이전에 내무성이 제출할 때 보였던 '방사(方伺)'가 보이지 않는다. 편찬방법이 정해진 상태이므로 더 이상 문의할 필요가 없어졌기 때문에 '방사'를 삭제한 것이다. 지령안(御指令按)은 다음과 같이 작성되었다.

> 서면의, 다케시마 외 일도 건은 본방과 관계없음을 명심할 것
> (書面竹島外一嶋之義本邦關係無之義卜可相心得事)

태정관 본국이 지령안을 작성할 때 바탕으로 삼은 것은 내무성이 제출한 품의서와 첨부문서였다. 태정관은 기관의 성격상 내무성이

---

157) 대신 인장으로는 우대신 이와쿠라 도모미(岩倉具視), 참의(參議) 인장으로는 대장경 겸직 오쿠마 시게노부(大畏重信), 외무경 겸직 데라지마 무네노리(寺島宗則), 사법경 겸직 오키 다카토(大木喬任)의 인장이 찍혀 있다.

158) 나이토 · 김병렬(2007) 책에는 지령안의 작성 주체가 내무성으로 되어 있다(72쪽). 이 책에서 인용한 "이 삼행은 朱書이다"라고 한 것의 내용은 지령안이 아니라 지령을 가리킨다.

159) 지령안 오른쪽에는 작은 글씨로 '同卄七日來'라고 적혀 있고 왼쪽에는 '明治十年三月卄九日'로 적혀 있다. 지령안의 작성 일자와 승인 받은 날짜, 지령을 내리는 날짜가 3월 20일, 27일, 29일로 이어지고 있음을 알 수 있다.

"겐로쿠 5년(1692) 조선인이 입도(入島)한 이래 구(舊) 정부가 해당국
과 문서를 왕복한 결과, 마침내 본방과는 관계가 없다는 사실을 확
인했음을 (내무성이) 보고해온 이상" 결정을 내려주기만 하면 된
다. 다만 지령안은 '안(案)'에 지나지 않으므로 지령이 되려면 관련
대신과 참의의 승인을 받아야 했다. 이때 지령안에 있던 '書面'을
빼고 '伺之趣'를 삽입하도록 수정을 지시한 듯하다. 지령안에는 본
래 '書面竹島外一嶋之義本邦關係無之義ト可相心得事'[160]로 되어 있
었기 때문이다. '伺之趣' 세 글자를 '書面'의 위치에 삽입하도록 붉
은 글자(朱書)로 수기(手記)한 것이 이를 말해준다. 이로써 지령안에
있던 '서면의(書面)'라는 부분은 '문의한(伺之趣)'으로 수정되었다. 지
령안은 태정 우대신 이와쿠라 도모미의 승인을 거쳐 3월 29일자 지
령으로 내무성에 전해졌다. 그때의 문면은 '伺之趣竹島外一島之義
本邦関係無之義ト可相心得事'로 확정되었다. 태정관은 3월 17일자
로 작성된 내무성의 품의서((〈편찬방사〉))에 회답하는 형식으로 다음
과 같은 내용의 지령을 붉은 글자로 써서 회신했다.

> 문의한, 다케시마 외 일도 건은 본방과 관계없음을 명심할 것
> (伺之趣竹島外一島[161]之義本邦関係無之義ト可相心得事)

우리는 여기서 태정관 지령안과 지령의 차이 및 그 법적 성격을
알아볼 필요가 있다.

---

160) 나이토·박병섭(2007)은 지령안을 '伺之趣竹島外一嶋之義 本邦関係無之義ト可
相心得事'(87쪽)로, 지령을 (朱書)'伺ノ趣竹島外一嶋ノ義 本邦関係無之義ト可相心得
事'(89쪽)로 적었다. 이케우치(2012)는 지령안을 〈伺之通〉書面竹島外一嶋之義 本邦
関係無之義ト可相心得事'(352쪽)로, 지령을 (異筆) '伺之趣竹島外一島之義 本邦関係
無之義ト可相心得事'(360쪽)로 적었다. 정태만(2012)도 《공문록》의 지령안을 〈伺之趣
竹島外一島之義本邦関係無之義ト可相心得事〉로 적고 있다(36쪽). 대부분 지령안과
지령의 문면이 바뀐 부분을 지적하지 않고 있다.

161) 태정관의 지령안에서는 '一嶋'로 되어 있었지만 《공문록》 지령에서는 '一島'로 되어
있다.

지령은 지령안으로부터 성립된 것이다. 그런데 간혹 지령안(指令按)인 '書面伺之趣竹島外一嶋之義本邦關係無之義ト可相心得事'가 지령으로 소개되는 경우가 있다.[162] 지령안을 지령으로 보는 근거는, 지령안에는 태정 우대신의 직인이 있지만,《공문록》에 실려 있는 지령에는 직인이 없어 법적 성격이 약하다고 보아서인 듯하다. 그러나 이 문제는 당시 태정관제에 대한 이해 위에서 다룰 필요가 있다고 생각된다. 태정관제는 복잡한 개변과정을 거친 뒤 1873년의 개혁 이후 입법은 원로원과 지방관 회의가, 사법은 대심원이, 행정은 태정관과 정원(正院)이 담당하고 참의가 각 성의 경(卿)을 겸임하는 중앙정부체제로 바뀌었다. 이 때문에 태정관제 아래서의 실권은 정원에게 있었다.[163]

태정관제 아래서의 법령을 보면, 1885년 12월 내각제가 발족하여 1886년 2월 칙령 1호에 따라 법률, 칙령(勅令), 각령(閣令), 성령(省令)으로 변경되기 전까지는 포고(布告)와 포달(布達), 어달(御達), 달(達)이라는 형식으로 공포되었다. 그러므로 1877년 당시 '지령'은 공포의 형식을 지닌 대상에 해당되지 않는다. 포고와 포달, 어달, 달의 경우,[164] 호(號)수를 따로 밝히고 있는 데 비해, 호수를 밝힌 지령이 따로 존재하지 않는 것은 이 때문으로 보인다. 1877년 3월 29일자 지령도 마찬가지다. 태정관 정원에 속한 참의(參議)와 납언(좌·우대신)이 합의로 지령안을 승인하면[165] 그것이 지령으로 성

---

162) 신용하,《독도의 민족영토사 연구》, 지식산업사, 1996, 168~171쪽. 외교부 홈페이지에도 지령을 설명하는 내용에 지령안이 게재되어 있다.

163) 박삼헌,《근대 일본 형성기의 국가체제》, 소명출판, 2012, 176~177쪽.

164) 통상 포고(布告)는 "今般裁判事務心得左ノ通相定候条此旨布告候事"이라고 하는 형식으로 되어 있고 '포고 제103호'임이 명기되어 있다. 달(達)도 마찬가지로 "官報本年七月一日ヨリ発行候条此旨相達候事"라고 하듯이 달(達)의 형식으로 있고 '달(達) 제27호'임이 명기되어 있다. 법령집은《太政官御達書》(국립공문서관),《太政官達全書》(국립공문서관),《太政官御布告留》(도쿄도 공문서관)로 남아 있다.

165) 태정관제 아래서 태정 대신과 참의, 납언간의 직권 변천은 복잡하다. 태정 대신과 납언, 참의 사이에는 분권이 행해졌지만, 점차 정부 실권은 참의에게 돌아갔다(石井

립된다. 이에 내무성에 내려진 태정관 지령은 내무성의 〈편찬방사〉 뒤에 명기된 형식으로 되어 있다.[166] 《공문록》에 실린 지령에 '몇 호'로 특기되어 있지 않은 것도 이 때문이다. 당시 태정관이 내무성을 매개로 해서 법령 전달을 통할(統轄)하는 체제였으므로[167] 태정관이 내무성에 지령하면[168] 그것으로써 법적 효력이 발생한다. 이는 시마네현에 내려진 지령의 문구를 보아도 알 수 있다. 내무성은 4월 9일 시마네현에 지령을 내렸지만, 이때도 따로 법령을 낸 것이 아니라 시마네현이 제출한 문서에 지령을 써서 되돌려주는 형태였다. 즉 시마네 현령이 내무경에게 제출했던 1876년 10월 16일자 품의서 〈日本海內竹島外一島地籍編纂方伺〉에 "書面竹島外一嶋之義 本邦関係無之義ト可相心得事"를 덧붙여 내리는 형식이었다.[169] 시마네현에 지령을 전한 자는 내무경 오쿠보 도시미치(大久保利通) 대리 내무소보 마에지마 히소카(前島密)였다. 태정관이 내무성에 지령을 내릴 때의 문구는 "문의한, 다케시마 외 일도 건은 본방과 관계없음을 명심할 것"이었는데, 내무성이 시마네현에 지령을 내릴 때의 문면은 "서면의, 다케시마 외 일도 건은 본방과 관계없음을 명심할 것" 즉 지령안의 문구대로였다.

이런 모든 절차를 고려할 때, 지령안을 지령으로서 제시하는 것

---

良助, 《法制史》, 山川出版社, 1959, 264~265쪽). 이들이 모두 정원에 속해 있고 정원이 당시 최고 실권을 지니고 있던 상태에서 정원 합의로 지령안이 승인되었다는 것은 그 자체가 지령의 법적·정치적 의미를 보여준다.

166) 이런 형식은 대한제국도 마찬가지였다. 강원도관찰사 서리 춘천군수 이명래는 1906년 4월 29일자 '보고서 호외'로 의정부에 보고했는데, 참정대신 박제순은 5월 10일자 지령을 이명래의 보고서 호외에 써주었다. 태정관 지령과 차이가 있다면, 참정대신의 지령은 '지령 제3호'라고 밝힌 점이다.

167) 岡田昭夫, 《明治期における法令傳達の研究》, 成文堂, 2013, 228쪽.

168) 호리 가즈오는 "3월 29일 내무성에 지령되었다"고 했다. 즉 그는 내무성의 상신에 대하여 태정관이 선언한 것을 이른바 지령으로 본 것이다(현대송 편, 《한국과 일본의 역사인식》, 나남, 98쪽).

169) 시마네현 소장, 《地籍》 9년. 이 문서도 《공문록》과 마찬가지로 마에지마가 빨간색으로 '지령'의 내용을 써준 형식으로 되어 있다.

은 문제가 있다고 생각된다. 지령안에 태정 우대신 및 참의의 직인이 있으므로 지령으로 성립하기까지의 정책결정과정을 보여준다는 점에서, 그리고 그것이 법적 효력을 지닌다는 측면에서 공문서로서의 의미를 충분히 지닐 수는 있지만, 그렇다고 해서 지령안의 법적 효력이 지령을 뛰어넘는 것으로 간주하는 것은 차원이 다른 문제이기 때문이다. 지령의 법적 효력은 직인이 찍힌 지령안이 아니더라도 《공문록》과 《태정류전》에 실린 것만으로도 충분히 입증된다. 태정관 지령 및 관련 문서는 《태정류전》에도 실려 있다. 이 역시 중요한 법적 근거 가운데 하나이다. 《태정류전》에 실린 내용은 《공문록》의 내용을 발췌, 필사한 것이므로 한 가지 필체로 되어 있다.[170] 《태정류전》은 지령을 두 가지 형태로 싣고 있는데, 하나는 《태정류전》 체재에 맞게 쓴 것이고, 다른 하나는 내무성의 〈편찬방사〉와 '부기'를 그대로 옮겨 적은 것이다. 전자는 다음과 같이 되어 있다.[171]

---

170) 같은 법령집이라 하더라도 《공문록》과 《태정류전》은 그 성격이 다르다. 《공문록》은 태정관이 접수한 각 청의 왕복 문서 등을 구분하여 편찬한 것으로 정부의 기본 공문 원부를 실은 것이라고 할 수 있다. 그러므로 모든 분야에 걸친 자료를 싣고 있는데, 포고, 포달, 달, 고시, 지령을 편년으로 싣고 있다. 이에 비해 《태정류전》은 태정관의 달(達), 상신(上申), 사(伺), 정(定) 등을 수록하고 있는데, 건마다 관련된 각 성부가 태정관에 올린 사(伺)와 상신(上申) 등을 포함하고 있다. 그러므로 정책결정과정을 알 수 있는 특성이 있다(松村光希子, 《日本法令索引》, 国立国会図書館, 2001). 《태정류전》은 《태정관 일기》《태정관 일지》《공문록》 중에서 법령 등을 분류하여 실었고 (1867년부터 1881년까지), 1882년 이후부터는 《公文類聚》로 개칭되었다. 3월 29일자 지령이 《태정류전》에 게재되어 있다는 사실도 법률적 성격을 지니는 것으로 분류되었음을 의미한다.

171) 일본에서 관보(官報)가 창간된 것이 1883년이므로 《태정류전》에 실린 것은 오늘날의 관보에 공시한 것과 같다는 의견이 있다(정태만, 《17세기 이후 독도에 대한 한국 및 주변국의 인식과 그 변화》, 단국대학교 사학과 박사학위논문, 2014.6, 47쪽). 그러나 《태정류전》은 기존의 기록집에서 내용에 따라 유별(類別)로 분류하여 다시 편찬한 것이므로 각주 170)에서 언급했듯이 지령과는 다른 형식, 즉 포고와 포달, 달, 고시 등의 형식으로 된 문서가 많이 실려 있다. 관보 역시 초기에는 반드시 포고와 포달을 공포하도록 하는 기능이 없었다. 관보에는 국가의 법령 외에도 조칙(詔勅), 상훈(賞勳), 서임, 행계(行啓), 군함출입, 관리 전출입, 공사영사 보고, 통계보고 등 많은 방면에 걸쳐 게재하고 있으므로 《태정류전》과는 그 성격이 다르다(松村光希子, 《明治初年法令資料目録》, 国立国会図書館, 2001). 그리고 관보는 기본적으로 공포의 수단적 성격을 지니지만, 《태정류전》은 그렇지 않다.

일본해에 있는 다케시마 외 일도를 판도 밖으로 정함
(日本海內竹島外一島ヲ版圖外ト定ム)

《공문록》의 〈편찬방사〉에 부기된 지령과 《태정류전》에 명기된 지령의 문구의 차이를 찾는다면, 《공문록》에서는 "본방과 관계없다"고 했지만, 《태정류전》에서는 "판도 밖으로 정한다"고 한 것이 다르다. "본방과 관계없다"고 한 것이 국내적 표현이면서 타방(他邦)을 포함하는 표현이라면, "판도(版圖) 밖으로 정한다"고 한 것은 자국의 영토의식 내지 권역의식을 좀더 드러낸 표현이라고 할 수 있겠다. 둘 다 '다케시마와 그 밖의 한 섬' 즉 울릉도와 독도가 일본 영토임을 부인한 것이라는 점에서는 같다.

결론적으로 태정관 지령은 일본과 영유권을 다투었던 상대국가 즉 조선의 영토임을 인정하고 그 사실을 분명히 한 것이었다. 이에 대해 일본의 연구자 가운데는 "본방과 관계없다" 혹은 "판도 밖으로 정한다"고 한 것이 곧바로 "조선 영토라고 규정한 것은 아니다"고 주장한다. 그러나 이제까지 고찰했듯이, 첨부 문서들의 맥락을 제대로 이해했다면, 1696년의 도해금지령에 '다케시마'만을 명기했으므로 '마쓰시마'가 포함되지 않는다고 주장하거나, 1877년의 태정관 지령에 '다케시마 외 일도'라고 명기했으므로 '일도'가 '마쓰시마'를 가리키는 것이 아니라고 주장하기는 어렵다.

전체적으로 이를 다시 정리해보자. 1876년에 내무성이 시마네현에 조사를 요청한 의도는 예로부터 돗토리번의 상선이 왕래했던 것으로 알고 있는 '다케시마'를 일본의 지적(地籍)에 넣어도 되는지 의문을 품었기 때문이다. 이에 시마네현은 "구 막부의 허가를 얻어 도해한 증거"는 있지만, "본래 시마네현 관할이 확정된 곳도 아니고", 100여 리나 떨어져 있는 곳이므로 과거에 도해했던 두 집안의 문서를 조사하여 보고하겠다고 회답했다. 그런데 이때 시마네현은 내무성이 조사를 요청한 '다케시마' 외에 자체적으로 '한 섬'을 추가하여 문의〔日本海內竹島外一島地籍編纂方伺〕했다. 내무성은 시마네현이 추가한 '한 섬'에 대해 의문을 제기하지 않고 그대로 수용했다. 시마네현은 내무성에 제출하는 문서에서 '마쓰시마'에 대해서도 상술했다. 그것은 (마쓰시마의) "둘레가 30정(町) 정도이고 다케시마(竹島)와 동일 항로상에 있으며 오키에서 80리(里) 정도 떨어져 있는" 섬이라는 내용이었다. 현은 이때 지도(〈磯竹島略圖〉)도 함께 첨부했다. 지도에는 '이소타케시마(磯竹島)' 즉 '다케시마'만 그려져 있는 것이 아니라 다른 한 섬이 더 그려져 있는데, '마쓰시마'로 명기되어 있고 거리관계까지 명시되어 있으므로 '마쓰시마'가 '독도'임을 분명히 보여주고 있다. 만일 당시에 내무성이 시마네현이 제출한 문서와 지도에서의 '마쓰시마'에 의구심을 품었다면 그와 관련하여 문의했을 것이고, 결과적으로 '일도'를 명기한 품의서가 그대로 태정관에 제출되지도 않았을 것이다.

　내무성은 시마네현이 제공한 정보로 '다케시마'와 더불어 '마쓰시마'의 존재까지 알게 되었고, 그 맥락에서 겐로쿠 연간의 '다케시마 도해금지령'에는 '마쓰시마'도 포함되는 것으로 받아들였다. 나아가 내무성은 시마네현이 제출한 돗토리번의 문서는 물론, 에도막부가 쓰시마번을 통해 조선 정부와 주고받은 외교문서도 검토했다. 그런데 외교문서에는 '다케시마'만 언급되어 있고 '마쓰시마'는 언급되어 있지 않다. 그 이유는 17세기 당시 조·일간에 제기된 외교적 사안은 '울릉도'와 '다케시마'였지 '마쓰시마'가 아니었기 때문이다. 에도막부는 1693년 처음에 '쟁계(爭界)'가 발발했을 때 '다케시마'만을 언급했다. 이에 조선도 '귀국 다케시마, 폐경 울릉도'라고 하여 '다케시마'와 '울릉도'를 거론했다. 조선으로서는 먼저 문제를 제기한 상대국이 외교문서를 왕복하면서 '마쓰시마'를 거론하지 않았는데, 조선이 '마쓰시마' 및 그와 관련된 '우산도'를 언급할 필요가 없었기

때문이다. 다만 외교문서에 언급되지 않았다고 해서 양국이 '우산
도'와 '마쓰시마'의 존재를 몰랐다고 하기 어려움은 돗토리번의 여
러 기록이 증명하고 있다.

내무성은 1877년 3월 17일자 품의서에서 제목을 〈일본해에 있
는 다케시마 외 일도를 지적에 편찬하는 방법에 대한 문의〉라고 했
지만, 문서 안에서는 "다케시마 관할에 관해 … 본방과 관계없다고
들었다"고 하여 '다케시마'만 언급했다. 태정관도 지령에서 '다케시
마 외 일도' 건이 "본방과 관계가 없다"고 했다. 만일 일본과 관계없
다고 한 섬이 '다케시마'만을 가리키는 것이었다면 〈편찬방사〉나 지
령에서도 "다케시마는 본방과 관계없다"고 했어야 한다. 그런데 시
마네현은 다케시마 외에 '일도'를 추가했고, 내무성과 태정관은 이
를 수용하여 지령을 냈다. 이는 두 기관이 모두 겐로쿠 연간 문제
가 된 도서가 '다케시마'에 한정되지 않는다는 인식을 지니고 있었
기 때문이다. 그러므로 이 문제는 일본이 왜 〈편찬방사〉와 지령에
'일도'를 추가했으며 그에 대한 문제제기가 없었는지를 염두에 두고
바라볼 필요가 있다.

메이지 정부는 지적(地籍) 편찬 문제를 처리하는 과정에서 과거
'조선국과의 서한' 등을 거론하며 이 문제가 처음부터 조선국과 관
계된 대외적인 문제였음을 의식했다. 그 결과로 "일본과 관계가 없
다"는 결론을 내린 것이었다. 일본이 '다케시마 외 일도'라고 표현
한 것은 "다케시마와 마쓰시마"라고 한 것과 같다. "두 섬이 모두
조선 영토이다" 또는 "다케시마와 마쓰시마가 조선 영토이다"라고
하는 대신 "다케시마 외 일도가 본방과 관계없다"고 한 것은 일본
식 어법으로 이해되어야 한다. 지령에 "두 섬이 모두 조선 영토이
다"라고 밝히지 않았으므로 "두 섬을 모두 조선 영토로 인정한 것
은 아니다"라는 일본의 주장은, 역사적 사실에 바탕해서 나온 관련
문서들의 맥락을 제대로 이해하지 못했기 때문으로 볼 수 있다.

지령이 성립하기까지의 경위를 보면, 시마네현이나 내무성, 태정
관 모두 도서의 소속 문제가 일본의 대내적 문제에 그치는 것이 아
니라 조선이라는 상대국가와의 문제였음을 분명히 인식하고 있었
음이 드러난다. 그러므로 ‘다케시마 외 일도’를 일러 ‘다케시마와 마
쓰시마’가 아니라고 한다거나 ‘일도’가 또 다른 울릉도일지 모른다
는 주장을 하는 것은 억지다. 태정관 지령 이후 발행된 지리지나 해
도 등에 두 섬에 대한 인식이 그대로 반영되어 있던 사실도[172] 이를
뒷받침한다.

그런데 태정관 지령이 널리 적용되기 전에 신도(新島) 개척이라는
문제가 새롭게 부각되고 있었다. 이 때문에 도서에 관한 호칭 혼란
의 단초가 보이기 시작했다. 신도 개척을 희망하는 자들의 청원을
접수한 내무성이 이 문제를 외무성에 조회했고, 외무성은 개척 대
상의 조사 필요성을 제기하기 시작했다. 이어 해군성은 개척 대상
을 실지(實地) 조사했다. 이로써 태정관 지령에 대한 이해와 기존의
다케시마 · 마쓰시마 인식은 새로운 국면을 맞이하게 되었다.


## 4) 개척원의 등장과 외무성의 정책결정과정

### (1) 개척원의 등장

메이지유신 후 신도를 개척하고 싶다는 청원이 접수되기 시작했
다. 청원은 두 지역을 중심으로 제기되었는데, 하나는 블라디보스
토크이고, 다른 하나는 시마네현이다. 당시는 울릉도 · 독도 도해가
금지된 상태였으므로 시마네현에서는 두 섬에 대해 고문헌과 구전

---

172) 박병섭은《일본지지제요》(1879), 〈대일본부현 관할도〉(1879), 〈대일본전도〉(1880)
  등에서 다케시마와 마쓰시마를 일본 영토로 다루지 않은 점을 제시했다(〈근대기 독도
  의 영유권 문제〉,《독도연구》12(2012. 6, 영남대학교), 173~174쪽.

을 통해 있었다. 반면 블라디보스토크에서는 나가사키 등지를 왕복
하다가 이들 섬을 목격한 자들이 정보를 전하고 있었다. 1871년에
오키의 대참사[173]였던 후쿠오카 사족 후지와라 시게치카(藤原茂親,
통칭 藤四郎)는 도쿄부에 '다케시마 개척원(竹島開拓之願)'을 제출했지
만, 허가받지 못했다.[174] 아오모리 사족 출신의 무토 헤이가쿠(武藤
平學)[175]는 1873~1874년 무렵 나가사키와 블라디보스토크 사이를
여러 차례 왕복하다가 울릉도를 알게 되었으나 섬의 호칭을 '마쓰
시마'로 칭했다. 그는 〈마쓰시마 개척 건의(松島開拓之議)〉를 1876년
7월에 블라디보스토크 주재 무역사무관 세와키 히사토(瀨脇壽人)에
게 제출했다.

  세와키는 이 개척원을 외무성에 전달해야 했다. 그런데 세와키
는 1870년대에 그려진 〈朝鮮國全圖〉(1870년대 말)[176]를 교열[校]했던
인물이다. 이 지도에는 울릉도(鬱陵島)와 우산도(亐山島)가 나란히
그려져 있고 울릉도의 음은 '쿠라센토라'라고 되어 있지만, "일본
에서는 이를 다케시마(竹島)라고 한다"는 주기가 붙어 있다. 우산
도에 대해서는 '카이산토라'[177]라는 음이 적혀 있고 울릉도 왼쪽에
그려져 있다. 이는 세와키가 '다케시마'가 조선의 울릉도라는 사
실을 인지하고 있었음을 의미한다. 그런 그가 《浦潮港日記抄》[178]
에서는 울릉도를 '마쓰시마(松島)'라고 불렀다. 그렇다면 이는 그가
개척원에 언급된 마쓰시마(松島)를 울릉도가 아닌 별개의 섬으로
보았음을 의미한다.

---

173) 오키에서 대상인으로 활동하던 자라는 설(김학준, 앞의 책, 2010, 149쪽)이 있다.

174) 김선희, 《다무라 세이자브로의 〈시마네현 다케시마의 신연구〉 번역 및 해제》, 한
    국해양수산개발원, 2010. 53쪽.

175) 본래는 '武島一學'였는데 개명했다.

176) 김인승(金麟勝)이 음(音)을 단 것으로 되어 있다.

177) 한국해양수산개발원, 《2006년 독도연구센터 자료수집 보고서》, 현대송 보고 부분,
    19쪽. 지도를 보면, 음독이 명확하지 않다.

178) 1876년 12월.

무토 헤이가쿠는 블라디보스토크 항으로 가다가 '마쓰시마'라는 섬이 있음을 보고 1876년 7월, 외무성에 개척과 등대 설치를 건의했다. 무토는 〈松島開拓之議〉(1876. 7.)에서, "우리나라 서북지방에 있는 마쓰시마라는 섬에 대한 일입니다. … 우리나라 오키 북쪽에 있는 마쓰시마는 대략 남북으로 5~6리, 동서로 2~3리 정도 되는 하나의 고도(孤島)로서 해상에서 보니 한 채의 인가도 없었습니다. 이 마쓰시마와 다케시마는 모두 일본과 조선 사이에 있는 섬인데, 다케시마는 조선에 가깝고 마쓰시마는 일본에 가깝습니다. … 마쓰시마는 소나무가 울창하여 항상 짙푸른 빛을 드러내고 광산도 있다고 합니다. … 조선과 조약을 맺은 이상 조선 함경도 부근에도 개항장이 있어 서로 왕복하게 된다면 반드시 마쓰시마가 통로로서 중요한 데다. … 이 섬을 개척하여 사람들을 이주시키고 우선 등대를 설치해주시기 원합니다"(별지 제8호)[179]라고 했다.

무토가 건의한 섬의 이름은 마쓰시마이다. 남북이 5~6리, 동서가 2~3리 되는 마쓰시마는 울릉도이다. 그런데 그는 '다케시마'가 조선에 가깝다는 말도 했다. 이때의 '다케시마'도 울릉도를 가리킨다.[180] 하나의 건의서 안에서 명칭에 대한 혼돈이 보이고 있는 것이다. 무토가 개척 대상으로 지목한 섬은 '마쓰시마'지만, "마쓰시마와 다케시마는 모두 일본과 조선 사이에 있는 섬"이라고 했으므로 그는 '마쓰시마'뿐만 아니라 '다케시마'도 인지하고 있었다.[181]

다만 이 일을 기록한 기타자와는 마쓰시마를 일본 땅에 가까운

179) 정영미 역, 《독도자료집 2-〈竹島考證〉》, 동북아의평화를위한바른역사정립기획단, 2006(이하 《竹島考證》)을 인용하되, 필자가 원문을 확인하고 윤문한 경우도 있다. 이하의 별지는 모두 《竹島考證》를 따른 것임을 밝히며, 쪽수 대신 별지의 호수를 밝힌 경우도 있다.

180) 《竹島考證》 8, 333쪽.

181) 말미에, 이 섬은 조선에 넘겨준 다케시마(울릉도)가 아니라고 덧붙인 것으로 되어 있다(김학준, 2010, 앞의 책, 150쪽에는 신용하의 《독도 영유권 자료의 탐구》 4, 132~135쪽이라고 각주에서 밝히고 있다.

섬으로, 다케시마는 도쿠가와 당시 조선에 넘겨주게 된 섬이지만
그때 마쓰시마에 대한 논의는 없었으니 일본 땅임이 분명하다고 했
다.[182] 그리고 문제가 생긴다면 어느 쪽에서 더 가까운지를 논해 일
본 섬임을 증명해야 한다고 했다. 기타자와는 다케시마를 울릉도
로, 마쓰시마를 독도로 보고 있었음을 알 수 있다.

일찍이 무토의 《노항기문》을 읽어본 고다마 사다아키(兒玉貞陽)는
10개조의 의견을 담은 서신을 1876년 7월 외무성에 제출했다(별지 9
호와 10호, 1876년 7월 13일). 무토가 제출한 시기와 같다. 고다마는 개
척 대상을 "우리 서북쪽에 있는 마쓰시마"라고 칭했고, 이 섬이 오
가사와라보다 중요하다며 개척을 촉구했다. 그는 마쓰시마 개척에
착수할 경우 예상되는 단계를 10가지 안으로 만들었다. 고다마는
마쓰시마에 가옥을 짓고 거주할 것과 벌목하며 항구 및 등대를 만
들 것을 제안했으므로 그가 말한 '마쓰시마'는 울릉도를 가리킨다.

### (2) 와타나베 히로모토의 '마쓰시마' 인식과 '호넷 락스'의 등장

이렇듯 1876년 7월에 무토 헤이가쿠와 고다마 사다아키의 개척
원 제출이 있자, 외무성 기록국장 와타나베 히로모토(渡邊洪基)는 이
에 대해 두 가지 의견을 펼쳤다(별지 제11호와 제12호).

우선 첫 번째 의견 '마쓰시마에 대한 논의(松島之議) 1'을 보면,
"다케시마에 대한 간략한 기록은 많았으나 마쓰시마에 대해 논한
기록은 없었다"고 했다. 그런데 지금은 사람들이 마쓰시마에 관한
이야기를 많이 한다는 것이다. 그리고 이 두 섬이 '일도양명(一島兩
名)'이라 하기도 하고 두 개의 섬이라고 하는 등 설이 분분하지만,
누구도 시비를 가리지 못하고 있다는 것이다. 이로써 보면, 와타나

---

182) 정영미, 앞의 책, 2006, 341~343쪽.

베는 다케시마가 울릉도라는 사실, 과거 에도막부가 '다케시마 일건'으로 인해 다케시마를 조선령으로 인정한 역사적 사실을 인식하고 있었음을 알 수 있다. 그는 "이른바 마쓰시마라는 것이 다케시마라면 저 나라에 속하는 것이고, 다케시마 외에 마쓰시마라는 섬이 있는 것이라면 우리에게 속하지 않으면 안 되는데, 결론을 내릴 만한 사람이 없"다고 보았다. 와타나베가 일컬은 '이른바 마쓰시마'는 지금 사람들이 개척 대상으로 지목한 '마쓰시마'를 말한다. 그런데 그는 그 섬이 과거 조선에 넘긴 다케시마라면 마쓰시마도 조선에 속해야 하지만, 현재의 마쓰시마가 예전에 일컫던 다케시마가 아닌 다른 섬이라면 현재의 마쓰시마는 일본이 차지해야 한다는 논리를 폈다.

그는 "여러 문서를 살펴보건대, 다케시마의 서양 이름 아르고노트 섬이라는 것은 존재하지 않는 섬이고, 그 마쓰시마(울릉도)를 가리키는 다줄레 섬[183]이라는 것은 본래의 다케시마 즉 울릉도(蔚陵島)로서, 우리나라의 마쓰시마라는 섬의 서양 이름은 호넷 록스가 된다고 한다"고 했다. 와타나베는 다케시마와 마쓰시마 명칭이 서양 명칭의 수용 이후 겪은 혼란임을 제대로 이해하고 있었다. 나아가 그는 '우리나라의 마쓰시마'라는 섬이 울릉도를 가리키는 것이 아니라는 사실도 인지하고 있었다. 그런데 그는 "서양 사람들이 다케시마를 가리켜 마쓰시마라고 하면서 머릿속에서는 다케시마를 떠올리고 있는 듯하다. 그리고 이 호넷 록스가 우리나라에 속해 있음은 각국의 지도가 모두 같다. 다른 두 섬에 대해서는 각 나라의 인식이 서로 다르다"[184]고 했다.

와타나베가 다케시마와 마쓰시마의 연혁을 알고 있었으면서 '호넷 록스'가 일본에 속한다고 주장하는 것은 논리적으로 성립하기

183) 원문에는 '데라세 도'로 되어 있다.

184) 《竹島考證》, 359~361쪽.

어렵다. 그는 마쓰시마가 서양 이름 호넷 록스라는 사실도 인지하
고 있었기 때문이다. 이 점을 의식해서인지 그는 다시 "우리가 하
는 말에도 확실한 근거는 없다"고 했다. 따라서 그 땅의 형세를 살
펴 어디에 소속되는지, 어느 곳에 책임을 지울 것인지를 두 나라 사
이에 정해야 한다고 했다. 그는 이를 위해 먼저 시마네현에 조회하
여 종래의 예를 조사하고 함선을 보내 조사해본 후에 방책을 정할
필요가 있음을 피력했다. 와타나베의 의견이 나온 시기는 1876년 7
월 이후지만 정확한 시기는 알 수 없다. 다만 그 시기는 내무성이
지적 편제를 위해 시마네현에 조회하기 이전으로 보인다.

이로써 외무성에서는 '다케시마'를 서양 이름으로 '아르고노트
섬'[185]이라고 부른다는 사실을 와타나베가 처음 언급했음을 알 수
있다. 그는 '아르고노트 섬'이 존재하지 않는다고 보았다. 그의 '아
르고노트 섬'에 대한 인식을 보려면, 지볼트의 지도를 언급하지 않
을 수 없다. 지볼트는 1840년 〈일본지도〉를 만들면서 유럽 지도를
반영하여 '다줄레 섬'을 '마쓰시마'로, '아르고노트 섬'을 '다카시마
(Takasima)'로 비정하여 그려 넣었다. 이것이 종래 다케시마로 불리
던 울릉도를 마쓰시마로 부르는 계기가 되었다. 1854년 러시아 팔
라다 함의 조사로 이런 사실이 오류임이 밝혀진 뒤 유럽 지도에는
'아르고노트 섬'이 사라지거나 현존하지 않는 섬임이 명기되었고,
그 사이에 프랑스 포경선이 명명한 '리앙코루도 락스'가 과거 '마쓰
시마(독도)' 자리를 차지해가고 있었다.

해도(海圖)에 영국명 '호넷 락스'가 기재된 것은 1855년이다. 그런
데 와타나베는 '호넷 락스'는 언급했지만 '리앙코루도 락스'는 언급하
지 않았다. '아르고노트 섬'이라는 지명이 지도에 보인 것은 1894년

---

185) 아르고노트는 1789년 영국의 제임스 콜넷이 울릉도를 발견하고 배의 이름을 따서
붙인 이름이지만, 앞서 1785년에 라페루즈는 울릉도를 '다줄레 섬'으로 명명한 바 있
다. 두 섬의 경위도가 달라 이후 유럽에서 제작된 지도에 두 섬이 존재하는 듯 그려졌
다. 1811년 애로우 스미스가 그린 지도에서 조선쪽에 아르고노트가, 그 남동쪽에 다
줄레가 그려진 것이 대표적이다.

까지이며, '호넷 락스'도 마찬가지다. '아르고노트 섬'이 더 이상 존재하지 않는다는 사실을 알고 있던 와타나베는 '다줄레 섬'과 '마쓰시마'를 울릉도에 비정했다. 그가 과거의 마쓰시마[186] 호칭에 비정되던 섬을 서양의 '호넷 락스'라고 한 것으로 보건대, 다케시마와 마쓰시마 호칭이 무엇을 가리키는지 알고 있었던 것으로 보인다. '리앙쿠르 락스'라는 지명은 1849년에 명명되었지만, 1855~1881년 사이에는 '호넷 락스'라는 지명이 더 많이 사용되었으므로[187] 와타나베에게도 이런 정황이 반영되어 있었던 것이다. 지도에서 '리앙쿠르 락스' 표기가 보편화되는 것은 1890년대부터이다.


### (3) '리앙쿠르 락스'의 등장

'마쓰시마' 호칭은 수로지에서는 1883년[188]에 보이고, '다줄레 섬'은 1886년부터 보인다.[189] 와타나베가 '다줄레 섬'은 언급했으나 '리앙쿠르 락스'를 언급하지 않은 것은 이 때문인 듯하다. 일본 지도에서 아르고노트 섬과 호넷 록스, 리앙쿠르 락스가 처음 보인 것은 가쓰 가이슈(勝海舟)의 〈대일본국 연해 약도(大日本國沿海略圖)〉(1867)[190]이다. 이 지도에서 가쓰는 조선의 동해 가까운 쪽에 다케시마(竹島)

---

186) 와타나베는 이를 "우리나라의 마쓰시마라는 섬의 서양 이름은…"으로 표현하고 있어 그것이 에도 시대 '다케시마'의 대(對)로서 '마쓰시마'를 언급한 것임을 알 수 있다.

187) 川上健三, 《竹島の歷史地理學的硏究》(古今書院, 1966), 16~17쪽의 지도 표기를 분석한 것이다.

188) 《수로잡지》 제16호의 간행 시기는 1883년 7월이지만, 1878년 6월 아마기함(소좌 松村安種, 대위 山澄直淸)의 조사에 근거하여 1879년 3월에 해군 수로국이 편집한 것에 기초하여 발간한 것이다.

189) 《환영수로지》 제2권 2판에 보인다. '다줄레'라는 명칭은 1787년 프랑스 라페루즈 항해 당시 처음 붙여졌다. 이후 영국 해군 수로지에 '다줄레(Matu-Sima)'로 기재된 뒤 '마쓰시마' 호칭이 등장했다.

190) '다줄레'가 지도에 보인 것은 1855년 야마지 유키타카(山路諧孝)가 제작한 〈중정 만국전도(重訂萬國全圖)〉에서이다(현대송 보고서 참조)

를 점선으로 그렸고, 마쓰시마(松島)를 그린 곳에는 '호우리루 로크'[191]라고도 썼다. 그리고 '마쓰시마' 오른쪽 아래에는 '리엥코루토 로크'라고 하여 모두 세 개의 섬을 그렸다. 여기서 '다케시마'는 서양지도에서 모습을 감춘 가공의 섬 '아르고노트 섬'이며, '마쓰시마'는 '다줄레 섬' 즉 울릉도를 가리킨다. 가쓰가 '호우리루 로크'라고 표기한 섬은 위치로 보아 울릉도 북동쪽의 '죽도(竹島)'로서 이른바 '부솔 로크'를 가리킨다.[192] 〈대일본국 연해 약도〉는 영국 해도를 번역한 것이므로 거기 실린 다케시마(아르고노트 섬), 마쓰시마(다줄레 섬, 울릉도), 리엥코루토 로크(독도)를 가쓰가 그대로 옮겨 그렸지만, 이는 지볼트의 오류를 답습한 것으로 알려져 있다. 또한 〈대일본국 연해 약도〉에는 '리엥코루토 로크'가 그려져 있으므로 '마쓰시마'는 울릉도에 비정할 수 있다. 그런데 가쓰 가이슈는 울릉도 위치에 있는 섬을 가리켜 '다케시마'라고 표기했다. 이로써 다케시마와 마쓰시마가 둘 다 울릉도 호칭일 가능성이 있지만, 한편으로 이는 가쓰가 '마쓰시마'의 실체를 정확히 인식하지 못하고 있었음을 보여준다. 외무성 와타나베의 의견은 가쓰 가이슈의 지도와 《수로잡지》(조사 시기를 1878년으로 보고) 사이에 있었다. 이로써 보건대, 와타나베가 지볼트와 가쓰 가이슈 지도 때문에 '마쓰시마' 인식에서 혼란을 겪었다고 생각된다.

'아르고노트 섬'이라는 서양 이름의 섬이 더 이상 존재하지 않는다는 사실도 외무성 안에서는 와타나베가 처음으로 언급했다. 그는 다줄레 섬(본래의 다케시마 즉 울릉도)이 현재 마쓰시마로 불리고 있고, 과거 마쓰시마(독도)로 불리던 섬은 호넷 록스를 가리키는 것

---

191) 가와카미는 마쓰시마=호우리루 로크가 죽서(竹嶼)를 가리킨다면 라페루즈가 붙인 '부솔 로크'를 말하지만 '호넷 로크'의 변형이라면 오늘날의 다케시마(독도—역주)이므로 '리앙쿠르 로크'에다 병기해야 하는데 이를 가쓰 가이슈가 잘못 마쓰시마(울릉도)에 기재했다고 보았다.

192) 川上健三(1966), 앞의 책, 24쪽.

으로 정리했다. 그렇다면 그가 독도를 가리키는 것으로 언급한 것
은 '리앙쿠르 락스'가 아니라 '호넷 락스'였던 것이다. 가쓰 가이슈
는 '리앙쿠르 로크'를 언급했지만, 와타나베는 언급하지 않았다. 그
러므로 이것만으로 와타나베가 도명(島名)에서 가쓰 가이슈의 영향
을 받았다고 보기는 어렵다. 와타나베에게 '다케시마'의 대(對)로서
'마쓰시마'를 인식하였음은 보이지만, '리앙쿠르 락스'에 대한 인식
은 보이지 않기 때문이다. 와타나베는 '마쓰시마'와 '리앙쿠르 락스'
가 둘 다 독도의 이름임을 알지 못했으므로 분리해서 인식하고 있
었던 것이다. 이는 그의 두 번째 의견 '마쓰시마에 대한 논의(松島之
議) 2'(별지 제12호)로도 입증된다.

　와타나베는 '松島之議 2'에서 마쓰시마와 다케시마의 연혁, 그리
고 거리관계를 언급했다. 그는 "마쓰시마와 다케시마 즉 한국에서
울릉도라 부르는 다케시마는 '일도이명'이라 하는 것 같으나 구 돗
토리현령에게 들으니 두 섬이라 하고, 도다 다카요시(戶田敬義), 가
토(加藤), 가나모리 겐(金森謙)이라는 자가 쓴 책을 보면, 오키국 마
쓰시마의 서도(마쓰시마에 속하는 하나의 작은 섬이며 섬사람들은 次島[193]
라고 한다)에서 바닷길로 40리쯤 되는 북쪽에 섬 하나 다케시마라
고 한다는 말이 있다, 호키의 요나고에서 다케시마까지는 바닷길로
140리라고 한다. 요나고에서 이즈모로 가서 오키의 마쓰시마를 지
나면 다케시마에 이르게 된다고 한다"고 기술했다. 여기서 "오키국
마쓰시마의 서도(마쓰시마에 속하는 하나의 작은 섬이며 섬사람들은 次島
라고 한다)에서 바닷길로 40리쯤 되는 북쪽에 섬 하나 다케시마라고
한다는 말이 있다"는 내용은 《竹島圖說》에 보였던 내용이다. 《竹島
圖說》은 본래 기타조노 쓰안(北園通葊, 1763)이 쓴 책인데, 가나모리
겐사쿠(金森謙策)가 다시 증보한 것이다. 와타나베는 구 돗토리 현
령, 즉 시마네 현령의 의견도 참조했다. 당시 시마네 현령은 사토

---

193) 그 의미가 분명하지 않다.

노부히로(佐藤信寬)였는데, 그는 1876년 10월 〈편찬방사〉를 내무경 오쿠보 도시미치(大久保利通)에게 제출한 바 있다. 따라서 사토는 마쓰시마와 다케시마가 두 개의 다른 섬이라는 인식을 지니고 있었던 사람이다. 와타나베가 라페루즈, 다줄레, 서양지도와 지명사전, 측량도, 도다 다카요시 지도 등을 인용한 것을 보면, 섬의 이름과 측량에 대해 자세히 조사했음을 알 수 있다. 그 때문에 와타나베는 라페루즈 함대가 이름 붙인 '다줄레 섬'이 '마쓰시마'를 가리킨다는 사실도 알고 있었다. 이때의 '마쓰시마'는 울릉도를 가리킨다. 와타나베는 제임스 와일드의 지도[194]를 거론했는데, 이 지도에는 아르고 노트 섬(Argonaut I. 1789), 부솔 락(Boussole Rk), 실 아일랜드(Seal I.),[195] 마쓰시마(Matsusima-원문대로), 다줄레 섬(I. Dagelet), 호넷 섬(Hornet Is.)이라는 명칭이 표기되어 있고, 다줄레 섬과 마쓰시마가 동일한 섬의 호칭으로 병기되어 있다.

와타나베는 마쓰시마와 다케시마라는 이름에도 주목했다. 두 호칭이 일본식 이름이기 때문이다. 와타나베는 이들 도서명을 일본 소속으로 볼 수 있는 근거와 연결 지었다. 다만 그는 구 막부가 일이 시끄러워지는 것을 피해 지리적 원근만을 따져 조선 지도에 있는 울릉도라 하여 다케시마를 조선에 주었으나 마쓰시마와 다케시마는 두 섬이며, 마쓰시마는 다케시마보다 일본에 가까우므로 일본에 속한다는 논리를 개진했다. 이전에 무토 헤이가쿠가 이와 비슷한 논리를 편 적이 있다. 와타나베 역시 왜 이런 논리를 펴게 되었는지는 알 수 없다. 와타나베는 여러 가지 사실을 언급했다. 즉 조선에서 다케시마는 40리, 오키국 마쓰시마에서 40리쯤에 다케시마,

---

194) 《竹島考證》 원문에는 제임스 와일드의 '일본 조선국'으로만 되어 있는데, 역자인 정영미는 이 지도를 일러 〈일본 열도〉(1859)라고 주석을 붙였다. 가와카미 책에는 지도명 없이 1859년과 1868년의 지도를 언급했고, 게재한 것은 1868년 지도이다. 위 표기는 1868년의 지도를 따른 것이다.

195) 오쿠하라 헤키운의 《竹島及鬱陵島》에는 "(울릉도 남쪽) 물개바위(seal角) 부근 작은 바위"라는 기술이 있다.

요나고에서 다케시마까지는 약 140리, 요나고에서 이즈모-오키-마쓰시마를 지나면 다케시마에 이르게 된다는 사실, 후쿠우라에서 마쓰시마까지는 약 60리가 된다는 사실 등이다. 그는 1724년의 문헌 기록에 대해서도 언급했다. 이런 정황을 종합해보면, 마쓰시마를 기준으로 할 때 오키까지는 60리이지만 요나고까지는 100리이다. 마쓰시마에서 다케시마까지는 40리지만, 조선까지는 80리가 된다. 그러므로 마쓰시마가 일본쪽에 더 가깝다는 논리가 성립하려면 일본 쪽에는 마쓰시마에서부터 오키까지의 거리(60리)를 적용하고, 조선 쪽에는 마쓰시마에서부터 조선까지의 거리(80리)를 적용할 때라야 가능하다. 그는 "마쓰시마와 다케시마는 두 섬이며 마쓰시마는 다케시마보다 우리나라 가까운 쪽에 있으니 일본에 속한다는 것에 대해 조선이 이론이 있을 수 없다"고 했다. 그런데 그가 (마쓰시마는) "다케시마보다 우리나라 가까운 쪽에 있다"고 한 말은 애매하다. 다케시마가 오키에서부터 100리 거리이므로 60리 거리에 있는 마쓰시마가 일본에서 더 가깝다는 의미로 말한 듯하지만, 이는 앞에서 그가 일본이 다케시마(울릉도)를 조선령으로 본 역사적 사실을 분명히 인지하고 있던 점에 비추어보면 성립하기 어려운 논리이기 때문이다.

와타나베가 '다케시마'를 '울릉도'로 보고 있었음도 위의 언급으로 보아 명백하다. 그렇다면 그가 가리킨 '다케시마' 외의 '마쓰시마'는 '독도'를 가리켜야 한다. 그런데 반드시 그렇지가 않다. 그는 '마쓰시마'는 현재 산인에서 조선 원산항으로 가는 항로에 있고 나가사키에서 블라디보스토크로 갈 때 지나쳐야 하므로 다케시마보다 더 긴요하고, 이 때문에 영국과 러시아가 주목하는 섬이라고 보았다. 이때의 '마쓰시마'는 문맥상으로 보면 울릉도를 가리켜야 한다. 그런데 그가 다시 '마쓰시마'가 "다케시마보다 더 긴요하"다고 했으므로 그런 맥락에서라면 이때의 '다케시마' 또한 울릉도를 가리

키는 것이 된다. 영국과 러시아가 주목하고 있는 섬은 울릉도이기
때문이다.

　그는 일본이 다케시마와 마쓰시마가 2도인지 1도인지[2島1嶋] 알
지 못하는 상태이고, 이들 섬이 조선에 속하는지도 모르는 실정이
라고 했다. 그가 혼동을 빌미로 조선 영토임을 부인하려는 의도가
엿보인다. 그는 이로써 점차 '마쓰시마'를 울릉도에 비정해갔다. 다
만 와타나베의 언급으로 알 수 있는 것은, 그 자신도 소속 결정의
중요한 요소로서 거리관계를 제시하고 있다는 점이다. 그런데 오히
려 그는 거리관계를 무시하고 "마쓰시마가 일본쪽에 가깝다"는 논
리로 변용시켰다. '마쓰시마(울릉도)'를 일본령으로 만들기 위해 의
도적으로 변용한 것인가? "마쓰시마가 일본 쪽에 가깝다"는 말은
나중에 기모쓰키 가네유키(肝付兼行)[196] 해군 수로부장이 다시 "일본
쪽에 10해리 가깝다"[197]는 논리로 변용했다. 기모쓰키는 이 말을 나
카이 요자부로에게 전하여 나카이에게 영토 편입의 동기와 계기를
주었다.

---

196) 기모쓰키는 1879년 7월부터 1880년 12월 사이에 발행된《수로잡지》보고자였다.
　　당시는 해군 대위로서 모슌함(孟春艦)에 승선하여 조사했다(정영미,《일본의 독도 인
　　식에 관한 연구》, 서울시립대학교 국사학과 박사학위논문, 2013, 148쪽). 일본쪽이 10
　　리 더 가깝다는 논리는 나중에 나카이 요자부로가 기모쓰키를 만났을 때인데, 그의
　　논리는 이즈모에서는 독도가 108해리인데 조선 릿도네루 곶에서는 118해리이므로 일
　　본이 가깝다는 것이다. 기모쓰키가 와타나베의 논리를 빌려온 것인지, 아니면 1904년
　　당시의 사실에 근거한 것인지는 알 수 없다. 다만 1883년《수로잡지》41호에 '루씨도
　　네루 곶'이라는 지명이 나오는 것으로 보건대, 수로조사에 참가한 바 있는 기모쓰키가
　　이 지식으로 논리를 전개했을 가능성도 있다.

197) (마쓰시마-독도가) 일본 쪽에서 10해리 더 가깝다고 할 수 있는 경우는 1696년 1
　　월 지도(표-2 참조)에서 보듯이, 조선에서 마쓰시마(독도)까지의 거리를 80~90리, 일
　　본에서 마쓰시마(독도)까지의 거리를 80리로 보았을 때뿐이다. 그러나 이는 울릉도가
　　조선 영토임을 무시하고 계산했을 때 나올 수 있는 논리다.

## (4) 개척원 처리과정과 태정관 지령

1876년 11월 무역 사무관 세와키 히사토는 러시아에 부임하러 가는 길에 '마쓰시마'를 보았다. 그런데 이에 앞서 지바현 상인 사이토 시치로베(齋藤七郎兵衛)가 블라디보스토크를 왕래하다 '마쓰시마' 가까이서 그 지형을 파악하고, 세와키 영사에게 개척원을 제출한 바 있다(별지 13호). 사이토는 1876년 12월 19일자 〈마쓰시마 개척원서 및 건언(松島開島願書幷建言)〉에서 '황국의 부속섬인 마쓰시마'를 블라디보스토크로 오는 도중에 보게 되었다고 하면서, 작은 섬이긴 하지만 자원이 많으니 국익에 보탬이 되는 사업을 하고 싶다는 포부를 밝혔다. 또한 그는 영국과 러시아 등 열강이 이 섬을 주목하고 있음을 환기시키고, 일본이 먼저 개척하여 속도임을 분명히 알게 할 필요가 있다고 역설했다. 그는 '마쓰시마'를 일본의 부속섬으로 인식하고 있었다. 이때 '마쓰시마'는 울릉도를 가리킨다.

세와키 영사는 이 사실을 상부에 보고했는데, 그 기록이 《포조항일기(浦潮港日記)》[198]에 보인다(별지 14호와 15호 및 附). 세와키가 무토와 사이토의 개척원을 외무성에 보고한 시점은 1877년 4월 25일이다. 이 시기는 태정관 지령 이후이다. 따라서 개척원에 대한 외무성의 처리과정을 고찰할 때 태정관 지령을 염두에 두면서 고찰할 필요가 있다.

세와키 영사는 무토와 사이토의 마쓰시마 개척원을 1877년 4월 25일자 문서로 외무성에 제출했다. 이때 추신에서 그는 마쓰시마에 일본인인 듯한 사람이 살고 있다는 사실을 일기에 자세히 써두었으니 참조하기 바란다고 적고 일기도 첨부했다(별지 14호 일반서신 제1). 그런데 이에 대해 외무성 공신국장 다나베 다이치(田辺太一)는 "마쓰시마는 조선의 울릉도로 우리 영역에 속해 있지 않으니 사이토의

---

198) 浦潮港은 블라디보스토크를 말한다.

청원을 허락할 수 있는 권한이 없음을 알림"이라는 사실을 첨지(籤
紙)로 붙여(별지 14호 일반서신 제1) 알리고 허락하지 않았다.

 알다시피, 태정관 지령은 1877년 3월 29일자로 내무성에 알려졌
고, 내무성을 통해 시마네현에 하달된 시기는 4월 9일이다. 그런데
외무성의 다나베가 세와키 영사에게 회신한 것은 1877년 4월 25일
이후이다. 그렇다면 다나베는 태정관 지령을 알고 있었을까? 다나
베가 "마쓰시마는 조선의 울릉도로 우리 판도에 속하지 않는다"고
한 것을 보면, 태정관 지령의 "다케시마 외 일도는 본방과 관계없
다"는 문구와는 같지 않다. 다나베가 울릉도에 비정한 호칭은 '다
케시마'가 아니라 '마쓰시마'이기 때문이다. 그가 태정관 지령에서
칭한 '다케시마'에 대해 알고 있었으면서 고의로 (다케시마에 비정되
는 섬을) '마쓰시마'로 불렀다면, 이는 사이토의 개척원에 있던 '마
쓰시마'를 그대로 써주기 위해서라고 이해할 수 있다. 다나베가 지
령을 직접적으로 언급한 바는 없다. 다만 지령안에 외무경의 인장
이 찍혀 있던 것으로 보아 외무성 안에 지령안과 '지령' 관련 사실
이 알려져 있었을 것이고, 따라서 다나베도 인지했을 것으로 보인
다. 그런 그가 울릉도를 '마쓰시마'라고 칭했다면, 이는 그가 태정
관 지령을 숙지한 상태에서 두 섬이 일본 영토가 아님을 분명히 한
것이 된다.

 세와키 영사는 사이토가 1876년 12월 18일에 청원서를 제출한 사
실에 대해 자신도 이 섬을 주목하기에 내년 봄(1877년)에 도쿄에 보
내겠다고 했다(별지 제14호 附). 또한 세와키의 일기 초본에는 1877년
3월 22일 이노키치(猪之吉)[199]가 '마쓰시마'에 관해 들려준 이야기와
'마쓰시마'의 전복에 대해 적혀 있다. 15호 문서(1877년 乕信 제2 番外
甲号)에는 1877년 5월 블라디보스토크에서 러시아, 중국, 한인, 일

---

199) 이노키치가 1876년 나가사키에서 블라디보스토크로 오다 마쓰시마를 해상에서 바
   라본 이야기를 1877년 3월에 세와키와 나눈 것이다.

본인이 부딪치는 특수성을 언급하고 '마쓰시마'를 개척하여 교역의 이로움을 추구할 것을 종용하는 내용이 적혀 있다.

이즈음 무토 헤이가쿠는 〈마쓰시마 개척에 관한 건백(松島開島之建白)〉(1877. 5. 6)을 다시 제출했다(별지 제16호). 블라디보스토크항에 체류 중이던 무토는 실제로는 섬에 가보지 않은 채 경험자의 말을 옮겼다. 무토는 마쓰시마가 동서 3~4리, 남북 5~6리 정도의 재목이 많은 섬이며, 미국인이 공동 개척을 제안한 일, 프랑스인은 재목을, 중국인은 전복을 칭찬한 일, 1876년 4월 러시아가 측량한 일, 두 채의 초가집이 목격된 일, 광산 개발의 가능성, 등대 설치 등에 관해 적었다. 이에 무토는 '마쓰시마'가 일본에 속한 섬이라며 개척을 촉구했다.

사이토와 무토의 건의를 받은 세와키 영사는 1877년 9월에 본국으로 귀국하기 전에 '마쓰시마'를 직접 조사하고자 했다. 한편으로는 블라디보스토크에 체재시킬 일등 서기 견습자로 무토 헤이가쿠를 발탁했다(별지 제17호, 1877. 6. 25). 세와키는 마쓰시마의 울창한 나무를 중국과 블라디보스토크 항으로 수출할 것이며 포경(捕鯨) 계획도 있다고 보고했다. 그런데 세와키는 개척대상 '마쓰시마(松島)'를 17호에서는 '公島開拓一件'으로 칭했다가, 18호에서는 '松島開墾一件'으로 칭했다. 17호에 '公島'가 두 번 나오고 있는 것으로 보아 오류라고 보기는 어렵다. 기타자와가 '公島'를 '松島'로 잘못 옮겨 적은 것인지는 알 수 없다. 세와키가 '公島'로 칭했다면, 그 이유를 알 수 없다.

외무성의 다나베는 두 개의 첩지로 이 개척원에 회신했다. 회신은 "마쓰시마는 조선의 울릉도로서 우리 판도에 속하는 것이 아니다. 분카(文化) 연간(1804~1817)[200]에 이미 조선 정부와 주고받았다는 사실을 알고 우리나라가 개간에 착수하는 것은 본래 안 되는 일

---

200) '겐로쿠 연간'의 오기인 듯하다.

이라고 대답할 것. … 조사는 해군 함선을 빌린다는 것인지 … 상해에 가서 재목을 판다는 것도 꿈같은 가능성 없는 이야기이다"는 내용이었다. 다른 회신은 뒷일을 차질 없이 하도록 경계시키고 견습생 무토에 대해 궁금해 하는 내용이었다.

이후에도 세와키 영사는 마쓰시마 개간 허가를 요청하는 문서를 외무경 대리 모리(森) 전권공사 앞으로 보냈다(별지 제18호, 1877. 7. 2). 그는 러시아 군함이 1876년 겨울부터 이 섬에 입항하고 있었으며 '마쓰시마' 근처의 바다까지 조사하고 있다는 사실도 덧붙였다. 이즈음 블라디보스토크와 관련을 맺고 있던 자들, 즉 무토와 사이토는 개척 대상을 '마쓰시마'로 칭하고 있었고, 이를 처리하던 외무성의 세와키와 다나베 역시 무토와 사이토가 칭한 대로 '마쓰시마'로 칭하되 모두 조선의 울릉도로 인식하고 있었다. 이로써 보건대, 당시 '마쓰시마=울릉도' 외의 섬 즉 '독도'는 개척 희망자나 외무성 관리 모두의 관심 밖에 있었다. 그 이유는 무엇일까? 나가사키와 블라디보스토크 사이의 항로에서 목격된 섬은 울릉도이지 독도가 아니라는 데서 찾을 수 있지 않을까 한다. 목격하지 못한 섬에 대해 관심이 일지 않는 것은 당연한 일이다.

'마쓰시마 개척원'을 둘러싸고 블라디보스토크와 외무성에서 각각 논란하는 가운데, 도쿄에서는 '다케시마 도해원서'가 도쿄부에 접수되었다. 시마네현 사족 출신으로 도쿄에 거주하던 도다 다카요시(戸田敬義)가 1877년 1월 〈다케시마 도해청원(竹島渡海之願)〉을 도쿄부 지사 구스모토 마사타카(에노모토 세이료[楠本正陵, 降]) 앞으로 제출한 것이다(별지 제4호, 1877. 1. 27).[201] 그는 '다케시마'를 일러 "오키국에서 70리(里) 정도 떨어진 서북쪽 바다에 있는 불모의 고도"[202]로 불렀다. 도다가 말한 '다케시마'는 울릉도를 가리킨다. 그 자신

---

201) 《竹島考證》에 별지 4호로 실려 있다.

202) 《竹島考圖說》의 부도에는 오키에서 마쓰시마간 거리가 70리로 되어 있다.

도 '다케시마'가 일본에 속한 섬일지도 모른다고 여겨, 오키 노인에게서 들은 하마다번사건, 다케시마 재목으로 지은 후쿠우라의 사당, 무라카와의 어렵에 대한 이야기를 언급했다. 그는 덴포(天保) 연간의 도해도 언급했고, 호키의 어부에게서 도면도 얻었다. 도다는 시마네현 사족답게 오키에서 '다케시마'에 대한 자세한 정보를 얻고 있었고, 이에 개척원의 대상을 '다케시마'로 칭했던 것이다. 도다의 개척원을 보더라도, 오키와 호키 지역에서는 여전히 다케시마(울릉도)에 관한 역사적 사실이 전래되고 있었음을 알 수 있다.

도다가 개척사업에 관심을 보이게 된 계기는 오가사와라 개척과 관계가 깊다. 그는 1876년에 오가사와라에 진사관(鎭事官)을 파견한 사실과 정부가 개간사업에 주의를 기울인다는 사실을 주목했다. 이에 그는 직접 '다케시마'에 건너가 살펴보고자 도해 면허를 요청했다. 그가 보기에, 도해하기에 좋은 계절은 중춘(음력 2월)이며, 오키로 가려면 호키의 요나고나 사카이항에서 준비를 하는 것이 편했다. 다른 지역 사람들은 '개척'을 운운했는데 도다는 '도해 면허'를 운운했으므로 그가 '다케시마'를 도해가 금지된 섬으로 인식하였음을 알 수 있다.

도다의 청원서를 접수한 도쿄부는 곧바로 회신하지 않았다. 이에 도다는 1877년 3월 13일자로 다시 청원했다(별지 제5호). 도다는 이 사항이 도쿄부의 단독 결정사항이 아니라면 관계 부서에 신속한 조치를 요청할 것을 건의했다. 재청원에 대한 회신을 받지 못하자, 도다는 내년(1878)에 도해하겠다는 의사를 다시 상신했다(별지 제6호, 1877년 4월). 도쿄부는 1877년 6월 8일, 다케시마 도해청원을 허가할 수 없음을 알려왔다(별지 제7호). 1877년 1월에 낸 도다의 청원에 도쿄부 지사가 회신한 것은 그해 6월이다. 내무성이 태정관 지령을 시마네현에 전한 시기는 4월 9일이다. 도쿄부가 태정관 지령에 근거하여 도다의 청원을 허가하지 않았는지는 알 수 없다. 다만

도쿄부가 비교적 신속히 다케시마 도해를 금지하는 조치를 취한 것
은 내무성의 인식을 공유하였기 때문으로 볼 수 있지 않을까 한다.
이로써 블라디보스토크에 왕래하던 상인들과 시마네현 출신자, 외
무성 관리 사이에는 다케시마 · 마쓰시마에 대한 호칭과 소속 인식
에서 괴리가 있음을 알 수 있다. 외무성의 와타나베가 시마네현에
조사를 제안하고, 동시에 함선을 보내 조사할 것을 제안한 시점은
1876년 7월 이후이다. 그 뒤에도 그는 같은 제안을 계속했다. 내무
성이 지적 편찬을 위해 시마네현에 조회한 시기는 1876년 10월이
고, 태정관 지령이 나온 시기는 1877년 3월이다. 그런데 외무성의
와타나베는 1878년이 되어서도 여전히 시마네현에 조사를 의뢰할
것을 제안하고 있다. 이는 외무성이 1878년까지도 개척원을 판단하
는 과정에서 태정관 지령과는 상관없이 별도의 절차를 진행시키고
있었음을 의미한다.

## 2. 태정관 지령 이후 '다케시마' 호칭 혼란과 '竹島'

### 1) '호우리루 로크'의 등장으로 인한 호칭 혼란의 심화

외무성은 무토 헤이가쿠(武藤平學)와 사이토 시치로베(齋藤七郎兵衛)의 청원으로 인해 현지 조사의 필요성을 느끼고 1877년 7월 이후부터는 관리들에게 의견을 구하기 시작했다. 여러 의견이 있었지만, 기타자와가 《竹島考證》에 실은 것은 외무성 기록국 사카타 모로토(坂田諸遠)의 이른바 〈마쓰시마에 관한 이견(松島異見)〉(제19호, 1877년 8월 6일)이다. 이에 따르면, 마쓰시마와 다케시마, 두 섬은 과거 오키국 관내에 있었고, 마쓰시마는 오키국 후쿠우라에서 북서로 40리쯤 되는 곳에 있는 섬으로 되어 있다. 사카타는 '磯竹島'로 기록된 저술, 《인슈시청합기(隱州視聽合記)》, 나가쿠보 세키스이의 〈아세아 소동양도〉에 두 섬이 그려진 사실, 하시모토 교쿠란사이(橋本玉蘭齋)의 〈대일본 사신전도(大日本四神全圖)〉[1]에 '마쓰시마'가 그려져 있고 '호우리루 로크'로 표기된 사실, 대부분의 지도에 '다케시마'가 '마쓰시마'보다 크게 그려져 있는 사실 등을 지적했다. 또한 그

---

1) 1871년에 간행되었다.

는 미야자키 류조(宮崎柳條)의 〈신정 일본여지전도〉도 거론했다. 그
는 이 지도에 "다케시마와 마쓰시마 두 섬이 약간 잘못 그려진 것
처럼 보이지만,《인슈시청합기》에 따르면, 마쓰시마와 다케시마 두
섬이 존재하므로 마쓰시마가 다케시마의 다른 이름이라고 하지 못
할 것이다"라고 평했다. 그런데 실제 지도에는 다케시마와 마쓰시
마가 표기되어 있고 '호우리루 로크'라는 호칭도 새로 등장하여 그
것이 '마쓰시마'에 대한 표기로서 나타나고 있었다. 이 때문에 사카
타도 가쓰 가이슈, 와타나베와 같은 혼란을 겪을 수밖에 없었다.

  이 때문에 외무성은 결론을 내리지 못하고 있었다. 그러던 가운
데 1877년 10월 즈음 나가사키 상인 시모무라 린하치로(下村輪八郎)
가 마쓰시마 근방을 거쳐 블라디보스토크로 오다가 마쓰시마 가까
이서 울창한 나무를 목격했다. 이에 그는 사이토 시치로베와 연명
으로 〈마쓰시마 개척원(松島開拓願)〉을 세와키에게 제출했다(별지 20
호). 시모무라의 청원에 앞서 사이토가 1876년 12월에 세와키에게
청원한 바 있었지만 허락받지 못했다. 그러다가 사이토가 1878년 8
월에 다시 연명 청원을 하게 된 것이다. 시마네현 출신의 도다를 제
외하면, 청원자 대부분은 개척대상을 '마쓰시마'로 칭하고 있었다.
이는 이즈음 일본에서 울릉도 호칭이 '마쓰시마'로 정착해서라기보
다는 블라디보스토크를 오가던 자들 대부분이 울릉도를 목격하고
'마쓰시마'로 부르던 관습이 그 지역을 중심으로 계속 전해지고 있
었기 때문으로 보인다.

  1871년에 창설된 병부성 해군부 수로국은 1872년에 해군성 수로
국, 수로료(水路寮), 수로국(1876)으로 개칭되었다. 1886년에는 해군
수로부, 1888년에는 수로부로 독립했다. 그 사이인 1878년 6월 29
일과 1880년 9월 13일,[2] 해군성 수로국은 두 차례에 걸쳐 조선 동

---

2) 9월 13일은 수로국장의 보고일이므로 실제 조사는 그 이전이겠지만 정확한 날짜를 기
  록한 자료는 찾지 못했다. 앞으로 조사가 필요하다.

해안을 조사한 적이 있다. 1878년 6월 해군성 수로국의 아마기함은 울릉도를 실지(實地) 조사하고 '마쓰시마'로 명명했다. 이때 아마기함은 조사 결과를 '松嶋'라는 표제로 보고했으나(《수로잡지》 제16호, 1878년 조사, 1879년 편집, 1883년 발간), 2차 조사 후에는 '鬱陵島(一名松嶋)'로 표제를 바꾸었다(《수로잡지》 제41호, 1880년 편집, 1883년 발간).[3] 아마기함이 1878년과 1880년 두 번에 걸쳐 조사하는 사이에 울릉도 호칭이 '마쓰시마'로 정착해간 것이다.

1878년 6월 아마기함은 조사 당시 "(마쓰시마) 동쪽으로 작은 섬 하나가 있다"고 했다. 즉 '죽도(竹島)'의 존재를 목격한 것이다. 《수로잡지》 제41호에 첨부된 지도를 보면, 울릉도가 그려져 있고 그 아래에 '日本名稱松島'라고 쓰여 있으며, 울릉도 왼쪽에는 '호루 암(巖)'이라고 적힌 바위가 그려져 있다. 울릉도와 그 주변을 그린 평면도에는 '울릉도'가 그려져 있고 오른 쪽 위에는 또 하나의 작은 섬이 그려져 있다. 그리고 이 섬을 '竹嶼'라고 표기하고 'Boussole Rx'라는 명칭도 병기했다. 또한 울릉도 오른 쪽에는 또 하나의 작은 섬이 그려져 있는데, '북정서(北亭嶼)'로 표기되어 있다. 《수로잡지》 제41호는 지도에 보인 호칭 '竹嶼'에 대해 설명하기를, "조선인, 이를 竹島[4]라고 한다"는 분주(分註)를 넣었다. 조선에서 정식으로 울릉도 개척령을 내기 전인데 일본이 조선인의 호칭을 운운했다는 사실은 개척 이전부터 조선인이 많이 살고 있었음을 방증한다. 이어 수로국은 '죽서'가 이 섬(울릉도)의 근해에서 가장 큰 섬이라고 했다. 그러므로 이 섬은 댓섬인 '죽도(竹島)'를 가리킨다. 이렇듯 해군성

---

3) 이 호칭은 '鬱陵島一名松島(洋名 ダゲレット)'(1886) → '鬱陵島(一名松島)'(1894) → '鬱陵島一名松島〔Dagelet island〕'(1907) → '鬱陵島〔松島〕'(1933)으로 바뀌고 있다.

4) '竹島'를 '죽도'라고 음독하지는 않았지만, '댓섬'에 대한 훈차 표기임을 알 수 있다. 죽도의 음독을 'テッセミ島' 즉 '댓섬'으로 표기한 것은, 1902년 《通商彙纂》 안의 '한국 울릉도사정(韓國鬱陵島事情)'에서 보인다. "テッセミ島는 와달리 앞바다에 있는데, 본 방인은 이를 竹島라고 속칭한다"고 되어 있어 '죽도'임을 밝히고 있다. 이후 '죽도'를 '다케시마'로 발음한 적이 있었지만, 1920년 《日本水路誌》에 '竹島(竹嶼)'라고 표기하고 있어 점차 '죽도'로 정착해갔다.

수로국이 그린 지도에는 개척원에서 칭한 '마쓰시마' 외에 다양한 호칭이 나타나고 있었다. 이때 '竹嶼'를 표기하고 조선인의 호칭 '竹島'를 병기하고 있었으므로 해군성은 '다케시마(竹島)'와 '죽도'를 혼동하지 않고 있었음을 알 수 있다. 한편 외무성의 기타자와는 '다케시마(竹島)'를 '죽도'로 비정하고 있다. 이에 대해서는 다시 논한다.

외무성이 울릉도를 '마쓰시마'로 호칭하던 시기는 해군성 아마기함이 울릉도를 '마쓰시마'로 호칭하던 시기와 비슷하다. 다만 해군성은 1878년의 조사 때는 울릉도를 '松嶋'로 칭했지만, 1883년에는 '鬱陵島(一名松嶋)'로 칭했으므로 '울릉도'가 주칭으로, 일본 호칭 '일명 마쓰시마'가 별칭으로 바뀌어 가고 있었다. 더구나 해군성은 독도 호칭으로서 에도시대 이래의 '마쓰시마' 대신 '리앙코루토 열암'으로 대체해가고 있었다. 이는 외무성과 해군성의 도서 인식이 태정관 지령과는 별도로 성립해가고 있었음을 의미한다.

## 2) 다나베 다이치의 '마쓰시마' 인식

시모무라의 청원(1878년 8월 15일)이 있은 뒤 외무성에서는 '마쓰시마'를 조사할 것인가에 대해 논의했다(별지 제21호, 1878년 8월 15일 이후). 이른바 〈마쓰시마 순시 여부에 관한 논의(松島巡視要否の議)〉이다. 1878년 6월의 아마기함 조사 결과가 아직 외무성에 알려지지 않았기 때문인 듯하다. 공신국장 다나베 다이치는 갑·을·병 세 사람의 의견을 소개했다. 간략하게 소개하면 다음과 같다(문체는 필자가 평서문으로 바꾸었음).

갑: 마쓰시마는 우리가 명명한 것이지만 실제로는 조선의 울릉도(蔚陵島)에 속하는 우산(于山)이다. … 울릉도가 조선에 속한다는 것은 구 정부

당시 주고받은 문서가 양국 역사서에 남아 있다. … 지금 아무 이유없이 사람을 보내 조사한다면 남의 보물의 숫자를 헤아리는 일로서 이웃의 지경을 범하는 것과 같다. … 마쓰시마는 개척할 수도 없고 개척해서도 안 되는 섬이다. 알면서도 순시한다면 무익할 것이다.

을: 그 섬(마쓰시마)은 물론 '소위 다케시마'라는 것도 순시해서 오늘날의 상태를 자세히 알아야 한다. … 한 두 명의 관리가 상륙하여 반나절이나 하루 정도 시찰하면 그다지 성과를 거두지 못할 것이 뻔하다… 해군을 파견하여 조사해서 지도나 고문헌과 맞춰보아야 마쓰시마가 울릉도의 일부인지 아니면 우산(于山)인지, 그렇지 않고 또 다른 주인없는 땅인지 결정할 수 있을 것이니 … 조사 후에 개척을 결정해야 한다. … 그러나 세와키의 의견대로 하기는 불가능하고 후일을 기다려야 한다.

병: 영국신문에 러시아 동진을 저지하기 위해 북태평양에 병참기지가 필요하다는 기사가 있었다. 마쓰시마가 저들이 주목하는 섬일지도 모른다. 지금은 갑과 을이 말하는 개척 여부를 논하지 말고 섬의 상황을 아는 것이 급선무이다. 누구라도 조사하게 해야 한다. … 세와키에게 자금을 대어 조사시키면 성사시킬 것이다. … 그 섬에 있는 조선인은 일본인과 외국인을 구별하지 못하므로 교린(交隣)에 장애가 되지 않는다.

위에서 갑이 '마쓰시마'는 울릉도에 속하는 '우산'이라고 했으므로 이때의 '마쓰시마'는 독도를 가리킨다. 갑은 울릉도와 마찬가지로 '마쓰시마'를 조선 영토로 인식하고 있었던 것이다. 나아가 갑은 마쓰시마는 '우산'이며 '우산'은 바로 울릉도의 속도라고 인식하고 있었다. 그런데 갑이 "마쓰시마는 개척할 수도 없고 개척해서도 안 되는 섬"이라고 할 때의 '마쓰시마'는 개척대상인 울릉도를 가리키지 독도를 가리키지 않는다. 갑은 현재 칭하는 마쓰시마는 "우리가

명명한" 것으로 실제의 연혁과는 맞지 않는다고 보았다. 갑을 제외
한 을과 병의 의견은 개척에 앞서 우선되어야 할 것이 정확한 순시
와 조사라고 하여 조사의 필요성을 역설하고 있다.


### 3) 와타나베와 다나베 사이의 논란

위의 세 의견에 대해 다시 기록국장 와타나베 히로모토(渡邊洪基)
가 평했다(별지 제22호. 1878. 8. 이후). 그 의견은 대략 다음과 같다.

> 이 섬이 울릉도(蔚陵島)라고 불리는 섬인지, 유인도인지를 알게 된다면
> 충분하다. 울릉도와 다케시마가 '동도이명(同島異名)'임이 분명하고, 마쓰
> 시마도 다케시마와 '동도이명'인 듯하지만, 그렇지 않다 해도 그(다케시마
> 의) 속도인 듯하다. … 다케시마 외에 마쓰시마라는 것이 우리나라 가까운
> 쪽에 있다면 이미 일본인들이 다케시마에 가서 갈등을 일으켰던 적이 있었
> 음을 볼 때 그 섬보다 가까운 마쓰시마에 가본 사람이 없다고는 절대 말할
> 수 없다. 그런데 (마쓰시마가) 다케시마와는 다른 섬이라면 이나바와 오키,
> 이와미 등에 속한 섬이라고 하지 않을 수 없다. 이런 사실을 이들 현이 알
> 아야 하는데, 위의 현들에게 마쓰시마가 다케시마에 속한 섬인지, 다케시
> 마와 마쓰시마가 같은 섬인지 여부를 물어보아야 한다. 그러면 마쓰시마가
> 온전히 일본의 속도인지 아니면 다케시마 또는 그 소속도(小屬島)인지를
> 분명히 알 수 있을 것이다. 이제는 섬의 진짜 위치를 정할 필요가 있다.

와타나베는 1876년에도 '松島之議 1'과 '松島之議 2'로 의견을 펼
친 바 있다. 그때도 그는 다케시마와 마쓰시마가 다른 섬임을 인지
하고 있었으면서도 마쓰시마는 일본에 가까우므로 일본에 속한다
는 의견을 내놓았다. 그는 1878년에도 '울릉도'와 '다케시마'는 같

은 섬의 다른 이름이며 (현재 호칭하는) '마쓰시마'도 '다케시마'의 다른 이름일 것으로 보았다. 그런데도 그는 마쓰시마가 일본의 속도(屬島) 또는 다케시마의 작은 속도일 가능성을 열어놓았다. 이 때문에 해당 현에 조회하고 배를 파견하여 조사할 것을 제안했던 것이다. 공신국장 다나베 다이치는 자신의 의견을 피력했다(丁 23호, 1878). 그 내용은 대략 다음과 같다.

> '마쓰시마'는 우리나라가 사람이 붙인 이름이며 사실은 조선의 울릉도에 속하는 우산이라고 한다. 울릉도가 조선에 속한다는 것은. … 역사서에 실려 있다. 지금 아무런 이유 없이 사람을 보내 조사하는 것은 남의 보물을 넘보는 것이다. … 이제 겨우 교류가 시작되었으나 아직도 우리를 싫어하고 의심하고 있는데 이처럼 틈을 만든다면 외교관들은 꺼릴 것이다. 지금 마쓰시마를 개척하려 하지만 마쓰시마를 개척해서는 절대 안 된다. 마쓰시마가 아직 타방에 속해 있는지가 분명하지 않고 소속도 애매하다면 우리가 사신을 파견할 때 해군성은 함선을 보내 측량가와 개발자에게 조사시킨 후 무주지인지와 이익 여부도 고려해 본 후 점차 기회를 보아 보고한 후에 개척해도 된다. 그러므로 세와키의 건언은 채택할 수 없다.

다나베도 다케시마와 마쓰시마를 구분하고 있다. 나아가 그는 일본이 섬을 조사하는 것은 남의 보물을 넘보는 행위와 같다고 했다. 이는 앞에서 나온 〈松島巡視要否の議〉에서 갑의 의견과 같다. 그런데 다나베 역시 "마쓰시마가 아직 타방에 속해 있는지가 분명하지 않고 소속도 애매하다면"이라고 하여 소속 미확정의 가능성을 열어놓았다. 그러니 함선을 보내 측량한 뒤에 무주지임이 밝혀지면 그 뒤에 개척하자는 것이다. 다나베의 이런 의견은 '마쓰시마'가 조선의 '우산도'에 해당되므로 조선 영토라고 인정한 상태에서 다시 '마쓰시마'가 무주지일 가능성을 제기한 것이므로 논리적으로는 맞지

않는다. 그런 가운데 1880년 아마기함의 조사는 혼란의 와중에 있던 '마쓰시마'를 '울릉도'로 확정지었고, 그로 말미암아 구래(舊來)의 '다케시마'에 대해서는 또 다른 논란거리가 잉태되었다.


### 4) 1880년 아마기함의 조사와 '竹島'

이렇듯 섬의 소속을 둘러싼 논의가 분분한 가운데 실제 측량은 1880년 9월 이전[5]에 또 한번 있었다. 논의가 분분하여 혼란스러워하던 기타자와는 아마기함의 조사 및 보고서를 참조하여 자신의 입장을 다음과 같이 정리했다.

> 1880년 9월에야 아마기(天城)함 승무원 소위 미우라 시게사토(三浦重鄕) 등이 회항하다 마쓰시마(松島)에 이르러 측량하여, 그 땅이 바로 예로부터 전해오던 울릉도(鬱陵島)이며 그 섬의 북쪽에 있는 소도는 竹島라고 부르는 사람이 있지만 하나의 암석에 지나지 않는다는 사실을 알게 되었다. 이로써 오랜 의심이 한순간에 해결되었다. 이제 지도를 제출한다.

기타자와가 참조한, 해군 소위 미우라 시게사토의 보고서에 근거하여 나온《수로보고》제33호의 내용은 다음과 같다.

---

5)《수로보고》제33호가 1880년 9월로 되어 있고 기타자와가 이를 인용했기 때문에 1880년으로 보고 있으나 실제 측량은 1878년 6월에 있었던 것으로 보아야 한다는 의견이 있다(정영미,《일본의 독도 인식에 관한 연구》, 서울시립대학교 국사학과 대학원 박사학위 논문, 2013, 153쪽). 그러나 이는 재고의 여지가 있다. 만일 수로 보고가 1878년 6월의 조사를 가리키는 것이라면, 외무성이 1878년 8월에 논의할 때 이 사실이 언급되었을 것이다. 또한 1878년 조사 당시 승무원은 해군 대위 야마즈미 나오키요(山澄直淸), 소위 고바야시 슌조(小林春三) 등이었다. 1880년 조사 당시 승무원은 해군 소위 미우라 시게사토(三浦重鄕)였다. 기타자와가 인용한 것은 미우라 시게사토이므로 1880년 9월 이전의 조사가 맞아 보인다.

일본해 마쓰시마(한인은 이를 울릉도라 칭한다)에서 정박지를 발견.

마쓰시마는 우리 오키국에서 북서쪽으로 4분의 3, 약 140리(里) 떨어진 곳에 있습니다. 그 섬은 과거에는 바닷사람들이 찾아가는 곳이 아니었으므로 가박지(假泊地)가 있는지 없는지를 아는 자가 없었습니다. 그런데 이번에 우리 아마기함이 조선에 회항할 때 이 섬에 기항하여 그 섬의 동쪽 해안에 임시로 정박할 곳이 있음을 발견했습니다. 아래의 도면과 같습니다.

이상을 보고합니다.

메이지 13년(1880) 9월 13일

수로국장 해군 소장 야나기 나오에쓰(柳楢悅)

《수로보고》 제33호(1880)의 내용은 《수로잡지》 제41호에 비하면 간단하지만, 《수로보고》 제33호에 첨부된 지도(제24호 附)는 《수로잡지》 제41호에 실린 지도와 거의 같다. 다만 《수로잡지》 제41호에서는 울릉도를 그린 뒤 '鬱陵島'로 표기하고 그 아래에도 '日本名稱松島'라고 표기했지만, 《수로보고》 제33호에서는 울릉도를 그린 그림 위에는 '松島'라고 표기하고, 또 다른 울릉도 평면도에서는 '松島一名鬱陵島'라고 표기했다. 《수로보고》 제33호에서 울릉도 오른쪽의 섬에 '竹嶼'와 'Boussole Rk'을 병기한 것은 《수로잡지》 제41호와 같다. 두 호칭 모두 '댓섬'(죽도)을 가리킨다. 《수로보고》 제33호에서 '죽서' 아래 그려진 '북정서(北亭嶼)'의 내용도 《수로잡지》 제41호(1880 편집, 1883 발행)에 실린 것과 동일하다. 그런데 《수로잡지》 제41호에는 아마기함의 정박지가 표시되어 있지 않은 반면, 《수로보고》 제33호의 첨부지도에는 '북정서' 아래 부분에 '天城錨地'[6]라고

---

6) 아마기함이 닻을 내린 곳을 의미한다.

써주어 정박지를 나타내고 있다.[7]

1880년 미우라의 보고서와 회도가 말해주는 것은 '마쓰시마'가 울릉도라는 사실, 그리고 '竹嶼'의 존재를 확인했다는 사실이다. 그런데 미우라의 보고에 근거하여 저술한 기타자와는 왜 '죽서'에 대해 "竹島라고 부르는 사람이 있지만"이라고 하여 미우라가 칭한 '竹嶼'를 '竹島'로 바꾸었을까? 그럼 기타자와가 칭한 '竹島'는 '다케시마'(독도)인가 '죽도'인가? 호리 가즈오는 기타자와가 칭한 '竹島'를 독도로 보았으나, 이에 대해서는 검토할 필요가 있다.

기타자와는 개척원에서 칭한 다케시마·마쓰시마에 대한 의문을 미우라의 보고를 바탕으로 해소할 수 있었다. 즉 조선 명칭 울릉도가 일본 명칭 '마쓰시마'라는 사실을 재확인한 것이었다. 기타자와는 '마쓰시마'가 1699년에 '다케시마'로 불렸던 섬으로 옛날부터 일본 판도 밖의 땅이었다는 사실도 확인했다. 그런데 기타자와는 '마쓰시마' 외의 다른 한 섬을 '竹島'로 칭했다. 여기서 문제가 발생한다. 미우라가 그린 지도에는 분명히 '竹嶼'로 명기되어 있었는데, 기타자와가 이를 '竹島'로 바꾼 이유가 무엇인지 의문이 들지 않을 수 없다.

기타자와가 "그 섬의 북쪽에 있는 소도를 竹島라고 부르는 사람이 있지만, 하나의 암석에 지나지 않는다는 것을 알게 되어"라고 한 것은, 그가 해군성 미우라의 조사로 인해 이 섬의 존재를 인지하게 되었음을 기술한 것이다. 이를 좀 더 검토해보자. 미우라가 울릉도에 기항하여 임시로 정박했음은 회도에도 나타난다. 미우라가 회도에 '죽서'를 그린 것은 그가 실제로 목격하고 그렸을 것이다. 다만 미우라는 이 섬을 '竹島'라고 칭하지 않고 '죽서'라고 표기했다. 그러므로 기타자와가 울릉도 북쪽의 섬을 "竹島라고 부르는 사람

---

7) 《수로잡지》제41호(1880년 편집?, 1883년 간행)에는 울릉도 조사가 러시아 측량을 참고로 하였음을 밝히고 있다.

이 있지만"이라고 했을 경우, 이것이 의미하는 바는 두 가지이다. 하나는 미우라가 표기한 '竹嶼'에 대해 다른 사람이 '竹島'라고 부르는 것을 기타자와가 들었으므로 그것을 바탕으로 '竹島'로 표기했다고 볼 수 있다. 다른 하나는 기타자와가 "북쪽에 있는 소도 '竹島'"의 '竹島'를 '다케시마'로 알고 그것이 암석임을 확인했음을 보여주기 위해 '竹島'라고 표기했다고 볼 수 있다. 기타자와가 '竹島'를 하나의 암석이라고 한 것으로 보면, 독도를 의미하는 듯하지만,[8] 울릉도의 북쪽에 있는 섬이라고 했으므로 방향으로 보아 '독도'라고 단정하기는 어렵다. 그리고 무엇보다 아마기함은 독도를 간 사실이 없다. 1878년 조사 때도 해군은 울릉도를 일러 암석으로 이뤄졌다고 한 것으로 미루어 보면, 기타자와가 "암석에 지나지 않는다"고 한 것이 '독도'에 한정되는 것도 아니다. 미우라는 회도에서 울릉도 동북쪽에 '죽서'와 'Boussole Rk'을 병기했다. 그러므로 방향관계나 기술내용으로 보자면, 기타자와가 칭한 '竹島'는 '다케시마'가 아니라 '죽도'를 가리킬 확률이 더 크다. 다만 미우라는 이 섬을 '竹島'로만 표기했으므로 '다케시마'로 읽었는지는 알 수 없다. 그런데 기타자와가 오랜 의심을 품었다고 한 문맥으로 본다면, 그가 '竹島'를 '다케시마'로 읽었을 가능성이 크다.

기타자와는 다케시마·마쓰시마 호칭에서 의문을 품었던 '마쓰시마'가 '울릉도'로 판명되었으므로 '다케시마'를 미우라가 칭한 '죽서'일 것으로 보았고, 이 때문에 '죽서'를 '다케시마'에 대입시킨 것이다. 기타자와가 "竹島라고 부르는 사람이 있지만"이라고 했을 때는 에도시대의 '다케시마'를 염두에 둔 것이겠지만, 결국 그는 미우라의 조사를 통해 '竹島'를 '죽서'로 결론 지은 것이다.

이로써 기타자와는 과거 울릉도 호칭이던 '다케시마'를 미우라

---

8) 호리 가즈오는 북쪽의 소도를 독도로 보았다. 논거는 "또 하나의 다케시마(竹島)=독도는 완전히 불모인 암서(巖嶼)에 지나지 않아 본래 아무런 관심의 대상이 될 수 없었기 때문이다"는 것이다(호리 가즈오, 2008, 앞의 책, 100쪽).

가 칭한 '죽서'에 비정했다. 이로써 과거 '다케시마'로 불리던 것이 '죽서' 또는 '죽도'로 불리게 되었다.[9] '죽서' 표기가 처음 보인 것은 《수로잡지》 제16호가 편집된 1879년이지만, '리앙코루토 열암'이라는 표기는 1883년 《환영 수로지》(제2권)에서 보인다. 《수로잡지》 제41호는 《수로보고》 제33호를 비롯한 여러 정보를 모아서 발간된 것이다. 해군성은 1880년 아마기함의 《수로보고》 제33호는 물론이고 러시아의 측량조사[10]도 참조했다. 그런데 해군성은 《수로잡지》 제41호에서 '竹嶼'를 명기하고 "조선인이 竹島라고 읽는다"는 사실을 분주(分註)로 넣었다. 《수로잡지》 제41호는 1883년에 발간되었지만, 편집은 1880년경에 이뤄졌다. 이런 사실에 비추어보면, 그때부터 '죽서'를 '다케시마'로 읽었을 가능성은 희박하다. 그러므로 정황상 기타자와가 '다케시마'를 '竹嶼'로 인식했다고 단정하기도 어렵다. 기타자와가 말한 '竹島'와 미우라의 회도(제24호 附)에 나타난 '竹嶼'가 동일한 대상을 가리킨다고 보기도 어렵기 때문이다.

기타자와가 울릉도 북쪽의 섬을 '竹島'라고 칭함으로써 과거의 '마쓰시마'(독도)가 현재의 '竹嶼'에 비정되는 결과를 초래했다. 이로써 '마쓰시마'(울릉도)와 '죽도'에 대한 비정은 가능해졌지만, '다케시마'(독도) 비정 문제는 여전히 남아 있었다. 이 시기 기타자와를 포함한 외무성 관리들의 관심은 오로지 '마쓰시마'(울릉도)에 있었을 뿐 '다케시마'(독도)에 있지 않았다. 그러므로 고래의 '마쓰시마'는 '울릉도'라는 호칭으로 정착해갔지만, 그에 맞춰 고래의 '다케시마'가 '독도'라는 호칭으로 정착해간 것은 아니었다. 오히려 '다케시마'는 '죽도'라는 호칭으로 옮겨갔다. 이 때문에 '리양코루토 열암' 호칭이 등장하기[11] 전까지는 '竹島'가 '다케시마'인가 '죽도'인가의 문

9) 1917년 나카이 다케노신(中井猛之進)은 다시 한번 '竹島'를 '죽도'로 음독했다.

10) 러시아는 1854년에 조선 동해안을 조사하여 다줄레 섬(울릉도)을 조사하고 아르고 노트 섬이 가공의 섬임을 확인했다. 또한 독도도 조사하여 러시아식 이름을 붙였다.

11) 1849년 4월에 리양쿠르 호는 독도를 발견하여 항해보고서로 제출했고 프랑스 해도

제는 외무성의 주된 관심사에서 멀어져 있었다. 자연히 다른 관리들과 마찬가지로 기타자와의 인식 범주에도 '울릉도'만이 있었을 뿐 '독도'는 거의 없었다고 보아야 할 것이다.

두 차례의 아마기함 조사로 '마쓰시마'가 울릉도를 가리킨다는 사실이 분명해졌지만, '울릉도=마쓰시마=다케시마' 혼란이 완전히 해소된 것은 아니었다. 그리고 해군성과 외무성 관리의 인식을 내무성이나 학자들이 공유하고 있었던 것도 아니었다. 이는 이후의 여러 지도나 저술을 보아도 알 수 있다. 1880년 9월의 아마기함 조사 이후 발행된, 내무성 지리국이 간행한 〈조선전도〉(1882. 8.)에는 울릉도에 해당하는 섬이 '마쓰시마'로 표기되어 있다. 정부 문서와 수로지 등에서는 '마쓰시마'가 울릉도 호칭으로 정착하고 있었지만, 역사서와 지리지 등에서는 여전히 '다케시마'가 울릉도를 가리키는 경우가 많았다.[12]

이렇듯 1890년대 초기까지는 울릉도를 가리키는 호칭으로 '다케시마'와 '마쓰시마'가 혼용되고 있었다. 겐로쿠 연간의 문헌에 나온 두 섬의 유래를 알고 있던 외무성 관리가 '마쓰시마'가 울릉도 호칭으로 정착되었다고 해서 과거에 '다케시마'가 울릉도 호칭이었다는 역사적 사실까지 부인하기는 어려웠을 것이다. 이러한 호칭 혼란은 한동안 지속되었다. 그러므로 태정관 지령은 1870년대 후반에서 1880년대 초반까지 외무성 관리의 인식이나 정책 결정에 크게 영향을 미치지 않았다고 할 수 있다. 또한 같은 외무성 안에서도 개인적으로 인식의 편차가 있었다고 할 수 있다. 해군성은 특성상 문헌 정보보다는 실지 조사에 기대는 부처였으므로 태정관 지령이 적용될

---

국은 1850년에 이를 《수로지》에 수록했다(발간은 1851년). 독도가 해도에 나타난 것은 1851년 〈태평양 전도〉에서이다. 이후 독도를 '리앙쿠르 락스'로 기재한 서양 지도가 출현했는데, 가쓰 가이슈가 그 중에서 영국지도를 번역, 〈대일본국 연해 약도〉(1867)를 만들어 해군의 교육생 교육에 활용했다고 한다(정영미, 박사학위논문 참조).

12) 이에 대해서는 유미림·최은석, 《근대 일본의 지리지에 나타난 울릉도·독도인식》 (2010, 한국해양수산개발원) 참조.

수 있는 여지는 더욱 적었다고 할 수 있다. 오히려 태정관 지령이
정책결정에 반영될 여지는 내무성이 소관하는 정책에 있었다고 할
수 있다.


### 5) 태정관 지령의 적용과 단절

#### (1) 오야 겐스케의 개척원과 지령의 "(외 일도는 마쓰시마다)"의 의미

메이지 시대 일련의 개척원에 등장했던 호칭에 대한 혼란은 1881
년 8월 기타자와의 정리로 매듭지어지는 듯했다. 하지만, 1881년
시마네현 이와미국 사족 오야 겐스케(大谷兼助) 외 1명이 '마쓰시마
개척원(松島開拓願)'을 시마네현에 제출함에 따라 다시 한번 호칭 문
제가 대두되었다. 오야의 청원서는 시마네 현령 사카이 지로(境二
郎)에게 접수되었고, 11월 12일[13]에는 내무경 야마다 아키요시(山田
顯義)와 농상무경 사이고 쥬도(西鄕從道)에게 보고되었다. 당시 문서
담당자인 내무성의 권대 서기관(權大書記官)[14] 니시무라 스테조(西村
捨三)는 시마네현의 문서(별지 갑호와 을호)를 첨부하여 외무성에 조
회(1881. 11. 29)했다. 도지(島地) 제1114호[15]는 니시무라의 조회문을
다음과 같이 기록하고 있다.[16]

---

13) 이 날은 시마네 현령이 내무경과 농상무경에게 보고한 날짜이므로 오야 겐스케가
   청원서를 제출한 날은 그 이전이다.

14) 직제는 대서기관, 권대 서기관, 소서기관, 권소(權少) 서기관 순이다.

15) 島地 제1114호, 嶋地 제664호는 내무성 지리국이 매긴 분류방식인 듯한데, 좀 더 검
   토가 필요하다.

16) 〈朝鮮國蔚陵島へ犯禁渡航ノ日本人ヲ引戻之儀ニ付伺 (조선국 울릉도에 금제를 어기
   고 도항한 일본인을 되돌리는 건에 대한 문의) 〉 (외무성 외교사료관 소장, 외무성 기
   록 문서분류 3.8.2.4)

일본해에 있는 다케시마와 마쓰시마는 별지 갑호(甲號)[17]대로 지난 메이지 10년(1877) 중에 본방(本邦)과 관계없는 것으로 질의와 응답을 거쳐 정해졌고, 그 이래로 그렇게 생각해오고 있던 바, 이번에 시마네현에서 별지 을호(乙號)와 같이 문의해온 바에 따르면, 오쿠라구미(大倉組) 사원이 항해하여 벌목을 한다고 합니다. 그렇다면 해당 섬에 관해 근래에 조선국과 무언가 담판, 약속을 나눈 적이라도 있는지 우선 알아두고 싶어서 이 건에 관해 조회합니다.

1881년 11월 29일[18]

내무 권대 서기관 니시무라 스테조

외무 서기관 귀하

이 문서는 외무성 공신국과 기록국에 접수되었다. 1870년대에는 개척원이 주로 블라디보스토크 영사를 통해 외무성에 접수되거나, 도쿄부 지사에게 접수되었다. 이번에는 시마네현 사족이 시마네 현령에게 제출했으므로 내무성과 농상무성에 보고되었다. 그런데 문서를 접수한 내무성은 이를 다시 외무성에 조회했다. 시마네현의 청원을 내무성이 단독으로 처리하지 않고 외무성으로 조회한 것은 "근래에 조선국과 무언가 담판, 약속을 나눈 적이라도 있는지"라고 했듯이, 이 문제를 조선과 관련된 문제로 보았기 때문이다. 오야 겐스케는 청원 대상을 '마쓰시마'로만 칭했는데, 내무성의 니시무라는 "일본해에 있는 다케시마와 마쓰시마"라고 칭했다. 그리고 두 섬이 "1877

---

17) 내무성이 태정 우대신에게 상신한 〈日本海内竹島外一島地籍編纂方伺〉와 지령을 말한다.

18) 11월 30일 공신국 접수, 12월 2일 기록국 편집과에 접수됨.

년에 본방과 관계없는 것으로 정해졌"음을 기술했다. 그는 1877년의
지령을 염두에 두고 이렇게 표현한 것이다. 그는 지령의 '다케시마
외 일도'라고 하지 않고 '다케시마와 마쓰시마'라고 하여 두 섬의 이
름을 명기했다. 즉 '일도'가 '마쓰시마'임을 분명히 한 것이다. 시마네
현 사족이 1881년 시점에 '마쓰시마'로 호칭한 것은 울릉도를 의미한
다. 이는 블라디보스토크 지역뿐만 아니라 시마네현에서도 '마쓰시
마'가 울릉도 호칭으로 정착해가고 있었음을 보여준다.

니시무라가 외무성에 조회할 때 첨부한 별지 갑호는 1877년 3월
17일에 내무성의 내무소보 마에지마 히소카(前島密)가 태정관 우대
신 이와쿠라 도모미(岩倉具視)에게 상신한 〈日本海內竹島外一島地籍
編纂方伺〉에 대한 지령(3월 29일자)이다. 과거 시마네현이 제출했던
문서를 1881년 시점에 내무성의 니시무라가 외무성 조회문에 다시
첨부한 것이다. 그런데 니시무라가 첨부한 문서의 내용은 1877년의
〈日本海內竹島外一島地籍編纂方伺〉와는 약간 문구가 다르다. 이에
대해서는 다시 상술한다.

별지 을호는 시마네 현령 사카이 지로가 1881년 11월 12일 내무
경과 농상무경에게 보고한, '일본해 안의 마쓰시마 개간에 대한 문
의'였다. 그 내용은 오야가 '마쓰시마 개척원'에서 말한 '동서 4~5
리, 남북으로 3리, 둘레가 15~16리 정도로 하마다에서 해상 80리
쯤 떨어진 무인 고도(孤島)는 1876년 지적 편입 여부를 논할 때 일
본과 관계없다'는 내용으로 1877년 4월 9일 시마네현에 하달되었는
데,[19] 다시 이런 청원이 있으니 그 사이에 일본 판도로 바뀌게 된
것인지를 문의한 것이다. 그러므로 내무성 서기관 니시무라가 첨부
한, 별지 갑호를 좀 더 자세히 살펴볼 필요가 있다.

---

19) 이 문서 역시 시마네현령 사카이 지로가 1877년에 태정관 지령을 하달받은 사실이
　　있었음을 입증해주고 있다.

〈日本海內竹島外一島地籍編纂方伺〉 (외 일도는 마쓰시마다)[20]

다케시마 관할에 관해 시마네현에서 별지 문의가 있어 조사한 바, 해당 섬은 겐로쿠 5년(1692)에 조선인이 들어온 이래 별지 서류에 적요를 기재한 바와 같이 겐로쿠 9년(1696) 정월 제1호 구(舊) 정부 평의, 2호 역관에 보낸 하달문(達書), 3호 해당국 서한, 4호 본방의 회답서 및 구상서 등에서처럼, 겐로쿠 12년(1699)에 이르러 각각 왕래가 끝나 본국과 관계가 없다고 들었지만, 판도의 취사는 중대한 사건이므로 별지 서류를 첨부하여 확인을 위해 이 문제를 문의합니다.

　　1877년 3월 17일

　　　　　　　　　　　　　　　　　　　　　　내무소보(內務小輔)


우대신 귀하(附箋 등은 생략한다)


지령
문의한, 다케시마 외 일도 건은 본방과 관계없음을 명심할 것

　　1877년 3월 29일


위 문서는 시마네현이 내무성으로 제출한 1877년 3월 17일자 품의서인데, 내무경은 이 문서를 다시 태정관에 제출한 것이다. 내무성의 니시무라는 이 문서를 시마네현으로부터 제출받아 1881년에 외무성에 제출한 것이다. 그런데 위 문서를 자세히 보면, 본래의

---

20) 이 '(외 일도는 마쓰시마다〈外一嶋ハ松嶋ナリ〉)'는 붉은 글씨로 되어 있는데 별지 갑호와 필체가 동일하다. 시마네 현령 사카이 지로가 〈편찬방사〉에 부기한 것으로 보인다. 니시무라 조회문의 필체는 별지 갑호, 을호의 필체와는 다르다. 갑호와 을호는 모두 시마네현이 필사해서 내무성에 제출한 것이다.

1877년 3월 17일자 품의서[21] 및 지령과는 약간 차이가 난다는 것을 알 수 있다. 1877년 3월에 내무경이 태정관에 제출했을 때의 품의서에는 〈일본해에 있는 다케시마 외 일도를 지적에 편찬하는 방법에 대한 문의〉라고만 되어 있었다. 그런데 1881년에 시마네현이 내무성에 제출할 때는 "〈일본해에 있는 다케시마 외 일도를 지적에 편찬하는 방법에 대한 문의〉**(외 일도는 마쓰시마다)**"(굵은 글자는 필자)로 고쳐져 있다. 즉 본래의 품의서에는 없던 "(외 일도는 마쓰시마다)"라는 글자가 붉은 글자로 추가되어 있다. 이 외에도 1881년 문서에는 '(附箋 등은 생략한다)', '지령' 등의 글자가 추가되어 있다. 이는 모두 1877년의 문서에서는 없던 내용이다. 1881년의 문서에는 이들이 모두 붉은 글자로 되어 있다. 위의 별지 갑호는 시마네 현령 사카이 지로가 내무성으로 보낸 것이므로 추가한 주기(注記)도 사카이 지로가 쓴 것으로 보인다. 사카이 지로는 1876년 10월 16일 〈편찬방사〉를 내무성에 보낼 때 현령 사토 노부히로(佐藤信寛)를 대리했던 참사이다. 따라서 그는 1876년 당시 태정관 지령의 성립경위에 대해 누구보다 잘 알고 있었을 것이다. 그러던 그가 1881년에는 참사에서 현령으로 승진했다. 그러면 그는 왜 〈편찬방사〉 아래에 본래의 문서에는 없던 "(외 일도는 마쓰시마다)"라는 글자를 추가했을까? 이 부분은 1881년 당시 내무성이 태정관 지령을 어떻게 인식·적용했는가를 밝혀줄 수 있는 중요한 단서가 된다. 이는 현재 일본이 지령의 '일도'를 또 다른 울릉도라고 주장하는 것이 오류임을 밝혀줄 수 있는 근거이기도 하다.

내무성의 니시무라는 1881년 11월 29일자 조회문에서 "일본해에 있는 다케시마와 마쓰시마는 별지 갑호대로 지난 메이지 10년

21) 본래의 품의서에는 내무경 오쿠보 도시미치(大久保利通) 대리, 내무소보 마에지마 히소카(前島密) 및 우대신 이와쿠라 도모미 등의 이름이 보였는데, 별지 갑호에는 이들이 생략된 채 '내무소보'와 '우대신殿'이라고만 했다. 그리고 '右大臣殿' 아래 "(附箋 등은 생략한다)"를 추가로 기입했다.

중에 본방과 관계없는 것으로…"라고 기술했다. 그는 본래의 문의서에 '다케시마 외 일도'라고 되어 있던 것을 고쳐 '일본해에 있는 다케시마와 마쓰시마'라고 했다. 니시무라는 왜 '다케시마'에 '마쓰시마'를 추가하여 기술했을까? 그 이유가 사카이가 부기한 "(외 일도는 마쓰시마다)"라고 한 내용으로 인해 '다케시마 외 일도'의 '일도'가 '마쓰시마'임을 알게 되었기 때문인지, 아니면 니시무라도 처음부터 '일도'가 '마쓰시마'임을 알았기 때문인지는 이 문서만으로는 드러나지 않는다. 다만 니시무라가 두 섬의 명칭을 따로 써준 것이 의미하는 바는 적어도 그는 자신이 칭한 '마쓰시마'가 오야 겐스케가 청원한 '마쓰시마'와는 동일한 대상을 가리키는 것이 아님을 알고 있었음을 말해준다. 그렇다면 다시 거슬러 올라가, 시마네현의 사카이 지로는 왜 "(외 일도는 마쓰시마다)"를 추가했을까를 추정해볼 필요가 있다. 그것은 아마도 태정관 지령의 '다케시마 외 일도'의 '일도'가 '마쓰시마'라는 사실을 내무성 관리에게 분명하게 알려주기 위해서가 아니었을까 생각된다. 어쨌든 이로써 알 수 있는 것은 1881년 시점에 시마네 현령과 내무성 관리가 모두 지령에서 일컬은 '다케시마 외 일도'의 '일도'가 '마쓰시마' 즉 독도임을 정확히 인식하고 있었으며, 그 사실을 외무성에도 분명히 전달했다는 것이다. 니시무라는 다케시마(울릉도)와 마쓰시마(독도)가 모두 일본과 관계없다는 사실을 알고 있었지만, "근래에 조선국과 무언가 담판"하여 변화가 생겼는지 의문이 들어 외무성에 확인하려 한 것이다.

## (2) 외무성 문서의 '蔚陵島即竹島松島'의 의미

외무성 공신국은 1881년 12월 1일 내무성 조회문을 접수했다(公제2651호).[22] 기록국 편집과는 12월 2일에 이 문서를 접수했다. 외무성은 답변서를 니시무라 스테조뿐만 아니라 외무 권대 서기관 고묘지 사부로(光妙寺三郞)에게도 함께 보냈다. 답변서의 내용은 다음과 같다.

> '조선국 울릉도 즉 다케시마 · 마쓰시마 건'에 대해(朝鮮国蔚陵島即竹島松島之儀二付) 문의하신 내용을 하나하나 조사해 보았습니다. 이는 예전에 우리 인민 가운데 해당 섬에 도항하여 어렵을 행한 자가 있다는 내용으로, 조선 정부가 외무경에게 조회한 적이 있어서 연구해보니, 과연 그런 일이 실제로 있었으므로 이미 철수시켰고, 이후 위와 같은 일이 없도록 금지해 두었다는 내용을 해당 정부에도 답변해 두었습니다.

니시무라는 "일본해에 있는 다케시마와 마쓰시마"라고 표현했는데, 외무성은 "조선국 울릉도 즉 다케시마 · 마쓰시마"로 표현을 바꾸었다. 그렇다면 니시무라의 "일본해에 있는 다케시마와 마쓰시마"와 외무성의 "조선국 울릉도 즉 다케시마 · 마쓰시마" 사이에는 어떤 차이가 있는가? 니시무라는 태정관 지령의 '일도'가 '마쓰시마'임을 알고 있었으므로 조회문에서 '일본해에 있는 다케시마와 마쓰시마'라고 했다. 즉 지령의 '일도'가 '마쓰시마'임을 분명히 해준 것이다. 그런데 그가 조회문에서 언급한 '해당 섬'은 별지 을호에서 개척 대상으로 언급된 '마쓰시마' 즉 울릉도를 가리킨다. 즉 별지 을호의 '마쓰시마'는 지령에서 '일도'라고 한 '마쓰시마(독도)'와는 다

---

22) '內務書記官西村捨三の外務書記官宛照會'〈朝鮮國蔚陵島へ犯禁渡航ノ日本人ヲ引戻處分之儀二付伺〉(외무성 외교사료관 소장, 외무성 기록 문서분류 3.8.2.4)

른 대상을 가리키는 것이다. 이에 외무성은 동일한 명칭 '마쓰시마'가 다른 섬을 가리킨다는 점을 구분해줄 필요성을 느꼈다. 외무성이 "울릉도 즉 다케시마·마쓰시마"라고 표현한 것은 바로 이 때문이다. 즉 외무성이 "朝鮮國蔚陵島卽竹島松島之儀ニ付"이라고 한 의도는 답변서에서 칭한 '다케시마'와 '마쓰시마'가 모두 울릉도(蔚陵島)에 대한 호칭임을 밝혀주기 위해서였다. 이는 외무성이 니시무라의 언급을 뒷받침해준 것이기도 하다. 그렇다면 현재 일본의 다케시마문제연구회가 "다케시마 외 일도가 본방과 관계없다고 한 것은 다케시마라고도 불리고 마쓰시마라고도 불리는 섬(울릉도)이 일본과 관계가 없다고 해석하는 것이 유리하다"고 주장하는 것은 위와 같은 맥락을 이해하지 못했기 때문이거나 아니면 고의로 왜곡하기 위해서이다.

1881년에 오야 겐스케는 청원서에서 '마쓰시마'(을호)를 언급했고, 이어 내무성은 "일본해에 있는 다케시마와 마쓰시마"라고 칭했으며, 시마네 현령은 1877년의 태정관 지령을 인용하되 "'일본해에 있는 다케시마 외 일도의 지적 편찬방식에 관한 문의서'(외 일도는 마쓰시마다)"라고 표현을 달리했다. 이는 같은 대상을 가리키는 것인데 사람에 따라 표현이 달라져서 혼동을 줄 염려가 있었다. 이에 이 문제를 처리해야 하는 내무성과 외무성으로서는 '마쓰시마'가 무엇을 가리키는지 밝혀줄 필요가 있었으므로 각각의 표현 방법으로 대상을 밝혀준 것이다.

니시무라 조회에 대한 외무성의 답변은 1881년 12월 1일에 있었고, 이것이 시마네현에 하달된 시기는 1882년 1월 31일이다. [23] 1월 31일자 문서의 내용은 다음과 같다.

　　본건은(1881) 11월 12일자 '일본해 안의 마쓰시마 개간에 대한 건'을 내

---

23)《県治要領》에 실려 있다.

무와 농상무, 두 대신에게 품의한 결과, 지금 내무경으로부터 받은 지령은 다음과 같다.

서면상의 마쓰시마 건은 이전의 지령대로 본방과 관계없음을 명심할 것이라고 한 사실에 의거, 개간원은 허가할 수 없음.[24]

위에서 내무경이 "이전의 지령대로"라고 한 것으로 보더라도, 청원서를 처리할 때 내무성과 농상무성이 모두 태정관 지령에 의거했음을 알 수 있다. 오야 겐스케의 청원에 이르기까지의 청원서 제출 및 처리현황을 표로 정리해보면 다음과 같다.

〈표-6〉 개간 청원서 목록 및 접수 관계

| 연도 | 신청자 | 접수자 | 개척원(의견서) | 제출처(자) | 비고(별지호수) |
|---|---|---|---|---|---|
| 1871 | 藤原茂親 | | 竹島開拓之願 | 도쿄부 | |
| 1876. 7. | 武島一學 | | 松島開拓之議 | 외무성 | 8호 |
| 1876. 7. 13 | 兒玉貞陽 | | 兒玉貞陽建白 | 외무성 | 9호-10개조 건의 |
| 1876. 7. 이후 | | 渡邊洪基 | (松島之議 1) | | 11호 |
| 1876. 7. 이후 | | 渡邊洪基 | (松島之議 2) | | 12호 |
| 1876. 12. 19 | 齋藤七郎兵衛 | | 松島開島願書并建言 | 瀨脇壽人 영사 | 13호 |
| 1877. 1. 27? | 戸田敬義 | 楠本正陵 | 竹島渡海之願 | 도쿄부지사 | 4호 |
| 1877. 3. 13 | 戸田敬義 | 楠本正陵 | 竹島渡海之願 | 도쿄부지사 | 5호-재청원 |
| 1877. 4. | 戸田敬義 | | 竹島渡海之願 | 도쿄부지사 | 6호-3차 청원 |
| 1877. 4. 25 | 瀨脇壽人 | 田邊太一 | | 외무경 | 武藤와 齋藤 청원 처리 |
| 1877. 5. 6 | 武島平學 | 瀨脇壽人 | 松島開島之建白 | 瀨脇壽人 | 16호 |
| 1877. 6. 8 | 戸田敬義 | 楠本正陵 | | 도쿄부 | 7호-戸田敬義 청원 불허 |

---

24) 원문은 "書面松島ノ義ハ最前指令ノ通本邦関係無之義ト可相心得 依テ開墾願ノ義ハ 許可スヘキ筋ニ無之候事"라고 되어 있고, 이 외에 "但本件ハ兩名宛ニ不及候事"가 덧붙여져 있다.

| 1877. 6. 7 | 瀨脇壽人 | 田邊太一 | | 외무경 | 武藤 건백(5월 6일자)을 외무경에 공신 |
|---|---|---|---|---|---|
| 1877. 6. 25 | 瀨脇壽人(武藤의 2차청원 처리를 요청) | 외무경 寺嶋宗則 | | 외무성 | 17호 |
| 1877. 7. 2 | 瀨脇壽人 | 모리(森) 전권 공사 | | 외무성 | 18호 공신 |
| 1877. 8. 6 | 坂田諸遠 | | (松島異見) | | 외무성 내 의견(二島二名) |
| 1878. 6. | | 山澄直清 외 조사 | | 해군성 | 아마기함 조사 |
| 1878. 8. 15 | 齋藤七郎兵衛 下村輪八郎 | 瀨脇壽人 | 松島開拓願 | 외무성 | 20호 |
| 1878. 8. 이후 | 齋藤七郎兵衛 下村輪八郎 | 田邊太一가 소개 | (松島巡視要否の議) | 외무성 | 21호: 갑을병 3의견 |
| 1878. 8. 이후 | 齋藤七郎兵衛 下村輪八郎 | 渡邊洪基 | (松島巡視要否の議) | 외무성 | 22호:세 의견에 대한 평 |
| 1878. 8. 이후 | 齋藤七郎兵衛 下村輪八郎 | 田邊太一 | (松島巡視要否の議) | 외무성 | 정 23호 |
| 1880. 9. 13 | 三浦重卿 외 조사 | 柳楢悅에게 보고 | | 해군성 | 아마기함 조사- 수로보고 제33호(24호) |
| 1881. 11. 이전 | 大谷兼助 외 | | 松島開墾請願 | 내무성 | |
| 1881. 11. 12 | 大谷兼助 외 | 境二郎 | 松島開墾請願 | 내무경과 농상무경 | |
| 1881. 11. 29 | 大谷兼助 외 | 西村捨三 | 松島開墾請願 | 외무성에 조회 | 도지 1114호 |
| 1881. 12. 1 | 大谷兼助 외 | 西村捨三 光妙寺三郎 | 松島開墾請願 | 내무성, 외무성 | 1882. 1. 31, 시마네현에 불허 하달 |

1882년 초까지만 해도 외무성 역시 오야 겐스케가 일컬은 '마쓰시마'가 예전에 조선 정부가 외무성에 조회한 '다케시마' 즉 울릉도임을 분명히 인식하고 있었다. 외무성은 내무성의 문서에 대해서는 "서면상의 마쓰시마는 이전의 지령대로 우리나라와는 관계없음을 명심"하라고 했지만, 대(對)조선 외교문서에서는 '마쓰시마' 대신 '조선국 울릉도(蔚陵島)'라고 칭했다. 울릉도에서 이루어지고 있던 일본인들의 불법 벌목이 강원도 관찰사를 통해 중앙정부에 보고되

었을 때 조선 정부는 이 사실을 일본 외무성에 항의한 바 있다. 이에 일본 외무성은 울릉도의 일본인을 철수시키겠다는 공문을 조선 정부에 보냈다. 이때도 일본은 '조선국 울릉도'로 칭하고, '다케시마'나 '마쓰시마'로 칭하지 않았다. 당시 일본이 대내적으로는 '마쓰시마'로 부르되 대외적으로는 '울릉도'로만 부른 것은 호칭의 연원과 맥락을 제대로 알고 있었음을 의미한다.

이런 경위로 보건대, 1870년대 후반에서 1880년대 초반까지 개간청원에 대한 내무성의 인식과 결정은 일관되게 태정관 지령의 연장선상에서 이뤄지고 있었다고 볼 수 있다. 1877년부터 1882년에 이르는 동안 내무성은 태정관 지령의 '다케시마'를 울릉도, '일도'를 마쓰시마라고 인식한 위에 청원서를 처리했다. 외무성도 청원서의 '마쓰시마'가 과거 '다케시마'로 불리던 '울릉도'임을 인식하고 있었으므로 '울릉도 즉 다케시마·마쓰시마'라고 밝혔던 것이다. 따라서 이 시기 동안 외무성은 청원을 둘러싼 소통과정에서 내무성과 아무 장애가 없었다. 외무성은 태정관 지령에 입각하여 청원을 처리하던 내무성의 방식에 이견을 나타낸 적도 없었다. 오히려 외무성은 그 과정에서 태정관 지령을 재확인했고, 처리 결과를 태정대신에게 그대로 보고했다.

이는 청원서의 처리과정에서 내무성과 외무성, 태정관 삼자의 관계를 보여준다. 당시 청원서 처리와 관계된 부서는 도쿄부와 내무성, 농상무성, 외무성, 해군성 등이다. 내무성이 청원서 처리를 위해 외무성에 조회하면, 외무성은 내무성에 답변서를 보내고 그 처리결과를 태정대신에게 보고하는 시스템이었던 것으로 보인다. 그러므로 이들 셋의 관계는 드러나지만, 그 밖의 농상무성이나 해군성이 어떻게 연루되어 있었는가를 위 문서만으로 밝히기는 어렵다. 울릉도 도항자를 조사하러 갈 때 해군성 선박이 동원되고 외무성 관리가 해도(海圖) 등을 언급한 것으로 보아 부처끼리 정보를 공유했을 것임은 짐작할 수 있지만, 이들 각 부처가 태정관 지령을 어떻게 적용해갔는지를 구체적으로 밝히는 작업은 좀 더 검토가 필요하다. 다만 이제까지의 검토로 알 수 있는 것은 태정관 지령을 정책결정에 적용한 부서는 내무성이었고, 일정 시기까지는 외무성도 내무성과 지령에 대한 정보를 공유하고 있었다는 사실이다. 특히 내무성은 1880년대 초기까지만 해도 도서의 소속 여부를 판단할 때 일관되게 태정관 지령을 준거로 삼고 있었다.

내무성과 외무성은 개척 청원서에서 말한 도서가 무주지인가 의구심을 품을 수는 있었지만, 그 섬이 조선과 관계없다고 단정하기는 어려웠을 것이다. 그 이유는 1877년의 태정관 지령이 있었고, 이를 외무성이 알고 있었기 때문이다. 지령 이후 1881년의 청원서를 접한 내무성 관리가 "해당 섬에 관해 근래에 조선국과 무언가 담판, 약속을 나눈 적이라도 있는지"라고 한 것도 개척 문제가 단순히 국내의 문제가 아니라 대외적인 문제 즉 조선과의 문제로 파악했음을 의미한다. 내무성이 이 문제가 이미 "일본 영토와 관계없는 것으로 정해진" 것으로 알고 있는데 근래에 바뀌었는가를 문의한 것은 상대가 있는 논란으로 본 것이고, 그 상대를 조선으로 본 것이다. 이는 지금까지의 문서 추이로 보건대 자명하다. 외무성도 "이는 예전에 해당 섬에 우리 인민 중에 도항하여 어렵을 행한 자가 있다는 내용으로, 조선 정부가 외무경에 조회한 적이 있어서"라고 했듯이, '마쓰시마(울릉도)' 문제를 대(對)조선 문제로 규정하고 있었다. 그렇다면 태정관 지령에서 "(두 섬이) 본방과 관계없음"이라고 한 이상, 두 섬을 본방의 상대국이었던 조선의 영토로 보아야 하는 것은 문맥상 분명하다. 그러므로 일본은 이 지령이 일본의 국내문제에 한정되는 것일 뿐 조선과는 관계없는 것이라고 주장해서는 안 될 것이다. 최근 일본은 《다케시마문제 100문100답(竹島問題100問100

쫌)》[25]에서 '다케시마 외 일도'의 '일도'가 '마쓰시마'임을 인정하는
단계에 이르렀다. 그런데도 여전히 "1877년의 태정관 지령은 다케
시마(현재의 울릉도) 및 명칭상 또 하나의 섬(마쓰시마, 이것도 울릉도)
에 대해 본방과 관계없다고 한 것일 가능성이 높다"고 하여 '일도'
가 독도가 아니라 또 다른 울릉도일 수 있다고 주장했다. 그 근거로
든 것이 바로 위에서 다룬, 1881년 오야 겐스케의 청원서에 대해 외
무성이 답변한 '조선국 울릉도, 즉 竹島·松島 건'이다. 그러나 이
들 명칭이 문서에 보인 시기(1881)와 태정관 지령이 나온 시기(1877)
는 엄연히 다르다. 시기가 다른 만큼 문맥도 다르다. 서로 다른 시
기의 문서를 놓고 견강부회하는 것은[26] 학술적이지 못하다. 위에서
살펴본 대로라면 적어도 1882년 시점까지는 내무성과 외무성이 태
정관 지령의 '일도'에 대해 해석을 달리할 여지는 전혀 없었다고 볼
수 있다.


### (3) 아마기함 조사로 불거진 '다케시마' 인식의 균열과 단절

오늘날과 같은 논란이 생기게 된 원인은 태정관 지령이 이후 외
무성의 정책결정 과정에 그대로 적용되지 않았기 때문이다. 그렇게
된 배경에는 위에서 언급했듯이 해군성의 조사가 있다. 해군성 아
마기함의 조사는 외무성으로 하여금 '다케시마'를 '죽서'에 비정하
게 했고, 결국은 종래의 '다케시마·마쓰시마' 인식에 균열을 초래
했다. 더구나 해군성의 조사는 회를 거듭하면서 다케시마(울릉도),
마쓰시마(독도)로 인식하던 '2도'인식을 마쓰시마(울릉도), 다케시마

---

25) 《WILL》 3월 증간호, 2014. 3.

26) 이에 대해서는 《〈竹島問題100問100答〉에 대한 비판》(경상북도, 2014, 비매품)의 83
  문항에 대한 유미림의 답변 참조.

(죽서=댓섬), 호넷 락스 또는 리양코루토 열암이라는 '다도(多島)'인 식으로 변모시켰다. 해군성은 1876년까지도 1857년 러시아 해군의 〈조선동해안도〉를 그대로 번역, 발간하여 울릉도〔마쓰시마(Matsu-shima)〕와 독도(Menalai와 Olivoutza)를 조선령으로 한 사실을 받아들였었다. 그러다가 수로국의 조사 이후 발간된《寰瀛水路誌》(1883)에서는 '리양코루토 열암(リヤンコールト列岩)' 표기가 등장했다.

이후부터는 수로지에서 울릉도를 '鬱陵島(一名松島)'로, 독도를 '리양코루토 열암'으로 표기하게 되었다. 이 때문에 외무성과 해군성에서는 울릉도 호칭으로 '마쓰시마'가 정착해가는 한편 '다케시마' 호칭은 증발하기 시작했다. '다케시마' 호칭이 '죽도'로 비정되어간 탓에 '독도'에 비정되어야 할 '다케시마'가 사라져 버린 것이다. 그러다가 독도가 '다케시마(Liancourt rock)'[27]로 불리게 되면서 '다케시마'가 다시 등장했다. 그러나 이때의 '다케시마'는 기타자와가 말한 '다케시마' 즉 '죽도'와는 다른 섬을 가리키는 것이었다.

이렇게 본다면, 내무성과 외무성이 울릉도를 '鬱陵島, 마쓰시마'로 병칭하고, 독도를 '다케시마'로 호칭한 점에서는 전통적인 2도 인식이 남아 있었다고 볼 수 있는 반면, 해군성은 1883년부터 울릉도를 '마쓰시마'로, 독도를 '리양코루토 열암'으로 부르고 있었으므로 전통적인 2도 인식이 사라지고 있었다. 이는 일본 정부 안에서 2도 인식에 균열이 보이기 시작했음을 의미한다. 이런 상황은 1880년대 중반을 거쳐 1890년대에 접어들면서 심화되었다. 해군성은 섬을 실제로 가보았지만 그들은 '다케시마'로 보이는 섬을 '리양코루토 열암'이라는 외래 호칭으로 부르기 시작했다. 내무성과 외무성은 섬을 실제로 보지 않은 상태에서 이전의 호칭 '마쓰시마'를 사용하는 한편, 다른 한편에서는 '마쓰시마'를 울릉도 호칭으로 바꾸어 부르고 있었다. 이 때문에 과거 태정관 지령에서 칭한 '일도'의 호

---

27)《조선수로지》제2개판(1907)에서이다.

칭으로서 더 이상 '마쓰시마'를 쓸 수 없는 상황이 되었다. 외무성
은 해군성의 조사로 '다케시마(독도)'를 '죽서'로 비정한 이상, '다케
시마'를 독도의 호칭으로 비정할 수는 없었다. 이와는 달리 내무성
과 학계에서는 여전히 예로부터 전해오던 '다케시마'와 '마쓰시마'
라는 2도 인식이 지속되고 있었다.[28] 그리고 과거 '마쓰시마(독도)'
에 대한 실체도 점차 희박해져갔다. 그렇게 된 원인은 내무성과 외
무성이 개척원에 등장했던 '마쓰시마' 즉 울릉도에 대해서만 관심을
기울이고 있었기 때문이다.

일본에서 '마쓰시마(울릉도)'가 아닌 다른 섬, 즉 '리앙쿠르 락스
(독도)'가 주목받기 시작한 것은 울릉도로 왕래하던 어업자들이 이
섬을 목격하면서부터이다. 1880년대에서 1890년대까지도 일본 정
부는 '리앙쿠르 락스'의 실체를 정확히 인식하지 못하였다.[29] 해군
성은 영국과 러시아가 제공한 지식에 근거하고 있었으나 직접 조사
한 뒤에는 내무성·외무성과는 별개의 인식을 형성하고 있었다.

조선 정부는 1881년 5월 강원도 관찰사 임한수(林翰洙)가 일본인
의 불법 벌목을 보고하자,[30] 6월에 일본 외무성에 항의서한을 보냈
다. 외무성은 8월 20일 조선에 회답했다.[31] 8월 27일 외무경 대리

---

28) 지리지에서는 1880년대까지도 울릉도와 독도에 대해서는 호칭을 언급하는 정도에
    지나지 않았다. 《조선통어사정》(1893)은 울릉도를 '마쓰시마'로 칭했지만 독도에 대해
    서는 언급하지 않았다. 비슷한 시기에 나온 《산인신문》(1894.2.18. 기사, 내용은 1893
    년 6월의 일)은 울릉도를 '다케시마', 독도를 '량코 도'로 칭하고 있다. 1890년대의 지
    리지로서는 《朝鮮志》(1894), 《新撰朝鮮地理誌》(1894), 《朝鮮紀聞》(1894)가 있지만 모
    두 개괄적인 지리정보 이상을 담지 못하고 있다. '울릉도'에 대해서만 간단히 언급한
    정도였다. 현지 탐방자의 견문으로 보충했다는 《新撰 朝鮮地理誌》도 부도인 《조선지
    도》에 '다케시마'와 '마쓰시마'가 그려져 있으나 '마쓰시마'가 '다케시마'보다 더 크게
    오른쪽에 그려져 있다. 호칭도 울릉도, 우산도, 竹島가 함께 나오고 있어 이때의 竹島
    는 竹嶼일 가능성이 크다.

29) 전복을 채취하러 울릉도로 왔던 일본 잠수기선이 양코 도를 발견한 시기는 1899년
    경부터이다(《한해통어지침》).

30) 《고종실록》 고종28년(1881) 5월 21일 통리기무아문의 보고는 일본인 벌목에 대해 외
    무성에 항의할 것과 이규원 파견을 제안하고 있다.

31) 《일본외교문서》 한국편 3, 사항 10, 160, 8월 27일(태동문화사, 1981), 100쪽(김호동,
    《《죽도고증》의 사료 왜곡〉, 《일본문화학보》 40집, 2009, 330~331쪽에서 재인용)

외무대보는 예조 판서 심순택이 외무경 이노우에 가오루(井上馨)에
게 보낸 서한(6월-갑호), 외무경 대리 외무대보가 심순택에게 보낸
회답서(8월 20일-을호)를 첨부하여 태정대신 산조 사네토미(三條實美)
에게 보고했다. 외무성의 처리 결과를 태정관에 보고한 것이다. 일
본 정부는 조선 정부가 울릉도에서의 일본인 어채를 금지해줄 것을
요청한 데 대해, 일본이 들어본 바가 없으니 즉시 사실을 조사하여
양국의 우호에 장애가 되지 않게 하겠다는 취지로 조선에 회신했
다. 이어 외무성은 문헌 조사를 기타자와에게 맡겼다. 1881년 10월
7일 외무경 이노우에 가오루는 태정대신 산조 사네토미에게 〈일본
인의 울릉도(蔚陵島) 도항금지 건에 대해 조선 정부에 회신을 상신
하는 건〉을 상신할 때 〈다케시마판도 소속고(竹島版圖所屬考)〉를 첨
부했다. 〈竹島版圖所屬考〉는 《竹島考證》의 요약판으로 기타자와가
조사한 결과보고서이다.

외무경은 1881년 10월 27일 태정대신의 결재를 받기 위해 다시
올렸고, 태정대신은 11월 7일 승인했다. 그런데 기타자와가 《竹島
考證》을 완성한 시기는 1881년 8월이다. 이는 외무성이 조선에 회
답하기 전부터 문헌 조사를 계획했음을 의미한다. 〈竹島版圖所屬
考〉의 보고 일자는 8월 20일로 되어 있다. 기타자와는 울릉도의 연
혁을 기술하고자 두 나라의 사료를 제시했는데, 1471년까지는 울
릉도가 조선영토였음이 분명하지만 1618년부터 도해한 이래 일본
의 판도가 되었다는 논리를 펴고 있다. 그는 겐로쿠기와 덴포기의
'다케시마 사건'으로 다시 한번 도해가 금지되었다는 사실을 언급
했다. 이어 1877년 도다 다카요시의 '다케시마 개척원'이 각하된 사
실과, 무토 및 사이토의 개척원으로 인해 '일도이명(一島二名)'에 대
한 논의가 중지되었다는 사실도 언급했다. 기타자와는 1878년 6월
처음으로 아마기함이 마쓰시마를 측량한 사실과 1880년에 아마기
함이 다시 조사한 사실을 기술했다. 이어 그는 〈竹島版圖所屬考〉에

서 "마쓰시마는 고대에 한인이 칭한바 울릉도이며, 그 밖에 竹島라
고 칭하는 것이 있지만 작은 소도에 불과하다는 것을 알게 되어 실
정이 분명해졌다. 이로써 보건대, 오늘날의 마쓰시마는 바로 겐로
쿠 12년에 칭한 竹島로서 옛날부터 우리나라 판도 밖의 땅이었음을
알 수 있다"고 결론 내렸다. 이는 《竹島考證》과 같은 내용이다. 다
만 〈竹島版圖所屬考〉에는 "이것이 다케시마에 관한 고금 연혁의 대
략이다"가 추가되어 있다.

　기타자와는 당시 문제가 된 '마쓰시마'가 에도기의 다케시마 즉
울릉도였음을 분명히 인식했다. 그러면서 한편으로는 '다케시마'를
'마쓰시마' 옆의 소도로 보았다. 그는 앞에서 에도시대 문헌상의 '마
쓰시마'(독도)에 대해 상세히 논했는데, 위의 논리를 적용하면 문헌
상의 '마쓰시마'는 울릉도 옆의 '다케시마'를 가리키는 것이 된다.
그런데 그가 일컬은 '다케시마'는 '죽도'를 가리킨다. 그가 과거의
'마쓰시마'(독도)를 현재의 '다케시마'로 치환하면서 그 섬을 '죽도'에
비정한 것은 그가 고찰한, 에도 시대 문헌상의 '마쓰시마'(독도)와는
일치하지 않는다. 그가 고찰한, 에도시대 문헌상의 '마쓰시마'는 다
케시마(울릉도)까지의 도정(40리)으로 볼 때 '죽도'가 아님이 분명하
기 때문이다. 더구나 그가 참고한 《竹嶋紀事》, 《磯竹嶋覺書》 등 어
느 문헌에도 '마쓰시마'를 현재의 '죽도'로 기술한 문헌은 없다.

　그렇다면 기타자와는 자신이 일컬은 '다케시마'(죽도)가 에도시대
의 '마쓰시마'(독도)가 아니라는 사실을 인식했어야 한다. 그런데 그
는 왜 이에 대한 의문을 품지 않았을까? 더구나 그는 '오늘날의 마
쓰시마', '겐로쿠 12년의 다케시마'라고 했을 뿐 태정관 지령에 대
해서도 전혀 언급한 바가 없다. 에도시대 문헌에 '마쓰시마'(독도)는
'다케시마'(울릉도)로 가는 '항로상의' 섬으로 기술되어 있지만, 기타
자와가 기술한 '다케시마'는 '마쓰시마(울릉도)' 옆의 작은 섬 '죽도'
로 기술되어 있다. 무엇보다 아마기함은 오키에서 마쓰시마를 거쳐

다케시마로 가던 옛 항로를 따라가지 않았다. 아마기함이 나가사키에서 블라디보스토크로 갈 경우에도 경위도상 독도를 지나치지 않는다.[32] 그러므로 아마기함은 두 번의 조사에서 모두 독도를 볼 수 없었던 것이다.[33] '죽도'는 울릉도 바로 옆에 있는 섬이다. 그러므로 울릉도를 실측한 군함이라면 당연히 '죽도'를 보게 되어 있다. 그런데 기타자와가 이 섬을 '竹島'라고 표기하게 됨으로써 문제가 커졌다. 결과적으로 기타자와는 '다케시마=죽도(竹島)'로 확정지었고, 또 하나의 '다케시마'(독도)에 대해서는 관심을 기울이지 않게 된 것이다. 기타자와의 결론은 그대로 외무성에 보고되었다.

외무성 안에서는 '일도'에 대한 인식이 희박해지던 차에 기타자와의 보고가 있었던 데다 정책적으로도 '울릉도' 위주의 정책을 지향하고 있었다. 나중에 '량코 도'의 존재가 알려져 그 존재가 부각되기 시작했지만, 이미 전의 '마쓰시마'(독도)인식은 단절되었고 '량코 도' 인식이 새로 형성되고 있었다. 외무성은 기타자와의 조사 이후 오야 겐스케의 청원서를 처리할 때 "울릉도에서 이미 철수시켰고 이후 위와 같은 일이 없도록 금지해 두었다는 내용을 해당 정부에 답변해 두었다"(1881. 12. 1)고 내무성에 회신한 바 있다. 그렇다면 오야 겐스케가 칭한 '마쓰시마'가 울릉도라는 사실을 외무성이 인식하게 된 데는 기타자와의 '마쓰시마=울릉도' 확정이 계기가 되었다고 볼 수 있다.

1882년, 울릉도 검찰사로 파견된 이규원은 울릉도에서 일본인의 표목을 발견하여 국왕에게 보고했다. 이규원이 보고한 내용 가

---

32) 참고로 경위도를 보면, 나가사키는 동경 129도 52분 22, 북위 32도 44분 41초, 아마기함이 적은 울릉도 근처 경위도는 130도 32분, 동경 북위 37도 48분이다. 현재 우리나라에서 독도 경위도는 동경 131도 52분 10.4초, 북위 37도 14분 26.8초로 되어 있다.

33) 1878년 아마기함은 부산에서 출발하여 함경도 덕원만, 울릉도를 조사했다. 1880년 아마기함의 조사지는 황해도와 평안도 대동강이었다(정영미 박사학위논문, 앞의 책, 152쪽 참조). 아마기함이 두 번 조사한 연도를 1878년과 1882년으로 본 경우가 있는데(정영미, 위의 글), 1878년과 1880년이다.

운데는 일본이 말한 '마쓰시마 규곡'에 대한 것도 포함되어 있었다. 1882년 12월 16일 외무경 이노우에 가오루는 태정대신 산조 사네토미에게 보고하면서, "조선국 소속의 울릉도를 본방 국민은 다케시마라고 부르기도 하며, 마쓰시마라고 부르기도 한다"[34]는 사실을 언급했다. 외무성이 조선 관련 문서에서는 '울릉도'라 칭하면서 대내적으로는 옛 호칭과 새 호칭을 병칭하고 있었던 것이다. 이어 일본은 울릉도 도항금지 방침을 정하고 공사 다케조에 신이치로(竹添進一郎)를 통해 예조 판서 이병문에게 이 사실을 알렸다. 1883년 4월 14일, 시마네 현령 사카이 지로는 일본 인민에게 마쓰시마(울릉도) 도항을 금하라는 유달(諭達)을 내렸다. 그런데 이때의 호칭이 "일본칭 松島, 일명 竹島, 조선칭 蔚陵島"[35]로 되어 있다. 이는 일본에서 '마쓰시마'가 울릉도의 주칭으로 정착해가고 있음을 보여주는 예이지만, 한편으로는 여전히 옛 이름 '다케시마'가 울릉도 호칭으로 통용되고 있음을 보여주는 예이기도 하다. 유달은 1883년 3월 31일 내무경 야마다 아키요시(山田顯義)가 사카이 지로 앞으로 보낸 내달(內達)[36]로 말미암아 나온 것이었다.

1883년에도 조선과 일본 사이에 '울릉도'가 계속 문제가 되었다. 울릉도로 오는 일본인의 도항이 계속 늘어나 수 백 명을 헤아릴 정도였기 때문이다. 조선이 항의하자, 일본 태정대신은 1883년 8월

---

34) 김학준, 앞의 책, 2010, 151쪽 각주 79에 나옴(신용하, 《독도 영유권 자료의 탐구》 3 권, 2000, 181쪽, 본래의 출전은 《일본외교문서》 15권 291항, '방인의 도항금지에 관한 상신의 건 및 결제' 부속서 2임)

35) 시마네현 소장 행정문서 1, 《竹島關係資料集》 2, 2011, 40~41쪽의 《縣治要領》과 《布告》에 유달문이 실려 있다.

36) 〈北緯三十七度三十分西経八度五十七分ニ位スル日本称松嶋一名竹島、朝鮮称蔚陵嶋ノ義ハ 從前 彼我政府 議定ノ義モ有之 日本人民妄ニ渡海上陸不相成候條心得違無之樣其管下ヘ諭達可致此旨及内達候也〉
시마네현은 이 훈령을 4월 14일자로 정촌(町村)에 알렸다. 이어 일본 정부는 야마구치현과 후쿠오카현에 구체적인 상황을 조사하도록 명했다(〈明治十六年 蔚陵島一件〉이라는 제목의 논문으로 정리되어, 2002年《山口縣地方史研究》에 발표되었다는 사실이 시마네현 홈페이지, 연구스탭의 보고 중에 나온다).

내무성 관리를 파견하여 일본인을 철수시키도록 했다. 내무성은 1883년 9월 하순 에치고호(越後丸)를 파견하여 일본인 245명[37]을 본국으로 쇄환하면서[38] 울릉도 도장 전석규에게 남은 일본인이 한 명도 없다는 증서를 받아내기도 했다.[39] 11월에 사법경은 일본 마쓰에(松江) 지역민에게 '조선국 울릉도'에 도항하여 벌목하여 일본으로 수송해오는 자를 형법에 의거 처벌하겠다는 영훈(永訓)을 내리기도 했다.[40] 이때 일본이 부른 호칭은 '울릉도(蔚陵島)'였다.

이런 경위를 보면, 일본은 울릉도를 '蔚陵島', '다케시마' '마쓰시마' 등으로 칭하되 대내와 대외를 분리하여 호칭하여, 대외적으로는 '조선국 울릉도'로 정착시켜 갔음을 알 수 있다. 울릉도가 조선 영토임이 분명하다는 사실은 일본의 지방정부나 중앙정부가 공유한 인식이었다. 그러므로 일본은 대(對)조선 외교정책에서 이런 인식을 반영한 정책을 펴면 될 뿐 태정관 지령을 직접 인용할 필요는 없었다. 더구나 1880년대 중반이 되면, 태정관 지령의 '일도' 즉 '마쓰시마=독도'라는 공식이 더 이상 통용되기도 어려운 상황이었다.

1889년에 '조선 일본 양국 통어장정(朝鮮日本兩國通漁章程)'이 체결되고 어업에 관한 내용이 구체화되면서 어로를 목적으로 울릉도에 도해하는 일본인들이 증가했다. 이에 과거 '마쓰시마'(독도)로 부르던 섬을 목격하거나 이 섬에서 어로하는 일도 잦아졌다. 이 때문에 그동안 울릉도에만 집중되어 있던 일본 정부의 관심이 독도로 향했다. 그런데 이때는 '랑코 도(島)'라는 외래 호칭이 과거의 독도 호칭 '마쓰시마'를 대체하고 있던 상황이었다. 이 때문에 일본인들

---

37) 송병기, 앞의 책, 2010, 174쪽에는 255명으로 되어 있다.

38) 《일본외교문서》 16권 사항 10 문서번호 132, 133, '울릉도 引上者 처치에 관한 건', 311-338쪽; 《외아문일기》 광무3년 10월 26일, 《일안》 4 문서번호 5383(송병기, 2010, 앞의 책 223쪽, 각주 36에서 재인용).

39) 송병기, 앞의 책, 2010, 174쪽.

40) 시마네현 소장 행정문서 1, 《竹島關係資料集》 제2집, 2011, 43쪽. '永訓'으로 되어 있지만 그 안의 내용을 보면, '訓令'과 같은 의미로 쓰고 있다.

은 과거 '마쓰시마'가 '량코 도'와 동일 대상인지를 분간하지 못하고
있었다. 그러는 사이에 '량코 도'가 부각되어갔다. 그 과정에는 청
일전쟁과 러일전쟁이라는 대외적 변수가 영향을 미쳤다. 그리하여
1877년 태정관 지령에서 '일도' 즉 독도가 일본 영토가 아님을 천명
했던 일은 그 역사적 사실도, 의미도 퇴색해갔다. 한편 울릉도와 독
도에 대한 일본인의 관심이 증가한 데 비례하여 조선에서도 울릉도
인의 독도 도해가 늘어났고 그에 따라 독도 인식도 심화되어 갔다.
그리고 그 인식의 결과로 나온 것이 1900년 대한제국의 칙령 제41
호라고 할 수 있다.


## 6) 태정관 지령의 의미

태정관 지령이 성립하게 된 경위를 고찰한 결과, 처음에 제기되
었던 문제들, 이를테면 태정관 지령이 나오게 된 계기가 시마네현
의 〈편찬방사〉 제출에서 비롯된 것인가, 지적 편찬사업을 계획한
내무성의 요청에서 비롯된 것인가, 아니면 개척원을 처리하려는 외
무성의 요청에서 비롯된 것인가를 둘러싼 논란에 대해서는 다음과
같이 정리할 수 있다.

지령이 나오게 된 배경에는 내무성이 지적 편찬사업을 하기 위
해 시마네현에 관련 내용을 문의한 사실이 있다. 시마네현은 내무
성의 요청에 따라 두 차례에 걸쳐 문서를 제출하겠다고 보고했다.
1차로 제출한 문서는 1696년 겐로쿠 연간의 도해금지령과 관계된
문서 및 지도이다. 오야가의 문헌 및 오야가의 문헌에 근거하여 돗
토리번이 작성한 2차 문헌 가운데서 발췌한 것이었다. 현이 첨부
한 〈이소타케시마 약도〉는 오야 가문 소장의, 교호(享保) 연간인
1724년경의 지도를 현이 축소·필사한 것이나, 모도(母圖)는 1696

년경 오야·무라카와 집안 소장의 지도로 거슬러 올라간다. 1696년경 돗토리번의 고타니 이헤가 지도를 막부에 제출한 바 있는데, 1724년에 돗토리번은 이 고타니 회도에 근거하여 지도를 만들어 막부에 제출했기 때문이다. 1696년 전후부터 1876년 사이에 만들어진 다케시마 관련 지도는 모두 고타니 회도의 사본 계열이다. 19세기 중반 하치에몬사건과 관련해서 나온 〈竹嶋圖〉〈竹嶋之圖〉〈竹㠀方角圖〉 역시 하치에몬이 그렸거나 하치에몬 회도를 바탕으로 만들어진 것이다. 그러나 이들은 고타니 회도 계열에 비하면 소략하다. 고타니 회도 계열의 지도가 '다케시마'와 '마쓰시마' 및 그 거리관계를 묘사했다면, 하치에몬 회도 및 이 계열의 회도는 채색으로 섬의 소속을 구분하는 정도에 그치고 있다. 그런데 1876년에 시마네현이 내무성에 제출한 〈磯竹島略圖〉는 하치에몬 계열의 회도를 참조한 것이 아니라 17세기 '다케시마 일건' 계열 지도에 근거하여 만들어진 것이다. 내무성은 이 지도를 그대로 태정관에 제출했다. 그렇다면 이는 메이지 시대 일본이 도서 영유권을 판단하는 데 17세기 '다케시마 일건'이라는 역사적 사실과 그 결과를 중시했음을 의미한다.

내무성은 시마네현이 제출한 돗토리번의 문서뿐만 아니라 두 나라 정부가 주고받은 외교문서까지 검토했다. 돗토리번이 막부에 제출했던 문서가 주로 1696년 도해금지령을 내기까지 번과 막부사이에 주고받은 문서였다면, 외교문서는 도해금지령이 나오기까지, 그리고 이후 쓰시마번과 조선 정부가 주고받은 문서였다. 막부는 1696년 도해금지를 결정하기까지는 돗토리번에게서 상세한 보고를 받았다. 이때 돗토리번은 막부가 질문하지 않은 사항, 즉 다케시마에서 각 나라까지의 거리관계뿐만 아니라 '마쓰시마'에 관한 정보까지 함께 제공했다. 돗토리번은 늘 다케시마와 마쓰시마를 함께 언급했으며, 마쓰시마가 일본의 어느 지역에도 속하지 않는다는 점도 분명히 했다.

1876년에 내무성이 시마네현에 질문한 것은 '다케시마' 한 섬에 관해서였다. 그런데 시마네현은 '다케시마 외 일도'라고 하여 '일도'를 추가했고, 내무성은 이를 용인하여 〈편찬방사〉에 대한 판단을 내렸다. 이는 옛 돗토리번의 인식이 메이지 시대까지 계승되었음을 의미한다. 내무성은 시마네현으로부터 문서를 제출받은 뒤 외교문서도 검토했다. 이때 내무성은 돗토리번과 쓰시마번 문서의 차이를 파악했을 것이다. 쓰시마번이 소장한 외교문서 가운데 내무성(또는 쓰시마)이 발췌·제출한 것은 네 개일 뿐이지만, 그 밖에도 많은 문서가 있다. 태정관에 제출된 네 개 문서의 맥락을 올바로 이해하려면 17세기의 역사적 사실을 기록한 여러 문헌을 함께 고찰해야 한다.

내무성이 검토한 외교문서 및 다른 문헌을 함께 고찰하면, 17세기에 막부의 노중들은 돗토리번 및 쓰시마번과 자주 협의하였음을 알 수 있다. 특히 1696년 1월 도해금지령 이후 안용복의 2차 도일사건이 발생했을 때, 돗토리번은 안용복이 '다케시마 소송'을 위해 다시 도일했다는 사실이 막부에 전해질 것을 노심초사하여, 막부에 정보가 전달되는 것을 차단하고자 했다. 쓰시마번도 도해금지령을 아직 조선에 전하지 않은 상태에서 막부가 안용복의 소송 건을 받아들인다면 번의 중개 역할이 없어질 것을 염려했다. 쓰시마번은 안용복 일행을 이나바에서 바로 조선으로 귀국시키도록 막부를 설득했다. 그러면서 오히려 쓰시마번은 막부의 도해금지령에 쓰시마번의 역할이 컸음을 생색내고 싶어했다. 이에 쓰시마번은 조선에 사례 서간을 요청했고 그때 '울릉도' 석 자를 쓰지 말 것을 요청했다. 그러나 조선은 번이 요청한 '울릉도'의 삭제를 끝까지 거부한 채 사례서간을 작성했다. 쓰시마번은 조선 문헌《여지승람》에 '울릉도'는 언급되어 있지만 '다케시마(울릉도)'는 언급되어 있지 않음을 들어 '다케시마'는 조선 영토가 아니라는 사실을 막부에 인식시키려

했다. 그러나 막부는《여지승람》부도의 위치를 문제 삼지 않고 오히려 두 섬이 그려져 있다는 사실을 중시하여 두 섬을 모두 조선 영토로 인정했다.

내무성은 이런 경위를 인식했다. 그리하여 내무성은 돗토리번과 쓰시마번 문서를 모두 검토한 뒤, 두 섬을 둘러싼 문제는 어디까지나 조선국과의 외교적인 문제였으며, 일본 영토가 아닌 것으로 판명되었다고 결론을 내렸다. 태정관이 "(두 섬이) 일본 영토와 관계 없다"는 지령을 낸 것은 이런 내무성의 결론을 수용한 결과이다. 그런데 현재 일본에서 일부 학자는 지령의 내용은 "(다케시마 외 일도가) 일본 영토가 아니라고 했을 뿐 두 섬을 일러 조선 영토라고 한 것은 아니다"고 주장한다. 이런 주장은 메이지시대 시마네현이 〈일본해에 있는 다케시마 외 일도를 지적에 편찬하는 방법에 대한 문의〉를 내무성에 제출할 때의 첨부 문서 및 양국간 외교문서를 제대로 분석하지 않았기 때문이거나 아니면 고의로 사실을 왜곡하려 한 데서 비롯된 것이다.

태정관이 지령에서 '다케시마 외 일도'라고 했을 뿐 '다케시마와 마쓰시마'라고 하지 않은 데 대해서는 다음과 같이 정리할 수 있다. 메이지 정부는 에도막부 시대에 문제의 섬에 대해 "일본과 관계가 있는가"를 중심 의제로 삼았을 뿐, "조선과 관계가 있는가"를 중심 의제로 삼지 않았다는 사실에 주목했다. 다만 메이지 정부는 그 섬이 '다케시마'와 '마쓰시마'라는 두 섬이며, 또한 이 문제가 처음부터 조선과 결부된 문제임을 돗토리번과 쓰시마번의 문서로 확인할 수 있었다. 그 때문에 메이지 정부는 "1692년 조선인이 다케시마에 들어온 이래 구 정부가 조선 정부와 교섭한 결과 마침내 우리나라와는 관계가 없다"는 결론을 수용하기에 이른 것이다.

한편 태정관 지령에서 두 섬 이름을 병기하지 않은 것에 대해서는 품의서의 형식과 연관지어 볼 수 있다. 만일 1877년 당시 내무성

이 태정관에 품의할 때 "일본해에 있는 다케시마와 마쓰시마가 조
선 영토인가"를 묻는 형식이었다면, 지령 역시 "다케시마와 마쓰시
마는 모두 조선 영토임을 명심할 것"이라는 형식이 되었을 것이다.
에도시대에도 일본은 도해금지령에 '다케시마'만 명기했다. 그렇다
고 도해금지령에 '다케시마'만 포함된다고 주장할 수 없듯이, 태정
관 지령도 마찬가지다. 지령에서 '다케시마 외 일도'라고 했다 하더
라도 그때의 '일도'가 '마쓰시마'임은 〈이소타케시마 약도〉로도 분
명하다. 그러므로 현재 일본이 '다케시마 외 일도'를 일러 '다케시마
와 마쓰시마'가 아니라고 한다거나, '일도'가 또 다른 울릉도일지 모
른다고 주장하는 것은, 당시 내무성의 검토 사실을 부인하는 것일
뿐만 아니라 내무성의 결론을 최종 수용한 태정관의 권위까지도 부
인하는 것이다.

　1877년에서 1881년에 이르는 개척원의 처리과정을 보면, 시마네
현과 내무성, 도쿄부, 외무성은 태정관 지령을 수용하여 정책에 적
용하려 하고 있었다. 그러나 이런 경향은 1900년대까지 지속되지 못
했다. 왜냐하면 그 사이에 있었던 도명(島名) 혼란, 그리고 이로 인한
아마기함의 조사가 전통적인 2도 인식에 균열을 불러왔기 때문이다.

　외무성의 와타나베 히로모토와 다나베 다이치를 비롯한 관리들
은 겐로쿠 연간의 도해금지령뿐만 아니라 서양 지도의 호칭도 인지
하고 있었다. 그러나 호칭 혼란을 명확히 하기 위해 실지 조사의 필
요성을 제기했고, 그런 제안은 지령이 나온 뒤에도 계속되었다. 더
구나 서양 호칭의 유입은 외무성 관리로 하여금 섬의 명칭과 소속
을 혼동하게 했다. 이들은 소속 결정의 중요한 요소로 '거리'를 언
급하면서도, 와타나베는 "마쓰시마가 일본쪽에 더 가깝다"는 식으
로 왜곡하기도 했다. 다나베가 "마쓰시마는 조선의 울릉도로 우리
판도에 속하는 것이 아니다"고 했을 때는 지령의 맥락을 이해하고
발언한 듯 보이지만, 한편에서는 마쓰시마 소속 미확정의 가능성도

제기했다. 다나베가 이후 태정관 지령을 어떻게 정책결정에 반영했는지는 잘 드러나지 않는다. 외무성의 논리가 바뀌는 과정에서 다나베 등이 어떤 영향을 미쳤는지는 앞으로 검토해야 할 과제이다.

내무성과 외무성이 태정관 지령을 정책결정에 적용했음을 분명히 보여주는 것은 1881년 오야 겐스케의 청원이다. 그런데 그 사이에 아마기함의 조사가 1878년 6월과 1880년 9월, 두 차례에 있었다. 이 조사 이후 일본에서 울릉도 호칭은 '마쓰시마'로 정착해갔고, 이전의 '다케시마'(울릉도)는 1881년 당시의 마쓰시마(울릉도) 옆에 있는 작은 섬, 즉 '竹嶼(Boussole Rk)'로 비정되어갔다. 이에 내무성이 지령의 '다케시마와 마쓰시마'를 이해하는 데는 큰 변동이 없었지만, 외무성과 해군성은 그렇지 않았다. 두 부처는 '마쓰시마'와 '울릉도' 호칭을 병칭했으므로 그러는 사이에 에도 시대의 '마쓰시마'(독도) 인식이 희박해졌다. 그리고 서양 호칭인 '리양코루토 열암'이 그 틈을 타고 에도 시대 고유 호칭인 '마쓰시마'의 자리를 잠식했다.

내무성은 오야 겐스케의 청원을 처리할 때까지도 태정관 지령을 바탕으로 정책을 결정했고 이는 외무성에도 그대로 전달되었다. 외무성이 청원서의 '마쓰시마'에 대해 '울릉도 즉 다케시마·마쓰시마'라고 칭한 것은 이런 정황을 잘 보여준다. 1882년에도 내무성과 외무성은 태정관 지령의 인식을 공유하고 있었지만, '다케시마'와 '마쓰시마' 2도 인식은 아마기함의 조사 이후 균열이 생겼다. 이로써 과거 독도 호칭이던 '마쓰시마'가 울릉도의 호칭으로 바뀌었고, 그 때문에 전통적인 2도 인식은 '마쓰시마', '다케시마', '죽서(竹嶼)', '리양코루토 열암'이라는 '다도(多島)' 인식으로 변모했다.

이에 태정관 지령의 '일도'는 더 이상 '마쓰시마'만의 인식을 유지할 수 없게 되었다. 게다가 1890년대를 지나 1900년대에 이르는 동안 일본의 정책적 관심은 오로지 '울릉도'에만 집중되었다. 그리하여 과거 '마쓰시마'였던 독도 인식은 '리양코루토 열암'으로 부르던 해군

성 안에서는 주로 실체적 인식으로 남아 있었던 반면, 다른 한편에
서는 문헌상의 '마쓰시마'가 관념적 인식으로 남아 있었다. 이런 추
이에서 본다면, 호리 가즈오가 "이때 외무성은 내무성이 첨부한 태
정관 지령에 아무런 이론을 내세우지 않았을 뿐만 아니라 그 후에도
1905년 일본의 영토편입에 이르기까지 다케시마와 마쓰시마의 영유
권을 나누어 취급한 적은 전혀 없었다"[41]고 한 논평이 적용되는 시
기는 1882년 이전까지라고 할 수 있다. 이후에는 중앙정부 차원에서
'다케시마 · 마쓰시마' 2도 인식과 영유권이 더 이상 태정관 지령의
컨텍스트 안에서 논의되지 않았기 때문이다. 오히려 '다케시마 · 마
쓰시마'라는 2도 인식은 1880년대 중반부터 1900년 이전까지 '마쓰
시마 · 리양코루토 열암'이라는 2도 인식으로 바뀌었다. 특히 '리양
코루토 열암'이라는 호칭은 '마쓰시마'(울릉도)와 단절된 상태로 정착
해갔다. 이 점에서 호리 가즈오가 지적한, 메이지 정부가 독도에 대
해 독자적인 관심을 나타내는 일은 전혀 없었다고 한 점이 일면 맞
기는 하지만, 일본의 여러 부처가 모두 '독도'를 '울릉도'와 함께 조
선령으로 보고 있었음이 분명하다고 한 지적은 맞지 않는 측면이 있
다. 왜냐하면 그것은 위에서 보았듯이 '다케시마'와 '마쓰시마'라는 2
도 인식이 단절되지 않고 지속된 시기에만 해당되기 때문이다. 그런
데 호리가 "메이지 정부가 독도에 대해 독자적인 관심을 나타내는
일은 전혀 없었다"고 했듯이, 이런 사실은 한편으로 호칭 혼란을 겪
은 이후 이 섬에 대한 실체 탐구를 소홀하게 했다. 그 영향으로 독도
에 대한 전통적인 인식도 증발하여 과거 '독도'의 호칭이던 '마쓰시
마' 대신 '리양코루토 열암'이라는 서양 호칭이 그 자리를 대신하고
있었다. 이런 양상이야말로 일본의 고유 영토의식의 희박함을 보여
주는 예지만, 한편에서는 일본으로 하여금 독도를 '무주지'라는 명분
아래 편입할 호기를 제공했다. 그 계기가 된 것은 어업인들의 울릉

---

41) 호리 가즈오, 앞의 책, 2008, 101쪽.

도·독도진출, 그리고 이어진 전쟁(러일전쟁)이었다.

독도 호칭은 이런 역사적 변용을 겪었다. 그러나 이런 경위와 관계없이 태정관 지령을 검토함으로써 분명해진 사실은 1877년 시점에 일본이 '두 섬'에 대한 자국 영유권을 부인했으며, 이는 조선 영토임을 인정한 것이라는 사실이다. 일본의 영유권 인식은 이런 차원에서 논의되어야 한다. 또 하나 짚고 넘어가야 할 것은 일본이 1877년에 두 섬에 대한 영유권을 포기했던 사실과 1880년대에 도서 인식의 단절을 겪었던 사실은 엄연히 분리하여 다루어야 한다는 사실이다. 두 섬에 대한 영유권의 포기는 조선 정부와 일본 정부라는 양국 간의 문제이고, 도서 인식의 단절은 일본 국내의 문제이다. 일본 정부는 1880년대에도 조선 정부가 요구한, 울릉도의 일본인 철수 요청을 거부하거나 울릉도가 일본 영토라고 주장한 적은 한 번도 없었다. 일본 정부는 외교문서에 '울릉도(蔚陵島)'로 표기할 정도로 국내의 '다케시마·마쓰시마' 혼란과 분리시켜 이 문제를 다루었다.

이후 독도는 침탈과정을 겪는다. 조선 정부가 울릉도를 정식 개척하면서 일본인들의 입도도 증가했다. 일본인들은 점차 울릉도에 거주하면서 독도에도 건너가 어로활동을 하기 시작했다. 울릉도와 독도에서의 경제활동은 모두 불법이므로 일본인들은 불법 행위를 묵인받으려 울릉도 수장에게 대가를 지불하는 행위도 주저하지 않았다. 점차 독도에서의 어로에 대해서도 대가를 치렀다. 이는 독도를 울릉도의 부속도서로 여겼음을 의미한다. 이에 대한 자세한 내용은 뒤에서 다룰 것이다.

지금까지 태정관 지령을 검토하여 밝혀진 사실은 에도시대의 '다케시마 일건' 관련 문서들이 메이지시대까지 영향을 미치고 있었다는 점이다. 1690년대 돗토리번과 쓰시마번의 문서, 1724년 돗토리번의 문서, 1830년대 하치에몬 사건 관련 문서, 1870년의 취조서 및 내탐서는 영향을 미치는 연속선상에서 있었고, 지령은 그 결과로 성립된 것이다. '다케시마 일건' 관련 문서에서 '다케시마'와 '마쓰시마'가 함께 언급되어 있었고, 에도시대부터 메이지시대에 이르기까지 정부 차원에서 두 섬에 대한 영유권을 부인한 사실이 있는 이상, 현재 일본이 지령 이후의 명칭 혼란을 핑계로 지령의 효력을 의심한다든지, 한국에서의 '독도' 인식의 희박함을 운운하며 '선점'론을 내세워 영유권 취득의 정당성을 주장해서는 안 될 것이다.

메이지시대의 영유권 인식이 에도시대의 연속선상에 있었다는 생각은 현대에도 이어지고 있다. 1978년 6월 5일 일본 중위원 상공위원회에서는 '다케시마문제'와 '센카쿠 제도 문제'를 논의하면서 참고인 후모토 다다시(麓多禎)[42]의 의견을 들은 바 있다. 이때 후모토는 "다케시마가 일본 영토가 되었다는 것은 국제법상 근거가 있지만 일본이 영유했을 당시는 이미 조선 국왕은 일본에 속박된 상태였다는 것을 말씀드리고 싶습니다"라고 했다. 그는 국제법적으로는 일본 영토지만 역사적으로는 일본의 침탈과정에서의 사건이었음을 인정한 것이다. 더구나 그는 "(다케시마 문제는) 실은 쇼군 도쿠가와 쓰나요시(德川綱吉) 시대에는 쇄국정책을 강화했지만 나중에 일단 포기했는데, 그 당시는 '다케시마'가 일본 영토가 아니라고 생각했습니다. 그 후 메이지정부도 이런 도쿠가와 쓰나요시 시대의 생각을 계승했습니다"[43]라고 했다. 후모토의 이런 발언은 후쿠다(福田) 내각도 에도시대에서 메이지시대로 이어진 영유권 인식을 계승하고 있었음을 보여준다. 당시의 국제법 학자가 이런 인식을 지닐 정도였다면, 역사학자의 인식을 짐작하기는 어렵지 않을 것이다. 교토대학의 호리 가즈오가 1987년에 태정관 지령 관련 문서를 발굴하게 된 배경도 이와 무관하지 않을 것이다.

---

42) 동북아역사재단 편, 《일본국회 독도 관련 기록모음집 Ⅱ》(1977~2007)(동북아역사재단, 2009)에는 후모토 자신이 소련 국제법 전공자로 소개하고 있다.

43) 위의 책, 493쪽. 후모토 진술 기록에 관해서는 동북아역사재단 곽진오 박사가 가르침을 주었다(2014년 11월).

# 2장

# 일본이 인정한 한국의 독도 영유권

# 1. 1900년 칙령 제41호 전후 울릉도 일본인의 납세

## 1) 문제의 제기 : 〈울도군 절목〉(1902)에 대한 비판

1905년 2월 일본은 대한제국의 영토인 '독도'를 불법으로 편입했다. 이른바 '무주지 선점'에 따른 편입이다. 이보다 앞서 대한제국은 1900년 10월 칙령을 반포하여 '석도'(오늘날의 독도)에 대한 군수의 관할권을 명시한 바 있다. 이에 대하여 일본은 칙령의 '석도'는 독도가 아니라고 주장한다. 나아가 '석도'가 독도라 할지라도 1905년 일본의 편입 이전에 한국의 실질적인 점유, 이른바 '실효 지배[1]'가 없었기 때문에 자국의 무주지 선점은 정당하다고 주장한다.[2]

---

1) 필자는 '실효 지배(실효적 점유)'에 대한 정의를 다음과 같이 내리기로 한다. 즉 무주지(無主地)에 대한 일국의 선점(先占)이 성립되기 위한 조건으로서, 일정 영역에 대하여 영유 의사로 직접 또는 간접적으로 국가 권력을 행사하거나 점유 행위를 행한 사실을 의미한다. 무인도인 경우, 실제적인 인간의 정주가 요구되지 않는 경우도 있다. 토지에 자국 법령을 적용하고, 경제활동에 과세하는 것은 구체적으로 실효 지배의 조건을 충족하는 통치행위이다(김현수·박성욱, 《독도영유권과 실효적 지배에 관한 연구》, 한국해양수산개발원 2007; 한국해양수산개발원 편, 〈독도사전〉, 한국해양수산개발원, 2011).

2) 쓰카모토 다카시(塚本孝)는 "석도가 다케시마임이 증명된다면 영유 의사를 칙령에 공포한 것은 영유의사의 표시가 될지 모른다. 그러나 칙령 전후로 다케시마에 대해 어떤 점유행위를 하지 않았기 때문에 칙령에서 자국 관할구역으로 기재한 것을 가지고

이에 필자는 1905년 이전 독도가 한국령이었음을 '수세(收稅) 관
행'으로 입증한 바 있다.[3] 울릉도에서의 수세 관행이 독도 영유권
과 관계되는 것은 일본인이 수출화물에 대해 울도 군수에게 과세한
사실 때문이다. 정부가 군수의 과세를 인정해준 것은 1900년 칙령
제41호 4조의 징세 합법화 규정, 그리고 1902년의 〈울도군 절목〉으
로 드러난다. 칙령 제41호의 4조는[4] 중앙정부가 울릉도를 군으로
승격시켰지만 경비의 조달은 어려우니 자체적으로 경비를 마련하
라고 언명한 것이다. 말하자면 이 규정은 뒤집으면, 그 전까지는 인
정하지 않던, 비(非)개항장 울릉도에서의 수세 관행을 1900년에 비
로소 정부 차원에서 인정해준 것이었다. 〈울도군 절목〉에는 출입
화물에 세금을 부과하여 경비로 충당하라는 내용이 있다. 이때 화
물을 출입하는 경우는 주로 일본인에게 해당된다. 그런데 일본인들
이 수출한 화물에는 울릉도의 산물뿐만 아니라 독도 강치도 포함되
어 있었다. 절목대로라면 일본인들은 독도 강치에 1%의 세금을 납
부해야 한다. 그러므로 울릉도에서는 칙령 제4조와 〈울도군 절목〉
을 바탕으로 수세가 정당화되고 있었다. 울도 군수가 독도에서 포
획, 울릉도에서 가공하여 일본으로 수출한 강치에 대해 세금을 받
고 있었음은 군수가 독도를 실효 지배했음을 보여주는 분명한 근거
가 된다.[5]

---

한국영토라고 주장해서는 안 된다"라고 한 바 있다(쓰카모토 다카시, 〈다케시마 영유
권 분쟁의 초점〉, 《다케시마문제연구에 관한 조사연구보고서》, 웹 다케시마문제연구
소, 2007).

3) 세금 명목으로 나온 구문, 중개 수수료, 출항세, 수출세, 관세 등을 모두 '수세'의 범
주에서 다루었다.

4) "5등군으로 마련하되 지금은 이액(吏額)이 미비하고 모든 일이 초창기이므로 울릉도
에서 수세(收稅)한 것 중에서 우선 마련할 것"

5) 유미림, 〈수세 관행과 독도에 대한 실효 지배〉, 《우리 사료 속의 독도와 울릉도》, 지
식산업사, 2013. 그 요지는 대략 다음과 같다. 1900년 이전부터 일본인들은 불법 상행
위를 묵인 받는 조건으로 도감에게 이른바 '구문'을 납세했는데 대한제국은 1900년 칙
령 제41호에서 이를 인정하게 되었고, 1902년에는 〈울도군 절목〉으로 구체화시켰다.
〈울도군 절목〉에는 수출하는 화물에 대해 울도 군수가 1%의 세금을 매기는 것을 허용

그런데 필자가 이전에 발표한 글에서는 울릉도에서의 수세 관행을 독도에 대한 관할권과 연결시켰지만 이때의 세금의 구체적인 성격에 대해서는 밝히지 못했다. 이에 세금의 구체적 성격을 밝히는 후속 연구를 진행하던 가운데, 〈울도군 절목〉을 둘러싼 논란이 있음을 알게 되었다. 반론은 두 가지였다. 하나는 절목의 세금 규정이 일본인이 아니라 본국인에 해당된다는 것이다.[6] 다른 하나는 울릉도 산품에 대한 과세는 독도에 대한 직접적인 주권 행위와는 관계없다는 것이다.[7] 이에 〈울도군 절목〉의 세금 조항이 일본인과는 무관한 것인지, 또한 울릉도 수출품 특히 독도 강치에 대한 과세가 독도에 대한 직접적인 주권 행위와는 무관한 것인지를 해명해야 할 필요가 생겼다.

선행 연구는 대부분 칙령 제41호의 '석도'가 독도라고 보고 이를 영유권의 관점에서 논했을 뿐, 칙령 제정의 배경 그리고 칙령의 제4조를 '수세'의 관점에서 다룬 연구는 별로 없었다. 그런데 1900년 이전 울릉도 상황을 보면, 일본인들의 정황, 그 가운데서도 일본인에게 징세한 현황 관련 기록이 1899년에 집중되어 있을 뿐만 아니라, 여러 건이 보인다. 필자는 이것이 칙령 제41호를 제정하게 된 배경과 무관하지 않다고 본다. 더구나 일본인들은 자신들의 납세가 일종의 '구문'임에도 '수출세'라는 명목을 붙이기에 이르렀고, 이는 독도 강치를 수출하던 1905년에도 유지되고 있었다. 이 글은 대한제국이 칙령 제41호를 제정하게 된 배경에 일본인의 수세 관행이

---

했다. 그런데 절목의 과세 규정은 일본인 화주(貨主)가 수출한 1904~1905년의 독도 강치와 해산물에도 적용된다. 일본인이 납세한 것은 독도를 한국 영토로 인정했기 때문이므로 이는 바로 독도에 대한 실효 지배와 연결된다는 것이다.

6) 김호동, 〈"鬱島郡節目"을 통해 본 1902년대의 울릉도 사회상〉(《장서각》 30, 한국학중앙연구원, 2013)이 있다. 반론의 요지는 〈울도군 절목〉의 세금 관련 내용은 일본인이 아니라 본국인에 적용되는 조항인데 필자가 잘못 해석했다는 것이다.

7) 일본의 다케시마문제연구회는 2014년에 《竹島問題100問100答》(이하 《100問100答》)을 발간하여 필자의 주장에 반론했다.

중요하게 작용한 사실, 그리고 일본 정부가 자국민의 납세명목을 '수출세'라고 고집한 정치적 의미를 고찰하고자 한다.


## 2) 1899년의 '수세' 기록과 100분의 2세

### (1) 라포르트와 배계주의 공동조사

청일전쟁 이후 울릉도에 일본인이 급격히 증가했다. 이는 국내 다른 지역에서도 마찬가지였다. 1895년 8월, 울릉도를 관장하던 도장의 호칭이 도감으로 바뀌었고,[8] 울릉도 사람 배계주가 도감(島監)에 임명되었다.[9] 정부는 9월 20일 배계주를 도감에 차정하고 판임관과 같은 대우를 해주기로 결정했다. 그러나 도감제에 관한 본격적인 논의는 1898년에 칙령 제12호 〈지방 제도 중 울릉도 도감 설치 건(地方制度中鬱陵島島監設置件)〉을 반포하면서부터이다.[10]

1899년 5월 이후 배계주는 일본인과의 소송 건이 중앙정부의 인정을 받아 서울로 호출되었다.[11] 이에 앞서 1880년대에 일본 선박들이 전복 채취를 위해 울릉도를 드나들었고, 연안 3해리 이내 어업이 허가된 뒤로는 출입이 잦아졌다. 조선인은 전라도 선박이 와서 벌목 후에 배를 건조하고 미역을 채취해가는 정도였다. 당시 한인은 어업을 활발히 하는 정도는 아니었다. 1896년과 1897년에도 울릉도는 선박을 제대로 갖추지 못한 상태였다. 이 때문에 한인은 일본 상선의 힘을 빌려 육지로 출입해야 했고, 의복과 식염을 일본

---

8) 1895년 8월 13일에 청의하여 16일에 재가 받음(《관보》의 휘보 '울릉도에 도감을 설치하는 건을 상주하여 재가를 얻음', 1895년 8월 16일)

9) 배계주는 배편이 없어 오지 못하다가 1896년 5월에 들어왔다.

10) 《고종실록》 고종 35년(1898) 5월 26일(양)

11) 《황성신문》, 1899. 4. 26. 잡보 '島監嘉尙'.

인의 공급에 의존해야 했다. 이에 견주어 일본인들은 울릉도에서 벌목꾼과 어로자가 늘어났고 나무를 반출하는 일도 잦아졌다.

배계주가 울릉도에 오기 전부터 이미 수장을 자칭하는 자가 일본 인과 거래하고 있었다. 1896년에 배성준[12]이라는 자가 도감을 자칭 하고 "장사하는 배에 잡세를 함부로 매기고, 이사해오는 백성에게 돈을 걷"[13]는 상황이었다. 이때 도감이 벌목이 금지된 규목(槻木)과 향목(香木)을 허가없이 함부로 베어 외국인에게 몰래 팔기도 해서 백성들이 이를 금지시킬 정도였다는 사실을 보면, 배성준이 도감을 빙자하여 대가를 받고 일본인의 벌목을 묵인해주고 있었음을 알 수 있다. 1897년 울릉도는 12동리에 397가호, 인구는 1,133명인데, 남 자가 662명이요, 여자가 672명이었다.[14] 다음 해인 1898년 5월 내 부에 보고된 울릉도 가호는 277호, 인구는 1137명이다. 인구는 큰 변동이 없는데 가호는 100가호 이상 차이가 난다.

배계주는 울릉도에서 무단 벌목을 일삼고 있는 일본인을 저지하 고자 일본에 가서 소송을 하였다. 조선 정부가 일본인의 벌목과 밀 반출 및 거주에 대해 일본 정부에 항의하는 동안 울릉도 도감은 일 본인에게 벌금을 받고 묵인해주거나 화물에 징세하는 형태로 방조 하고 있었다. 일본인은 이런 형태의 징세를 '세금'으로 여겼다. 세 금이 매겨진 정확한 시기는 알 수 없지만, 1896년경부터 이뤄진 듯 하며 1898년과 1899년에도 배계주가 없는 동안 오성일에 의해 지속

---

12) 《독립신문》, 1897. 4. 8, '외방 통신'에는 배성준이 나오고, 《울릉도지》에는 배상삼 이라는 인물이 나온다. 《울릉도지》에 배상삼은 1893~1894년 무렵 도수라는 직책을 맡아 도민의 아사를 막기 위해 애쓴 인물로 되어 있다. 초대 도감 배계주는 1898년과 1899년 초 소송 때문에 잠시 도감직에서 떠났다가 1899년 5월 부산에서 다시 도감에 임명되어 라포르트와 함께 울릉도를 조사하라는 명을 받았다. 그 사이에는 오성일이 도감직을 대리했다. 오성일에 관해서는 유미림, 《우리 사료 속의 독도와 울릉도》, 지 식산업사, 2013, 202쪽 참조.

13) 《독립신문》, 1897. 4. 8, '외방 통신'.

14) 위와 같음.

되었던 것으로 보인다.[15]

1899년 즈음에는 울릉도에서 러시아인이 일본인의 벌목에 항의하는 상황이 되었다. 그러나 직원과 월급조차 없던 도감의 힘은 미약했다. 도감이 필요한 경비를 보충하는 방법은 미역에 세금을 매기는 방법밖에 없었으나 그것조차 내부의 승인이 필요했다.[16] 1898년 배계주는 도감의 지위를 판임관으로 대우해줄 것을 중앙정부에 요청하기도 했다. 1895년에 이미 도감을 판임관 대우로 하기로 결정했었지만 실행되지 않았기 때문이다.

배계주는 1898년 마쓰에소송에서 목재를 되찾아온 공으로 1899년 5월에 도감에 재임명되었고, 부산에 있다가 부산해관 세무사 서리 라포르트(E. Laporte, 羅保得)[17]와 함께 울릉도의 진상을 조사하라는 명을 받았다. 이 조사는 1박 2일의 짧은 일정이었다(1899. 6. 29~30). 6월 28일 오후 4시에 부산을 떠나 29일 오후 1시에야 해안에 도착했다.[18] 해관의 김성원[19]과 일본인 아라키가 동행했다.[20] 조

---

15) 1900년 우용정이 조사할 때 일본인이 "저희는 3년 전에 이 섬에 와서 … 화물을 내갈 때 도감이 매번 사람을 파견하여 적발하여 100분의 2를 세금으로 납부했"다고 했으므로 1897년 전후가 된다.

16) 《독립신문》, 1897. 10. 12, '외방 통신'.

17) 공식명칭은 Acting Commissioner이다. 라포퇴(羅布退), 라보덕(羅保德)으로도 표기된다. 《울도기》와 《고종실록》(1905년 11월 2일)에 프랑스인으로 되어 있다. 《한성순보》 제7호(1883년 12월 29일)에도 인천 해관에 근무한 프랑스인 라포퇴(羅布退)로 나온다. 《東萊港報牒》(제3책, 奎17867-2), 《昌原港報牒》 제1책, 奎 17869-2, 1899년 11월 2일 보고서 55호), 《慶尙南北道來去案》(奎17980)에는 羅保得으로 나오며, 《仁川港關草》(4책, 奎 18075, 1891년 6월 20일)에는 羅保德으로 나온다.

18) 홍성근, 〈라포르트의 울릉도 조사보고서와 1899년 울릉도현황〉, 《영토해양연구》 6, 동북아역사재단, 2013, 109쪽.

19) 라포르트 보고서에는 김용원(Kim Long-won)으로 되어 있고, 《慶尙南北道來去案》(奎17980, 1899년 4월 9일 제1호 보고서)와 《울도기》에는 김성원으로 되어 있다. 여기에는 동래감리 서리가 훈령을 보내, 동래항세무사 羅保得과 參署 金聖遠을 마산포에 보내 해관기지를 택정하게 한다는 내용이 실려 있다. 그렇다면 두 사람이 함께 갔다는 말인데, 라포르트가 보고서에서 이름을 김용원으로 잘못 적고 있다는 것은 의심스럽다. 김용원은 사검관으로, 그리고 울릉도에서 벌목한 인물로 따로 나온다.

20) 홍성근, 앞의 글, 2013, 108쪽.

사 목적은 울릉도 주민이 일본인에게 착취당하고 있는 상황을 조사
하기 위해서였다. 배계주가 일본인의 침탈상황을 자주 상부에 보고
했기 때문에, 배계주의 보고를 받은 정부가 부산해관에 조사를 일
임한 것이다. 《황성신문》에 따르면, "내부에서 해관 총세무사 백탁
안(柏卓安:브라운)²¹⁾에게 위탁하여, 서양인 한 사람을 파견하여 섬의
정형을 살펴 보고하게 했는데"라고 했는데,²²⁾ 브라운이 프랑스인
라포르트로 하여금 대행하도록 한 것이다. 현지 조사 후에 배계주
와 라포르트는 각자의 보고서를 각각의 상부에 제출했다.

《황성신문》에 따르면, 배계주는 라포르트의 조사 보고서 내용을
내부에 보고했고, 내부는 다시 이를 외부(外部)에 알려 외부가 일본
공사에게 일본인의 철수와 상행위 금지를 요청하는 공문을 보낸 것
으로 되어 있다. 그러나 라포르트의 보고서(7월 6일 작성)를 받은 브라
운은 이를 영국 대사 조던을 거쳐 영국으로 보내면서 외부대신 박제
순에게도 전달했다(7월 30일자). 그러므로 배계주의 보고나 《황성신
문》의 보도는 모두 라포르트의 보고서에 기초한 것임을 알 수 있다.
그동안 라포르트의 보고서²³⁾에 대해서는 《황성신문》 보도로 대략을
알 수 있었는데, 최근 그 전모를 알 수 있는 문서가 발굴되어²⁴⁾ 1899
년의 징세 사실이 추가로 확인되었다. 배계주는 도감에 재임명되어
입도하기 전 외국인 가옥 건설과 벌목, 조선(造船)을 금지시키는 역
할을 부여받았다. 다만 징수한 세금은 내부로 상납해야 했다.

---

21) 柏卓安:J. McLeavy Brown을 말하는데, 《승정원일기》 1896년부터 기록이 보인
   다. 1899년 8월 5일에 정2품 총세무사에 임명되었다. 영국인이다. 명칭이 총세무사
   (Inspector General)와 수석세무사 두 가지로 나온다.

22) 《황성신문》 1899. 9. 23, 별보, '鬱陵島事況'.

23) 라포르트는 1899년 7월 6일 보고서를 작성하여 브라운에게 보고했고, 브라운은 7월
   30일자로 외부대신 박제순에게 이 사실을 알렸다(《구한국외교관계부속문서》2권 해관
   안 2, 문서번호 1231번 '鬱陵島調査報告書送呈의 件'(1899. 7. 30).

24) 홍성근이 조사한 이 자료의 서지사항은 다음과 같다. 〈Further Correspondence
   respecting the Affairs of Corea, Part XII(1899)〉, 영국 국립문서보관소(The National
   Archives), 청구기호 FO881/7264.

조선 정부는 울릉도 재류 일본인을 적발할 때부터 그들의 철수를 요청하는 공한을 일본 외무성에 자주 보냈었다. 그러던 가운데 1899년 8월말 일본 정부는 원산영사관 외무서기생 다카오 겐조(高雄謙三)를 울릉도로 파견하여 일본인 철수 임무를 맡겼다. 다카오는 9월 25일에 마야호로 울릉도에 도착하여 일본인들에게 11월 말까지 철수하도록 지시했고 각서〔御受書〕도 받아냈다.[25] 이때 해군 소속원 가운데 후루카와 신자부로(古川鈊三郎) 대위가 마야 호에 타고 있었는데 그 역시 다카오와는 별도로 일본인을 조사하여 해군성에 보고했다. 회항시간 때문에 7시간밖에 주어지지 않자, 두 사람은 오래 거주한 사람을 통해 조사하는 방식을 취했다.

이로써 1900년 6월 우용정이 파견되기 전부터 이미 여러 방면에서 조사가 이루어지고 있었음을 알 수 있다. 그런데 조사자들의 기록에서 공통적인 것은 한결같이 울릉도의 수세 정황을 언급하고 있다는 사실이다.[26] 1899년에는 6건, 1900년 10월 이전에는 4건 여가 나온다. 이들 기록을 비교해보면, 1900년 대한제국 칙령 제41호의 제정 배경, 특히 칙령에 '수세' 조항을 두게 된 배경을 이해할 수 있을 뿐만 아니라 수세 정황과 독도 영유권과의 연관성도 확인할 수 있을 것이다.

---

25) 대표 서명자는 하타모토 기치조(畑本吉藏)와 아마노 겐조(天野源藏)이다. 25일에 조사하고 오후에 출발하여 26일 오후 5시에 부산에 도착하자 바로 공사에게 전보로 복명했다(《주한일본공사관기록》〈각영사관 왕복〉, 메이지32년, 원산영사관 공 제28호; 《일본외교문서》 32 사항9 문서번호 171-176).

26) 이 글 뒤의 〈참조〉에 표로 정리했다.

## (2) 1899년의 세금 관련 기록

1899년의 세금 관련 기록은 대략 다음과 같다.

① 1899년 6월 29~30일 조사한 라포르트의 보고서

농민이나 상인들은 세금을 내지 않습니다. 그 관리는 바다에서 채취하여 섬에 가져온 모든 해채(all the sea-weed)에 대해 10%를 징수하고, 선박 건조에 사용된 나무에 대한 세금으로 건조된 범선 1척 당 평균 현금 1만 원을 징수합니다. 물품 매각을 돕는 중개인과 중간상인에게 주는 2%의 중개 수수료(commission)를 제외하고 일본인들은 세금을 내지 않습니다.[27]

② 1899년 9월 23일자 황성신문[28]

농민과 상민의 세금은 원칙으로 정한 것이 없고, 다만 도감이 해채에는 10분의 1세를 징수하고, 목재에는 선박 한 척당 엽(葉) 일백 냥[29]을 징수하며, 일본인은 화물을 팔 때 구문(口文) 100에 2 외에는 납세하는 것이 없다고 합니다.

③ 1899년 9월 25일자 울릉도 출장 재원산영사관 외무 서기생 다카오 겐조(高雄謙三)의 포달문[30]

---

27) 홍성근, 앞의 글, 2013, 123쪽.
28) 라포르트와 배계주 보고서에 근거하여 보도한 것이다.
29) 《독립신문》에는 4원씩 거둔다고 되어 있다.
30) 방위성방위연구소, 해군성 《공문비고》 함선3 권9 (아시아역사자료센터 소장). 모두 9가지 사항을 기록하고 있다. 《주한일본공사관기록》 13권 〈각 영사관 왕복〉 17 〈鬱陵島出張復命書 送付件〉 부속서(문서번호 8호)에도 관련 내용이 나오는데 제목이 위와 같다. 《주한일본공사관기록》에는 포달문 외에도 관련 문서가 더 많다.

…생각해보면, 우리 일본인이 본도(本島)에 재주하며 특히 수목을 남벌하여 밀수출(密輸出)을 꾀하는 것이 매우 괘씸한 일이니, 앞으로는 결코 남벌해서는 안 됨은 물론 본도에 재주하는 일본인은 올해 11월 30일까지 모두 본도를 떠날 것. 이상을 엄히 시달함[31]

④ 1899년 9월 25일 아마노 겐조(天野源藏)[32]에게 들은 바에 의거한, 9월 27일자 해군성 중위 후루카와 신자부로(古川鈊三郎)의 보고[33]

…점차 남벌을 기도하게 되었으나 현재는 본방인이 도감과 협의하여 수목을 채벌(採伐)하고 대두(大豆)를 매수하는 등 모두 이익 예상금의 100분의 2를 세금으로 선납하여(작년까지는 100분의 5였다고 한다-원주) 실행하고 있다.

⑤ 1899년 9월 25일 조사에 의거한, 10월 3일자 원산영사관 다카오 겐조의 복명서[34]

우리나라 사람들은 오로지 규송(槻松)을 벌채하거나 끈끈이를 제조하고 겸하여 울릉도에서 나는 콩을 수출하는 것을 직업으로 삼고 있습니다. … 수입화물은 주로 호키국 사카이 또는 하마다항에서 100석에서 200석을 화선에 싣고서 연 3회 즉 1회는 3월에, 2회는 5월에, 3회는 7월에 온다고 합니다. 그리고 벌채한 수목과 콩 등의 수출품은 쓰루가(敦賀) · 바칸(馬關) · 하카다(博多)에서 하역한다고 합니다. 이 섬에서 생산되는 콩은 매년

---

31) 이 내용은 원래 8월 22일 경성 주재 하야시 공사가 내린 것이다.

32) 그는 5년 전(1894~1895년 무렵)에 와서 울릉도 사정에 밝다고 했다.

33) 방위성방위연구소, 앞의 책. 앞에서는 대위라고 했는데, 여기에는 중위로 되어 있다.

34) 다카오가 원산 영사 武藤精次郎에게 보고(10월 3일자)한 것을 영사가 다시 하야시 공사에게 복명(10월 4일자)한 것이다(《鬱陵島出張復命書 送付件》《주한일본공사관 기록》13권 〈각 영사관 왕복〉 17).

4~5천 석에 달한다고 하며, 콩에 대해 도감이 징수하는 수출세액이 100석에 대해 100분의 2의 비율로 과징된다고 합니다.

⑥ 1899년 10월 31일자 《독립신문》 '울릉도 현상'

  …육지와 통상하는 일은 매우 드문데 상인들이 수입하는 물품은 식물과 담배와 포목 등이고, 울릉도에서 수출하는 것은 해채가 많고 판목도 간간이 수출한다. … 세금은 다만 도감에게 해채 10분의 1세를 물고, 목재는 배 한 척에 4원씩 문다. 일본 사람이 물화를 매매할 때 구문은 100분의 2를 낸다고 부산 해관장이 조사하여 보고하였다고 한다.

위 기록에서 세목이나 세금의 성격은 약간씩 다르지만, 1899년에 울릉도에서 수세(收稅)가 관행화되어 있었다는 사실을 기록한 점에서는 공통적이다. 징세는 크게 울릉도 수장이 조선인에게 징세하는 경우와 일본인에게 징세하는 경우로 구분된다. 조선인이라 해도 울릉도 주민[35]에게는 가호별로 징세하는 식이었고, 주로 타도(他道)의 상인이 육지로 운반해가는 미역과 선박용 목재에 대해 징세하고 있었다. 세목은 주로 해채세, 조선세로 불렸다. 일본인에 대한 징세는 벌목꾼과 중간상인에게 징세하는 형태가 있었을 것이다. 위 기록에서 수입품에 징세했다는 사실은 어디에도 보이지 않는다. 세금은 수출품인 목재와 대두 등 곡물에 주로 부과되었는데, 벌금, 벌목료, 화물에 대한 구문, 수출세 등으로 다양하게 불렸다. 다음에서는 이를 구체적으로 알아보기로 한다.

---

35) 가호당 보리와 콩을 봄·가을로 나누어 징세하는 방식이다.

## (3) 100분의 2세는 구문인가 세금인가

1899년 6월 라포르트는 해채세와 조선세,[36] 중개 수수료를 언급했다. 그는 "도민의 직업이 풍부한 목재를 활용하여 배를 만드는 사람, 그 다음으로는 농민, 상인, 어민 순이다. 다만 어민은 수적으로 많지 않았는데, 고기들이 풍부하지 않고, 바다가 너무 깊어 잠수부들이 해채나 패류[37]를 채취하는 것이 매우 어렵다"[38]고 보고했다. 이 부분은《황성신문》에도 "바닷물이 너무 깊어 물고기는 그리 많지 않고 다만 해채(海菜) 운반이 매년 2천 짐(擔)에 이를 만큼 많다"고 되어 있는 상황과 유사하다. 라포르트가 10%를 징수한다고한 'sea-weed'는《황성신문》과《독립신문》에서는 '해채'라고 했지만 주로 미역을 가리킨다. 당시 전라도인에게 부과한 해채세는 미역세를 의미하기 때문이다. 해채가 김이나 우뭇가사리를 의미할 때도 있지만, 우뭇가사리는 수출화물이었으므로 10%세율이 적용되는 품목이 아니었다. 1890년대 초기까지도 미역에 대한 세금은 중앙정부에 상납했다.[39]

라포르트는 "물품 매각을 돕는 중개인과 중간상인에게 주는 2%의 중개 수수료(commission)를 제외하고 일본인들은 세금을 내지 않

---

36) 선박 건조에 사용된 나무에 대한 세금은 선박 한 척당 부과되는 것인데 그것은 기록에 따라 10000원, 엽 100냥, 4원으로 나온다. 조선(造船)용 목재에 대해서는 파(把)를 기준으로 세금이 부과되었다.

37) 라포르트 보고서에는 shell-fish라고 되어 있으나 전복을 가리키는 듯하다.

38) 홍성근, 앞의 글, 2013, 112쪽, 자료 2-①

39) 조선 후기 해세는 주로 어염세이다. 중앙에서 감관(사검관)을 징수원으로 파견했으나, 갑오개혁 이후 1899년에는 지방관에게 해세 관할권이 귀속되었다. 1901년에는 관할권이 탁지부에서 궁내부로 이속되었다가 1903년에는 다시 내장원으로 이속, 다시 탁지부로 환속되었다(박성준, 〈1901~1910년 해세 징수체계의 변화〉,《역사문화연구》 31, 2008, 34쪽). 울릉도 사검관은 1900년 이전에는 평해 군수가 겸했고 이후에는 중앙에서 파견한 관리가 맡았다. 그러나 울릉도에서 사검관이 행한 해세 징수 기록은 찾아보기 어렵고 오히려 해채세가 자주 언급되고 있는 것으로 보아 해세를 대신한 듯하다. 해채세는 중앙정부로 상납하다 후에는 수장이 관장했다.

습니다"고 했고, 《황성신문》은 "일본인은 화물을 팔 때 구문(口文) 100에 2 외에는 납세하는 것이 없다"고 보도했다. 해채세와 조선세를 제외하면 둘 다 중개 수수료(구문)를 언급한 점에서 같을 뿐만 아니라 모두 일본인에 해당되는 세목으로 되어 있다. 그런데 라포르트나 《황성신문》은 화주(貨主)가 중간상인에게 주는 구문을 제외하면, "일본인들은 세금을 내지 않는다"고 했다. 그렇다면 이들은 '구문(commission)'과 '세금(tariff, 관세)'을 다른 것으로 보고 있었다는 말이 된다. 해관 관리인 라포르트 입장에서는 밀수출에 따른 수수료를 관세로 볼 수 없었던 것이다.

외무성의 다카오 겐조는 9월 25일 포달문에서 일본인들이 (목재) "밀수출을 꾀하"고 있다고 했다. 그는 조사 후에는 콩에 대해 "도감이 징수하는 수출세액이 100석에 대하여 백분의 2의 비율로 과징된"다고 했다. 같은 날 조사한 해군성의 후루카와 신자부로는 "수목을 채벌하고 대두를 매수하는 등 모두 이익 예상금의 100분의 2를 세금으로 선납한"다고 했다. 두 사람이 같은 일본인의 진술에 근거하고 있지만, 징세 품목이 목재인지 콩인지는 명확하지 않다. 후루카와 신자부로는 "수목을 채벌하고 대두를 매수하는 등.."이라고 해서 수목에 대해서도 세금을 납부하는 듯 말했지만, 다카오는 대두에 대해서만 수출세를 납부하는 것으로 말했다. 다만 이는 다카오가 위에서 목재를 밀수출한다고 본 것과 일맥상통한다. 라포르트의 조사를 보고한 《독립신문》도 수출품으로 10분의 1의 해채세를 언급하고 있으므로 이 또한 전라도인에 부과한 10분의 1세가 해채세라는 사실과 통한다. 이 외에도 《독립신문》은 "일본 사람이 물화를 매매할 때 구문은 100분의 2를 낸다"고 하여 구문 '100분의 2'를 분명히 언급했지만, 그 '물화'가 무엇인지는 밝혀 적지 않았다.

한편 울릉도의 일본인들이 후루카와에게 말할 때는 100분의 2세가 "작년까지는 100분의 5였다"고 진술하여 마치 100분의 5에서

100분의 2로 줄어든 것처럼 말했다. 이는 한편으로는 일본인들이 개항장의 수출입 관세율이 100분의 5 즉 5%의 종가세(從價稅)임을 알고 있었음을 방증한다. 그러나 이들이 5%를 납세했다는 사실은 어디에도 보이지 않는다. 5%에서 2%로 줄여 납부한 데 따른 문책을 피하고자 임기응변을 한 것이다. 울릉도의 일본인들은 100분의 2세가 정식 관세가 아니라는 사실을 알고 있었지만, 이들을 조사한 외무성의 다카오는 이를 '수출세'라고 하였다. 다카오는 일본인들이 콩을 수출하고 있었으며, 일본에서 미곡, 옥양목, 잡화류를 수입해 온다는 사실을 언급했지만,[40] 그 또한 수입 관세에 대해서는 언급하지 않았다.

일본인의 벌목에 대해서는, 배계주가 울릉도를 잠시 떠난 사이 도감을 자칭하던 배성준이나 오성일이 벌목료를 받고 묵인해준 사실이 있었음은 이미 밝힌 바 있다.[41] 물론 이때 일본인과 결탁한 한인들이 있었던 것도 사실이다. 배계주는 벌목료를 내지 않고 밀반출한 목재를 찾아오기 위해 일본에 소송을 제기했다. 일본인은 벌목료를 납부했다고 했지만, 도감은 이를 벌목료로 인정하지 않고 일종의 벌금으로 보았다. 배성준이나 오성일은 일본인의 불법행위를 묵인해주는 대가를 구문 또는 벌금으로 생각한 반면, 납부하는 쪽은 벌목료로 생각한 것이다. 그러나 세목(稅目)이 어떠하든 벌목 자체가 불법이므로 징수도 불법이었다.

한편 일본인들은 1899년에 화물액의 2%를 '수출세' 명목으로 납세한다는 약속을 도감과 했고, 도감 오성일은 수출세를 대두로 받았다. 다만 배계주는 불법임을 의식해서인지 영수증을 발행하지 않았다. 라포르트는 일본인들이 관리의 허가를 받아 벌목한 것으로

---

40) 〈조선국 해관세목〉에 의하면 미곡 등의 곡물에는 5%, 직물에는 8%의 관세가 부과된다(《한해통어지침》 부록).
41) 박병섭, 《한말 울릉도 독도 어업》, 한국해양수산개발원, 2009; 유미림, 2013, 앞의 책 참조.

기록했다.[42] 이는 그가 일본인이 납부한 세금(벌목료이든 수출세이든)을 도감이 받아들였다면 조선 정부의 허가를 의미한다고 보았기 때문이다. 1900년에 우용정이 "도감이 ⋯ 간혹 벌금을 내라고 질책하고 또한 화물을 살펴 100에 2를 거두었는데⋯"라고 한 것을 보면, 벌금과 100분의 2세가 구분되어 있다. 벌금이 목재에 해당되는 것이라면, 100분의 2세는 화물에 해당되는 것이다.

위의 세목을 다시 정리하자면, 라포르트와 《독립신문》은 2%의 중개 수수료, 《황성신문》은 100분의 2구문, 후루카와 신자부로는 '이익금의 100분의 2 선납,' 다카오는 '100석에 대한 100분의 2비율' 등으로 차이가 있다. 일본인들이 오성일과 약조할 때는 "수출액의 100분의 2를 대두로"[43] 내는 것으로 되어 있다. 이렇듯 1899년의 납세기록은 저마다 다르지만, 모두 100분의 2를 언급한 점에서는 공통적이다. 명칭은 중개 수수료, 구문, 수출세 등이고, 과세 품목도 목재, 콩, 화물, 끈끈이 등으로 일정하지 않지만, 일본인이 2%의 세액을 대두로 납세하고 있었다는 점에 대해서는 조사자들이 모두 인정하고 있었던 것이다. 일본인 조사자는 이런 납세에 '수출세'라는 명목을 붙여 일본에 보고했다.

1899년 라포르트가 파악한 울릉도 인구는 3000명, 가호는 500호였다. 《독립신문》 기사에, 1897년 인구가 1133명[44] 가호가 397호였던 것과 비교하면 빠른 증가세이다. 라포르트는 거주민이 증가하는 이유가 토질이 비옥한 데다 세금이 거의 또는 전혀 없기 때문이

---

42) 홍성근에 따르면, 라포르트는 "와키다 쇼타로와 아마노 겐조라는 두 일본인은 벌목에 관한 책임자인 것 같고, 관리의 허가를 받아 일을 하고(저는 수석세무사님께 그 사건의 한국어본을 드리고, 이 허가장이 어떻게 수여되었는지를 알려드리겠습니다), 노동자를 고용하고, 일본으로 보내는 주요 수출업자들인 것 같습니다"라고 기록했다.

43) 〈수명조사사항 보고서〉 중의 '수출세 건' (일본 외무성 자료 3.5.3.2.《欝陵島に於ける伐木關係雜件》)

44) 당시 인구가 가구당 5~6명이었을 것임을 감안하면 397호에 1133명은 적은 숫자이다.

라고 보았다. 개척 초기에 약속한 세금 면제가 라포르트 당시에도
실행되고 있었던 것이다. 실제로 한인에게는 육지로 수출하는[45] 해
채에만 세금이 매겨진 것을 보면, 가호당[46] 세금은 없었던 듯하다.
1899년 당시 울릉도와 조선 본토와의 교역은 미미했지만, 일본 상
선들은 쌀과 소금, 질그릇, 술, 석유 등을 들여와서 팔았다. 이들은
가져온 물건을 도민들의 물건과 교역했다.[47] 조선 본토에서 상인들
이 범선에 쌀과 연초, 피륙 등을 싣고 와서 팔되, 육지로 돌아갈 때
는 대개 해채(미역)나 나무판자를 싣고 갔다고 한다.[48] 교역한 물품
이 대두인지는 몰라도 위의 언급으로만 보면, 본토 상인에게는 2%
의 구문을 징수하지 않았음을 알 수 있다. 울릉도에서 필요한 일용
품은 본토에서 공급된 것도 있지만 일본인과의 교역에 의존하는 것
이 더 많았다. 이때 울릉도의 일본인들은 일본으로의 수출품에 대
해서만 구문을 납부했고, 일본에서의 수입품에 대해서는 납세하지
않았다. 이 부분은 나중에 박제순도 그 부당함을 지적했다.

  후루카와는 울릉도의 일본인이 100석에서 300석적(石積)의 화선
(和船)을 지니고 많을 때는 1년에 3회 왕복하지만, 대부분 1898년
이후에 온 것으로 보았다. 따라서 4~5년간 울릉도에 재류한 자는
드물다고 보았다. 이와 달리 다카오는 이들이 5년 전에 왔다고 보
았다. 후루카와는 일본인의 대부분이 선승(船乘)을 업으로 하는 자
이며 시마네현 사람이 가장 많고 간혹 돗토리현이나 오이타현 부근
에서 온 자가 있다고 보고했다. 또한 그들 양식은 대부분 화선으로

---

45) 일본 기록에는 한국에서 들여오거나 한국으로 내가는 물품에 대해서도 수입, 수출
  이라고 표현하고 있다. 다만 한국과 관련된 경우 반드시 '한국에서 수입', '한국으로
  수출'이라고 명기하고 있으므로 이 글에서 별도의 표기가 없는 한, '수출(수입)'이라고
  한 것은 통상 일본수출(수입)을 의미한다.

46) 절목에 관리를 두도록 했고 관리 급료로 가호당 거둘 곡물을 정한 것으로 보아 1902
  년까지도 가호에 세금을 부과하지 않았음을 알 수 있다.

47) 《독립신문》, 1899. 10. 31, '울릉도 현상': 《황성신문》 1899. 9. 23과 거의 동일한 내
  용이다.

48) 홍성근, 2013, 앞의 글, 115쪽의 자료 3-①.

수입하는데 대개 호키국 사카이, 이와미국 하마다에서 오는 것들로 밀수출을 하는 것인지, 아니면 목적지를 속이고 수출해오는 것인지는 알 수 없다고 했다. 그리고 조선인에게는 잡화와 금건(金巾), 마포(麻布) 등을 판매한다고 했다. 후루카와는 일본인들의 채벌이 처음에는 조선인이 수목을 태워 화전을 일구는 과정에서 비롯되었다가 점차 남벌을 기도하게 된 것으로 보았다. 그러나 현재는 일본인과 도감이 협의하여 채벌하고 대두를 매수하되 모두 예상 이익금의 100분의 2를 세금으로 선납한다는 재류 일본인의 말을 그대로 믿었다. 그는 근래 일본인과 조선인은 매우 원만한 관계에 있으며 조선인이 잡화와 기타 쌀 등을 얻는 데 편리함이 있으므로 일본인이 머무는 것을 좋아한다는 사실도 덧붙였다. 다카오도 이 점에서는 마찬가지였다. 두 사람 모두 울릉도에서 일본인이 한인과 공생관계에 있음을 강조하려는 의도가 엿보인다.

다카오는 일본인들이 벌목료를 납부하고 있다고 보고했다.[49] 그 또한 일본인의 진술을 그대로 믿은 것이다. 그는 울릉도 인구가 2,000여 명이고 500호이며, 농부와 어부가 각각 반 수이고, 선박을 건조하는 목공들이 있다고 했다. 한편 그는 울릉도에 오기 전 부산 체재 중에 라포르트의 설명을 들은 적이 있다. 이때 그는 울릉도 거주 일본인이 200명이라고 들었기에 11월 30일까지 이들을 철수시키되 한꺼번에 군함에 태우는 것은 불가하다고 보았다. 울릉도는 군함 정박지가 없어 연안에만 잠시 유박할 수 있으므로 정해진 시간 안에 퇴거시키는 것은 불가능했던 것이다. 이들을 한꺼번에 철수시키겠다고 언명한 것 자체가 처음부터 철수 의사가 없었음을 의미한

---

49) "이 섬의 都監 즉 島守라고도 말하는 한국 관리(현재 이 섬의 도감은 裵季周라는 자임)의 공식 허가를 얻어 수목의 크기에 따라 이에 상당한 벌목료를 납부하고 채벌하는 것이므로, 우리나라 사람들을 지목하여 도벌자라고 하는 것은 이치에 합당하지 않으며 거의 매매에 따른 것이라고 보아야 옳을 것입니다." 1899년 10월 4일 〈鬱陵島出張復命書 送付件〉 중 별지 '外務書記生 高雄謙三의 복명서'(《주한일본공사관기록》 13권, 〈각영사관 왕복〉 14, 10월 3일)

다. 다카오가 울릉도 남양동에서 조사할 수 있는 시간은 7시간 이내였다. 9월 25일 오전 5시 울릉도에 도착한 뒤 마야호 함장에게서 7시간 안에 조사를 마치고 돌아오라는 권유를 받았기 때문이다. 그는 시마네현 오키에서 온 하타모토 기치조(畑本吉藏)와 호키 도하쿠에서 온 아마노 겐조(天野源藏) 두 사람을 면담했다. 두 사람은 오성일과 약조할 때 서명한 명단에도 들어 있던 오랜 재류자이다. 다카오는 일본인이 200명이라는 사실을 라포르트에게 들었지만, "현재 인원은 모두 100명 정도이지만, 작년부터 올해 봄까지는 150~160명에 달했는데 올해 3월에 철수했다"고 했다.

다카오는 하타모토 기치조와 아마노 겐조 두 사람을 통해 조사했고, 후루카와도 아마노 겐조에게서 들은 사실을 기록했다 두 사람이 같은 사람에게서 들었지만 내용에 약간 차이가 있다. 복명서도 따로 제출했다. 이렇듯 1899년 울릉도에서의 조사는 여러 사람에 의해 진행되었다. 라포르트는 6월 말의 조사 결과를 7월 6일 총세무사인 브라운에게 보고했다. 원산영사관 소속의 다카오는 영사인 무토 세지로(武藤精次郎)에게 보고했고(10월 3일), 무토 세지로는 다시 공사인 하야시 곤스케(林權助)에게 보고했다(10월 4일). 해군성 소속의 후루카와도 마야호 함장인 중좌 마쓰모토 아리노부(松本有信)에게 보고했고(9월 27일), 마쓰모토 아리노부는 여러 문서[50]를 첨부하여 해군 대신 야마모토 곤베(山本權兵衛)에게 보고했다(9월 28일). 이렇게 울릉도 상황이 동시에 여러 경로로 각각 보고되고 있었다는 사실은 그 자체로 이 섬이 문제의 섬이었음을 의미한다.

울릉도는 비개항장이므로 교역이 원칙적으로 불법이다. 그런데도 일본인들은 '구문' 납부를 '수출세'라고 주장하며 불법을 합법화하려 했다. 특히 관리들(외무성, 해군성)은 '구문'이나 '수수료'보다

---

50) 다카오의 포달문, 하타모토와 아마노 두 사람의 각서, 후루카와의 보고서이다(《공문비고》, 함선3 권9)

'수출세'라고 표현하기를 더 선호했다. 한편 부산해관이나 대한제국은 "구문 외에는 세금이 없다"고 했다. 구문과 세금을 구분한 것이다.

　이는 1900년 이후에도 마찬가지였다. 일본인의 납세 정황을 파악한 일본 외무성은 '수출세' 납부를 주장하며 울릉도 거주권을 주장하도록 사주했다. 대한제국은 울릉도 수세 정황을 감지하고 있었지만 공식적으로는 여전히 일본인 철수를 요청하고 있었다.[51] 대한제국이 일본 측에 철수를 요청하는 일은 '수세'를 포괄적으로 인정한 칙령 제41호 공포 이후에도 마찬가지다. 대내적으로는 울릉도에서 행해지는 비공식적 수세 관행을 인정하되, 대외적으로는 일본인의 철수를 요청했다.

　1899년 라포르트와 외무성, 해군성 관리의 잇따른 조사는 울릉도에 대한 위기의식이 심화되고 있음을 드러낸다. 대한제국은 일본인의 불법 교역행위를 조약에 의거하여 다스릴 것을 검토했지만, 여전히 일본인의 상행위와 밀교역은 단절되지 않았다. 다카오의 보고로도 알 수 있듯이, 일본 정부는 일본인의 상행위가 일본인의 이익뿐만 아니라 한인을 위해서도 필요한 일이라고 주장했다. 벌목도 도감의 공식적인 허가 아래 이루어진 정당한 행위임을 주장하기에 이르렀다. 1899년 10월 25일자 주 경성 특명전권공사 하야시의 회답[52]은 일본인의 주거권을 주장하기에 이르러, 조일 관계가 새로운 국면에 접어들고 있음을 암시했다. 이 해에는 러시아 함대도 울릉도에 기항하여 일본 사람들의 동태를 살피고 돌아갔다.[53] 러시아 함대가 1899년 10월 1일 남양동 포구에 와서 정박했는데, 장관 한

---

51) 1899년 9월 내부는 불법으로 통상하는 외국인을 영사에게 보내도록 13도에 신칙하는 한편, 비개항장에서의 외국인의 범법을 신칙했다.

52) 《외아문일기》 광무3년 10월 26일; 《구한국외교문서》 제4권 〈일안〉 4 문서번호 5383.

53) 《독립신문》, 1899. 11. 14, '아라사 함대'.

명, 통사(通事) 한 명, 병정 7명이 내려 울릉도를 두루 돌아보고 도형도를 그렸으며, 일본인에게서 규목 한 그루를 75냥에 샀다는 정황을 우용정은 1900년 6월 조사에서 파악했다.[54] 1899년에 러시아인들은 8일 동안 머물러 있었고 1900년 3월에 다시 오겠다는 약속을 하고 갔다고 하지만 이후 다시 왔다는 기록은 없다.

한·일간의 각축장으로서뿐만 아니라 러·일 양국의 각축장으로서도 울릉도의 상황은 긴박했다. 이를 반영해서인지 대한제국은 울릉도의 관제 개정을 논의하기 시작했다. 1900년, 도감을 감무(監務)라 개칭하고 주임관으로 해서 내부의 지휘를 받게 하되 수하직원을 두기로 결정했다.[55] 감무는 5년 임기로 하고 수하의 관리는 울릉도 호구와 전결을 조사한 후 도민이 결정하여 봉급을 지급하기로 했다. 배계주는 일본인의 무단 벌목이 여전함을 1899년에 보고한 바 있는데, 그 사실이 내부에 도착한 것은 1900년 3월이다. 대한제국은 1899년에 부산해관장이 100분의 2세 정황을 보고했을 때 수세 관행을 파악했고 일본 외무성에도 항의한 바 있지만, 울릉도에서 이를 정식으로 저지한 사실은 보이지 않는다. 1900년 우용정의 조사가 있기 전까지 울릉도 행정은 배계주가 관할하고 있었고, 조선 정부도 그의 보고를 통해 현황을 파악하고 있었다. 따라서 칙령 제41호의 제정에 배계주의 보고가 크게 영향을 미쳤을 것임은 짐작하기 어렵지 않을 것이다.

---

54) 우용정, 〈후록〉

55) 《황성신문》, 1900. 3. 1. 잡보, '鬱島官制의 改定'.

### 3) 1900년 우용정의 조사와 수세정황

#### (1) 한 · 일 양국의 공동조사와 우용정의 보고

대한제국은 1899년 11월 말까지 기한을 정해 일본인을 철수시키 겠다고 한 일본 공사의 약조를 믿었다. 그러나 일본인은 철수하지 않고 오히려 비리를 계속하자, 대한제국은 계속해서 일본인의 철수 를 독촉했다. 그러자 경성의 하야시 공사는 양국 공동조사를 제안 했다.[56] 그는 일본인의 왕래와 거류를 기정사실화할 것도 함께 주 장했다. 일본은 제3국인이 입회하에 조사할 것을 제안했고, 이 때 문에 라포르트라는 제3국(프랑스) 해관원이 포함되었다. 이 점에서 조사단은 국제조사단의 성격을 띠었다고 할 수 있다. 1899년 9월 말, 대한제국은 우용정의 파견을 결정했고, 1899년 12월 15일에는 우용정을 울릉도 시찰위원에 임명했으므로 대한제국의 조사 계획 은 사실 일본의 제안 이전에 있었다.

우용정 일행은 1900년 5월 말 울릉도로 향했다. 5월 20일의 사전 회동에서 양국은 조사요령 4개항에 합의했다.[57] 하야시 공사는 5월 21일 부산의 노세 다쓰고로(能勢辰五郎) 영사에게 '울릉도 재류일본 인 조사요령'을 전달, 공동조사에 대비하게 했다.[58] 이때 하야시 공 사는 도감의 허가 아래 벌목료를 납부한 사실을 들어 항의할 것과 벌목을 승인 또는 묵인했다는 사실을 주로 내세울 것을 노세 영사 에게 지시했다. 조사 이전부터 그는 벌금을 벌목료로 둔갑시키고,

---

56) 《구한국외교문서》 제4권, 일안 4, 문서번호 5572, '울릉도 일인문제에 대한 반박 및 공동조사 제안'(1900. 3. 23. 제24호)

57) 《구한국외교문서》 제4권, 일안 4, 문서번호 5652, '울릉도공동조사차 관계관원 파견 의 건'(1900. 5. 4.); 《내부래거안》 조회 11호.

58) 《주한일본공사관기록》 〈각영사관 기밀래신〉 기밀 5호(1900); 《주한일본공사관기록》 14권 〈각영사관 기밀〉 제6호, 〈日韓官吏鬱陵島出張ニ關スル件〉(1900. 5. 21) 중 별지.

벌목료 '납부'를 일본인의 재류 및 교역의 '묵인'이라고 주장하도록
획책한 것이다.

 1900년 5월 31일 울릉도에 도착한 조사단 일행은 6월 1일부터 조
사에 착수했다. 조사에는 동래 감리서리 주사 김면수, 방판(幇辦) 김
성원도 참가했다. 일본 측에서는 부산영사관의 부영사(영사관보) 아
카쓰카 마사스케(赤塚正輔),[59] 경성 주재 일본공사관의 경부보(警部
補) 와타나베 간지로(渡邊鷹治郎) 등이 참가했다. 조사는 양국 조사위
원이 도감 배계주와 일본인, 한인을 서로 대질 심문하는 형식이었
다. 우용정은 먼저 〈고시(告示)〉를 통해 조사 목적을 알렸고, 보고
이후 정부의 대책이 있을 것이라는 사실도 알렸다. 그는 우선 도민
들에게 긴급한 사안을 조목별로 고시하여 실행을 촉구하고, "각항
(各項)의 사안과 항구에 들어오는 화물에 거두는 세금은 일체 도감
(島監)의 약속을 따라야 할 것"을 지시했다. 이는 도감이 관행적으로
징세하던 권한을 인정해준 것이나 다름없다. 13동의 도민에게 이를
지키게 했고, 특히 일본인과 결탁하여 혼란을 야기하거나 일본인에
게 고용되는 자를 엄벌에 처할 것임을 분명히 했다.[60] 한편 그는 전
라도민의 청원으로 5%로 감세된 미역세를 10%로 회복시켰다. 좀
더 많은 세원을 확보하기 위해서였다.

 양국 조사위원은 일본인 심문을 통해서도[61] 수세 관행을 확인했
다. 후쿠마 효노스케(福間兵之助), 가타오카 히로치카(片岡廣親), 마쓰
모토 시게요시(松本繁榮) 등은 1900년 기준으로 3년 전에 와서 벌목
을 한 사람인데, 그들은 "화물을 내갈 때 도감이 매번 사람을 파견
하여 적발하여 100분의 2를 세금으로 납부하였으니 이는 화물을 몰
래 운송한 것이 아닌" 행위라고 주장했다. 또한 그들은 나무값으로

---

59) 아카쓰카 쇼스케(赤塚正助)로도 나온다.

60) 우용정, 〈13동에 내린 훈령(訓令十三洞)〉(국한문)

61) 〈울도에 있는 일본인 조사요령(鬱島 在留 日本人 調査要領 - 韓日人 分日査問)〉(국
 한문)

전 도감 오상일에게 500냥을 선납했다는 주장도 했다. 1899년 9월 해군성 후루카와 신자부로가 "구매 시 예상 이익금의 100분의 2를 선납"했다고 했지만, 엄밀히 말하면 나무값으로 선납한 것과 이익금의 일부를 선납한 것은 다르다.

일본인의 진술은 배계주의 진술과 달랐다. 배계주는 우용정에게 다음과 같이 진술했다. 자신이 1896년 5월에 부임했을 때 도민들이 일본인 수백 명으로 인한 폐단을 호소하기에, 울릉도가 통상항구가 아님을 역설하고 벌목에 관한 표기를 조사했다는 것이다. 그런데 일본인들은 납세 책자를 바치며 화물에 대해 100분의 2세를 자원(自願)한 사실을 밝혔다는 것이다. 배계주는 병신년(1896)과 정유년(1897)에 일본인들이 화물 출항세로 100분의 2라는 구문을 납입한 사실은 있지만, 이것이 본래 바치겠다고 한 금액과는 차이가 있다고 했다. 배계주는 말하자면 구문을 화물 출항세로 본 것이다. 배계주는 일본인들이 벌금표만 바치고 도망한 증거도 있다고 진술했다.

이로써 보더라도, 일본인들은 벌목료를 지불한 것이 아니라 '구문'이라는 명목으로 100분의 2세를 지불하였고, 배계주는 이것을 화물 출항세로 간주하였음을 알 수 있다. 배계주가 일본인들이 본래 바치겠다고 한 금액과 차이가 있다고 한 것을 보면, 본래 약속한 금액은 100분의 2를 초과한 것이었다. 일본인은 규목 한 그루에 50원으로 치거나 500냥으로 산 경우를 들어 벌목료를 치렀다고 했지만, 사실은 한 그루의 값으로 온 산의 규목을 베어가려 한 것이다. 이는 정당한 벌목료가 아닐 뿐더러 정당한 납세도 아니다. 그런데도 일본인들은 100분의 2세를 '세금'으로 둔갑시켰을 뿐만 아니라 나아가 '수출세'라는 명목을 붙이기에 이르렀다. 조사 후 시찰위원 우용정은 내부 대신 이건하에게, 동래 감리서리 주사 김면수는 외부 대신 박제순에게, 영사관보 아카쓰카 마사스케는 하야시 전권공사에게 각각 조사 결과를 보고했다.

  우용정은 현지조사에서 일본인들이 목재를 반출하면서 도감에게 100분의 2세를 '구문'으로 바쳤다는 사실을 확인했다. 또한 그는 오성일이 일본인에게 나무값을 선납받았다는 사실도 확인했다. 배계주는 일본인들이 부산항으로 가야 하는데 불법으로 왔으므로 벌금을 자원한 것이고, 그나마 화물값의 100분의 2를 무는 벌금도 내지 않고 벌금표만 바치고 도주했다고 진술했다. 말하자면 일본인의 진술을 부정한 것이다. 영사관보는 일본인들이 콩으로 납부한 사실을 확인했다.

  이로써 울릉도에서는 여러 형태의 징세가 있었음을 확인할 수 있다. 나무 한 그루 당[62] 지불하는 벌목료, 벌목료를 대신하는 벌금, 목재나 화물에 대한 100분의 2세, 대두에 대한 수출세 등이다. 세목이 다양한 만큼 내용도 불분명하므로 명확히 알기는 어렵다. 아카쓰카는 울릉도민이 기록한, 일본인에 관한 성책(〈日人結幕及人口成册〉)과 벌목에 대한 성책(〈日人斫伐槻木成册〉)을 모두 열람했다. 그런데 그는 이들 기록의 진위 여부를 의심하거나 항의한 흔적은 보이지 않는다. 이는 그가 일본인의 납세를 인정한 것을 의미한다. 김면수는 이들 문서를 열람한 뒤 원본을 외부에 올려 보냈다. 이들 문서 말고도 김면수는 일본인의 납세 관련 책자(〈日人納稅册子〉), 도민의 벌목 기록(〈島民犯斫槻木成册〉) 등을 열거했으므므로 그 역시 열람했음을 알 수 있다.[63] 울릉도의 일본인들은 오성일 도감에게 규목값을 납부한 것을 기록으로 남겼고,[64] 우용정은 일본인의 벌금표를 가지고 상경했다. 이런 상황은 울릉도에서 벌목이 일본인과 한인에 의해 널리 행해지고 있었으며, 특히 일본인의 무단벌목이 횡행하고

---

62) 규목 한 그루에 50원 혹은 500냥에 사는 경우로 각각 다르다.

63) 유미림·조은희, 《개화기 울릉도·독도 관련사료 연구》, 한국해양수산개발원, 2008, 158~159쪽.

64) 오(吳) 도감에게 규목 값 500냥을 바친 표(吳島監槻木價五百兩捧上票) 1 (이 표의 등본)

있었음을 말해준다.

우용정은 조사 뒤 올린 보고서(《후록》)에서, 일본인이 납세를 거부하고 있으며 도감이 징수하지 못한 정황을 기술했다. 그는 도감이 영수증을 발행하지 않은 이유와 세금을 받지 않게 된 원인도 파악했다. 조선 정부는 공식적으로는 울릉도가 비개항장임을 들어 수세를 불법으로 규정하고 있던 시기였다. 이 때문에 배계주가 우용정에게 사실대로 말하지 못한 것이다. 그러나 나중에 대한제국 정부가 칙령에 수세조항을 넣은 것은 결국 배계주의 수세 관행을 묵인·합법화해준 것이다.

우용정은 일본인들이 오 도감의 표기를 빙자하여 규목값을 지불했음을 주장하면서도 실제로는 그루 수를 정하지 않고 남벌한 정황을 따졌다.[65] 반면에 아카쓰카는 오 도감이 울릉도에 현재 없다는데 핑계대어 미결로 두고자 했다. 우용정은 조사과정에서 배계주와 일본인의 진술이 매사에 엇갈리는 점을 간파했다. 이때 라포르트는 "전에 다카오 서기생이 귀 공사의 지휘를 받아 그들을 물러가게 하였습니다"고 한 사실을 거론하며, 일본인이 철수를 약속한 바 있음을 상기시켰다. 아카쓰카는 허락받은 80그루의 규목을 다 베고서야 일본인들이 돌아갈 것이라고 했지만, 우용정은 이미 83그루가 베인 사실도 알고 있었다. 우용정은 무단벌목에 대한 벌금과 화물에 대한 100분의 2 구문이 다른 것임을 인식하고 있었고, 또한 구문이 세금과는 다른 것이라는 점도 인식한 것이다. 우용정에게 세금은 바로 수출입 관세를 의미하는 것이었으며, 이는 대한제국 관리나 해관원의 공통된 인식이었다.

---

65) 우용정, 《울도기》 부록 〈조사요령 3〉.

## (2) 아카쓰카의 '수출세' 언급

우용정과 함께 조사에 참여했던 영사관보 아카쓰카는 조사내용을 본국에 보고했다.[66] 아카쓰카는 (울릉도의) "대두 산출량은 연평균 대략 5천 석(石)이고 그 가운데 3천 석은 주로 일본에 수출한다. 그 값은 일본 시세로 평균 2만 엔(圓)정도이다"고 보고했다. 대두의 절반 이상이 일본으로 수출되고 있었던 것이다. 해산물로는 미역, 우뭇가사리, 전복 종류인데 그 산출량은 별로 많지 않다고 보고했다. 그는 '수출입 통계표'를 작성했다. 그 안에서 규목은 별도로 하더라도 울릉도의 주요 수출품은 대두, 보리, 호태(胡太), 전복, 우뭇가사리, 끈끈이(黐) 등으로 되어 있다. 또한 규목을 제외한 다른 물품의 수출통계(1897~1899)가 적혀 있는데, 대두가 2만 엔, 호태가 770엔, 보리가 960엔에 상응하는 금액이고 '한인이 산출한 것'으로 되어 있다. 전복의 수출액은 2960엔, 우뭇가사리가 1200엔, 끈끈이가 6천 엔인데, 아카쓰카는 이들을 '일본인이 가지고 온 것'으로 보았다. '한인이 산출한' 곡물 역시 한국 본토로 수출한 것이 아니라 일본으로 수출한 것을 의미한다.

따라서 이들 수출화물에는 관행대로 100분의 2세가 징수되었을 것으로 보인다. 그런데 아카쓰카는 이 100분의 2세를 '수출세 건'[67]으로 다루었다. 또한 목재 외의 물품에 대해서도 그는 수출품이라고 했다. 그는 목재나 곡물, 해산물 등의 수출품에 모두 '수출세'라는 세목을 붙인 것이다. 위 수출품에 콩, 보리, 전복, 우뭇가사리, 끈끈이 등은 보이지만 미역은 보이지 않는다. 그것은 해채세 품목이기 때문이다.[68] 전복과 우뭇가사리 같은 해산물에는 2%의 수출

---

66) 〈受命調查事項 報告書〉 중 '輸出稅の件', 1900 (일본 외무성 자료 3.5.3.2.《欝陵島に於ける伐木關係雜件》).

67) 위와 같음.

68) 1906년에도 미역은 한인의 독점 품목이었으므로 일본인이 채취·수출하는 것이 불

세가 부과된다. 전복이나 우뭇가사리가 울릉도에서만 채취된 것이라고 단정하기는 어렵지만, 독도에서 조업했음은 일본 학자도 인정하고 있다.[69] 그러므로 독도에서 채취된 해산물도 울릉도 수출품에 포함되었다고 볼 수 있다. 당시 한인의 어업 기술과 수요를 고려해볼 때 내수를 위해 독도에 채취하러 가지는 않았을 것이기 때문이다.

아카쓰카는 울릉도의 일본인은 주로 시마네현 사람이며 숫자가 일정하지는 않지만 1900년 현재 100명 안팎이라고 보았다. 또한 그는 울릉도에 있는 사람 100명은 대부분 원산이나 부산의 출항면장 및 여권을 가지고 있다고 했다. 당시 일본 선박이 부산항에서 어업세를 납부한 뒤 울릉도에서 어로하는 것은 합법이지만, 해초 채취 및 통상은 통상장정 33조 위반이다. 그런데도 아카쓰카가 일본인의 교역을 '수출세 건'으로 보고한 것은 어째서인가? 반면 대한제국 관리가 '수출세' 대신 '구문'으로 표현한 것은 어째서인가? 위에서 보았듯이, 대한제국 관리는 '구문'과 '세금'을 엄밀히 구분했다. 반면에 일본 관리가 자국인의 교역이 불법임을 알면서도 '수출세'라고 고집한 이유는 한인들이 그 대가를 받아들였으므로 그것을 '수출세'라고 고집하면 일본인들의 거주권과 교역권을 얻을 수 있다는 계산에서였다. 다만 일본인이 납세한 세율은 2%였다. 이는 개항장에서의 수출세가 보통 5%[70]의 종가세인 데 견주어 현저히 낮은 세율이다. 따라서 2%는 밀어선박의 입장에서 득이 될 뿐만 아니라 일본 정부로서도 피할 이유가 없다.

---

가능했다. (《大日本水産會報》 282호 27면, '韓國鬱陵島の水産', 1906. 2. 10(이종학, 《한일어업관계조사자료》, 2000, 554쪽에서 인용).

69) 가와카미 겐조는 울릉도에 와서 체류하며 잠수기로 전복과 우뭇가사리를 채취하던 자들이 독도에서도 조업했을 것으로 보고 있다(川上健三, 《竹島の歴史地理學的研究》, 古今書院, 1966, 201쪽).

70) 수입관세는 면세품도 있지만 보통은 5~35%까지로 다양하다. (〈해관세칙〉)

1900년에 일본인들은 울릉도에 조합을 두고 있었다. 아카쓰카는 조합의 전 간사 가타오카 기치베(片岡吉兵衛)[71] 현 간사 마쓰모토 시게요시를 모두 인지하고 있었다. 그는 조합과 배계주와의 관계가 좋으며 일본인들과 도민과의 감정도 좋다고 했다.[72] 이는 우용정이나 김면수와의 보고와는 다른 내용이다. 또한 그는 규목의 전망이 밝지 않으므로 입도(入島)를 금지하더라도 손실은 많지 않을 것으로 보았다. 그는 "올 1년 동안 이 섬의 일본인 문제를 미결로 두어도 지장 없게 할 수 있다면 규목은 대체로 다 베어질 것이다"고 했다. 이 말은 문제를 해결하지 않고 지연시키고 있는 의도를 보여주는 부분이다. 《황성신문》도 1900년 당시 세금 관련 내용을 보도했다.[73] 이 기사는 우용정이 도민에게 훈령(〈訓飭開運會社中〉)[74]을 내릴 때 밝힌 내용과 중복된다. 다만 우용정은 수출입을 구분하지 않고 '세금'이라고 범칭했다. 그러므로 부산에서 들여온 화물에 일본 수입품도 포함되는지는 알 수 없다. 일본에서 들여오는 물품을 포함한다면 그에 대한 세금은 관세이다. 우용정은 세금은 도감의 약속을 따른다고 했지만, 관세가 매겨진 사실은 보이지 않는다. 또한 관세라면 부산항에서 납부해야 하므로 울릉도에서 징세하는 것도 불법이다. 이후 일본 쪽에서도 수출입세를 언급했으나, 수입화물에 대한 세금 즉 관세에 관한 기록은 보이지 않는다.

우용정의 조사 이후에도 대한제국은 일본인의 철수를 계속 요청했다. 그러나 일본 공사는 대한제국 관리와의 면담 자리에서 울릉

---

71) 우용정의 《울도기》에는 가타오카 히로치카(片岡廣親)로 나온다.

72) 〈鬱陵島 調査概況 및 山林調査概況 報告의 件〉 《주한일본공사관기록》 14권.

73) "울릉도 도민들이 합자하여 울릉도에 개운회사(開運會社)를 두고 부산의 돛단배 개운환(開運丸) 한 척을 구입하여 섬 안의 여객과 상품을 실어 운송하되, 그 섬에 들어오는 화물에 대한 세금은 도감의 약속을 일체 따른다고 한다.", '鬱島船運', 《황성신문》, 1900. 6. 20 잡보.

74) "각항(各項)의 사안과 항구에 들어오는 화물에 거두는 세금은 일체 도감의 약속을 따라야 할 것이다."

도 문제는 한인과 일본인 모두에게 책임이 있다며 철수를 거부했
다.[75] 게다가 퇴거할 경우 그에 대한 보상까지 요구할 것임을 밝혔
다.[76] 일본 측은 수목 벌채는 도감의 부탁으로 이루어진 것이며, 합
의에 따른 매매라고 주장했다. 나아가 "이 섬에서 본방인과 도민과
의 사이에 행해지는 상업은 수요 공급상 긴요하여 도민의 바람에
따라 촉발된 것으로서, 도감은 수출입 화물에 대해 수출입세 같은
것을 징세했다"는 사실을 강조했다.[77] 그러므로 일본인이 철수할
경우 "귀 정부도 종래 징수하던 수세(收稅)에 결손이 생기는 불이익
을 면하기 어려울 것이다"라고 협박했다. 그러니 "퇴거를 고집하기
보다 출입화물에 관세를 징수하고, 수목 벌채에 대한 방략을 강구
하고, 현재의 상황을 유지하는 것이 서로에게 편의함이 될" 것이라
는 것이다. 일본은 수출입세, 관세 등을 운운하며 현상유지를 주장
하고 있다. 아카쓰카가 주로 수출세로 부른 데 비해, 하야시 공사는
수출세와 수입세라고 병칭하고 있는 점이 다르다. 한국은 이를 거
부했다.[78]


### (3) 박제순의 '수출입세' 인식

외부 대신 박제순은 하야시 공사에게 조목별로 반박했는데[79] 내
용은 대략 다음과 같다. 조선인이 울릉도에 들어온 것은 18년 전인

---

75) 《황성신문》 1900. 6. 29. 잡보, '鬱陵島事件의 會議'.

76) 《구한국외교관계부속문서》 제7권 교섭국일기 1900년 9월 5일 ; 《구한국외교문서》
제5권 일안 5 문서번호 5901(1900. 9. 5)

77) 《구한국외교문서》 제5권 일안 5 문서번호 5901.

78) 《구한국외교관계부속문서》 제7권 교섭국일기 (1900. 9. 7 회답서).

79) 《구한국외교문서》 제5권 일안 5 문서번호 5905. 이것은 일본의 95호 조회에 대한 조
복이다 ; 《내부래거안》 8 (광무 4년 9월 7일자 조복 64호)

데, 일본인이 들어온 지는 5~6년 아니면 3~4년 전이며, 연월을 따
질 것도 없이 비(非)통상항구에 멋대로 들어와 거주하고 투운(偸運)
하는 것은 분명한 조약 위반(違章)이다. 도감이 벌목에 합의한 것은
전 도감의 한때의 과실에 지나지 않는데, 일본이 이를 빙자하여 남
벌하고 있다는 것이다. 박제순은 일본이 칭하는 수출입세와 100분
의 2세에 대해 다음과 같이 반론했다.

> 도감이 세금(稅款)을 징수한 것은 다만 수출화물(出口貨)을 가지고 100
> 분의 2세를 매겨 벌금(罰款)을 대신했으니(百抽[80]二以代罰款), 이것은 일
> 인(日人)의 자원에 따른 것이다. 수입화물(進口貨)의 경우는 이 예에 있지
> 않다. 수출입세의 경우라면 어떻게 수출품(出貨)에는 징세하면서 수입품
> (進貨)에는 징세하지 않을 수 있겠는가. 또한 100분의 2를 징세하는 법이
> 어떻게 있을 수 있겠는가.[81]

일본 측이 수출세와 수출입세, 관세를 혼용하고 있는 것과 달리,
박제순은 수출입세, 수출세, 수입세를 엄격히 구분하고 있다. 그는
울릉도의 일본인들이 수입세를 납부한 사실이 없음도 지적했다. 또
한 그는 일본인들이 수출세라고 주장하는 100분의 2세가 터무니없
이 적은 세율이므로 수출세로 인정하기 어렵다는 주장을 했다. 그에
게 100분의 2세는 수출세라기보다는 벌금일 뿐이었던 것이다. 이에
"만일 이로써 화물에 관세를 징수하고 벌목에 대한 방략을 세우고
현상을 유지할 계획을 세운다면, 조약이라는 것이 다시 강구할 만한
곳이 없을 것이다"고 했다. 대한제국 정부는 그 뒤에도 계속해서 울

---

80) 원문에는 推으로 되어 있으나 抽의 오류이다.

81) 〈三. 島監之徵收稅款者 只將出口貨值百抽二 以代罰款 此由日人之自願 至進口貨 則
不在此例 倘如輸出入稅 則何可徵之於出貨 而不徵於進貨 又寧有値百抽二之法〉(1900
년 9월 7일 외부대신 박제순의 조복 64호)《구한국외교문서》제5권 일안5 (문서번호
5905)

릉도 징세가 불법임을 지적하였다. 박제순의 '불법' 운운은 우용정의 보고를 통해 도감의 징세 사실을 파악한 다음이다. 그렇다면 이는 1900년 9월까지도 도감의 징세가 여전히 행해지고 있었고, 일본도 그 세금에 대해 '수출세'라고 주장하고 있었음을 방증한다.

'수출입세'라는 표현은 우용정이나 김면수보다 외무성 관리 아카쓰카가 더 선호했다. 아카쓰카는 '수출입세' 납부를 부각시켜 일본인 거주와 교역의 정당성을 주장할 목적이었다. 반면에 우용정은 1897년 전후의 수세 관행을 포착했지만 공식적으로는 일본인들이 '세금'을 납부하지 않는다고 보았다. 그에게 세금이란 정식 관세를 의미하기 때문이다. 박제순은 1900년의 울릉도 조사 전후에는 '수세'를 불법으로 여겼는데, 칙령 제41호를 제정할 무렵에는 '수세'에 대한 인식을 확대해갔다. 칙령의 제4조에는 "경비는 5등군으로 마련하되, 지금은 이액(吏額)이 미비하고 모든 일이 초창기이므로 울릉도에서 수세한 것 중에서 우선 마련할 것"이라고 했다. "초창기이니 수세한 것 중에서 우선 비용을 마련하라"고 한 것은 비정상의 수세라도 일단 '세수'로서 활용하도록 인정해준 것을 의미한다. 당시 한국 정부와 일본 정부가 울릉도 문제를 두고 논박한 과정을 보면, 세금 문제가 꾸준히 대두되고 있었다. 일본인 납세의 불법성도 끊임없이 지적되고 있었다. 그러나 현실적으로는 한인의 해채세만으로는 재정을 감당하기 어려운 측면이 있었다. 일본은 이런 사정을 잘 알기에 "수세에 결손이 생기는" 운운하며 한국의 약점을 이용하여 수세 관행을 지속하도록 유인했다. 이에 대한제국 정부도 그동안 불법으로 간주해오던 일본인의 납세를 묵인해주는 양상으로 인식을 바꾼 것이다. 칙령에는 "우선 마련할 것"이라고 하여 방안을 구체적으로 명시하지 않은 채 권한부터 부여했다. 그렇다고 정부 차원에서 일본인의 거류를 공식적으로 인정한 것은 아니었으므로 일본 정부를 상대로는 계속해서 철수를 요청하고 있었다.

## (4) 미등록 일본 선박의 울릉도 출어 증가

1900년 8월에도 "일본에서 한국 연해 어장으로 곧바로 와서 감찰 없이 어업에 종사하는 경우"[82] 즉 불법 도항자들이 많았다. 1901년 5월에 조사한 부산해관의 스미스[83]는 사카이에서 300~400명이 울릉도에 온 것으로 보았는데, 말하자면 불법 도항자인 셈이다. 이들을 불법 도항자로 보는 이유는 조선어업협회에 등록하지 않은 선박이기 때문이다. 조선어업협회는 1897년 부산에서 설립되었다. 조선 어장에서 일어나는 일본 어민의 풍기단속 신민통제법안 실행을 독촉하기 위해서 만들어졌다.[84] 조선어업협회는 매월 조선 연해를 순라하고 그 내용을 《대일본 수산회보(大日本水産會報)》[85]에 실었다. 이 회보에는 선박의 출신지역과 부속선 현황, 인원 등이 기록되어 있는데, 그 안에 돗토리현이나 시마네현에서 온 선박현황은 보이지 않는다.[86] 1899년 하반기 현황을 기록한 《수산회보》는 입회 출어선의 현별 현황을 표로 보여주고 있는데, 시마네현에서 온 선박은 모두 11척으로 나오지만, 돗토리현에서 온 선박 수는 나와 있지 않다.[87] 같은 해에 부산해관에서 면허를 교부받은 4인승 이하 선박은 모두 1095척이고 납세액은 3165엔이었다.[88] 천 여 척이 넘는 선박이 부산항을 통해 조선 연안으로 들어왔고 울릉도에 수 백 척의 선박이 왕래하고 있었음에도 시마네현에서 온 선박으로 등록된 것이

---

82) 《주한일본공사관기록》 제14권 〈日韓貿易 振興擴張 등에 관한 件〉[別紙 2] 〈朝鮮沿海漁業 保護 및 取締에 관한 卑見〉 1900년 9월 1일 (1900년 8월 29일자 보고)

83) 보고서는 8월에 올렸고, 《황성신문》은 이를 1902년 4월에 보도했다.

84) 김수희, 《근대 일본어민의 한국진출과 어업경영》, 경인문화사, 2010, 47쪽.

85) 이하 《수산회보》라 약칭함.

86) 《수산회보》 214(1900. 4. 30); 215(1900. 5. 30)

87) 《수산회보》 218(1900. 8. 30)

88) 한 척당 세액금이 3엔이었다.

11척에 그쳤다면 대부분은 등록하지 않았음을 의미한다. 11척을 제외한 선박이 울릉도에 오면서 자신들의 권익 보호를 위해 설립한 협회에 등록하지 않았다면, 이들은 협회의 보호를 포기하고 불법조업으로 인한 이익에 눈을 돌렸다는 것을 알 수 있다.

조선해 통어조합 연합회(朝鮮海通漁組合聯合會)는 1900년 5월에 부산에서 설립되었다.[89] 1900년 러시아가 마산포를 조차하자 일본은 자국어민을 통제하고 감독할 기관이 필요했기 때문이다.[90] 이어 일본은 1902년에 외국 영해 수산조합법을 제정했고, 기존의 조선해 통어조합 연합회 명의를 변경하여 조선해 수산조합을 설립했다. 조선 어업 근거지 결성과 어업 분쟁 해결을 도모하기 위해서였다. 이런 제도적 정비는 지정된 문권(文券) 주인만이 어장 주인과 계약을 맺어 판매권을 획득하게 할 목적에서였지만[91] 울릉도에는 적용되지 않았다. 울릉도에는 어장이 없었고, 목재와 곡물이 주 교역물이었기 때문이다. 따라서 조선어업협회나 조선해 통어조합 연합회 등의 기구를 통해서는 울릉도로 오는 선박을 제대로 파악할 수 없었다. 조선해 통어조합 연합회 본부는 1900년에 울릉도로 출어한 선박의 현별 조사를 한 적이 있다.[92] 히로시마에서 622척, 야마구치에서 210척, 오이타현에서 62척의 어선이 왔으며, 후쿠오카에서는 23척, 시마네현은 18척이고, 돗토리현에서 온 선박은 없는 것으로 되어 있다. 그러나 이때도 실제로 울릉도를 드나들던 선박의 대부분은 돗토리에서 온 선박이었다. 이들은 모두 미등록의 선박이었기 때문에 연합회가 파악하지 못했던 것이다. 《한해통어지

---

89) 1899년 6월 일본은 마키 나오마사(牧朴愼)를 부산에 파견했다. (葛生修亮, 《한해통어지침》, 1903, 9쪽.

90) 《수산회보》 147, 188, 208.

91) 《한국수산지》 1, 340쪽, 김수희, 2010, 앞의 책, 58쪽.

92) 1900년 1~10월 사이 출어선 현별 표(6월 이전 조사에 따름)(〈메이지 33년 업무보고〉, 조선해통어조합연합회본부, 1900년 12월 인쇄, 52~53쪽)

침》을 쓴 구즈우 슈스케(葛生修亮)는 조선해통어조합의 순라시찰원이기도 했다.[93]

이렇듯 미등록 일본 선박의 울릉도 출어 및 일본인 거주가 공공연한 비밀이 되었지만, 대한제국은 여전히 일본인의 철수를 요구하는 데 그쳤다. 특히 1900년 9월에는 대한제국과 일본 사이에 울릉도 문제를 두고 첨예하게 대립했다. 9월 7일자 박제순의 조복에 대해 하야시 공사는 9월 10일자 회신에서 철수를 약속했지만, 일본인들은 여전히 철수하지 않았다. 오히려 하야시는 조약이란 외국인 모두에게 적용되어야 하는 것으로 일본에게만 퇴거를 요구하는 것은 부당하다고 항의했다. 그리고 그 책임을 한국 관리에게 전가하기까지 했다.[94] 나아가 그는 울릉도에서 한일 양국인의 거래는 서로의 편익을 위한 것이며 그 책임은 도감이 이를 관습화한 데 있다는 주장을 반복했다.[95] 도감이 관행적으로 행하던 '수세'사실을 일본 정부도 인정한 셈이다. 내부 대신 이건하는 10월 2일자 조회에서 일본인의 울릉도 철환(撤還)을 또다시 요청했다. 그 역시 이전에 일본이 했던 진술을 반복하면서 논박했다. 이건하는 일본 측이 편선(便船)을 보내면 소환장을 발부하겠다고 한 말이 술수라는 사실도 간파했다.[96] 일본 측은 일본인의 거류와 통상행위를 선교사의 행위에 비겨 합법성을 주장했고, 자국인의 울릉도 재류를 거의 기정사실화했다. 이런 상황은 대한제국으로 하여금 일본인의 퇴거가 사실상 실현 가능성이 없음을 깨닫도록 유도해갔다.[97]

---

93) 《朝鮮海通漁組合聯合會報》 4호 (1901)

94) 《구한국외교문서》 5, 일안 5, 문서번호 5907; 《내부래거문》 1900. 9. 12; 1900. 9. 15.

95) 《구한국외교관계부속문서》 7, 교섭국일기 9월 12일 ; 《구한국외교문서》 5, 일안 4, 문서번호 5909.

96) 《내부래거문》 조회 제19호(1900. 10. 2) 내부대신 이건하가 외부 대신 박제순에게 보낸 조회에 나온다("如差便船 則筋發召喚狀等說이 只事延拖之計이오니…").

97) 《내부래거문》 조회 제19호(1900. 10. 2) ("此次該公使來文辭意가 此推彼捱의 惟事延

## 4) 칙령 제41호의 제정과 '세금'의 성격

### (1) 칙령 전후 '수세'의 인정과 양상

대한제국 칙령 제41호는 위와 같은 배경 아래 일본의 침탈에 대한 적극적인 대응책으로 제정된 것이었다. "울릉도를 울도(鬱島)라 하고 감무(監務)를 설치하기로 내부에서 제안했는데 의안이 갑자기 변해 청(廳)을 신설하기로 했다"[98]고 했듯이 감무제에서[99] 청의 설치로 바뀌었다가, 다시 울도군의 신설로 바뀌었다. 이런 잦은 개변도 울릉도의 상황이 급박했음을 말해준다. 10월 22일 내부 대신 이건하는 〈鬱陵島를 鬱島로 改稱ᄒ고 島監을 郡守로 改正에 關ᄒ 請議書〉[100]를 의정부 의정 윤용선에게 제출했다.[101] 내부는 이 청의서를 작성하기에 앞서 배계주의 보첩(報牒)과 내부 시찰관 우용정의 보고서, 동래 세무사의 시찰록[102]을 대조하여 조사한 바 있다.[103] 청의서에 따르면, "수십 년 전부터 백성들과 가축이 번식하여 호수가 400가구가 넘고, 개간한 밭이 만여 두락이라 육지와 큰 차이도 나지 않는데다 최근에는 외국인이 와서 교역하는데 … 도감이라 호칭하는 것이 행정상 과연 방애됨이 있으니…"[104] 울릉도를 울도로

---

拖ᄒ오니 玆案出梢가 渺無其期이오며 徒事虛文이 亦非良策이온즉…")

98) 《황성신문》, 1900. 10. 8 잡보, '鬱島設郡'.

99) 도감을 감무로 바꾸어 5년 임기제로 하고 내부의 지휘를 받도록 결정했었다(《황성신문》, 1900. 3. 1 잡보, '울도 관제의 개정').

100) 《각부 청의서 존안》(奎 17715)에 들어가 있다.

101) 《각부 청의서 존안》 17, 〈鬱陵島를 鬱島로 改稱ᄒ고 島監을 郡守로 改正에 關ᄒ 請議書〉.

102) 동래 감리 서리는 김면수이고, 청의서 내용은 라포르트의 보고서와 일치하는 바가 많으므로 〈시찰록〉은 라포르트의 보고서를 말한다.

103) 1900년 10월 22일 청의서, 《각부 청의서 존안》

104) 앞과 같음.

개칭하고 도감을 군수로 개정하는 것이 타당하다고 했다. 청의서는 칙령안을 거쳐 칙령으로 제정되도록 했다. 따라서 울릉도의 경제 규모 확대와 그에 따른 교역상의 문제가 설군(設郡) 청의서를 제출하게 된 배경임을 알 수 있다. 여기서 교역 주체를 외국인이라고 했지만 일본인을 가리킨다.

10월 22일 내부가 의정부에 제출한 청의서는 10월 25일 칙령 제41호 '울릉도를 울도로 개칭하고 도감을 군수로 개정한 것'으로 고종의 재가를 받아 제정되었고, 27일 관보(1716호)에 게재·공포되었다. 이 칙령에 울도 군수의 관할구역으로 '석도(石島)'를 명시한 점이 독도 영유권과 직접적으로 관계되지만, 세금관련 조항도 독도 영유권과 관계지을 수 있다. 청의서가 제출된 배경에는 배계주의 보고서와 1900년 6월 조사단의 영향이 컸다. 대한제국이 칙령 제정에 도감의 보고서를 참조한 것은 그가 실행해오던 일본인에 대한 과세관행도 인정했음을 의미한다.

그렇다면 칙령 제41호 이후 울릉도의 수세 양상은 어떠한가? 1901년 5월, 울릉도를 시찰한 부산해관 세무사 스미스(士彌須)는[105] 일본인의 어업 현황을 보고했다. 그에 따르면, 일본인은 규목을 벌채하여 일본으로 수출하며, 쌀과 소금, 장, 술, 식품과 기타 포목을 울릉도로 수입하여 잡곡과 물물교환하거나 화폐로 바꾸었다. 그런데 그 역시 목재와 곡식 등 각종 수출입에 세금이 없다고 했다. 이는 앞서 해관 세무사 라포르트가 세금은 없고 중개 수수료만 있다고 본 것과 같은 인식이다. 수출품으로는 말린 전복과 해삼, 황두(黃豆) 삼백 석 및 끈끈이 등이 포함되어 있다. 비슷한 시기에 구즈우 슈스케[106]도 세금에 관해 언급했다. 그는 "본방은 화물을 매각

---

105) 1901년 8월 20일 제출됐는데 《황성신문》(1902. 4. 29 별보) '스미스의 울릉도 시찰 보고'로도 보도되었다. 《山陰新聞》(1902. 5. 14)에도 '울릉도의 일본인'이라는 제목으로 실렸다.

106) 구즈우는 1899년 2월 초순 부산을 출발, 조선 연해를 시찰한 뒤 6월에 부산으로 돌

할 때 구전 100분의 2를 관에 납입하고, 목재에 대해서는 선박 한 척 당 백 냥(일본돈 20엔)을 납입하여 공공연히 밀무역을 해왔다"[107] 고 했다. 구전으로 100분의 2세가 그대로 언급되어 있는 것이다. 이것은 물론 1898년 이전의 상황을 묘사한 것이다. 그러나 이런 언급은 1901년 당시에도 적용되었음을 알 수 있다. 당시까지 이런 관행이 남아 있지 않았다면 그에 대해서도 언급했을 것이기 때문 이다. 구즈우는 일본인이 대부분 돗토리현에서 직접 온 자들로 수 목 벌채 및 대두와 우뭇가사리 밀수출에 종사한다고 보았다.[108] 그 는 '양코 도' 즉 독도에 대해서는 근해에 전복과 해삼, 우뭇가사리 가 풍부하며, 해마 즉 강치도 무수하고 상어잡이가 유망하다고 했 다. 그의 세금 관련 언급은 1899년 9월 《황성신문》 기사와 유사하 다. 구즈우는 1901년의 상황을 기술하면서 '밀수출'이라고 표현했 고, 《한해통어지침》(1901년 탈고, 1903년 발간)을 저술할 때도 이 사 실을 반영했다.

앞에서 필자는 해관 세무사인 라포르트와 스미스는 둘 다 '세금' 이 없다고 한 사실을 언급한 바 있다. 그런데 조선어업 현황에 가장 밝은 구즈우조차도 '밀수출'이라는 말과 함께 100분의 2세를 언급했 다. 라포르트나 스미스가 '세금'이 없다고 했을 때의 세금은 '관세' 를 의미한다. 이보다 1년 전 울릉도를 조사한 아카쓰카는 '수출입' 통계를 말했고, 하야시 공사는 납세를 구실로 거주권을 주장하기 까지 했다. 그런데 부산 해관의 스미스가 이런 양태를 파악하지 못 했을 리는 없다. 구즈우가 100분의 2세를 파악하고 이를 '밀수출'로 보았다면, 그도 100분의 2세를 정식 세금으로 인정하지 않은 것이 다. 즉 울릉도를 조사한 대부분의 사람들이 관행상의 '구문'과 통상

---

아와 조선어업협회에 가입, 다시 이 협회의 순람선에 탑승, 4도의 연해를 시찰했다. 그는 1902년에도 시찰했다.

107) 葛生修亮, 〈韓國沿海事情〉, 《黑龍》, 第一卷 第二号, 1901.06.15, 92쪽.

108) 葛生修亮, 《韓海通漁指針》, 黑龍會出版部, 1903, 123쪽.

적인 '관세'가 다르다고 이해한 것이다. 이후에도 울릉도에서 관세로서의 납부현황은 보이지 않지만, '구문'으로서의 납부관행은 지속되었다. 그 세율이 〈울도군 절목〉에서는 100분의 1로 낮아졌을 뿐이다.


## (2) 100분의 1세의 잔존과 수출입 현황

대한제국은 칙령 제41호에서 '수세'를 인정했지만, 그 세목까지 구체적으로 명시한 것은 아니었다. 수세에 관한 구체적인 지침은 1902년에 나왔다. 1902년 4월, 내부는 〈울도군 절목〉을 울도 군수에게 내렸는데[109] '상선 및 출입 화물에 대한 징세'를 구체적으로 명시하고 있다. 절목의 세금 규정을 보면, 그것이 1899년과 1901년까지 지속된 세금 규정과 같은 맥락에서 성립한 것임을 알 수 있다. 그것은 해채세와 조선세, 화물세라는 세 가지 세목의 연장선상에서 언급한 것인데, 다만 이 시기에 조선세는 없어졌으므로 해채세와 화물세를 언급하고 있기 때문이다. 해채세가 조선인에게 해당되는 것임은 이미 밝혀진 사실이다. '그 밖에 출입하는 화물'에 대한, 이른바 '화물세'가 조선인이 아니라 일본인 수출입(주로 수출)화물에 대한 세금이라는 사실도 앞에서 인용한 1899년의 여러 기록으로 알수 있다. 수출품은 주로 목재와 곡물, 해산물인데, 이는 앞에서 나왔던 2%의 구문(수출세)과 같은 맥락에서 언급된 것임을 알 수 있다. 기존의 2%에서 〈울도군 절목〉에서는 종가(從價) 100분의 1세'로 줄어들긴 했지만, 이것도 엄연한 과세임에는 틀림없다.

이런 내용이 절목에 언급되고 있음은 대한제국이 1902년에도 울

---

109) 〈울도군 절목〉과 수세 관계에 대해서는 유미림, 〈수세 관행과 독도에 대한 실효지배〉,《우리 사료 속의 독도와 울릉도》(2013)를 참조.

릉도의 관행을 인정하고 있었음을 의미한다. 다만 세율을 줄여서
라도 명기한 것은 그만큼 일본인의 세수(稅收)를 무시하기 어려웠던
울릉도의 열악한 현실을 보여주며, 한편으로는 그만큼 일본인의 조
세저항이 심해졌음을 보여준다. 절목의 작성에는 배계주가 관여했
지만 절목을 낸 것은 대한제국 내부이다. 대한제국이 칙령 이후 울
도군의 행정정비와 일본인 축출을 위해 부단히 방책을 강구하고 있
었으며 그것이 1902년에 〈울도군 절목〉으로 나온 것임을 보여주는
문서가 있다. 1901년 10월 외부가 울도군에 낸 훈령이다. 그 내용
은 "울도군이 신설되어 아직 시작단계인데 외국인이 가옥을 짓고
영업까지 하게 되는 사태에 이르렀으니 조약위반일 뿐 아니라 우
리 백성의 이해와도 관계되니 엄하게 더 금칙(禁飭)하라"는 것이었
다. 이 훈령을 보면, 내용이 절목의 문맥과 같다는 사실을 알 수 있
다. 훈령에서는 "貴郡新設 庶事草創 外國人藉稱遊歷"[110]라고 했는
데, 다음해의 절목에서는 "本郡陞設 今旣兩年 全島庶務尙多草創之
中"[111]이라고 되어 있기 때문이다. 훈령에서는 가옥을 짓고 영업하
는 자를 '외국인'으로 칭했는데, 절목에서도 가옥과 전토를 몰래 사
는 사람을 '외국인'으로 칭했다. 또한 훈령에는 '금칙'이, 절목에는
'영칙(令飭)'이라는 표현이 보인다. 둘 다 관문서에서 보이는 용어로
서 등급에 맞게 표현한 것이다. 이로써 대한제국이 칙령을 공포한
이후 훈령과 절목을 연달아 내어 울도군의 정비와 외국인 즉 일본
인의 불법 행위를 지속적으로 단속하고자 했음을 알 수 있다. 울도
군에서 점차 일본인 세력이 강해지고 있던 것은 사실이지만, 그렇
다고 해서 그들이 세금 납부를 거부한 흔적은 보이지 않는다. 오히
려 일본 정부는 이때의 납세를 의도적으로 '수출세'라고 불렀다.

---

110) 《구한국외교관계부속문서》 제7권 교섭국일기 1901.10.30(고대 아세아문제연구소,
1972).

111) "본 군(울도군)이 승설(陞設)된 지 두 해가 지났는데도 전도(全島)의 서무(庶務)가
아직 초창(草創)함이 많은 가운데…"

대한제국이 칙령에 '수세' 조항을 둔 것은 수세 관행을 인정한 것과 다르지 않다. 더 나아가 대한제국은 세금에 대한 군수의 사용권도 허락했다. 당시는 배계주와 도민의 관계뿐만 아니라 일본인과의 갈등도 심하던 때였다. 배계주는 하타모토 에이지로와 와키타 쇼타로(脇田庄太郎)의 불법 교역을 인지하고 그에 결탁한 한인들도 징계하려 했다. 1902년에는 일본이 경찰서를 신설할 정도로 세력이 강해지고 있었지만, 납세 자체를 거부하지는 않았다. 일본인은 한인에게서 화물을 구매하고, 어로와 가공에 한인을 고용해야 했으므로 한인과 원만히 지낼 필요가 있었다. 한인의 수출은 한인 중개상이 조선 내륙으로 수출하는 경우와 일본인에게 판매·수출하는 경우가 있었다. 그러나 통상적으로 화물수출은 대(對)일본 수출이었고, 납세자도 일본인이었다. 1900년대 초 한인이 수출하는 품목 가운데 해산물은 없었다. 1902년 울릉도의 니시무라 경부가 "본도인이 량코 도로 전복을 채취하러 간다"고 했듯이, 독도 근해 어업은 주로 울릉도인(일인 포함)이 담당했다. 량코 도 즉 독도의 어업에 대해서는 "이 섬에 음용수가 없으므로 오래도록 출어할 수 없고 4~5일이 지나면 본도로 귀항한다"[112]고 했으므로 울릉도에서 계획적으로 간 것임을 알 수 있다. 이때의 '본도인'이 누구인가에 대해서는 이견이 있을 수 있겠지만, 울릉도에서 계획적으로 출어할 수 있는 자는 선박과 자금력을 보유한 일본인이다. 게다가 니시무라는 "수출입 화물은 모두 도동에 모인다"고 했다. 구즈우도 돗토리현에서 울릉도로 도항한 자들이 우뭇가사리를 수출한다고 했으므로 이 역시 수출품에 포함된다. 량코 도의 전복과 우뭇가사리, 울릉도의 전복과 우뭇가사리가 모두 수출품이었던 것이다. 그렇다면 이들 화물도 대두와 마찬가지로 종가 100분의 1세가 부과되는 품목이다.

---

112) 〈韓國鬱陵島事情〉(1902년 5월 30일), 일본 외무성 자료 6.1.6.10.《부산영사관 보고서 2》(《通商彙纂》10책 제234호, 1902년 10월 16일에도 동일한 내용이 실려 있음)

1905년 12월, 부산영사관보 스즈키 에이사쿠(鈴木榮作)는 울릉도
의 현황을 외무성에 보고했다. 여기에는 1904년과 1905년 울릉도
수출입 현황뿐만 아니라 일본인 현황과 거주지 직업 등이 나와 있
다. 대부분의 일본인이 도동에 거주하면서 수출입과 어업에 종사한
것으로[113] 나와 있다. 이는 수출입 화물이 도동에 집하된 것과 관계
있지만, 이로써도 일본인의 수출입과 어업이 활발했음을 알 수 있
다. 그 또한 일상조합(日商組合)을 언급하고 일본인의 상행위를 자세
히 기록했지만, 수입품은 일본에서 직접 울릉도로 수입하는 것이라
고 했다. 말하자면 부산항을 거치지 않은 밀수인 것이다. 오쿠하라
도 1906년 당시 수출품이나 수입품 어느 것에도 관세가 필요없다고
했다.[114] 오쿠하라가 구문에 해당되는 '수출세'를 어느 정도 파악했
는지는 알 수 없지만, 그 역시 구문을 관세로 보지 않았음이 드러난
다. 수출품에는 세금이 매겨졌다 할지라도 수입품에는 관세가 부과
되지 않았다. 관세 개념으로 볼 경우, 수출품에도 관세가 부과되지
않았음은 이미 언급한 바 있다. 관세가 부과되지는 않았지만, 납세
행위 자체가 없어진 것이 아니라는 사실도 이미 이야기했다. 한국
정부도 울릉도에서 이루어지는 수출입과 세금을 관세로 공식 인정
한 적은 없었다. 그런데도 일본인은 아래에서 보듯이, 여전히 '수출
세'를 언급했다.

---

113) 1905년 12월 조사 당시 일본인 95가호, 인구 302명 가운데 51호, 180명이 도동에
   거주했다. 이 가운데 수입상 13명, 수출상 9명, 중개인 9명, 어부가 24명이었다. 한인
   은 남양동(90호), 천부동(76호), 저동(62호), 사동(53호), 태하동(40호) 순으로 거주하
   고 있었다(일본 외무성 자료 6.1.6.10.《부산영사관 보고서》2,〈울릉도 현황〉). 1905
   년 6월 조사 당시는 110가호, 인구 366명이었다(《통상휘찬》50).
114) 유미림,《《독도와 울릉도》번역 및 해제》, 한국해양수산개발원, 2009, 61쪽. 오쿠
   하라는 만 하루 이상을 울릉도에 머물며 조사활동을 벌였는데, 관세가 없다고 기술한
   반면 수출세도 언급하고 있어 서로 맞지 않는다.

### (3) 1906년에도 '수출세' 언급

일본인들이 이른바 '수출세'를 납부한 사실은 1906년 3월에도 확인된다. 그들이 만든 〈일상조합 규약〉이 이를 증명하고 있다. 일상조합(日商組合)은 울릉도에 있는 일본인의 질서 유지, 풍기 진작, 무역 장려, 공익 증진을 위해 조직되었다.[115] 1901년 4월에 조직하여 1902년 6월에 인가받았으며 도동에 사무소를 두었다. 조합 규약에 따르면, 모든 도항자는 "3일 이내에 조합 가입료로 한전(韓錢) 100문(文)을 내도록 하고, 귀국자는 5일 이전에 내도록 한다"고 규정하여 가입을 의무화했다. 귀국자도 가입료를 내게 되어 있으므로 단기 출어자에게도 이 규정이 적용되었을 것이다. 그런데 규약 가운데 "조합 유지비: 화물 주인에게서 수출세의 1000분의 5를 징수한다"는 것이 있다. 이 규약은 모든 수출업자 즉 화주(貨主)에게 수출세를 부과했음을 보여준다. 〈울도군 절목〉이 이때도 적용되고 있었다면, 화주는 100분의 1세를 수출세 명목으로 울도군에 납부하고 있었다는 말이 된다. 설령 〈울도군 절목〉이 없었거나 절목대로 시행되지 않고 있었다고 할지라도, '수출세'라는 세목이 남아 있는 한 일본인들은 어떤 식으로든 화물에 대한 세금을 울도군에 납부했고 수출세 가운데 다시 1000분의 5를 조합 유지비로 충당하도록 규약을 맺었음을 의미한다. 일상조합은 1902년 6월에 인가받았지만, 수출세는 조합 설립 이전부터 징수해오던 것이었다. 오쿠하라가 울릉도를 방문한 1906년에 조합장과 부조합장의 이름을 언급한 것을 보더라도 조합이 존속하였음을 알 수 있다. 즉 1906년에도 일본인들은 수출세를 납부하고 있었던 것이다.

다만 '수출세'가 관세가 아니었다는 사실은 울릉도에 온 일본 선박들이 불법 도항자였음을 반증한다. 다카오 서기생은 조선해 통어

---

115) 유미림, 앞의 책, 2009, 74~75쪽.

조합 연합회 본부의 조사에 따라, 1899년에서 1902년까지 조선해로
출가(出稼)한 현별 어선의 수를 다음과 같이 밝힌 바 있다.[116]

〈표-1〉 조선해로 출어한 일본 현별 어선 수

| 출신현/연도 | 1899 | 1900 | 1901 | 1902 | 합계(척) |
|---|---|---|---|---|---|
| 미에현 | 10 | 13 | 10 | 21 | 54 |
| 시마네현 | 11 | 18 | 12 | 0 | 41 |
| 돗토리현 | 0 | 0 | 0 | 4 | 4 |
| 히로시마현 |  |  |  |  | 1627 |
| 야마구치현 |  |  |  |  | 655 |

위 통계로 알 수 있듯이, 시마네현과 돗토리현의 선박 수는 다른
지역에 견주면 크게 적다. 마찬가지로 농상무성이 출어자 수와 현
별, 종별, 포어 종별 및 어획고 등을 원산 지부를 통해 조사한 바
에 따르면, 잠수기/잡어선/부속선/합계/승조 인원 등이 나가사키
는 10척/0척/4척/14척/112명인데, 돗토리현은 0척/3척/0척/3척/14
명으로 나온다. 시마네현에 관한 통계는 안 보인다. 《韓國水産行政
及經濟》에는[117] 1900~1902년 통어조합에 신고한 선박 수가 나오는
데, 1902년에 돗토리현은 4척으로 신고한 것으로 되어 있다. 그런
데 실제로 울릉도에 있던 선박의 대부분은 돗토리현에서 온 것이었
다. 그렇다면 울릉도 선박의 대부분이 통어조합에 신고하지 않은
미등록 선박임을 알 수 있다.[118]

---

116) 시마네현과 돗토리현의 숫자를 알아보기 위한 것이므로 히로시마와 야마구치는
합계만 써주었다(《조선해통어조합연합회회보》(이하《연합회 회보》라 약칭함) 4호,
1903년 1월 인쇄, 조선해통어조합연합회본부 발행, 부산).

117) 한국정부재정고문본부 편, 《韓國水産行政及經濟》, 1904, 124쪽.

118) 울릉도에 와 있던 일본 선박은 1889년에 24척, 일본인은 186명으로 보고되고 있으
므로(《統署日記》20책, 고종 26년 6월 28일조, 한우근, 〈개항 후 일본어민의 침투〉, 《동
양학》1, 1971, 18쪽에서 재인용), 이후에는 더욱 증가했을 것이다. 1902년 울릉도 재
류 일본인 가운데 돗토리현 출신은 모두 60명, 시마네현 출신은 307명이다(〈메이지 35
년 울릉도 상황〉, 《통상휘찬》234호, 1902년 니시무라 조사에 따름).

《韓國水産行政及經濟》에도 "한국의 수출세는 모두 종가(從價) 5분(分)이며, 본방 내지에서의 수입세는 일본의 개정 세율에 따른다"고 했다. 그러나 당시 울릉도에서의 수출세는 종가 5분이 아니었고 수입세도 없었다. 또한《연합회 회보》〈잡보〉의 '한해 출어 조합규약'에 따르면, 12조에 "어획물과 제조물을 내지로 운반할 때는 바로 본부(부산)에 통지하여 역원(役員)이 입회한 뒤에 매각할 것"을 규정하고 있다.[119] 그러나 울릉도에서 운반해 내올 때 일본인들이 부산에 통지하여 관리 입회하에 매각했다는 기록도 보이지 않는다. 모두 울릉도에서 일본으로 직송했음을 보여주는 대목이다.

본래 개항장의 세금은 어업세, 쇄어세(晒魚稅), 출구세가 있었고, 수입세와 수출세가 있었다. 정식 수출입세는 해관을 통해 징수되지만, 울릉도는 비개항장이므로 징수 자체가 불법이었다. 1883년 〈조일통상장정〉에 따르면, 7조에는 해관 허가증 없이 화물을 선적, 이동, 하역하는 모든 경우, 관에서 화물을 몰수하게 했다. 18조에는 "조선국 통상 항구에 들어와 관세를 완납한 각 화물을 조선국 각 처로 운송하는 것은 모두 운반세 및 내지의 관세와 기타 일체의 세금을 징수하지 않는다. 조선 각지에서 통상 항구로 운송하는 화물도 운반세 내지 관세 및 기타 일체의 세금을 징수하지 않는다"고 했다. 따라서 일단 부산항에서 관세를 납부한 뒤 다시 울릉도로 가져간다면, 그 화물에는 일체의 세금을 징수하지 못했다. 마찬가지로 일본에서 수출할 때도 하역지에서 관세를 납부했다면, 울릉도로 들여올 때는 수입 관세를 물지 않았다. 그러므로 울릉도에서 사카이로 출항하거나, 사카이에서 울릉도로 입항한 화물에 대한 징세는 원칙적으로는 불법이었다.

통상장정 41조로 말미암아 두 나라 어선이 상대방 국가의 연해에서 어로할 수 있게 되었지만, 이는 어세(漁稅)를 납부한 선박에 한

---

119)《연합회 회보》4호(1903)

해서이고 그 경우에만 매매가 허락되었다. '조영수호조약(朝英修好
條約)(1883년 10월)도 마찬가지여서, "입출항하는 화물은 먼저 검열을
받은 뒤 세금을 정하여 세금 항목을 완납해야 출입할 수 있다"고 했
고, "이미 납부한 출항세는 처음에 출항한 통상 항구에서 전부 환
급해주"도록 규정했다. 그러므로 울릉도 입도 전 부산항에서 출항
세를 납부했다면 울릉도에서는 낼 필요가 없었다. 1889년 통어장정
에 이어 통어규칙[120]이 체결되자, 어업허가증 소지자의 연안 3해리
이내 어업이 허가되어 일본 선박은 면허세를 1년으로 하되 선원 수
를 기준으로 세금을 냈다. 그런데 울릉도에 입도하여 어로와 교역
을 한 선박은 면허세를 납부하지 않은 밀어선이었다. 이 때문에 밀
어선들은 '구문'이라는 비정상의 방법을 택했던 것이다. 일본 정부
는 '구문'을 '수출세'라고 주장하며 재류와 교역의 합법화에 이용하
려 했지만, 오히려 이런 사실이 독도 영유권에 있어서는 불리하게
작용하게 된다.


(4) 독도 강치와 '수출세'

1905년 2월 일본은 독도가 무주지라며 자국령으로 편입했지만,
1904년과 1905년의 울릉도민들(한인과 일인)은 독도에서 강치를 포
획했다. 그리고 울릉도 수출통계에는 강치가 들어 있다. 그렇다면
울도 군수가 징수한 수출세는 독도 강치에도 적용되는 것인가? 강
치는 본래 독도만의 산물은 아니었다. 조선시대에는 울릉도에서 강
치를 잡았다. 이는 양국의 기록에 보인다. 특히 일본 상인들은 "다
케시마(울릉도)에서 강치를 잡아 그 자리에서 기름을 짜 돌아와 장

---

120) 주요 내용은 어업면허세 건, 포경 특허건, 탈세자 처분 및 어민 단속에 관한 건으
로 이 규칙은 조인일로부터 2년간 시행된다(한국정부재정고문본부 편, 《韓國水産行政
及經濟》, 1904, 1~2쪽).

사를 합니다. 기름에 대한 운상(運上)은 없습니다"[121]고 했다. 이는 에도시대 요나고(米子) 어업자들이 울릉도에서 강치를 잡아 장사를 해왔음을 보여준다. 그런데 그들에게 매겨진 '운상'[122]은 없다고 했다. 즉 세금은 없었다는 것이다. 한편 독도에서 강치를 잡았다는 기록도 있다. 에도시대에 "1656년 요나고 오야 구에몬(大谷九右衛門)이 울릉도에 왕복하던 도중 (독도에서) 숙박하였고, 강치(원문은 아시카)를 사냥하여 약간의 어유(魚油)를 채취했다"[123]고 했다.

1906년 오쿠하라 헤키운(奧原碧雲)은 1897년 무렵 오키의 어민이 울릉도에서 난파한 어선을 수색하다 독도(원문은 리앙코 섬)에서 강치 50~60마리를 잡아온 사실을 기록했다.[124] 또한 그는 "(울릉도로) 무리지어 오는 것 중에 드물게는 강치가 오는 경우도 있다고 한다"[125]고 했다. 다만 1906년에 강치는 울릉도의 주요 어종이 아니었다. 조선시대 문헌에도 강치에 관한 기록이 나온다. 가지어가 나오므로 '가지도'라 한다고 했는데, 이때의 가지도가 독도인지에 대해서는 논란이 있다. 1696년 안용복이 강치 기름을 달이고 있던 일본인을 쫓아낸 곳은 '자산도' 즉 독도였다.[126] 조선인들은 17세기부터 울릉도와 독도에서 강치를 목격했지만 상업을 목적으로 포획한 적은 없었다.[127] 그러나 20세기 초엽이 되면 강치는 주로 독도에서만

---

121) 〈竹嶋之書附〉중 〈1693. 5. 23 覺〉

122) 에도시대 잡세의 하나로 상업, 공업, 어업, 운송 등의 영업자에게 부과하는 영업세를 의미한다.

123) 〈竹島漁業の變遷〉《渉外關係綴(竹島關係綴)》(昭和 28年)

124) 유미림, 앞의 책, 2009, 20쪽.

125) 유미림, 위의 책, 2009, 58쪽.

126) 《숙종실록》 숙종 22년(1696) 9월 25일(무인).

127) 19세기 후반 이명오는 고종의 밀명으로 울릉도를 조사한 적이 있는데 〈울릉도기〉(규장각 古 3428-207)에서 "뱃사람들이 가지어를 만나면 죽여 고기는 먹고 가죽은 이용한다"고 적었다. 이때 울릉도에도 강치가 있었음을 알 수 있으나 문맥상 어쩌다 만나는 것으로 되어 있어 울릉도가 주 서식처가 아님을 알 수 있다.

서식하는, 이른바 '다케시마 강치'이다.[128]

   강치의 특성에 대해서는 오쿠하라 헤키운, 나카이 요자부로(中井養三郎)의 '대하원', 다케시마어렵합자회사 관련 기록 등에 나오는데 대체로 비슷하다. 강치는 생식을 위해 조용한 곳이 필요하기 때문에 무인도에만 모여드는 동물이라는 것이다. 독도는 무인도였으므로 생식을 위한 안전지대였다. 1906년에 오쿠하라가 독도에서 수천 마리의 강치를 목격할 수 있었던 것도 생식을 위해 왔을 때였기 때문이다. "다케시마 강치는 생식을 방해받고 위해를 심하게 느낄 때는 절멸한다." "강치는 매우 민첩하여 멀리서 선박의 모습을 바라보면서 조금이라도 사람 냄새를 맡으면 재빨리 도망친다."[129] 따라서 다케시마어렵합자회사원들이 독도에서 어렵할 때도 강치들이 상륙하지 않고 도망가 버릴까 매우 조심했다. 사람을 두려워하지 않는 것은 어린 강치뿐이었다. "(강치의) 성질은 굼뜨고 둔하지만, 항상 바위 위에서 숙면을 취한다."[130] 그러나 "강치는 머리를 맞추지 못하면 죽지 않는" 특성을 지녔다. 1904년에 본격 어로에 나선 나카이 요자부로가 강치를 포획할 때 폭발음을 내지 않으려 한 것도 이 때문이다. 강치 포획을 위한 어구로는 자망을 선호했다. 총살(銃殺)과 박살(撲殺)의 방법도 있으나 총살은 육상에 올라와 있을 때만 가능하고, 그나마도 명중하지 않으면 잃을 가능성이 컸으므로 세 가지 방법을 혼용한 듯하다. 강치는 분만을 위해 3~4월부터 몰려들어 분만이 끝나면 흩어지므로 독도에서의 어기도 7~8월까지였다. 나카이는 독도의 주요 어종을 강치로 보았고, 이에 독도의 가치

---

128) 다케시마 강치와 치시마 강치는 종이 다른 것으로 기록하고 있다(中渡瀨仁助 구술서, 〈竹島漁業の變遷〉《涉外關係綴(竹島關係綴)》(昭和 28년). 이 글에서는 다케시마와 독도를 화자(話者)의 입장에 따라 칭하기로 한다. 《100문100답》 11항에도 '강치'에 대한 언급이 나오는데, '니혼아시카' 즉 강치가 20세기에 들어와 울릉도에서는 모습을 감추었고 독도가 최후의 번식지라고 했다.

129) 〈諸官署雜書類〉 중 〈東島司執事侍史〉(1906. 4. 2)《竹嶋貸下海驢漁業書類》

130) 유미림, 앞의 책, 2009, 24쪽.

도 강치에 있었다.[131]

《軍艦新高戰時日誌》(1904. 9. 25)는 "리앙코루도 암, 한인은 독도라고 쓴다"고 한 사실 외에도 중요한 사실을 담고 있다.[132] 그것은 울릉도에서 독도로 출어한 상황을 묘사한 것이다. 어렵자가 한인인지 일인인지 명시하지는 않았지만, 독도에서 40~50명의 인원이 열흘 동안 체재하면서 어렵했다면 그것은 강치 포획 말고는 없다. 부산 영사관보 스즈키 에이사쿠는 1905년 독도 출어자를 30명으로 보되, 한인과 일인이 함께 간 것으로 보았다.[133] 그러므로 니타카호가 기술한 40~50명도 한인과 일인을 다 포함했을 가능성이 크다.[134] 독도에서 이 정도의 규모로 열흘 동안 어로했다면 출어가 활발했음을 의미한다. 그러므로 독도로 출어하여 강치를 잡았는데 울릉도 수출통계에 강치가 들어 있다면, 이 강치는 독도 강치로 볼 수밖에 없다. 게다가 강치가 울릉도 수출품에 들어 있었다면, 강치도 수출세 징세 대상이었음이 분명하다.

스즈키가 기록한 강치 수출통계에 따르면, '랑코 도'의 강치잡이는 1904년부터 울릉도민[135]이 잡기 시작했고 10명의 어부가 하루 평균 5마리를 잡았으며, 모두 3조, 30인이 이 사업에 종사하고 있

---

131) 〈諸官署雜書類〉 중 〈答申書〉(1908. 4. 12) 《竹嶋貸下海驢漁業書類》.

132) "마쓰시마(울릉도)에서 해마다 어렵하러 오는 사람은 60~70석적(石積)의 일본배를 사용한 듯하다. 섬 위에 임시 소옥을 짓고 10일간 체재하여 많은 수확이 있다고 한다. 그 인원도 때때로 40~50명을 초과하는 일도 있지만 담수가 부족하다고 보고된 바는 없다."

133) 〈鬱陵島現況〉(1905. 7. 31 보고), 《통상휘찬》 제50호(1905. 9. 3, 관보 9. 18)

134) 이 글이 일본인의 납세에 근거하여 실효 지배를 입증하고 있지만, 그 이전에 전제되어 있는 것은 한인들이 독도에 가서 어로를 하고 임금을 받는다거나 전복 등을 채취하여 일본인에게 매매하는 형식으로 경제활동을 하고 있었고 울도군이 이들을 관할하고 있었다는 점이다.

135) '울릉도민이 잡기 시작했다'고 한 것이 누구를 가리키는지 분명하지 않으나 '본방인'이라고 하지 않고 '울릉도민'이라고 한 것으로 보아 일인과 한인을 모두 가리키는 듯하다. 실제 포획을 담당한 사람은 주로 한인이었다. 1905년에 출어한 3조 30여 명 중 한인은 19명, 일인은 13명이었다.

있다.[136) 1904년에 니타카 호는 '독도'라고 불렀는데, 스즈키는 편입을 통해 '다케시마'로 명명된 이후임에도 '랑코 도'로 호칭하고있다. 일본 기록에는 1904년에 울릉도에서 온 이와사키 조가 한인을 데리고 와서 어로했으며, 한인이 포함된 이와사키 조는 1905년3월에도 한인 7명, 일본인 3명, 배 2척으로 약 200여 마리의 강치를 포획한 것으로 되어 있다.[137) 이에 비해 나카이는 1904년 9월까지 한 철에만 강치 2760마리와 염장한 가죽 7690매를 얻었다.[138)1905년에 포획한 어획물 가격의 총액은 2,723엔 40전이었다. 이는1905년 울릉도의 수출액 824엔[139)보다 거의 3배나 많은 금액이다.

1905년에 울릉도에서 독도로 온 어로자는 이와사키 조 외에도 2개 조가 더 있었다. 와키타 조, 우라고 조인데 이들은 모두 오랜 울릉도 재류자들이다.[140) 이들은 독도 강치를 울릉도로 가져와서 일본으로 수출했다. 스즈키는 강치 가죽과 기름, 절임 형태로 울릉도에서 일본으로 수출한 통계를 엔화로 환산하여 적었다. 1905년에도강치 수출통계가 보이는 것은 일본이 독도를 편입한 뒤에도 울릉도민이 독도로 출어했음을 의미한다. 이것이 가능했던 이유는 일본이 어업을 허가제로 하여 다케시마어렵합자회사에게 권리를 준 시기가 1905년 6월이기 때문이다. 이후부터는 다케시마어렵합자회사사원만이 포획할 수 있었고 울릉도에서의 도해는 더 이상 허락되지않았다. 1906년 울릉도 어종에 오징어, 김, 전복, 미역은 보이지만강치가 보이지 않는 것도 이 때문이다.[141) 아무튼 1905년에 강치가

---

136) 〈鬱陵島現況〉(1905. 7. 31. 보고), 《통상휘찬》 제50호(1905년 9월 3일, 관보 9월 18일)

137) 〈다케시마 강치잡이 실황 각서〉 《(秘) 竹島》.

138) 〈리양코 섬 영토 편입과 대여 요청 설명서 사본〉 《(秘) 竹島》.

139) 유미림, 앞의 책, 2009, 61쪽. 강치가죽(700)과 기름(124) 수출액을 합친 금액이다.

140) 이에 대해서는 유미림, 앞의 책, 2013, 226쪽 참조.

141) 〈한국 울릉도의 수산〉 《(수산회보》 282호 1906. 2. 10), 554쪽.

울릉도 수출품인 한, 일본인들은 수출세를 납부해야 했다. 울릉도 해산물 가운데 수출세가 부과된 것이 강치만은 아니었다. 1904년 울릉도 수출품에는 말린 전복과 오징어, 김, 미역이 들어 있었고, 1905년 수출품에는 이들 외에 전복 통조림이 추가되어 있었다. 독도의 전복은 대개 2~3길 전후의 얕은 바다에 부착되어 있고 심해에는 거의 서식하지 않으므로 잠수기를 사용할 필요가 없었다[142]는 사실로 미루어 보건대, 독도로 출어한 강치잡이들이 전복도 채취하여 울릉도에서 수출한 것으로 보인다.

1904년과 1905년에 울릉도민이 독도 강치를 포획했다는 사실은 한인과 일본인이 함께 독도를 이용했음을 의미한다. 한인이 우리 영토에 왕래하고 어로하는 것은 자연스런 일이다. 그런데 일본인은 수출을 담당했고 따라서 수출세 납부자였다. 〈울도군 절목〉과 일상조합 규약대로라면 화주는 100분의 1세를 납부해야 한다. 같은 시기에 오키에서 온 나카이 요자부로 등의 일본인도 독도에서 강치를 잡았지만 독도에서 가공한 뒤 오사카 등지로 수출했다. 이들이 독도에서 어로하려면 부산해관에 어업세를 내거나 조선해 통어조합에 등록했어야 하지만 그런 사실은 보이지 않는다. 일본은 나카이 등의 어로에 대해 당시 독도가 무주지였으므로 한국 측에 세금을 낼 필요가 없었다고 주장할 수 있다. 일본의 주장대로 독도를 무주지로 보았다면 그들은 양국 어디에도 납세할 필요가 없었을 것이다. 그런데 울릉도의 일본인들은 납세한 사실이 있으며 이를 외무성은 '수출세'라고 이름붙였다. 그렇다면 반대로 나카이 등이 독도를 자국령으로 보았다면―그럴 경우 편입절차를 밟을 필요가 없었겠지만―어떤 형태로든 시마네현 오키 도사에게 납세한 흔적이 있을 것이다. 이 점에 대해서는 다른 글에서 고찰하고자 한다.

---

142) 〈諸官署雜書類〉 중 〈東島司執事侍史〉(1906. 4. 2)《竹嶋貸下海驢漁業書類》.

## 5) 수출세와 독도 실효 지배

호리 가즈오는 울릉도의 일본인들이 현지 조선인에게 약간의 대가를 지불한 바 있음을 1987년 논문에서 언급한 바 있다. 그는 당시 울릉도는 개항장이 아니므로 수출을 할 수 없고, 따라서 일본인의 재목 반출은 탈세이고 밀수라고 보았다.[143] 그는 '실효적 경영'이라는 개념을 형식적으로 적용하면 일본이 우위라고 보았다. 다만 이때 일본인의 독도 경영이란 일본의 침략정책이 배경이 된 것이므로 실효적 경영 행위가 영토 편입의 근거로 정당화될 수 없다는 관점에서 논의를 전개했다.

호리가 연구하던 당시는 울릉도에서 일본인이 자국민의 경제활동에 '수출세' 명목을 붙였다는 사실이 구체적으로 밝혀지지 않았다. 더구나 그때는 〈울도군 절목〉도 발굴되기 전이었다. 지금은 상황이 역전되어 1905년 이전 일본인의 독도 어업이 오히려 우리의 실효적 경영 입증에 유리하게 작용하고 있다. 일본인의 납세 행위가 구체적으로 드러나기 시작한 것은 1890년대 후반부터이다. 일본인의 울릉도 침탈은 1890년대 중반부터 본격화했고, 이들은 초기에는 목재에 대해 벌목료 혹은 벌금내지 수수료의 형태로 납세했음을 들어 거주권을 주장해왔다. 울릉도 조사는 1899년부터 본격화했는데 1900년 6월에는 일본 영사관, 해군성 군인, 제3국인(부산해관 세무사 서리), 부산해관 그리고 대한제국 내부(시찰위원)와 외부(동래감리) 관리 등으로 조사단을 구성하여 조사했다. 이들이 기록한 납세 명목은 중개 수수료, 구문, 수출입세, 수출세, 출항세 등으로 다양했다. 이는 세금에 대한 인식에 격차가 있음을 의미한다. 그럼에도 조사자들이 한결같이 지적한 것은 한인의 납세 외에 일본인의 납세

---

143) 호리 가즈오, 〈1905년 일본의 다케시마 영토 편입〉, 현대송 편, 《한국과 일본의 역사인식》, 나남, 2009, 106쪽.

였고, 그것은 일본인이 '(수출)화물'에 대해 100분의 2세를 납세했다는 사실이다. 조사자들은 수출화물의 납세 주체가 화주인 일본인임도 명시했다.

1900년대 초 수출화물은 목재와 곡물에서 해산물로 확대되어갔다. 그런데 이들 수출화물에 대한 납세를 부산해관과 한국 정부는 '세금'으로 인정하지 않았다. 외부 대신 박제순은 1900년에도 100분의 2세를 '수출세'가 아닌 벌금으로 보았다. 반면 일본 관리(아카쓰카, 니시무라)는 이 세금을 '수출세'라 이름하며 한국의 징세 행위를 의도적으로 내세웠다. 특히 외무성의 하야시 공사는 일본인 재류의 합법화를 위해 적극 수출세 납부를 강조했다. 울릉도 재류 일본인들도 일상조합 규약에 '수출세'를 명기했다. 일상조합은 1906년에도 존속하고 있었다.

일본 외무성 관리는 1904~1905년 울릉도 수출통계에 강치 수출고를 적어 넣었다. 당시 강치의 수출지는 울릉도이지만 주 포획지는 독도였다. 울릉도 재류 일본인들의 수세 관행대로라면 강치도 수출세 부과품목에 해당된다. 더구나 〈울도군 절목〉이 1902년에 나왔으므로 대한제국은 수세 관행을 인정해주었을 뿐만 아니라 과세에 대한 구체적인 지침을 주기에 이르렀음을 알 수 있다. 절목에 '독도'라는 말은 없지만 화물에 대한 세금을 명시한 데다 화물 수출자가 일본인임이 정황상 분명하므로 납세자 역시 일본인임을 보여준다. 또한 울릉도 수출품에 강치가 들어 있으므로 절목의 규정은 독도 강치에도 관계된다. 그러므로 〈울도군 절목〉에 '독도'를 밝혀 놓지 않았다고 해서 독도산물에 대한 과세까지 부정할 수 있는 것은 아니다. 설령 〈울도군 절목〉이 없었다고 할지라도 일본인들이 수출세를 납부했음은 그들이 만든 '일상조합 규약'으로도 입증된다. 따라서 '수출세' 명목의 정당성 여부를 떠나, 일본인들이 독도 강치에 납세한 사실은 독도의 실효 지배와 연관된다.

필자의 이런 주장에 대해 일본은 울릉도에서 가공한 산품[144]에 과세한 것은 독도에 대한 주권 행위로 보기 어렵다는 논리를 폈다.[145] 과연 그런가? 일본의 주장이 성립하려면 당시 일본인들은 울릉도 산물에 대한 납세만을 주장했어야 한다. 그러나 일본인들은 납세대상에서 독도 강치를 제외하지 않았다.[146] 더구나 독도 강치를 '울릉도 수출품목' 안에서 다루었다. 그러므로 핵심은 강치를 울릉도에서 가공했다는 사실이 아니라, 일본인들이 독도산물에 대한 세금을 울도군에 납부했다는 사실이다.[147] 그때 일본인들이 독도를 자국 영토로 인식하고 있었다면 과연 군수의 과세에 응했을

---

144)《100問100答》은 독도 강치를 울릉도에서 가공했다는 사실을 인정하면서도 '울릉도 산품에 대한 과금'이므로 독도와는 관계없다는 논리를 펴고 있다.

145)《100問100答》85항.

146) 대한제국은 1900년에 울도 군수의 관할지역에 석도(독도)를 포함시켰고, 이어 〈울도군 절목〉을 내어 과세권도 인정해주었다. 울릉도의 일본인들은 절목이 나오기 이전부터 자발적으로 군수에게 납세하고 있었으며, 영사관 관리는 독도의 산물을 울릉도 수출품에 포함시켜 독도가 울릉도의 속도임을 인정하고 있었다. 이런 상황에서는 군수가 새삼 독도가 한국령임을 확인받기 위해 일본인에게 공권력을 행사할 필요가 없었다. 문제는 오키에서 온 일본인들이다. 울도 군수가 당시 나카이를 비롯한 오키의 어로자에게도 관할권을 행사했다면 한국의 독도 영유권이 더 확고해졌을 것이라는 견해가 한편에서 있다. 군수가 오키에서 온 어로자들에게 공권력을 행사하지 않은 이유는 두 가지로 볼 수 있다. 하나는 그들이 당연히 한국 정부에 어업세를 납부했다고 여겨서이고, 다른 하나는 그들을 저지할 만한 제반 조건을 갖추지 못해서이다. 그런데 1906년에 군수가 편입 사실을 듣자마자 보인 반응, 즉 "본군 소속 독도가…" 운운한 것을 주시할 필요가 있다. 이런 반응은 군수에게 독도를 울도군 소속으로 당연시하는 확고한 영유의식이 수립되어 있지 않았다면 나오기 힘들다. 당시 군수가 생각한 본연의 임무는 나카이 등이 불법 어로자인가를 의심하는 것이 아니라 관할구역인 독도에서 산출된 강치에 과세하는 것이었다. 군수가 나카이 등의 어로를 적극 저지하지 않은 것을 두고 독도가 한국령이라는 인식이 미약했기 때문이라고 의구심을 품는 것은 칙령 제41호를 전후해서 성립한 독도 산물에 대한 '과세권'을 관할권 행사의 하나로 인정하지 않을 때라야 나올 수 있다. 나카이는 울릉도를 왕래한 경험이 있어 독도가 울릉도의 속도임을 알고 있었고, 그 때문에 임대 문제를 한국 정부와 상의하려 했던 사람이다. 따라서 당시에는 대한제국 관리뿐만 아니라 울릉도의 일본인, 오키에서 온 일본인 모두 독도가 한국령이라는 인식을 지니고 있었다고 볼 수 있다. 1906년에 대한제국의 관리와 울도 군수, 언론이 한결같은 반응을 보인 것도 이런 인식선에서 이해될 수 있다.

147) 일본은 독도를 편입한 이후 강치에 대한 세금을 거두기 시작했다. 그때 납부처는 시마네현이지만, 강치 가공지는 독도였다. 생산지와 가공지, 납세처가 일치하지 않는 것은 오늘날도 마찬가지다. 현재 독도 어업은 울릉군 도동 어촌계 관할이지만, 경제활동 관련 과세는 포항세무서 울릉지서(울릉읍 도동2리 소재) 관할이다.

까? 당시 수출세는 품목에 따른 종가세이므로 일본인들이 독도를 한국령으로 인정하지 않았다면 원산지가 울릉도인 것과 독도인 것을 분리해서 강치에 대한 과세를 거부할 수 있었다. 당시는 지금과 같이 먼 지역(타국)의 산물을 자기 지역(자국)으로 가져와 가공해서 수출하던 때도 아니었다. 부산영사관은 일본이 독도를 편입한 이후인 1905년 4월부터 6월 사이의 강치 수출액을 '울릉도 현황' 안에서 보고(7월 31일)했다. 이것도 독도를 울릉도의 속도로 인식했음을 보여준다.

일본은 나카이 등이 1905년 이전에는 독도를 무주지로 여겼으므로 시마네현에 납세하지 않았다는 주장을 하려면, 울릉도의 일본인들도 납세한 사실이 없어야 한다. 그런데 울릉도 일본인들은 '수출세'를 자원했다. '수출'은 섬에서 내륙으로 가져가는 경우도 해당되지만, '수출세'는 타국과의 관계에서만 성립되는 개념이다. 독도 강치에 수출세를 납부했다는 사실은 독도를 울릉도의 속도로 간주했음을 의미한다.

1905년 전후로 울릉도의 한인과 일본인이 함께 독도에서 어로하는 것을 목격한 오키의 일본인들이 독도를 무주지로 보았을 가능성은 희박하다. 나카이는 처음에는 독도를 한국령으로 보았다가 나중에 해군성과 외무성의 획책으로 '무주지'설로 돌아섰기 때문이다. 일본이 《100문100답》에서 무주지를 선점하여 편입의 요건을 충족시켰다고 주장하면서 편입 이후의 조치를 주권 행위의 증거로 제시하는 것은 더욱더 논리가 맞지 않는다.

일본은 에도시대에도 울릉도의 강치포획을 언급할 때 세금에 관한 내용을 빼놓지 않았다. 17세기에 일본에서 '운상'으로 표현되던 명목이 대한제국시대에는 구문, 출항세, 수출입세, 수출세 등으로 표현되다가 '수출세'(다카오, 아카쓰카)로 정착한 것이다. 제3국인은 '중개 수수료'로 이해한 자가 있는가 하면(라포르트), 울릉도 수출입에는 세금이 없다고 이해한 자(스미스)도 있었다. 대한제국 관리(박제순)는 수출품에만 부과되고 수입품에 부과되지 않는 세금은 벌금일 뿐 '수출입세'가 아니라고 했다. 모두 '세금'을 '관세' 개념으로 이해했기 때문이다.

울릉도를 조사한 일본 관리나 하야시 공사는 왜 일본인의 납세행위에 굳이 '수출세'라는 세목을 붙였을까? 하야시 공사는 납세한 적도 없는 '수입세'까지 거론했다. 그 이유는 수출입세가 국가간의 교역을 의미하므로 그 납부는 곧 울릉도 거주권을 주장할 수 있는 좋은 근거가 된다고 여겼기 때문이다. 실제로 일본은 울도군에 납세한 사실을 근거로 일본인의 거주와 교역의 권리를 한국 정부에 요구했다. 일본인이 울도 군수에게 납세한 것을 들어 일본 정부가 거주권을 요구한 것은 울릉도가 한국영토임을 인정했음을 전제로 하지만 이는 독도산물에도 적용되는 것이다. 일본인이 붙인 세목이 1890년대에는 '구문'으로 시작했지만, 아카쓰카에 오면 '수출세'로 바뀌었고, 하야시 단계에 오면 '수출입세'로 바뀌었다. 시간이 지남에 따라 세목을 한 단계씩 끌어올려 마치 정식 세금인 듯 포장해간 것이다. 이는 불법적인 '구문'을 합법적인 '수출세'로 둔갑시킨 것이다.

그러나 이것이 오늘날의 관점에서 보면, 도리어 일본에게는 독도 영유권에 불리하게 작용한다. 독도에 대한 수출세 납부도 인정할 수밖에 없기 때문이다. 이는 일본이 당시로서는 미처 생각하지 못한 부분이었을 것이다. 당시 일본의 관심은 울릉도였지 독도가 아니었기 때문이다.

일본 외무성이 1906년 이전 일본인의 울도군 납세를 주장한 사실이 오늘날에는 일본을 자승자박하고 있다고 생각된다. 이는 1905년에 일본 정부가 독도를 일본 영토로 편입하리라고 전혀 예상하지 못했던, 울릉도 침탈만을 획책한 데 따른 결과라고도 하겠다. 그렇다면 일본 정부는 1905년 2월 이전 시마네현 오키인이 독도에서 포

획한 강치에 대해 과세조치를 취했는가? 이는 다음 장에서 보기로
한다.

〈표-2〉 1899~1906년 세금 관련 기술 일람표

| 조사일 | 보고일 | 세금 관련 또는 어로에 관한 기술 (굵은 글자는 필자) | 출처 |
|---|---|---|---|
| 1899. 6. 29~30 | 1899. 7. 6 | 농민이나 상인들은 세금을 내지 않는다. … 해채(sea-weed)에 대해 **10%**를 징수하고, 선박 건조에 사용된 나무에 대한 세금으로 건조된 **범선 1척 당** 평균 현금 1만 원을 징수하고, 물품 매각을 돕는 중개인과 중간상인에게 주는 **2%의 구문**(commission)을 제외하고 일본인들은 세금을 내지 않는다. | 라포르트 보고서 |
|  | 1899. 9. 23 | 농민과 상민의 세금은 원칙으로 정한 것이 없고 다만 도감이 해채에는 **10분의 1세**를 징수하고, 목재에는 선박 **한 척당 엽(葉) 일백 냥**을 징수하며, 일본인은 화물을 팔 때 **구문(口文) 100에 2** 외에는 납세하는 것이 없다고 합니다. | 황성신문 |
| 1899. 9. 25. | 1899. 9. 27 | 본방인이 도감과 협의하여 수목을 채벌하고 대두를 매수하는 등 모두 이익 예상금의 **100분의 2**를 세금으로 선납하여(작년까지는 100분의 5였다고 한다) 행하고 있다고 한다. | 해군성, 古川鈊三郎 |
| 1899. 9. 25 | 1899. 10. 3 | 콩에 대해 도감이 징수하는 수출세액이 **100石에 대해 백분의 2**의 비율로 과징된다고 한다 | 외무성, 高雄謙三 |
|  | 1899. 10. 31 | 울릉도에서 수출하는 것은 해채가 많고 판목도 간간이 수출한다. … 세금은 다만 도감에게 **해채 10분의 1세**를 물고 목재는 **배 한 척에 4원**씩 문다. 일본 사람이 물화를 매매할 때 **구문은 100분의 2**를 낸다고 부산 해관장이 조사해갔다고 한다. | 《독립신문》 |
| 1900. 6. | 1900. 6. 9 | 과세는 미역세가 위주인데 미역은 **100원마다 5원**을 세금으로 거둔다. … 조선세는 **1파마다 5냥의 세금**을 거두는데 … 일본인에게 세금을 거두는 조목은, … 간혹 **벌금**을 내라고 질책하고 또한 화물을 살펴 **100에 2**를 거두었는데, … 그대로 놔두고 거두지 않는 것뿐이다. | 우용정, 울도기 후록 |
| 1900. 6. |  | 일본인납세책자 | 김면수, 후록 |
| 1900. 6. 12 |  | 1897~1899년 동안의 수출입 통계 : 전복 2960엔, 우뭇가사리 1,200엔, 끈끈이 6천 엔, 모두 3만 160엔, 일본인이 가지고 온 것 | 아카쓰카 쇼스케 보고서 |
|  | 1900. 9. 12 | 수출화물을 가지고 **100분의 2세**를 매겨 벌금을 대신했으니… **수출입세**의 경우라면 어떻게 수출품에는 징세하면서 수입품에는 징세하지 않을 수 있겠는가. 또한 100분의 2를 징세하는 법이 어찌 있을 수 있는가. | 외부 대신 박제순 |
|  | 1900. 10. 25 | 울릉도에서 **수세(收稅)**한 것 중에서 우선 마련할 것 | 대한제국 칙령 제41호 |
| 1901. 5. |  | 일본인은 벌목하면서 인장(認狀)을 받지 않았으며, 목재와 곡식 등 각종 **수출입에도 세금이 없다.** 말린 전복과 해삼, 황두(黃豆) 300석 및 끈끈이 등은 모두 수출될 것이었다. | 부산해관 스미스 |

| 1901. 6. 15 | | 화물 매각 시 **구전 100분의 2**를 관에 납입하고 목재에 는 선척 당 100냥을 납부하며 공공연히 밀무역을 하고 있다. | 葛生修亮, 한 국연해사정 |
|---|---|---|---|
| 1901~1902 | 1903 | 돗토리현에서 도항, 대두와 우뭇가사리를 수출한다. | 한해통어지침 |
| | 1902. 4. | 각도 상선(商船)으로 울릉도에 와서 물고기를 잡거나 미역을 채취하는 사람에게는 사람마다 **10분의 1세**를 거두고, 그 밖에 **출입하는 화물**은 물건값에 따라 물건 마다 **100분의 1세**를 거둬 경비에 보탤 것 | 울도군 절목 |
| 1902. 5. | | 한인이 수출하는 품목은 콩과 호태, 보리와 황백나무 껍질, 소량의 끈끈이(麫)에 불과하고 해산물은 없다고 했다. … **수출입 화물**은 모두 도동에 모인다. | 니시무라 게 이조 보고 |
| 1902~1906 | 1907 | 조합 유지비로 화물 주인에게서 수출세의 **1000분의 5** 를 징수한다. | 竹島及鬱陵島 |
| 1904. 9. 25 | | 마쓰시마(울릉도)에서 해마다 어렵하러 오는 사람은 60~70石積의 일본배를 사용한다. 10일간 체재하며 많 은 수확이 있다고 한다. 인원도 때때로 40~50명을 초 과하는 일도 있다. | 軍艦新高戰時 日誌 |
| | 1905. 2. 22 | 북위 37도 9분 30초, 동경 131도 55분, 오키 섬에서 서 북 85해리에 있는 도서를 **다케시마(竹島)**로 칭하고, 이 제부터 본현 소속 도사(島司) 소관으로 정한다. | 시마네현 고 시 제40호 |
| 1905. 4~6. | 1905. 7. 31 | 랑코 도의 강치잡이는 1904년 경부터 울릉도민이 잡기 시작했고 모두 3조 30인이 이 사업에 종사하고 있었다. | 스즈키 에이 사쿠, 울릉도 현황 |
| | | 1904년: 강치수출-가죽 800관, 기름 2석 1905년: 강치수출-가죽 800관, 기름 83상자, 절임 150 관 | 스즈키 에이 사쿠, 울릉도 현황 |
| | 1905. 12. 6 | 수출입 비교표(1904~1905): 대두, 규목, 말린 전복, **강치가죽과 기름, 찌꺼기** 1905년: 강치수출-가죽 1,275관, 기름 49석, 찌꺼기 950관 오징어는 주요 수출품이나 일본인 전유, 미역은 한인 이 독점한다. | 스즈키 에이 사쿠, 울릉도 현황 |
| 1906. 3. 1 | | **잡종세: 海驢漁**-연 세금은 어획고의 **1000분의 15**를 부과한다. | 시마네현령 8 호 |

## 2. 1905년 전후 일본 지방세와 강치어업, 그리고 독도

### 1) 머리말

필자는 1902년의 〈울도군 절목〉의 세금 규정을 독도 강치에 적용하여 군수가 독도에 대한 관할권을 행사해왔음을 입증한 바가 있다.[1] 그 내용을 간추리면 다음과 같다.

〈울도군 절목〉은 어류와 미역에 대한 세금과 출입하는 화물에 대한 세금을 규정하고 있는데, 어류와 미역세는 한인에 해당되지만, 출입하는 화물은 일본인에 해당되는 것이었다. 화물에 대해 "물건값에 따라 물건마다 100분의 1세를 거두라"고 한 것은 일본인들의 수출화물에 매겨진 세액이었다. 일본인들은 1900년 이전부터 울릉도에서 벌목과 교역 등의 불법행위를 묵인 받는 대가로 도감에게 물건값의 100분의 2를 납부했다. 이것이 1902년 〈울도군 절목〉에서는 100분의 1로 줄어든 것이다. 세율이 줄긴 했지만 이 규정은 1902년에도 군수가 일본인에게 과세해왔음을 의미한다. 다만 울릉

---

1) 유미림, 〈수세 관행과 독도에 대한 실효 지배〉, 《우리 사료 속의 독도와 울릉도》, 지식산업사, 2013.

도 수출품에 대한 과세가 독도에 대한 '실효 지배'[2]를 저절로 입증하는 것은 아니므로 울릉도 수출품에 독도 산물이 포함되어 있었다는 사실을 밝힐 필요가 있었다. 그런데 부산영사관이 외무성에 '울릉도 수출품'을 보고한 내용 가운데 1904년과 1905년 독도 강치 수출통계가 있었으므로 이를 '실효 지배'와 연관지을 수 있었다. 강치는 독도에서만 포획되었기 때문이다. 더구나 일본 외무성은 울릉도의 일본인들의 납세를 '수출세'라고 주장했다. 일본인들이 대한제국의 〈절목〉에 따라 독도 산물에 대한 납세를 울도 군수에게 했다면, 이는 독도를 울릉도의 속도로 인정했음을 의미한다.

그런데 같은 시기에 일본 시마네현도 오키인의 독도 강치 포획에 대하여 과세했다면, 우리는 일본의 '실효 지배' 역시 인정하지 않을 수 없다. 과연 일본 시마네현은 1905년 이전 독도 강치에 대하여 오키인에게 과세한 사실이 있는가? 앞에서 보았듯이, 1905년 이전 독도에서 어로한 나카이 요자부로 등은 부산 해관에 어업세를 납부하지 않은 불법 조업이었다. 그가 한국 쪽에 납세하지 않았다면 반대로 일본 쪽에는 납세해야 했다. 이 글은 그에 대한 실증적 고찰이다. 나카이 등이 일본 측에 납세한 사실이 없다면, 일본은 대한제국의 '실효 지배'를 인정해야 한다. 동 시기 울릉도 일본인의 납세 사실은 이미 입증되었기 때문이다.

---

2) 앞의 글 〈칙령 제41호 전후 울릉도 일본인의 납세〉의 각주 1) 참조.

## 2) 오키의 어업과 강치 포획

### (1) 오키의 강치어업

오키인들이 울릉도로 가다가 독도에서 수백 마리의 강치를 목격한 시기는 1890년대 초로 알려져 있다. 오키인들은 이때 독도가 포경장(捕鯨場)이라는 사실도 확인했다.[3] 오키인들이 독도에서 강치를 포획한 시기는 1897년으로 추정되지만[4] 본격적으로 출어하던 시기는 아니었다. 당시 이들의 목적지는 울릉도였으므로 독도 어로는 울릉도 출어 중에 있는 일이었다. 그러므로 독도 출어는 오히려 울릉도민이 중심이 되어 울릉도를 근거지로 해서 이루어지고 있었다. 울릉도와 오키, 두 지역의 거주민이 독도 강치를 본격적으로 포획하기 시작한 시기는 1903년 전후로 보인다.

그 전에는 오키에서도 이루어지고 있었다. 오키에서의 강치 포획 시기는 1886년경으로 알려져 있다.[5] 이를 입증해주는 자료가 시마네현립도서관에 《시마네현 농상통계표(島根縣農商統計表)》(1890~1903)와 《시마네현 통계서(島根縣統計書)》[6] 등으로 남아 있다. 《시마네현 농상통계표》에는 농사, 잠사(蠶事), 축산, 상사(商事), 공업, 수산,

---

3) 《山陰新聞》, 1894년 2월 18일, '朝鮮竹島探檢'(兒島俊平, 〈隱岐漁民의 竹島(鬱陵島) 行〉, 《鄕土石見》 21호, 1988.2., 42쪽에서 재인용).

4) 오쿠하라 헤키운(奧原碧雲)에 따르면, 1897년 울릉도에서의 난파선 수색을 위해 도항했던 오키 어선이 독도에서 강치를 잡아 판매한 이래 포획을 계속해왔다고 한다. 가와카미 겐조(川上健三)에 따르면, 1890년대에 일본인들이 울릉도와 독도에서 어로했으나 강치잡이는 하지 않았다고 한다. 그러나 이시바시 쇼타로는 1890년대 중반에 울릉도는 가지 않고 독도에서만 강치잡이에 종사한 것으로 되어 있다.

5) 井上貴央·佐藤仁志, 〈隱岐島のアシカ獵〉, 《隱岐の文化財》, 22호, 1991, 74쪽.

6) 《島根縣統計書》(勸業之部)에는 농업, 차업(茶業), 잠업, 축산, 임업, 어업, 공업, 광업, 어업, 금융, 기상, 잡(雜)이 실려 있다. 어업은 어선, 난파어선, 어획물, 수산제조물, 수산양식, 원양어업에 관한 통계가 실려 있지만, '현세총람(縣勢總攬)' 형식으로 어획, 수산제조, 기타 수산의 총액이 적혀 있다. 《島根縣農商統計表》와 내용이 중복되기도 하는데, 같은 해의 통계가 다른 경우가 있다.

회사, 선박 등에 관한 통계가 실려 있다. 특히 '수산'에는 수산제조
물산의 가액(價額), 포획고, 선명(船名) 및 어부, 어선 통계 등이 실
려 있다. 통계서에는 오키국[7]의 어획고가 적혀 있으므로 이에 대한
과세 여부를 확인할 수 있다.

오키국의 어업 통계는 1890년(1892년 발간)부터 보인다. 오키국 어
획물로는 약 34종[8]이 보이지만 아직 강치는 보이지 않는다. 강치는
1895년 통계부터 보인다. 다만 이때도 오키국 통계에서는 보이지만
이즈모국과 이와미국 통계에서는 보이지 않는다.[9] 고래와 강치는
모두 함수산에 속하는 어종이다.[10]

1894년에 시마네현은 새로 건조(建造)한 어선을 조사하면서 해역
을 빈포호천(濱浦湖川), 중해(中海), 외해(外海)로 구분했는데[11] 오키
국은 외해[12]로 분류되었다. 오키국의 스키군(周吉郡), 오치군(穩地
郡), 아마군(海士郡), 지부군(知夫郡) 4군은 다시 각각의 연해로 세분
되었다. 4군 안에는 각각 '사이고정 외 16개 촌', '쓰도촌(津戸村) 외
9개 촌', '아마촌(海士村) 외 7개 촌', '미타촌(美田村) 외 4개 촌' 순으
로 소속 지명이 밝혀져 있다.

1894년에 이즈모국과 이와미국 어획물에 고래가 보이지만, 오

---

7) 이즈모(出雲) · 이와미(石見) · 오키(隱岐)가 시마네현 관할이다. 오키국 관할은 다시
스키(周吉) · 오치(穩地) · 아마(海士) · 지부(知夫)군 4군이다.

8) 어종을 적되 '기타'로 분류한 것도 있어 정확한 숫자는 알 수 없지만 대략은 파악할
수 있다.

9) 1891년 통계에 따르면, 오키국의 어획물은 약 34종, 이즈모국은 68종, 이와미국은 52
종이며, 1892년에는 이즈모국이 65종, 이와미국이 50종, 오키국이 36종이 보인다. 그러
나 고래나 강치는 보이지 않는다.

10) 수산물은 함수산물(鹹水産物, 해수산물로도 표기)과 담수산물로 구분되는데, 함수산
물은 다시 건물류(乾物類), 염물류(鹽物類), 태조류(苔藻類), 잡류(雜類)로 세분된다.

11) '외해'의 사전적 의미는 "육지에서 멀리 떨어진 바다 즉 외양"으로 '내해(內海)'와 반
대되는 의미이다. '내해'는 '중해(中海)의 의미에 가깝다고 되어 있지만, 시마네현 자
료에도 명확한 구분 기준은 없다. 島根, 秋鹿, 楯縫, 神門, 邇摩, 安濃, 那賀, 美濃은
외해로 분류되어 있다.

12) 1905년에 '다케시마' 즉 '독도'도 외해의 범주로 구분했다.

키국에서는 보이지 않는다.[13] 1895년이 되면 강치(원문은 海驢: 아시카)[14]가 오키국 함수산 이하 강치가 함수산[15] 어획물로 맨 앞에 나온다. 오키국 가운데 지부군 연해 5개 촌[16]의 어획물로 보이는데, 어획량은 750관, 가액은 35엔이다. 이 숫자가 오키국의 총계이므로 지부군의 총계는 바로 오키국의 총계임을 알 수 있다. 《시마네현 농상통계표》에는 1896년도 분이 누락되어 있다.[17] 강치는 1897년의 통계에서도 가장 먼저 나오는데, 스키군[18]의 어획량은 300관, 250엔, 지부군[19]은 60관 40엔, 모두 360관, 290엔이다. 1895년에 비해 수량은 감소한(750관→360관) 반면, 가액(價額)은 35엔에서 290엔으로 늘어났다. 스키군이 새로 추가되었다. 이 해에는 해역이 '중해외해(中海外海)', '중해', '외해'[20]로 분류되어 있다. 1895년에는 '스키군 연해' 안의 '스키군'으로 불렸는데, 1897년에는 '스키군'으로 불리고 있다.[21] 1894년에는 스키군 소속의 '사이고정 외 16개 촌(村)'으로만 표기되었는데, 1895년에는 스키군에 속한 정촌(町村)의 이름이 전부

---

13) 어종은 이즈모가 51종, 이와미가 96종, 오키는 58종이 있다. 고래 포획이 어선의 크기와 관계있는지는 모르겠지만, 이 해에 시마네현에서 5칸 이상 어선을 가장 많이 보유한 곳은 아이카군(秋鹿郡)이다. 5칸 이하의 선박은 스키군이 6척, 지부군이 5척, 아마군이 2척을 보유했고, 오치군은 없다.

14) 강치에 대한 일본어 원문은 '海驢', '海驢 アシカ' '海鱸(アシカ)' 등으로 나온다. '驢' 자가 '鱸'자로 오기되기도 한다. 이 글에서는 강치로 통일하고 필요한 경우 원문을 병기했다.

15) 어획물이라는 사실은 생략한다. 이 글의 어획량 통계는 함수산 어획물을 의미한다.

16) 美田村, 別府村, 宇賀村 浦郷村, 知夫村이다.

17) 일실된 듯하다. 《島根縣統計書》는 마이크로필름이 있지만 어획 통계는 나와 있지 않다.

18) 西鄕 中町 외 21町村이다.

19) 미타촌(美田村) 외 4개촌이다.

20) 이즈모국 야쓰카군(八束郡)은 '중해외해'로, 노기군은 '중해'로 분류되어 있다. 오키국 외에 이즈모국과 이와미국 가운데 '외해'로 분류된 지역은 簸川郡, 邇摩郡, 安濃郡, 邪賀郡, 美濃郡이다.

21) 스키군은 사이고(西鄕) 中町 외 二十一町村, 오치군은 津戶村 외 八村, 아마군은 海士村 외 七村, 지부군은 美田村 외 四村으로 변동이 없고, 오치군만 촌(村)이 하나 더 증가했다.

표기되어 있다.[22] 다만 '다케시마'[23]라는 촌명은 1905년 4월 이전까지는 어디에도 보이지 않는다.

1898년의 강치 어획량은 스키군이 400관 40엔, 지부군이 30관 15엔이었고, 오치군과 아마군의 어획량은 보이지 않는다. 1899년에는 어획량이 강치, 고래 순서로 적혀 있다. 강치 어획량은 스키군이 330관 64엔, 지부군이 250관 75엔으로, 모두 580관 139엔으로 되어 있다. 이 해에도 스키군이 지부군을 앞서고 있다.

그렇다면 강치에 대한 과세는 어떻게 되어 있는가? 보통 어획물은 '잡종세' 안에서 '어업채조'로 분류된다. 구체적인 것은 '어업채조세 과목과액(漁業採藻稅課目課額)'으로 규정하는데, 고래는 마리 수[24]에 따라, 어망은 크기에 따라 등급이 매겨져 인원별로 과액이 매겨진다. 채조(採藻)에 대한 세금은 인원 또는 어장을 구분하여 매긴다. 주로 연세 또는 계절세로 부과된다.

1900년 강치 어획량을 보면, 스키군이 102관 40엔, 지부군이 275관 72엔이다. 이전 통계에서와는 달리 '강치'가 맨 마지막에 나오고 있다. 1901년의 어획물 64종 가운데 강치 어획량은 스키군이 75관 31엔, 오치군이 60관 18엔, 지부군이 918관 306엔이다. 지부군이 압도적으로 많으며, 오치군이 추가된 것이 특징이다.[25] 1902년에는 62종의 어획물 가운데 강치는 스키군이 608관 116엔, 지부군이 632관 210엔으로 비슷하며 오치군은 빠져 있다. 아마군은 줄곧 통계에 보이지 않는다. 1903년의 어획량은 스키군이 550관 165엔, 지부군이 887관 288엔이다. 그런데 《시마네현 농상통계표》에서 강치 통

---

22) 스키군은 3개의 정(町)과 16개의 촌(村)이다. 오치군은 10개의 촌, 아마군은 9개의 촌, 지부군은 5개의 촌이 있다. 이 글에서 촌의 이름은 생략했다.

23) 이 글에서 칭하는 '다케시마'는 특기하지 않는 한 '독도'를 가리킨다. 다만 일본을 주체로 하여 인용하는 경우에 한하여 '다케시마'로 표기하기로 한다.

24) 1889년 포경에 대한 과액은 한 마리 당 25엔이다.

25) 고래는 오치군이 425관, 85엔의 어획고를 올린 것으로 되어 있어 강치보다 많다.

계가 보이는 것은 1903년까지다. 이 통계표는 이후《시마네현 통계서》에 통합된 듯하지만 이 통계서에도 1904년 이후 명단에는 강치가 더 이상 보이지 않는다.[26]

한편 1904년은 독도 강치에 대한 통계가 보이는 해이다. 위에서 언급한, 1903년까지 시마네현이 강치 세목을 밝히지 않은 원인을 구명하기 전에 먼저 오키국의 강치 어획량을 표로 정리해보면 다음과 같다(조사일은 12월 말일 기준, 1896년은 통계자료 없음).

〈표-1〉 오키국의 강치 어획량

| 연도/지역 | 스키군(수량/가액) | 오치군 | 아마군 | 지부군 | 오키국총계 | 해역 구분 | |
|---|---|---|---|---|---|---|---|
| 1895 | 통계없음 | 통계없음 | 통계없음 | 750관/35 | | 750관/35엔 | 외해/지부군 연해 |
| 1896 | 자료없음 | 자료없음 | 자료없음 | 자료없음 | 자료없음 | 자료없음 | |
| 1897 | 3 0 0관/250엔 | 통계없음 | 통계없음 | 60관/40엔[27] | 360관/290엔 | 외해/스키군 | |
| 1898 | 400관/40엔 | 통계없음 | 통계없음 | 30관/15엔 | 430관/55엔 | 외해/스키군 | |
| 1899 | 330관/64엔 | 통계없음 | 통계없음 | 250관/75엔 | 580관/139엔 | 외해/스키군 | |
| 1900 | 102관/40엔 | 통계없음 | 통계없음 | 275관/72엔 | 377관/112엔 | 외해/스키군 | |
| 1901 | 75관/31엔 | 60관/18엔 | 통계없음 | 9 1 8관/306엔 | 1 0 5 3관/355엔 | 외해/스키군 | |
| 1902 | 6 0 8관/116엔 | 통계없음 | 통계없음 | 6 3 2관/210엔 | 1 2 4 0관/326엔 | 외해/스키군 | |
| 1903 | 5 5 0관/165엔 | 통계없음 | 통계없음 | 8 8 7관/288엔 | 1 4 3 7관/453엔 | 외해/스키군 | |
| 1904 ~ | 통계없음 | 통계없음 | 통계없음 | 통계없음 | | | |

이상의 통계로 알 수 있는 것은 1890년대 중반부터 1903년까지

---

26) 어획물은 어류, 개류(介類), 조류(藻類)로 구분되어 있는데, 기타를 포함해서 대략 48종의 어획물이 명기되어 있다. 고래는 어류에 보인다.

27) 지부군도 해역이 '외해/지부군' 혹은 '외해/지부' 형식으로 되어 있다.

는 오키국 4군 연해에서 강치가 포획되었다는 사실이다. 이때의 강치가 독도 강치가 아님은 포획지를 '지부군 연해'라고 밝힌 것으로 알 수 있다. 오키 강치[28]는 1895년 무렵 지부군에서 포획이 시작되었지만 점차 스키군, 오치군으로 확대되었다. 스키군의 포획량이 지부군을 초월하다가 다시 지부군이 스키군을 초월하는 양상을 보이지만 큰 격차는 아니다. 오치군은 나중에 포획지에서 빠져 있다. 그런데 1903년까지 보이던 오키 강치가 이후로는 더 이상 통계서에 보이지 않고, 도리어 일본 외무성이 작성한 1904~1905년 '울릉도 수출통계'에서 보인다. 이때의 강치는 물론 독도 강치를 가리킨다. 그렇다면 시마네현은 1903년까지의 오키 강치에 대해서는 과세했을까? 이를 검토하기 전에 먼저 오키국의 어업현황이 강치포획과 어떤 관계가 있는지를 알아볼 필요가 있다.

### (2) 오키 어업인구와 강치포획 통계

똑같이 시마네현 관할인 이즈모국과 이와미국 일부에서는 강치포획 통계가 보이지 않는다. 오키국 4군 가운데는 지부군이 가장 먼저 보인다. 이런 현상이 어업 현황과 관계가 있는가? 1893년 오키국의 어업 인구[29]를 보면, 겸업인구를 포함하여 스키군이 2998명, 오치군이 868명, 아마군이 2138명, 지부군이 1527명, 모두 7531명이다. 스키·아마·지부·오치군 순서이다.[30] 그런데 어선 현황을 보면, 이즈모국은 18척인데 오키국은 한 척도 없다. 수산

---

28) 편의상 오키 강치, 독도 강치로 칭하기로 한다.

29) 통계서에는 전업 인구와 겸업 인구로 구분되어 있다.

30) 이즈모국 시마네군의 어업 가호는 1901호이다. 이 가운데 어업을 전업으로 하는 남자가 1628명, 여자는 215명이다. 겸업으로 하는 남자는 1771명, 여자는 59명이다. 모두 3973명이 어업 종사자이다. 대체로 겸업 가호가 많다.

제조물에 고래기름이 들어 있지만 오키국은 어유(魚油) 제조에 관한
기록도 없다. 이즈모국의 해수산물은 65종이지만, 오키국은 38종이
다. 어업인구, 어선, 어획물 종류로 보면, 이즈모국에 견주어 오키
국이 상대적으로 어업이 발달하지 않았음을 알 수 있다. 그런데 강
치는 오키국에서만 포획된 것으로 나타난다. 1890년대부터 1900년
대 초반까지 오키국의 어업 가호를 표로 나타내면 다음과 같다(가
호/인구/어선 순임).[31]

〈표-2〉 오키국의 어업 가호(N은 통계 없음을 의미)

| 연도/지역 | 스키군 | 오치군 | 아마군 | 지부군 |
|---|---|---|---|---|
| 1892 | 1721/2729/1753 | 415/816/758 | 823/2537/1208 | 1034/1181/1455 |
| 1893 | 1764/2998/1429 | 458/868/682 | 1055/2138/1136 | 1036/1527/1432 |
| 1894 | 1870/2881/1765 | 449/1295/750 | 1078/2150/1037 | 1031/1501/1376 |
| 1895 | 1893/2784/1757 | 401/866/725 | 1105/2217/1108 | 1095/1500/1202 |
| 1896 | N | N | N | N |
| 1897 | 1868/2833/1773 | 476/1078/669 | 610/1959/986 | 1091/1476/1388 |
| 1898 | 1682/2154/1779 | 490/1089/636 | 611/1959/1018 | 1088/1454/1370 |
| 1899 | 874/4071/1808 | 26/715/1228 | 294/1507/1031 | 43/2555/1562 |
| 1900 | 2101/4158/2105 | 489/746/705 | 988/1591/1027 | 975/2494/1259 |
| 1901 | 2130/4316/1804 | 494/755/649 | 835/1437/1001 | 1062/2559/1229 |
| 1902 | 2121/4505/1803 | 447/720/692 | 835/1426/976 | 969/2479/1239 |
| 1903 | 1789/4174/1741 | 441/696/644 | 885/1428/980 | 992/2440/1242 |
| 1904 | N | N | N | N |
| 1905 | N/N/1487 | N/N/779 | N/N/904 | N/N/1157 |
| 1906 | N/N/1534 | N/N/754 | N/N/889 | N/N/1156 |

위의 표를 보면, 오키국 안에서 인구나 어선 보유 면에서 스키군
이 다른 군을 앞서고 있고 그 다음이 지부군이다. 어선 보유현황은

31) 가호 숫자는 겸업을 포함한 숫자이고, 어선은 총 수를 나타낸 것이다. 어선은
1890~1893년까지는 어망에 따른 어선으로 구분하다가, 1894년부터는 신조어선, 폐
용어선, 난파어선, 어선으로 구분하고 있는데, 크기에 따라 5칸 이상과 5칸 이하, 3칸
이하로 구분하는데, 3칸 이하가 대부분이다. N으로 표시한 것은 통계자료가 없는 것
이다. 1903년까지의 통계는 《島根縣農商統計表》에 근거했고, 이후는 《島根縣統計書》
에 근거했다.

어업 가호나 인구에 비례하고 있음을 알 수 있다. 1903년 어선 보유
현황을 보면, 스키·지부·아마·오치군 순이다.[32] 1903~1904년에
독도로 출어한 자들도 대부분 스키군 출신이었다. 오키국 어획고에
서 강치가 차지하는 비율을 보면, 〈표-3〉과 같다.[33]

〈표-3〉 오키국 어획고와 강치 비율 (1896년은 자료 없음)

| 연도 | 어종 | 수량(관) | 가액(엔) | 강치 표기 | 강치포획 통계 |
|---|---|---|---|---|---|
| 1892 | 鯛, 烏賊 등 36종 | 1,854,121 | 89,983엔 | 없음 | 없음 |
| 1893 | 鯛, 烏賊 등 38종 | 2,536,582 | 138,890엔 | 없음 | 없음 |
| 1894 | 58종 | 1,750,532 | 98,761엔 | 없음 | 없음 |
| 1895 | 59종 | 1,863,114 | 141,712엔 | 海驢(アシカ) | 750관/35엔 |
| 1897 | 96종 | 8,859,773 | 6,822,800엔 | 海驢 | 360관/290엔 |
| 1898 | 96종 | 11,042,435 | 10,577,432엔 | 海驢 | 430관/55?엔[34] |
| 1899 | | 없음 | 없음 | 海驢(アシカ) | 580관/139엔 |
| 1900 | 57종 | 10,386,444 | 880,684엔 | 海驢 | 377관/112엔 |
| 1901 | 64종 | 8,127,243 | 917,669엔 | 海驢 | 1,053관/355엔 |
| 1902 | 62종 | 9,305,617 | 1,016,702엔 | 海驢(アシカ) | 1,240관/326엔 |
| 1903 | 60종 | 8,153,995 | 942,889엔 | 海驢 | 1,437관/453엔 |
| 1904 | 62종 | 없음 | 87,337엔 | 없음 | 없음 |
| 1905 | 40종 | 없음 | 1,067,942엔 | 없음 | 없음 |

34)

어획량에 영향을 미치는 요인으로 어종의 상품성이나 어로기술,
어선의 크기와 보유현황, 인구 등 여러 요인을 들 수 있을 것이다.
강치포획은 오키와 다른 지역과의 비교에서는 어선 보유량 등과 무
관하지만, 오키국 안에서는 어선이나 어업인구와 상관이 있음을 알
수 있다. 오키국 안에서 스키군이 어업 가호나 인구, 어선 보유 면

---

32) 5間(1891년 도량형법에 기초, 1間을 6척, 약 1.818미터로 하는 단위를 따름) 이상
어선을 보유한 군은 4군 가운데 하나도 없고, 5칸 미만 3칸 이상 어선 보유현황을 합
하면 스키군(1741척)이 가장 많다. 지부군이 1242척, 아마군이 842척, 오치군이 577
척이다.

33) 《島根縣農商統計表》의 '해수산물 포획고 표'에서 오키국(스키, 오치, 아마, 지부)의
통계만을 적었다.

34) 원문이 명확하지 않다.

에서는 다른 군을 앞지르지만, 강치포획 총량은 지부군이 가장 많다. 총량이 아닌 연도별 가액을 보면, 대체로 스키군이 고른 포획량을 보인다. 평균적으로는 스키군, 지부군, 아마군, 오치군 순이다. 그러나 오키국 전체의 어획량과 어획고에서 볼 때 강치가 차지하는 비율은 미미하다고 할 수 있다. 고래는 한 마리당 25엔의 세금을 매기도록 되어 있는데, 1901년 오키국의 고래 포획량은 425관, 85엔이었다. 이에 비해 강치는 355엔이었다. 이 해의 오키국 총 어획고는 917,669엔으로 이는 64종에 대한 가액이다. 하나의 어종 당 14,338엔 정도의 어획고를 올린 셈이 된다. 강치 어획고로만 보면 고래에 비해 많은 편이지만, 전체 어획고와 비교하면 턱없이 적은 금액이다. 그럼에도 고래에 대한 '과목과액'은 있는 반면, 강치에 대한 '과목과액'은 보이지 않는다면, 그 원인은 무엇일까? 이는 다시 고찰할 것이다. 다만 강치포획은 1901년부터 1903년까지 꾸준히 증가했고 1903년에 최고치를 기록했다. 1904년부터는 아래 〈표-4〉에서 보듯이, 강치가 오키인과 울릉도인, 두 지역민이 포획하고 있었다. 포획지를 불문하고 1903년부터 1908년까지의 강치포획 통계를 정리하면, 〈표-4〉와 같다.

〈표-4〉 1903~1908년간 강치포획 통계[35](단위는 포획량/가액)

| 포획자/연도 | 1903 | 1904 | 1905 | 1906 | 1907 | 1908[36] | 포획지 |
|---|---|---|---|---|---|---|---|
| 오키인 | 1 4 3 7 관/453엔 | | | | | | 오키 |
| 울릉도인[37] | | 800관/600엔[38] | 1 2 7 5 관/700엔 | | | | 독도 |
| 하시오카 도모지로 외 | /1960엔 | 610마리/4025 관/4235엔[39] | | | | | 독도 |
| 나카이 요자부로 | /849엔 30 전[40] | 7690관(2760마 리)/2723엔 40 전[41] | 3 7 5 0 관 (1003마 리), 기름 3200관[42] | | | | 독도 |

35) 수량과 어획물 가액은 기록에 나타난 대로 적었다. 가액은 자본금을 제외하지 않은 금액이다.

| 나미 간이치 | | 890엔(자본금은 1121엔) | | | | | 독도 |
| 가토 주조 | | 300엔(자본금 200엔) | | | | | 독도 |
| 이구치 류타, 이시바시 쇼타로 | 326마리 (2142관)+기타/ 1261엔 35전 975엔 (가죽이 715엔) | | | | | | 독도 |
| 다케시마어렵 합자회사 | | | | 1385마리 1948엔 | 1600마리 2094엔 | 1680마리 1889엔 | 독도 |

〈표-4〉의 통계는 1903년에 오키와 독도[43] 두 지역에서 강치 포획이 이뤄지고 있었음을 보여주지만, 이때까지는 오키 어획고가 독

---

36) 합자회사의 3개년 통계는 1909년 6월 7일 오키 도청 농상계 서기 有美孫(유비손인지 아리 비손인지 불명)의 조회(농(農) 제377호)에 대한 나카이의 답신서에 나온 통계이다.

37) 가죽 통계만을 적었다.

38) 박병섭은 현재의 쌀값으로 환산하여 240만 엔으로 보았다(박병섭, 《한말 울릉도 독도 어업》〈한국해양수산개발원, 2009〉에 따름)

39) 4260엔으로 기록한 것도 있다. 이시바시 쇼타로, 하시오카 도모지로(橋岡友次郞), 이구치 류타 세 사람의 주업자, 종업자 관계에 대해서는 사람마다 진술이 엇갈린다. 4260엔은 자본금을 뺀 금액이다(〈메이지 37년 다케시마(구 리양코도) 강치어업조합사업〉《竹島貸下·海驢漁業書類》). 문서 제목은 시마네현이 철하면서 붙인 건명(件名)이므로 원문 제목과 일치하지 않는 경우가 있다. 여기서는 시마네현이 붙인 건명을 따랐다. 이하도 마찬가지다.

40) 자본금은 1500엔이다(〈메이지 36년 조사(中井養三郞 강치어업)〉, 《竹島貸下·海驢漁業書類》).

41) 1904년 조사, 자본금은 300엔이다. 이 문서에는 어획고만 나와 있다(〈메이지 37년 조사(中井養三郞 강치어업 경영〉, 《竹島貸下·海驢漁業書類》). 포획한 개체의 두(頭)수와 무게는 〈리양코 섬 영토 편입과 대여 요청 설명서 사본〉, 《(秘)竹島》에 보인다.

42) 〈'리양코' 섬 영토 편입과 대여 요청 설명서〉《竹島一件書類》 및 《昭和28年度 涉外關係綴》(1953) 중 〈竹島어업의 변천〉에 수록된 〈다케시마 강치어업 성적도(成績圖), 38년도 다케시마어렵합자회사 영업보고서 (《竹島一件書類》 수록), 박병섭(〈竹島＝獨島 漁業の歷史と誤解〉 1, 《北東アジア文化研究》 33, 2011)에는 금액을 2559엔, 현재 쌀값으로 998만 엔으로 적었다. 1906년부터 1909년 사이의 포획 두 수는 같으나 금액은 5437, 5940, 5878엔으로 각각 다르다.

43) 다무라 세이자부로는 1903년 이전 독도에서의 강치어업에 대해서는 뚜렷한 자료가 없다고 했다(김선희, 《다무라 세이자부로의 〈시마네현 다케시마의 신연구〉 번역 및 해제》, 한국해양수산개발원. 2010).

도에서보다 많다. 그러나 오키에서의 포획 통계는 1903년까지만 보인다. 이는 오키에서 포획이 더 이상 이뤄지지 않아서인가, 아니면 통계가 누락되어서인가? 이후 통계는《시마네현 통계서》로 이어져 1904년 통계도 싣고 있지만 강치통계는 보이지 않는다. 이는 오키에서는 더 이상 강치포획이 이루어지지 않았음을 의미한다. 그러나 시마네현이 강치포획을 독도로만 제한한 것은 1905년 4월 이후다. 그럼에도 오키인들은 1904년부터는 더 이상 오키에서 포획하지 않았던 것이다.

## 3) 강치어업 관련 세제(稅制)의 변천

### (1) 1905년 이전 '현세부과규칙'의 변천

위의 통계는 1904년부터 더 이상 오키 강치가 포획되지 않았음을 의미한다. 독도 강치는 1903년부터 포획한 기록이 있는데다 그 양이 오키 강치를 초과했다면(표-4), 그것이 의미하는 무엇일까? 이는 강치 포획지가 오키에서 독도로 이동했음을 의미한다. 강치는 그 습성상 생식을 위해 조용한 무인도를 필요로 한다. 그렇게 볼 때 오키 연해보다 무인도인 독도가 생식을 위한 최적의 장소였을 것이다. 어로자들이 집중적으로 강치를 포획하던 시기도 생식을 위해 독도에 군집해 있었을 때였다. 일설에 따르면, 오키 강치는 독도에서 암컷을 쟁탈하기 위한 권력투쟁에서 패한 수컷들이 내려온 것이라고 한다.[44] 이에 근거한다면 근대기 강치서식지는 오키가 아니라 독도라고 볼 수 있다. 1903년 이전 오키인들이 연해에서 포획한 강치가 독

---

44) 이노우에는 오키에서 어린 강치가 잡힌 기록이 없음을 들어 적어도 메이지 중기 이후로는 미다베(三度) 근처에서 강치 서식은 없었던 것으로 봐야 한다는 견해를 밝힌 바 있다(井上貴央·佐藤仁志, 1991, 앞의 글, 82쪽).

도에서 온 것이었다면, 독도 왕래자들은 오키에서보다 독도에서 더 많은 강치를 목격했을 것이다. 1904년과 1905년에 나카이 요자부로[45]를 비롯한 어업가들이 독도에서 포획한 숫자가 오키인들이 오키에서 포획한 숫자보다 훨씬 많았던 사실도 이를 방증한다.

1904~1905년에 독도 강치를 포획한 사람은 두 부류이다. 하나는 오키에서 건너간 사람들, 다른 하나는 울릉도에서 건너간 사람들이다. 울릉도에서 건너간 사람들이 독도 강치에 대한 세금, 이른바 '수출세'를 울도 군수에게 납부했음은 이미 입증되었다. 그런데 같은 시기에 오키에서 건너간 사람들은 세금을 오키 도사에게 납세했을까?

일본 시마네현 지사는 현내 관할구역의 장(長)인 도사(島司)나 군장(郡長), 시장(市長)에게 경제활동에 대한 과세와 징수권한을 부여하였다. 일본에서 지방세 징수체계는 부현제의 발전과 역사를 함께 해왔다.[46] 그 과정을 보면, 1887년 3월에는 '영업세잡종세 징수규칙'이 제정되었고(현령 제20호), 이어 '지방세 징수규칙 취급수속'이 뒤따라 제정되었다. 특히 어업 관련 세제는 '현세부과규칙(縣稅賦課規則)' 안에서 '영업세잡종세'로 분류되지만, 그 가운데서도 '잡종세'로 분류되고, 다시 '어업채조(漁業採藻)'로 분류된다. 보통은 '규칙'이 제정되면 '시행세칙'이 뒤따른다. '영업세잡종세 과목과액'[47]이 상정된 것은 1889년 1월(현령 4호)에 와서이고, 잡종세 안에는 조수렵(鳥獸獵) 규정도[48] 포함되어 있다.

---

45) 나카이는 1909년 기록에서, 이전부터 오키 도젠의 미다베에서 강치를 생포할 수 있었음을 언급한 바 있다.

46) 일본에서 부현제가 제정된 것은 1878년 7월 부현회(府縣會) 규칙을 반포하면서부터이다(《現行地方制度提要》, 川又岩吉, 1892, 12).

47) '영업세 과목과액'은 상업, 공업으로 분류된다. 상업은 다시 회사, 은행, 소매상 등으로, 공업은 공장, 직종별 제조장, 직공에 대해 매겨진다. '잡종세 과목과액'은 요리점, 음식점, 이발사, 배우, 스모, 시장, 인력거, 승마, 도축, 조수렵, 자전거 등과 연관된 모든 직업에 매겨졌다.

48) 조수(鳥獸) 한 마리당 연세(年稅)가 1엔(圓)으로 정해졌다가 삭제되기도 한다.

어장 및 어구, 어망 등 어업에 관한 사항은 '어업조합규약'[49]과 '어업단속규칙(漁業取締規則)'에 따라 규제된다. 시마네현은 어업환경이 변할 때마다 현세부과규칙과 시행세칙, 어업단속규칙, 어업채조세 과목과액을 거의 해마다 개정했다. 관련 법규가 개정되면 현령(縣令),[50] 훈령,[51] 고시[52] 등의 형식으로 공표되었다. 시마네현령 제1호[53]는 메이지유신 직후인 1886년 11월(1887. 12. 28 간행)부터 발령되어 현공보(縣公報)에 등재되었고, 군 사무소 및 호장(戶長)사무소에도 게시되었다(1886. 11. 시마네현령 제43호). 어업 관련 세제도 대부분 현령으로 공포되었다.

'어업채조세 과목과액'(1.29, 현령 제6호)이 처음 보인 해는 1889년이다. 포경(捕鯨)과 지인망,[54] 중인망, 대부망,[55] 수조망, 잠수기, 오징어낚시, 해조류 채취 등 모두 39종으로 분류되어 각기 두(頭), 측(側), 측장(側長), 인원[56]에 따라 연세(年稅) 또는 계절세가 부과되지만,[57] 강치에 관한 세목은 보이지 않는다. 강치를 잡은 기록이 없는 것으로 보아 세목이 없는 것은 당연하다.

1890년에 개정된 '어업채조세 과목과액'(1.31, 현령 제8호)은 관할

---

49) 시마네현령 제109호(1887. 12. 14)

50) 현령은 현 지사가 제정하는 규칙이다. '현세부과규칙', '어업단속규칙' 등이 현령으로 제정·개정된다.

51) 영훈(令訓)에는 달(達), 훈령, 통지(通知)가 포함된다. 훈령은 상급기관이 지휘감독권에 근거하여 하부기관에 발하는 명령을 말한다.

52) 고시 문서철에는 고시(告示)와 고유(告諭)가 철해져 있다. 고시란 공기관이 정한 사항을 널리 일반에게 공식적으로 알리는 것 또는 그 형식의 하나이다.

53) 시마네현립도서관 소장《島根縣令》은 秋鹿村役場, 서무 1부가 작성한 것으로 되어 있다(청구번호는 S貴 093.1).

54) 이를 테면, 地引網은 1등급, 1측(側)의 길이가 920심(尋) 이상인 경우, 7엔 50전이 부과된다고 했다.

55) 1등급, 1측(側)에 대해, "1엔부터 어획고 300엔 미만은 100분의 1, 300엔 이상은 100분의 1.5, 400엔 이상은 100분의 2를 늘려 부과한다"고 했다.

56) 투망어업의 경우 1등급, 한 사람 당 연세(年稅)가 40전이다.

57) '湖川部' 어획물에 대한 세액도 규정되어 있다.

구역 밖에서 왔을지라도 본적지에서의 납세 유무와 관계없이 모두 시마네현의 규칙에 따라 납세하도록 정했다. 포경세 내용도 1889년보다 구체화되었다.[58] 이 해에는 '부현세 징수법'[59]이 공포되었고 세칙[60]도 정해졌다. 1891년 1월에 '어업채조세 과목과액'이 다시 개정되었다(현령 제14호). 1892년에는 '부현세 징수법 세칙'도 개정되었다(현령 제5호). '어업채조세 과목과액'도 개정되었는데, 포경세가 없어졌고 과세 대상인 어망의 종류도 줄었다. 1893년의 '영업세잡종세 과목과액'(1.20. 현령 제9호)을 보면, "잡종세 안의 어업채조세 과목액은 별도로 정"한다(제3조)고 했다. 변경된 '어업채조세 과목과액'(1.26. 현령 제11호)에는 포경세가 다시 포함되었다. 이어 개정된 '영업세잡종세 과목과액'(현령 제123호)에서는 '조수렵'[61]도 개정되었다.

　1894년(현령 제15호)의 '어업채조세 과목과액'에는 '포경'과 '지인망' 등 약 32종에 대한 과액이 규정되어 있는데, 이 가운데 '대부망(大敷網)'의 과액은 1889년보다 줄었다.[62] 1895년은 처음으로 오키 강치에 관한 통계가 보인 해이다. 이 해에는 '수산업 조합규칙'도 만들어졌다(12.27. 현령 제71호). 또한 '영업세잡종세 과목과액'(12. 29. 현령 제73호)이 개정되었지만, 여전히 강치 관련 세목은 보이지 않는다. 강치 포획에 관한 통계가 있음에도 그에 대한 '과목과액'이 보

---

58) 연세가 "어획고 300엔 미만은 100분의 1, 300엔 이상 500엔 미만은 100분의 2, 500엔 이상은 100분의 3"으로 정해졌다.

59) 1890년 9월 30일 법률 제 88호에 따라 '부현세 징수법(府縣稅徵收法)'이 공포되었다(관보 10월 1일). 각 시정촌은 부현세를 징수하여 이를 부현에 납부하도록 의무화했다. 부현제가 시행될 때까지는 이 법을 지방세 징수에 적용하게 했다(国安久助 編, 《縣稅取扱規程》, 1891).

60) 세칙의 골자는 "島司 郡長 市長이 징수법 제5조, 6조, 7조에 따라 매년도 지조할(地租割), 호수할(戶數割), 영업세, 잡종세를 징수한다"(제1조)는 내용이다.

61) "수렵규칙에 따라 면허료를 납부한 자는 면제한다"는 내용이다.

62) 1등급 1側을 기준으로, 봄과 여름에는 "1엔부터 300엔 미만은 1000분의 7, 300엔 이상 400엔 미만은 1000분의 10, 400엔 이상은 1000분의 15"를 과세하도록 정했다. 가을과 겨울에는 이보다 적게 과세한다.

이지 않는다면, 강치를 포경이나 다른 어망에 포함시켜 과액을 매겼기 때문으로 볼 수 있을까? 이는 어망 명기의 추이를 보면 알 수 있다.

1880년대 후반부터 1890년대 중반까지 잡종세의 '어업채조' 부분을 보면, 포경과 어망에 관한 내용이 계속 바뀌고 있었다. 1896년의 '어업채조세 과목과액 시행규칙'(2. 19, 현령 제14호)에는 이전에 없던 '부망(浮網)' 등이 어망에 추가되었다. 1898년의 '지방세 부과규칙'(2.1, 현령 제7호)의 '어업채조'에는 서양형 증기선과 풍범선, 50석(石) 이상의 일본 선박 등에 관한 과목도 추가되어 있다. 1899년의 '현세부과규칙'(현령 제14호) '어업채조'를 보면, 이전처럼 52종의 어망과 선박 종류를 명기했지만[63] 강치가 속할 만한 어망은 보이지 않는다.

1900년에도 '어업채조'를 포경, 대부망, 부망 등으로 분류한 것은 이전과 같다.[64] 그리고 세수(稅收)가 오키국 4군 가운데는 스키군이 1425엔 40전으로 가장 많다. 이 해는 '한해통어조합 규칙'(2. 13, 현령 제7호)이 정해진 해이기도 하다. 이 규칙은 한국 연안으로 가는 일본인 어업자에게 조합 설치를 의무화한 것으로, 조합은 '시마네현 한해통어조합'으로 칭하게 했다. 이 해에도 '현세부과규칙 시행규칙'이 개정되었는데(3. 25, 현령 제26호), "어업채조업을 하는 자로서 어장구역(場區)을 정하는 자는 지명 및 차구(借區) 허가의 연월일을 기재하도"록 했다.

1901년(3. 11, 현령 제11호)에는 '현세부과규칙'[65]의 '어업채조'[66]에

---

63) 서양선박이 증기선, 풍범선 외에 밧테라선(パッテーラ船: bateira, 포르투갈어로 작은 배를 뜻함)이 추가되었다.

64) 다만 오키 4군을 '스키군 사이고 니시마치 외 2정(町)' 등의 형식으로 묶었다. 다른 3군도 마찬가지다.

65) 이 현령은 "다이쇼 6년 개정되었다"는 사실이 수기(手記)로 덧붙여져 있다.

66) 1892년 규칙에는 '어업'과 '채조'가 구분되어 있었다.

서 해역을 '해부[海の部]'와 '호천부[湖川の部]'로 나누었다. '해부'에
서 포경과 서어(鱰漁), 대부망(大敷網), 지인망(地引網), 사장망(四張網)
등 모두 39개에 걸쳐 과액이 매겨져 있다. 또한 이 해에는 '해조채'
에 '어업구역[漁業場區]'이 추가되어 있다. 어업구역에 대한 세금은
차구(借區) 1반보(壹反步)당 5리(厘)로 정했다. 시마네현에서의 포경
세 규정은 1889년부터 보였지만, 오키국에서는 1901년부터 보였다.
이 해의 '현세부과규칙 시행규칙'에는 "서양형 선박과 일본형 선박
은 감찰(船鑑札)을 받도록" 하는 내용이 추가되었다. 1903년에 개정
된(2.26, 현령 제7호) '현세부과규칙'의 '어업채조' 부분은 1901년에 추
가한 '어업구역'을 다시 1종과 2종으로 나누어 등급에 따라 과액을
매기는 방식으로 바뀌었다. 1등급은 연세를 구역당 2엔을 부과하
는 것인데 주로 정치(定置)어업 1호, 2호와 특별어업 1호, 2호가 이
에 해당되는 대신, 이전에 있던 포경세가 없어졌다. '현세부과규칙'
이 개정됨에 따라 '현세부과규칙 시행규칙'과 '현세징수기한'도 따
라서 개정되었다. '한해통어조합규칙'은 1903년에 폐지되었다(4.13).
1904년 '현세부과규칙'(3.11, 현령 제12호)[67]의 '어업채조' 관련 내용을
보면, 수조망, 괘망, 투망, 사수망 등이 크기에 따라 세액이 변경되
었다.

이렇듯 어업에 관한 과목이나 과액을 보면, 어업 환경이 변함에
따라 그에 맞추어 계속 개정되고 있음을 볼 수 있다. 어망의 크기
에 따라 세액이 개정되거나 잠수기어업 등이 새로 추가되기도 한
다. 그럼에도 1905년까지 '강치어업'이 따로 명기되거나 이와 연관
지을 만한 어망이 추가된 경우는 없다. 보통 '현세부과규칙'의 '어업
채조'에 어망이나 어종, 어장을 명기했다는 것은 이들에 세금이 부
과되었음을 의미한다. '어업채조'에 명기된 어망이나 어종이 39종인
데 '과목과액'에도 39종이 보였다면, 모든 어종에 과세되었다고 볼

---

67) 1901년 3월 현령 제11호에 대한 개정이다.

수 있다. 그런데 실제 어획물은 50종을 넘는데 어망은 39종만 명기되어 있다면, 모든 어종에 과세된 것이 아님을 의미한다. 이 경우 어장에 과세되었기 때문에 어종에는 과세되지 않은 것이다. 1900년 오키국의 어획물로는 약 57종이 보인다. 그런데 이 해의 '어업채조'에는 포경(捕鯨)을 비롯하여 약 53종에 대한 과액이 명기되어 있다. 과액이 거의 모든 어종을 망라하고 있지만, 어종의 숫자가 반드시 '과목과액'의 숫자와 일치하지는 않음을 알 수 있다. 1900년에도 강치는 포획되었다. 그렇다면 53종[68] 가운데 강치는 어느 어망에 속하는 것인가?

강치와 같은 포유류인 고래는 초기부터 '포경'으로 과목이 성립되어 있었다. 이때의 '포경' 안에 강치가 포함된 것인가? 그렇다면 1905년에 굳이 '강치어업'을 따로 분리할 필요가 없었을 것이고, 이 시점에 굳이 분리하게 된 이유에 대해서도 설명이 있었을 것이다. 그러므로 강치가 포경에 포함된 것이 아님을 알 수 있다. 1905년에 현은 '강치'를 새로 추가하면서 아무런 설명도 덧붙이지 않았다. 이는 강치가 이전 53종의 과목 안에 포함되지 않았음을 의미한다. 더구나 1904년부터는 오키에서 강치를 포획하지 않았으므로 과세의 필요성도 없어졌다. 아래서는 1905년에 강치어업이 따로 명기된 배경을 살펴본다.

---

68) 이 가운데 이름만으로 어종이 드러나는 것은 포경, 鱶漁, 鯖網, 鰡網, 章魚掛, 章魚繩, 鮭掛網, 鮎掛, 鰻搔 등이다. 잠수기, 해조, 貝探 등도 어종을 짐작케 한다. 나머지는 어망이므로 어종을 특기하기 어렵다.

## (2) '어업단속규칙'과 1905년 '오키국 다케시마' 삽입

어업 관련 세제는 '현세부과규칙'의 '잡종세' 안에서 규정되지만, 실제 어로상의 규제와 규칙은 '어업단속규칙'에서 이루어지고 있다. '어업단속규칙'은 1889년에 상정되었고(10. 19, 현령 제118호), 1893년에 개정되었다(11. 20, 현령 제59호). 이때 '어업'이란 '해천호소지(海川湖沼池)'에서 생산 또는 양식한 어개수조류(魚介水藻類)를 채포(採捕)하는 것으로 정의되었다. 1902년 말(11. 28, 현령 제 30호)에 다시 개정된 '어업단속규칙'은[69] 1905년 4월에 개정된 내용과는 다르다. 1902년의 '어업단속규칙' 가운데 관계된 부분부터 인용하기로 한다.

> 제1조. 아래에 든 어업을 하려는 자는 지사의 허가를 받아야 한다.
> −타뢰망 어업(打瀨網漁業), 간망 어업(竿網漁業), 수조망 어업(手繰網漁業), 백어장절망 어업(白魚張切網漁業), 반괘망 어업(飯掛網漁業), 부망 어업(浮網漁業)(야쓰카군〈八束郡〉, 히카와군〈簸川郡〉 지방의 명칭)
> −일정한 예양장(曳揚場)을 지니지 못한 지예망 어업(地曳網漁業)은 전항의 허가를 받은 경우 감찰을 교부한다.
> 제2조. 잠수기어업 허가 기간은 1개년 이내, 백어장절망 어업과 부망 어업의 허가기간은 3개년 이내로 한다.
> 제3조. 어업허가를 받으려는 자는 원서에 허가기간(백어장절망 어업, 부망 어업, 잠수기어업에 한한다)과 어업 장소를 기재해야 한다.

즉 1902년의 '어업단속규칙'은 지사의 허가를 받아야 하는 허가어업의 종류를 명시한 것이다. 그러나 여기에 강치어업 혹은 그에 해당시킬 만한 어망은 명기되어 있지 않다. 1903년에도 '어업단속규

---

69) 시마네현 소장 행정문서 1, 《竹島關係資料集 제2집》(시마네현 총무부 총무과), 158~159쪽 참조.

칙'이 개정되었지만(현령 제30호), 1902년의 규칙 가운데 '어망'에 관한 내용만이 개정되었다. 1904년에는 어망의 '강목(綱目)'의 길이(寸法)'가 개정되었다. 이렇듯 '어업단속규칙'은 1889년부터 1904년에 걸쳐 어망이 추가되거나 허가어업의 종류가 명시되는 등의 변화를 보였지만, 강치어업과 관련해서는 아무런 변화가 없었다. 강치어업과 관련된 변화가 보인 것은 1905년 4월의 개정 규칙(현령 제18호)에서이다. 1905년의 '어업단속규칙'에서 관계된 부분을 보면, 다음과 같다(굵은 글자는 필자).

제1조 가운데 부망 어업(浮網漁業) 다음에 다음과 같이 삽입한다.
　1. 강치(海驢)어업(오키국 다케시마〈隱岐國竹島〉에서 하는 것에 한한다)
제2조 가운데 부망 어업 다음에 강치(海驢)어업을 삽입한다.
제3조 괄호서(括弧書) 가운데 잠수기어업 다음에 강치(海驢)어업을 삽입한다.

　이들 개정사항을 반영하여 1905년의 '어업단속규칙'을 재작성하면 다음과 같다(굵은 글자는 필자).

제1조. 아래에 든 어업을 하려는 자는 지사의 허가를 받아야 한다.
　-타뢰망 어업, 간망 어업, 수조망 어업, 백어장절망 어업, 반괘망 어업, 부망 어업(야쓰카군, 히카와군 지방의 명칭), 강치(海驢)어업(오키국 다케시마〈隱岐國竹島〉에서 하는 것에 한한다)
제2조. 잠수기어업 허가 기간은 1년 이내, 백어장절망 어업과 부망 어업, 강치어업의 허가기간은 3년 이내로 한다.
제3조. 어업허가를 받으려는 자는 원서에 허가기간(백어장절망 어업, 부망 어업, 잠수기 어업, 강치(海驢)어업에 한한다)과 어업 장소를 기재해야 한다.

이렇듯 어업 관련 규칙에서 정식으로 '강치어업'을 밝힌 것은 1905년 4월에 이르러서이다. 오키 강치에 관한 통계는 1903년까지 보였지만 강치어업을 밝히지 않다가 1905년에 밝히게 된 것이다. 그런데 1905년에 밝혀 놓은 강치는 오키 강치가 아니다. 1조에 "강치〔海驢〕어업(隱岐國竹島에서 하는 것에 한한다)"고 했듯이, 다케시마 즉 독도 강치를 말한다. 그런데 시마네현은 1905년 4월에 강치어업을 '다케시마'로 제한하고 허가어업으로 했다. 그 이유는 무엇인가? 그것은 1905년 2월 '다케시마'를 일본 영토로 편입하여 새로 다케시마가 어장에 추가되었기 때문이다. 한편 '다케시마'를 '오키국 다케시마'라고 한 것은 오키국 소속임을 밝힌 것이지만 이는 거꾸로 그 이전까지는 '다케시마'가 오키국 소속이 아니었음을 의미한다. 이전의 어업 통계에서 오키국 관할의 스키·오치·아마·지부 4개 군 및 촌명을 모두 밝힌 적은 있었지만, '다케시마'를 명기한 적은 없었던 점도 이를 방증한다.

'다케시마'를 오키국 관할로 명기하고 나서 1년 뒤인 1906년에, 시마네현은 다시 '어업채조'에서 '경어(鯨漁)' 뒤에 '강치〔海驢漁〕'를 삽입했다. 1889년까지는 '어업채조'에 39종이 유지되다가 1892년에는 '오징어낚시〔烏賊釣〕'가 삭제되었고, 1894년에는 사수망(四手網)과 병지망(柄持網)이 하나로 합쳐지고 오징어낚시가 삭제되어 다시 37종이 되었다. 어업의 변화에 따라 어종이 추가 또는 삭제되는데, 보통은 포경, 지인망, 대부망, 사장망, 청망(鯖網) 등의 순서로 나온다. 그러다가 1906년에 '고래어업' 뒤에 '강치어업〔海驢漁〕'이 들어가게 된 것이다. 이는 고래와는 별도로 강치를 과목으로 다룬 것임을 의미한다.

1906년의 '현세부과규칙'은 강치에 대한 '연세를 어획고의 1000분의 15'로 매겼다. 이는 대부망에 매겨진 과액[70]과 유사하다. 이

_____

70) "1엔부터 300엔 미만은 1000분의 7, 300엔 이상 400엔 미만은 1000분의 10, 400엔

경우 1906년 이전 강치에 대한 과액은 혹 대부망에 포함되었던 것은 아닐까 하는 의문이 제기될 수 있다. 그랬다면 1894년에 '四手網(拃持網을 포함함)'이라는 형식으로 변화 내용을 밝혀주었듯이, 1906년에도 '대부망(해려어를 포함함)'[71]이라는 형식으로 밝혀주었어야 한다. 그런데 1906년에 '강치어업'을 따로 명기했다. 이는 1905년 이전까지는 오키 강치에 대해서도, 독도 강치에 대해서도 과액을 밝힌 적이 없었음을 말해준다.

고래와 오징어, 어망 등에 변동사항이 생기면, 그때마다 '어업채조세 과목과액'도 개정되게 마련이었다. 그런데 왜 강치에 대한 과목과액은 1905년 4월 이전까지 개정되지 않았을까? 그리고 일본은 왜 1905년에 '강치어업'을 새로 넣으면서 '오키국 다케시마'라고 명시했을까? 이를 두고 일본이 시마네현이 1905년 이전의 '강치어업'을 파악하지 못했으므로 과세하지 못했다고 주장하기는 어렵다. 오키 강치에 관해서는 포획량을 파악하여 통계로 낸 것이 있기 때문이다. 시마네현은 왜 1906년에야 비로소 강치에 대한 과목을 마련하게 되었을까? 이는 즉 1904년부터 1906년 사이의 과세공백을 어떻게 설명할 것인가 하는 문제이다. 나카이 요자부로를 비롯한 오키인들이 1904년에 포획한 독도 강치는 모두 3천 마리, 가액으로는 8천 엔[72]이 넘는데, 이 액수는 1903년 오키 강치의 453엔에 견주면 엄청난 액수이다. 그런데 시마네현은 1904년에 나카이에게 과세하지 않았다. 그 이유는 시마네현이 그때까지 독도를 오키 관할로 확정하지 못했기 때문이다. 아니 할 수 없었기 때문이다. 시마네현이

---

이상은 1000분의 15"이다.

71) 혹은 '자망(해려어를 포함함)' 형식일 것이다. 1906년에 오쿠하라는 독도에서 강치를 포획하기 위해 자망(刺網)을 쓴다고 했다. 이는 그물을 동굴 입구에 쳐놓아 양 끝을 동굴 입구에 있는 두 사람의 어부가 잡고 있고, 다른 어부는 동굴 안에 잠복해 있는 강치를 내몰아 강치가 달려오다 그물에 걸려 폐사(斃死)하게 만드는 것이다.

72) 1904년 오키국 어획고는 87,337엔이었으므로 강치 어획고가 약 10%를 차지한다.

1904년에 독도를 오키 관할로 간주했다면, 당연히 강치통계도 넣었을 것이다. 그런데 현의 통계서에서 강치통계는 1904년부터 보이지 않았다. 이 또한 시마네현이 1904년의 강치 포획지 독도를 오키국 관할로 여기지 않았음을 입증한다. 현이 독도 편입 이후 과세법안을 마련하기 시작한 것도 이 때문이다. 1905년 이전 세제 가운데 변화된 내용을 정리하면 〈표-5〉와 같다.[73]

〈표-5〉 현세 관련 법령 변천과 어업 관련 내용의 변천

| 연도 | 현세 관련 법령 | 어업 관련 주요 개정 내용 | 호 수[74] |
|------|----------------|--------------------------|-----------|
| 1886. 11. | 시마네현령 제1호 발령 | | |
| 1889. 1. | '영업세잡종세 과목과액' 상정 | 어업채조: 포경, 조수렵에 세액 명시, 어망에도 종별로 세액 명시 | 4호 |
| 1889. 1. | '어업채조세 과목과액' 개정 | 포경 등에 세액 명시 | 6호 |
| 1889. 10. | '어업단속규칙' 상정 | 과료(科料) 규정 | 118호 |
| 1890. 12. | '부현세징수법 세칙' | 도사(島司), 군장(郡長), 시장(市長)이 징수 | 84호 |
| 1892 | '어업채조세 과목과액' 개정 | '포경' 삭제, 어망에 따른 세액 명시 | |
| 1893. 1. | '영업세잡종세 과목과액' 개정 | '어업채조세' 과목액 별도로 정함. '포경'에 다시 과세 | 9호 |
| 1893. 11. | '어업단속규칙' 개정 | 본현 관할지 연해천(沿海川) 및 관유 호소지(湖沼池)에서 어업하는 자 모두에 규칙 적용 | 59호 |
| 1894 | '어업채조세 과목과액' 개정 | 포경, 어망 별 세액-대부망(400엔 이상은 1000분의 15) 외 | 15호 |
| 1897. 1. | '지방세 부과규칙' 기한 개정 | 포경, 어망 명시하고 지역별 연세를 규정 | 3호 |
| 1897. 1. | '부현세 징수법 세칙' 개정, '지방세 부과규칙 시행규칙' | 도사, 군장이 징수, 시장은 제외 | 5호 |
| 1899 | '현세부과규칙' 개정 | 대부망(大敷網) 외에 부망(浮網) 추가, 세수 명기 | 14호 |
| 1900 | '현세부과규칙' 개정 | 오키 4군을 묶어 세수 합산 | 21호 |

---

73) 어업 관련하여 개정된 내용이 있는 경우를 위주로 적었으며, 법령명을 모두 적은 것은 아니다. 거의 해마다 약간의 개정이 있었으므로 실제 법령의 숫자는 훨씬 더 많다.

74) 아래 호(號)수는 특별한 명기가 없는 한, 현령의 호(號)수이다.

| 1901. 3. | '현세부과규칙' 개정 | 납부 일시 변경, '海部'와 '湖川部'로 구분, 포경 세액을 세분 | 11호 |
| 1901. 3. | '현세부과규칙 시행규칙' 개정 | 선박은 감찰을 받도록 규정 | 17호 |
| 1902 | '어업법 시행규칙' | 특별어업 제한, 부망어업(敷網漁業) 예외 | |
| 1902 | '어업단속규칙' 개정 | 부망어업(浮網漁業) 명기 | 130호 |
| 1903. 2. | '현세부과규칙' 개정 | 어장 구역을 세분, '포경' 삭제 | 7호 |
| 1903. 7. | '어업단속규칙' 개정 | 어망에 따른 세액 개정 | 30호 |
| 1904. 3. | '현세부과규칙' 개정 | 어망에 따른 세액 개정 | 12호 |
| 1904. 4. | '어업단속규칙' 개정 | 어망 길이 개정 | 29호 |

## (3) 강치어업 허가 과정과 관유지 대장 등재

1905년 2월 22일 시마네현 고시 제40호로 독도를 편입한 이후 현은 바로 강치어업 허가제 방침을 발표하지 않았다. 편입 후 오키 도사(島司)는 나카이 요자부로가 제출한 10년 대여 신청서와 도면[75]을 첨부하여 지사에게 제출했다. 1905년 2월 26일 나카이가 청원하기 시작하자 강치어업 허가원 신청이 잇따랐다. 그 이전부터 독도에서 강치잡이를 한 오키인들이 청원하기 시작했다. 1905년 3월 3일에는 오키국 스키군 사이고정 오아자 나카마치에 거주하는 나미 간이치(永海寬市), 3월 5일에는 오키국 오치군 고카촌 오아자(大字) 구미 거주자 하시오카 도모지로가 허가원을 제출했다. 이들은 허가원에서 '다케시마'와 '리양코 도'를 병칭했다. 한편으로 나카이는 포획 제한이 없을 경우의 경쟁적 남획을 우려했다.[76]

75) 도면에는 방위가 동경 131도 5분, 북위 37도 15분으로 되어 있다. 시마네현 고시 제40호에는 '북위 37도 9분 30초 동경 131도 55분'으로 되어 있다. 현재 한국에서 동도는 북위 37도 14분 26.8초, 동경 131도 52분 10.4초, 서도는 북위 37도 14분 30.6초 동경 131도 51분 54.6초로 되어 있다. 1953년 시마네현 고시 제352호 해면 공동어업권 면허에는 어장의 위치가 오치군 고카촌 다케시마(북위 37도 9분 30초, 동경 131도 55분에 있는 다케시마) 일대로 되어 있어 현 고시 제40호를 따르고 있다.

76) 〈副申案(中井養三郎이 대여를 청원) 2월 26일의 신청서에 대하여〉《竹島貸下·海驢漁業書類》

　　오키 도사 히가시 분스케(東文輔)는 독도 출어의 유래를 잘 아는
자였다. 그는 독도 출어가 2~3년 전부터 이루어져왔으며 두세 명
의 섬사람이 출어하여 상당한 양을 포획했다는 사실을 알고 있었
다. 이에 그는 개정된 '어업단속규칙'이 공포되더라도 누구에게 허
가할 것인지 충분히 심의해야 한다고 시마네현 지사에게 내신했
다.[77] 그는 1905년 4월 11일자 문서(農 제487호)에서 "관하(管下) 다케
시마의 강치어업이 이번 어업단속규칙에 따라 허가어업으로 되어
지난번 부내(部內)의 아래 사람들이 제출한 원서에 대하여 각각 처
분해야 할 필요가 있습니다만…"[78]이라고 했다. 이는 그가 4월 초
에 강치어업을 허가어업으로 할 방침이 정해졌음을 이미 알고 있
었음을 의미한다. 시마네현 내무부장 호리 신지(堀信次)는 청원자들
의 경영 공로와 사업계획의 충실성 여부를 조사해줄 것을 오키 도
사에게 요청했고(4.11),[79] 이어 개정된 '어업단속규칙'이 공포되었다
(4.14). 시마네현은 신청자 가운데 울릉도에 도항한 경험만 있거나
도해했지만 목적이 불확실한 사람은 심의에서 탈락시켰다.[80] 청원
자들은 어업허가를 신청할 때부터 강치 보호의 필요성을 역설하여
포획기간과 크기, 숫자를 제한할 것을 제안했다. 1904년에 독도에
출어했었던 가토 주조(加藤重造)도 이 점을 분명히 했다.[81]

77) 〈다케시마 출어 요청에 대한 내신(內申) 사본〉(1905. 3. 7) 《(秘) 竹島》. 어업허가
　　원이 많이 제출되자, 오키 도사가 시마네현 지사에게 어업단속규칙을 공포할 것을 내
　　신한 것으로 이해한 경우(김수희, 〈나카이 요사부로(中井養三郎)와 독도어업〉, 《인문
　　연구》 58호, 2010, 138쪽)가 있다. 그러나 시마네현 자료(甲庶 16)를 보면, 도사가 건
　　의한 것은 지적 편입에 대한 별도의 훈령이 있어야 한다는 것이다. 도사는 어업단속
　　규칙을 공포하는 일은 지사가 할 것으로 예견한다는 사실을 언급했다. 즉 단속법의
　　공포를 도사가 지사에게 건의한 것이 아니라, 그렇게 하는 것이 수순임을 언급한 것
　　이다.

78) 〈다케시마 강치어업 관련 종래 경영자 조사 조회〉, 《(秘) 竹島》.

79) 〈다케시마 강치어업 관련 종래 경영자 조사 조회〉 農 487, 《(秘) 竹島》.

80) 몬와키 사다타로(門脇貞太郎)와 노쓰 이치타로(野津市太郎)가 전자에, 고베 요시키
　　치(甲邊由吉)가 후자에 해당된다(〈農 265 강치어업 계속 관련 건 회답〉 農 271, 1905.
　　4. 29. 《竹島貸下 · 海驢漁業書類》).

81) 〈다케시마 대여 청원, 가토 주조의 청원〉, 《竹島貸下 · 海驢漁業書類》.

1905년 5월에는 돗토리현(鳥取縣) 사람도 허가를 신청하여 5월 10일 이전까지만 해도 11명이었다. 이때 오키 도청은 시마네현의 네 명만 불러 조사할 계획을 세우고 있었다. 소환 예정자는 가토 주조(스키군), 나카이 요자부로(스키군), 이구치 류타(스키군), 하시오카 도모지로(오치군)였다.[82] 이에 앞서 시마네현은 오키 도청에 신청자에 대한 조사를 의뢰했었는데, 나카이 요자부로, 나미 간이치, 하시오카 도모지로, 이시이 주타로(石井忠太郎), 야마네 후사마쓰, 미우라 주이치로(三浦忠一郎), 몬와키 사다타로(門脇貞太郎), 이구치 류타(井口龍太)였다. 오키 도사는 5월 6일자 문서에서, 이들 가운데 나카이, 이구치, 하시오카 세 명은 1903년부터, 가토는 1904년부터 어업을 해왔지만 다른 사람은 독도에 도항하여 종사한 바가 없다는 사실을 상기시킨 바 있다. 도사는 네 명 가운데 영토 편입에 대한 나카이의 공로는 인정하지만 나카이가 독점하면 다른 사람의 설비를 물거품으로 만들게 되고, 그렇다고 여러 사람이 하면 남획의 폐해도 우려된다고 했다. 이에 도사는 네 명의 공동어업 형태를 제안했고[83] 현 지사는 5월 10일 이를 받아들였다. 이로써 도사는 네 명에게 새로 공동 출원서를 받기로 하고 이전 원서를 반환했다. 공동허가제는 관행을 존중하는 어업법[84]의 취지에 따른 것이다.

1905년 5월 17일 시마네현은 "(독도가) 영토에 편입되어 이름만 있을 뿐 아직 지적(地籍)도 정해지지 않았으며 면적 등도 확실하지 않으니, 해당 규정에 따라 처리하기가 어렵"[85]다고 여겨, '다케

---

82) 〈다케시마 강치어업 출원자 소환서 초안〉《竹島貸下·海驢漁業書類》.

83) 〈다케시마 강치어업 경영사업 전망 조회 회답서〉乙農 92, 1905. 5. 6, 《〈秘〉竹島》(원문에는 1903년으로 되어 있으나 오기임).

84) 어업법 부칙 34조에 "종래의 관행에 따라 제3조 또는 제4조의 어업자는 본법 시행일로부터 1년 이내에 출원할 때는 그에게 면허를 주어야 한다"고 했다. 3조와 4조는 정치어업 또는 수면전용어업을 하는 권리를 얻으려 하는 자를 말한다.

85) 〈副申案(中井養三郎가 대여를 청원)〉甲農 13, 1905. 2. 27, 《竹島貸下·海驢漁業書類》.

시마'를 오키국 4군의 관유지 대장에 등재했다(5.17. 제32호).[86] 1905
년 5월 27~29일에는 일본과 러시아의 해전이 있었다. 관유지 사용
허가가 내려진 것은 5월 27일에서 9월 21일 사이였고, 나카이 등은
그 사이 독도에 출어하여 1000마리 이상(3750관)의 강치를 잡았다.
1905년에 울릉도에서 독도로 출어한 사람들도 1275관/700엔의 강
치 수출고를 기록했다. 나카이가 포획한 양에 비추어 대략 계산해
보면, 울릉도인은 약 300마리 이상을 포획한 것이 된다.

앞서 5월 20일, 네 명의 청원자는 공동어업으로 하기로 규약을
맺고 3년 동안[87] 강치어업을 허가해줄 것을 현 지사에게 요청했었
다. 현은 이들에게 공동어업을 허가했다(1905. 5. 20, 乙農 805). 네 명
가운데 세 명은 시마네현 스키군 사이고정 나카촌 오아자 거주자
였고, 하시오카 도모지로는 오치군 고카촌 오아자 거주자였다. 나
카이는 돗토리현 하쿠슈 도하쿠군(東伯郡) 오가모촌(小鴨村) 출신이
지만,[88] 오키국 스키군 사이고정 오아자 니시마치에 거주하고 있었
다. 이들은 각각의 출자 비율에 따라 권리를 갖기로 했다.[89] 5월 22
일, 오키 도사는 시마네현에 허가를 요청했고,[90] 마쓰나가 다케요
시(松永武吉) 현 지사는 6월 3일 허가를 통지한 뒤 5일에 어업감찰
을 교부했다.[91] 네 명을 제외한 사람들에게는 같은 날 '강치어업 불
허 통지'가 내려졌다. 회사 정관을 만든 4명의 어업자는 '어업법 시

---

86) 1940년 8월 공용이 폐지되었다.
87) 1905년 4월의 '어업단속규칙' 제2조에는 강치어업의 허가기간이 3년으로 되어 있다.
88) 원적지는 돗토리현 도하쿠군 고카모촌 오아자 나카가와라촌(中河原村)이다.
89) 〈다케시마 강치어업 공동영업 규약 신고서 사본〉, 《(秘) 竹島》; 〈다케시마 해렵(海
   獵) 합자회사 설립 신고서〉, 《竹島貸下・海驢漁業書類》.
90) 나카이가 100분의 40(1200엔)으로 가장 많은 부분을 차지하고 있고, 하시오카와 이
   구치는 23%(690엔)로 동일하며, 가토가 14%(420엔)로 가장 낮다(〈나카이 외 3명 공동
   어업 요청서 허가 통지 사본〉, 1905년 5월 22일 乙農 제805호, 《(秘) 竹島》).
91) 5월 20일 감찰이 내려진 것으로 보는 경우도 있지만(김수희, 2010, 앞의 글), 이 날
   은 허가한 날로 보인다.

행규칙'(1902) 제18조에 의거, 다케시마해려합자회사[92] 업무집행사원 나카이 요자부로를 대표자로 하여 6월 8일 시마네현에 신고서를 제출, 6월 13일 '다케시마어렵합자회사'로 정식 등록되었다. 강치어업을 허가제로 전환하여 합자회사에 포획의 길을 열어준 시마네현은 독도에 이어 울릉도 침탈을 위한 본격적인 행동에 착수했다. 울릉도 침탈 계획이 있었음은 독도 시찰만을 계획한 것이 아니라 울릉도 시찰 계획도 처음부터 있었던 것으로 알 수 있다.[93] 두 섬에 대한 시찰 계획은 1905년 8월 중순부터 시작되었지만, 실제 시찰은 1906년 3월 말에야 이루어졌다. 시찰단 일행이 타고 갈 배의 편승자 명단에는 시마네현과 오키 도청 관리, 기술원, 경찰, 교사, 사진사 외에도 적지 않은 수산업자가 포함되어 있었다.[94] 수산업자 대부분이 독도 출어와 관계된 자들인 점에 비추어보면, 1905년 편입 후 시찰 계획 당시부터 희망하던 자였음을 알 수 있다.

92) 《竹島貸下・海驢漁業書類》를 보면, 원문이 '다케시마해려합자회사'로 되어 있고, '다케시마어렵합자회사'로 되어 있는 것도 있다.

93) 당시 시마네현과 오키 도청이 주고받은 문서를 보면, 독도에 대한 조사사항뿐만 아니라 울릉도에 대한 조사사항도 거론되어 있다. 현은 "(울릉도에) 농어(農漁)를 위해 몇 호 정도가 이주하여 생활할 수 있는지, 농작물 종류와 경작의 개략, 차지(借地)의 유무, 연초(煙草) 재배의 가능성 여부, 샘을 팔 수 있는지의 여부" 등을 조사할 계획이었다(〈제3부장 회답안 (다케시마 울릉도 시찰 조사)〉, 1905. 8. 28, 《竹島貸下・海驢漁業書類》).

94) 나미 간이치(永海寬市), 나카이 요자부로, 나카하타 가네시게(中畑兼繁), 우노 와카지로(宇野若次郎), 이구치 류타, 가토 주조, 야하타 겐지(八幡源次), 노쓰 도미타(野津富太), 사사이 사다타로(笹井貞太郎), 우노 도키와(宇野常盤), 니시무라 기요(西村ギ ョ), 야마모토 가쿠노스케(山本覺之助) 등이다(〈다케시마 시찰 일행 "시찰자 명부"〉, 《竹島一件書類》. 1906년 3월 18일 확정된 명단 가운데 수산업 관계자만 추출함).

## 4) 강치어업에 대한 과세와 포획량, 그리고 어업권

### (1) 1906년의 독도 강치 과세규정과 변천

1905년 6월, 시마네현은 독도의 강치어업[95]을 허가제로 했지만 과세규정을 마련한 상태는 아니었다. 1906년 3월, '현세부과규칙'(현령 제8호)의 '어업채조' 부분이 개정되어 '경어(鯨漁)'와 '강치잡이(海驢漁)'에 대한 과목과액이 추가됨으로써 비로소 강치에 대한 과세규정이 구비되었다. 이들 어종이 속한 해역은 '해부(海部)'에서 '외해부(外海部)'로 변경되었다. 두 어획물에 대한 '연세는 어획고의 1000분의 15'[96]로 정해졌고, 이 지역 어업자가 아닌 경우에도 과세한다는 방침이 정해졌다.

시마네현이 1906년에야 비로소 '현세부과규칙'을 개정하여 강치에 대한 과목을 정했다는 것은 몇 가지 의미를 지닌다. 첫째, 이 규칙은 독도 강치에 대한 과세를 처음 법령으로 규정했다는 의미가 있다. 이는 그 이전에는 오키 강치에 대한 과세규정도 없었음을 의미한다. 일본은 시마네현이 현령 제8호로 인해 비로소 강치어업의 세율을 정해 세목에 추가함으로써 강치어업이 이익을 내게 되었다[97]고 주장한다. 그 이전에는 강치어업이 이익을 내지 못했으며, 따라서 과세대상이 아니었음을 인정한 것이다. 둘째, 강치어업 해역을 규정하면서 '외해부'로 변경한 것은 '오키국 다케시마' 해역을 '외해부', 즉 독도를 외해로 인식하였음을 의미한다. 셋째, 고래와 강치어업에 대해 오키 어업자 이외에도 과세하도록 한 규정은 1906년 시점에 나카이 요자부로의 합자회사를 겨냥한 과세규정임을 보여

---

95) 1905년 이후 강치어업은 특기하지 않는 한, 독도에서의 어업을 말한다.

96) 원문은 "年稅金上り高千分の十五"이다. 시마네현 소장 행정문서 1, 2011, 《竹島關係資料集 제2집》(시마네현 총무부 총무과)에도 실려 있다.

97) 시마네현 소장 행정문서 1, 《竹島關係資料集 제2집》(2011), 7쪽.

준다. 편입 이전부터 독도 강치를 포획하고 있던 나카이 요자부로는 돗토리현 출신이기 때문이다.

앞의 통계에서 보았듯이, 1903년에서 1905년 사이에 오키인들은 독도 강치를 포획했었다. 그러나 오키인들은 1905년에 현이 강치 포획지를 '오키국 다케시마'로 규정하기 전까지는 관할지가 어디인지 단정짓지 못하고 있었다. 오키인들은 자신들이 출어하던 섬의 이름이 '다케시마'라는 사실도 이때 확인하였다. 그 이전에는 '양코 도' 또는 '량코 도'로 부르고 있었기 때문이다. 시마네현은 1905년 4월 강치 포획지가 '오키국 다케시마에 속한다'는 사실을 언명하고 나서 1년이 다 된 1906년 3월에야 비로소 '과목과액'을 정했다. 그리고 그에 앞서 '다케시마'를 관유지 대장에 등재하는 일을 먼저 처리해야 했다(1905.5). 이런 절차를 진행시킨 사실이야말로 일본이 '다케시마'를 오키국 관할지로 인식해오지 않았음을 방증한다.

독도에서의 강치어업을 허가받은 자가 다케시마어렵합자회사에 한정되었기 때문에 다른 어업자들은 이른바 해면 전용 어업권을 얻으려 했다. 1908년 6월 30일, '어업단속규칙'의 제1조와 8조는 다음과 같이 개정되었다.

> 제1조: 〈어업법 시행규칙〉 제56조[98]에서 든 어업 외에 아래에 든 어업을 하려는 자는 지사의 허가를 받아야 한다. 다만 제7호의 어업은 1905년 2월 본현 고시 제40호가 정한 다케시마에서의 어업에 한하며, 제8호 또는 제11호의 어업은 호소하천에서의 어업에 한한다.
>
> 1. 타뢰망 어업 … 7. 강치[海驢]어업 … 10. 공어괘망 어업(公魚卦網漁業) 전항(前項) 어업의 허가를 받은 경우는 어업감찰을 내준다.
>
> 제8조: 다케시마(1905년 2월 본현 고시 제40호-원주)와 그 지선(地先) 20

---

98) "아래에 열거한 어업은 그 어업을 하는 수면을 관리하는 지방장관의 허가를 얻지 않으면 할 수 없다. 1. 藻手繰網漁業 2. 藻打瀨網漁業 3. 藻曳網漁業 4. 잠수기어업 5. 空釣繩漁業…"

정(丁)[99] 이내에서 강치〔海驢〕어업 이외의 어업을 금한다.

위 '어업단속규칙'은 허가어업의 종류를 개정한 것이지만, 강치
어업을 다케시마로 제한한 데는 변함이 없다. 다만 1905년에 "강치
〔海驢〕어업(오키국 다케시마에서 하는 것에 한한다)"고 한 내용이 1908년
에는 "1905년 2월 본현 고시 제40호가 정한 다케시마에서의 어업에
한"한다는 내용으로 바뀌었다. 둘 다 다케시마 이외에서는 강치어
업을 금지한다는 내용이지만, 1908년에는 구역이 다케시마와 그 주
변 '지선 20정 이내'까지로 구체화된 것이 다르다.

1910년에도 '현세부과규칙'의 일부가 다시 개정되었지만(12.6, 현
령 제40호),[100] 이때는 한국을 병합한 이후이다. 따라서 1911년 5월
17일, 개정된 '수산업 보조규칙'(현령 제21호)은 보조금을 교부받는
지역에 조선을 포함시켰다. 1911년에 개정된 '어업단속규칙'(12.30,
현령 제54호)에는 다음과 같은 내용이 있다.

제1조. 아래에 열거한 어업을 하려는 자는 지사에게 출원 허가를 받아야
한다. 다만 전용어업권에 의거해서 하는 경우는 이 제한을 따르지 않
는다.
1. 백어건망 어업 … 11. 해로(海鱸)[101]어업(자망, 박살, 총살)[102]…
제15조. 아래에 열거한 구역 안을 금어구로 하여 수산동식물의 채포를 금
한다. … 5. 다케시마(1905년 2월 본현 고시 제40호) 및 그 지선(地先)
별지 제5호도 빨간 선 안의 구역, 단 해려(海驢)어업은 이 제한을 따
르지 않는다.

---

99) 町과 같다고 본다면, 1정은 109.09미터이므로 20정은 약 2,180미터이다.
100) 내용은 '어업채조'에서 '中海及湖川部'에 '魚來籠網一側'에 대한 세금을 추가한 것이다.
101) '鱸'로 되어 있으나 현의 관리가 手記로 '驢'자로 바로잡아 놓았다.
102) 이 세 가지 어구는 1906년에 오쿠하라 헤키운이 언급한 바 있다.

즉 1911년에 독도는 수산동식물 채포가 금지된 금어구였지만, 강치어업은 예외였다. 그러므로 전용어업권[103]을 지닌 강치어업 자는 포획할 수 있었다. 1905년 편입 이후 법령의 변천을 정리하면 〈표-6〉과 같다.

〈표-6〉 1905～1911년 사이 어업 관련 법령의 변천

| 연도 | 개정된 세제 관련 법령 | 어업 관련 내용 | 호 수 |
|---|---|---|---|
| 1905. 4. 11 | | 오키 도사, 강치어업 허가 어업이 된다는 사실 언급 | 農 제487호 |
| 1905. 4. 14 | '어업단속규칙' 개정 | 제1조에 1. 海驢漁業 (隱岐 國竹島에서 하는 것에 한한 다)" 삽입, 부망어업 다음 에 '해려어업' 삽입 | 18호 |
| 1905. 5. 17 | | '다케시마'를 관유지 대장 에 등재 | |
| 1905. 5. 20 | | 현, 강치어업을 공동어업으 로 허가 | 乙農 제805호 |
| 1906. 3. | '현세부과규칙' 개정 | '外海部'에 '鯨漁'와 '海驢 漁' 병기, 연세를 '어획고의 1000분의 15'로 명기 | 8호 |
| 1908. 6. | '어업단속규칙' 개정 | 허가어업인 강치어업을 '다 케시마'와 지선 20정으로 한정 | 48호 |
| 1910. 12. | '현세부과규칙' 개정 | '어업채조'의 '中海及湖川 部' 개정 | 40호 |
| 1911. 5. | '수산업 보조규칙' 개정 | 조선, 대만에의 출가어업에 보조금 교부 | 21호 |
| 1911. 12[104] | '어업단속규칙' 개정 | 전용어업권을 지닌 강치어 업만 허가 | 54호 |

시마네현은 1905년에 나카이 등이 포획한 독도 강치에 과세할

---

103) 〈어업법 시행규칙〉(1902. 5. 17)에 따르면, 전용어업이란 정치(定置)어업, 구획어 업 및 특별어업이 아닌, 수면을 전용하여 하는 어업을 말한다.

104) 일본 시마네현이 '어업단속규칙'을 개정하여 독도에서의 강치어업 관련 항목을 삭 제하게 되는 시기는 1946년 7월 26일(현령 제 49호)에 와서이다(김선희, 2010, 앞의 책, 109쪽).

수 없었다. 법령이 구비되지 않았기 때문이다. 그런데 법령이 구비되기까지에는 절차가 필요했다. '현세부과규칙'과 '어업단속규칙'을 개정해야 했고, 관유지 대장에도 등재해야 했다. 이어 현은 공동어업을 조건으로 합자회사를 설립하게 한 뒤에 과세할 수 있었다. 이런 정비과정을 보더라도 일본이 독도 강치를 포획하던 초기에는 독도를 고유영토로 인식해오지 않았음을 알 수 있다

### (2) 강치 보호를 명분으로 한 어업조합 설립 도모와 무산

나카이는 강치 포획을 본격화한 지 1년도 안 돼 '다케시마 경영상 필요한 계획'을 세우기 시작했다(1906. 4. 28). 〈다케시마 경영에 관한 진정서〉도 제출했다(1906. 4. 30). 이어 섬 전체의 장기 임대와 해면 전용면허에 대해서도 진정했다. 강치 과세법이 시행된 직후 납세도 하기 전에 나카이가 진정서부터 준비한 이유는 무엇인가? 이는 강치포획 전망과 관계가 있다. 나카이는 강치포획에 대한 허가는 받았지만 강치가죽 판로를 확립하지 못한 상태여서 충분한 이익을 내지 못한다고 여겼다. 이에 그는 홋카이도 판매를 개시하는 등 여러 판로를 모색하고 있었다. 또한 그는 더 많은 이익을 얻기 위해 강치가죽뿐만 아니라 기름과 비료를 만들 설비도 필요하다고 여겼다. 즉 "강치어업을 방해하지 않는 방법과 정도의 범위 내에서 다른 어업을 시도할 준비"[105]가 필요하다고 본 것이다. 그가 어업조합 설립을 고려한 배경이기도 하다.

당시 합자회사는 허가기간이 한정되어 있었다. 나카이는 어업기간이 만료되어 다른 어업자에게 허가될 경우 강치 보호도 책임질 수 없을 뿐만 아니라 자신의 회사는 엄청난 손해를 입을 것으로 보

---

105) 〈다케시마 경영상 필요한 계획〉 《〈秘〉 竹島》.

았다. 이 때문에 그는 강치사업을 장기적으로 수행하기 위해 장기 임대와 해면전용면허가 필요하다는 사실을 역설하기 시작했다.

1906년 6월, 나카이는 하시오카, 가토, 이구치를 어업조합 발기 인으로 하여 '다케시마어업조합 설치 건'을 신청하고 어업조합 규약도 만들었다. 어업조합 지구는 "시마네현 오키섬 소속 다케시마 구역"으로 했다. 그는 주소지를 가져야 한다는 어업법을 의식하여, "가주소를 가진 자는 조합원이 될 수 있게" 했다. 조합원의 어업권에는 강치뿐만 아니라 전복, 고래, 우뭇가사리 등 해산물과 해조류가 포함되었다.[106] 그러나 시마네현은 이들의 5~6개월 출어를 가지고 독도에 주소지를 둔 것으로 보기 어렵다고 판단, 어업법 제18조[107]에 의거, 어업조합을 설치할 수 없음을 통지했다.[108] 1906년 10월 20일, 나카이의 조합설치 신청은 기각당했다.

1905년 6월, 현은 다케시마어렵합자회사에 어업감찰을 주었는데, 다시 1907년 6월에 청원한 어업 건을 허가하면서 9월에는 감찰을 발급했다.[109] 나카이는 청원서에서 "오는 1908년 5월로 허가해 주신 기간이 일단 만기가 되어 신고를 하"니, 다시 허가기간을 '1908년 6월부터 1911년 5월까지 3년 간'으로 해줄 것을 요청했다.

한편 1907년 5월 13일에는 스키군 사이고정 니시마치(西町)어업조합이[110] 5월 20일에는 오치군 고카촌 구미어업조합이 다케시마를

---

106) 해면전용어업, 수면전용어업, 지선수면전용 어업 등 원문 용어가 일정하지 않고 후학자의 해석도 달라 혼돈을 주고 있다. 필자는 해면전용어업과 수면전용어업을 같은 의미로 보았다. 당시는 수심이 아니라 거리를 기준으로 하고 있음을 알 수 있다.

107) 일본에서 어업법안이 처음 제출된 것은 1893년이지만, 법안이 최종 통과된 것은 1901년이고, 시행은 1902년 7월 1일부터이다(羽原又吉,《日本近代漁業經濟史》, 岩波書店, 1952, 104~123쪽). 어업법 18조의 내용은 "일정 구역 안에 주소를 지닌 어업자는 행정관청의 인가를 얻어 어업조합을 설치할 수 있다"이다.

108) 〈다케시마 어업조합 설치 신청 건 不許 통첩〉(1906. 10. 20)《竹島貸下·海驢漁業書類》.

109) 1907년 6월 어업통제규칙이 개정되어 공동어업권이 어업조합이 아닌 나카이 개인에게 허가된 것으로 보는 경우가 있다(김수희, 2010, 앞의 글, 144쪽).

110) 신청자는 조합 이사 마쓰자키 미지로이다. 이때 사이고정 니시마치어업조합은 다

지선으로 편입하는 건을 신청했다. 특히 구미어업조합[111]은 다케시마 해면전용 어업면허까지 청원하면서 이를 농상무성에도 청원했다. 그러나 시마네현은 다케시마가 어업조합의 지구 안으로 편입할 수 있는 곳이 못 된다며 허락하지 않았고, 다케시마 해면전용 어업면허 청원도 기각했다.[112] 이들이 신청한 해면전용 어업면허의 기간은 1907년 5월부터 1927년 4월까지의 약 20년간이었다. 이들이 청원한 어획물 종류는 전복, 우뭇가사리, 오징어, 볼락, 고등어, 상어, 범고래 등이었다.

두 어업조합의 신청에 앞서 나카이 회사는 1906년 6월 20일 어업조합[113] 설치를 청원한 바 있다. 이때 어업조합이 향유하는 '지선수면전용 어업권'에는 김과 우뭇가사리 등의 해조류뿐만 아니라 강치도 들어 있었다.[114] 니시마치와 구미의 어업조합은 강치를 뺀 어업권을 주장했으나, 나카이 회사는 강치를 포함한 어업권[115]을 주장하고 있었다. 오키 도사는 두(니시마치, 구미) 어업조합이 해면전용 어업면허를 신청한 목적이 어패류의 어획에 있기보다는 강치에 있으며, 이것이 강치어업자를 방해하려는 목적에 있다고 보아 지사에게 기각을 건의했다.[116]

---

케시마를 사이고정에 편입시켜 줄 것을 청원하기도 했다. 나카이는 상신서(1907. 5. 22)를 올려 반대했다.

111) 신청자는 이사 이케다 요시타로이다.

112) 〈다케시마 편입 관련 신청서 제출 지시 전달〉水 19 1907. 8. 14,《竹島貸下·海驢漁業書類》.

113) 수산조합과 어업조합은 별개이다. 1906년 기준 오키 지역의 어업조합은 47개로 나타나 있다(《島根縣統計書》).

114) 〈다케시마 어업조합 규약 제25조〉《竹島貸下·海驢漁業書類》.

115) 나카이는 1906년에 "지선과 수면의 배타적 이용은 합법적인 절차가 끝나지 않았기 때문에 아직 목적을 이루지는 못했지만, 머지않아 그 목적을 달성할 수 있을 때가 올 것으로 믿고 있"다고 했다. (〈메이지 39년도 업무집행 전말〉《竹島貸下·海驢漁業書類》).

116) 〈다케시마 본도 地先編入, 해면전용 면허 신청〉(8월 3일자 문서)《竹島貸下·海驢漁業書類》.

　1907년 8월 3일, 오키 도사는 나카이가 4월에 제출한 해면전
용 어업 관련 신청서를 시마네현 지사에게 상신했다.[117] 나카이가
1907년 4월, 다케시마 해면전용 어업면허에 관한 신청서와 진정서
를 도사[118]에게 제출한 바 있는데, 오키 도사가 이를 상신한 것이
다. 나카이는 4월의 신청서에서 "본사가 다케시마에서 강치〔海馬〕
어업권과 토지 사용권을 허락받았을 뿐, 아직 해면전용에 대한 면
허를 받지 않은 점을 노려, 근래 강치 이외의 수산물 채취를 표방하
면서 다케시마로 도항하려는 사람이 있는데, …"[119]라고 하며 다른
어업자의 도항을 경계했다. 그도 다른 수산업자들이 도항하면 강치
남획도 시도할 것으로 여겼던 것이다. 나카이는 '다케시마 경영권
독점이 필요한 사정'과 '다른 어업의 피해' 등을 적어 첨부했다. 그
에게 독도의 가치는 오직 강치에 있었다.

　오키 도사는 나카이의 진정서를 숙지하고, 독도를 지선에 편입
시키기 위해 두 어업조합이 신청서를 제출한 상태에서, 독도 주변
에서의 이익은 사실상 강치어업에 있다고 판단했다. 이에 "본 현령
의 '어업단속규칙'에서 다케시마 강치 이외의 모든 어업을 금지한다
는 조항을 서둘러 추가하도록 해주기를"[120] 지사에게 상신했다. 그
리하여 개정된 '어업단속규칙'에서는 강치어업을 '다케시마와 지선
20정'으로 제한했다. 이는 어업조합의 남획을 막기 위해서인 듯하
지만 사실은 나카이의 청원을 들어준 것이다. 오키 도사가 나카이
의 진정서를 접수한 것은 1907년이지만, '어업단속규칙'의 개정은
1908년에 이루어졌다. 1907년에 '현세부과규칙'의 일부가 개정되었

---

117) 〈다케시마어렵합자회사의 해면전용 건〉 甲農 91 1907. 8. 3,《竹島貸下 · 海驢漁
　　業書類》.

118) 제출처가 오키 도사에서 시마네현 지사로 바뀌어 있다. 〈다케시마 해면전용 관련
　　신청서〉 1907. 4. 17,《竹島貸下 · 海驢漁業書類》.

119) 〈다케시마 해면전용 관련 신청서〉 1907. 4. 17,《竹島貸下 · 海驢漁業書類》.

120) 〈다케시마어렵합자회사의 해면전용 건〉 甲農 91 1907. 8. 3,《竹島貸下 · 海驢漁業
　　書類》.

지만[121] 강치어업에 관한 개정사항은 보이지 않는다.

1908년 6월 30일, '어업단속규칙'이 개정되었다(현령 제48호, 7월 1일 시행). 강치어업을 독도로 한정하고 지사의 인가를 받게 하되, 독도 주변에서[122] 강치어업 이외의 어업을 금지하는 것을 골자로 하고 있다. 이는 1905년 4월에 강치어업을 독도로 한정한 것과 1907년에 독도어업을 강치어업으로 제한한 것을 결합한 것으로 볼 수 있다. 1906~1907년의 독도 강치 어획고를 보면, 1906년에 1,385마리(1,948)/5,437엔,[123] 1908년에 1,680마리[124]이다. 주로 해륙(海陸)에서 그물, 작살, 박살(撲殺), 총 등의 방법으로 4월에서 9월 사이에 포획한 것이다. 연간 포획 숫자는 1905년(1000여 마리)과 비교해 보면, 더 많다. 독도어업을 강치어업으로 제한한 시기가 1907년인 점을 감안하면, 그 이전까지는 해면어업이 행해졌을 것으로 보인다. 그런데 당시 어업조합은 해면전용 어업허가를 얻지 못했다. 설령 허가받았다 하더라도 강치 주산지인 독도에서 그들이 강치 포획에 집중하지 않고 해면어업에 집중했을 가능성은 희박하다. 1905년부터 1907년 사이의 강치 포획량이 비슷하다는 것은 독도에 군집해 있던 개체 수에 큰 차이가 나지 않는다는 것을 의미한다. 따라서 이에 종사한 인력과 자본금에 큰 차이가 나지 않는 한 나카이 회사의 연간 포획량도 비슷했을 것으로 보인다.

---

121) 1907년 2월 22일, 3월 26일, 4월 15일 '현세부과규칙'의 일부가 여러 번 개정된 바 있다.

122) "다케시마 및 그 지선(地先) 20정(丁) 이내에서의 강치어업 이외의 어업을 금함"

123) 1907년에 1,600마리(2094)/5,940엔, 김수희 논문(2010, 146쪽)의 통계는 다무라 세이자부로의 《島根縣竹島의 硏究》(1953) 및 다케시마어렵합자회사의 〈自38年原書兼指令〉, 《竹島關係綴》(1953), 《昭和28年度 涉外關係綴》에 근거한 것으로, 괄호 안 숫자는 어렵합자회사 내부 자료의 숫자이다.

124) 〈1909년 6월 7일 오키 도청의 질의에 대한 답신〉(農 제377호)《昭和28年度 涉外關係綴》.

### (3) 1906~1910년 강치어획고와 과세 현황

1907년 공동으로 운영되던 다케시마어렵합자회사는 동업자 이구치 류타와 사이가 벌어졌고, 7월까지의 강치 포획은 770마리 정도였다. 이 숫자는 제한숫자를 무시하고 초과 포획한 숫자이다. 이구치 류타의 제한 해제 요청에 따라 나카이는 이미 포획한 초과량을 불문에 부치기로 하는 한편, 기존의 포획 한도 600마리를 1500마리 이내로 변경할 것을 총회에서 결의했다.[125]

한편 나카이는 1907년부터 해마도(海馬島: 사할린)의 강치 포획에 관심을 기울이기 시작했다.[126] 나카이는 7월에 홋카이도에서 독도 강치 판로를 여는 데 비용을 들이고 있었기 때문에 해마도에서 강치 포획의 길이 열릴 것을 우려했다. 본래 해마도에서는 강치가 금어 어종이었으므로 나카이는 언제 개금(開禁)되는지 알아봐 줄 것을 오키 도사에게 요청했고,[127] 도사는 현행 어업규칙으로는 허가할 수 없으며 언제 허가할지 모른다고 통보했다.[128] 1908년의 독도 강치 어획고는 1,681마리였으나 1909년부터는 1,152마리로 줄었고, 1910년대부터는 679마리로 떨어졌다.[129] 1908년에 나카이는 홋카이도 치시마국(千島國) 시무시루도(新知島) 외 8개 섬에서 총 지적(地積) 128,184평의 유료사용 허가를 홋카이도청 네무로(根室) 지청에 청원하여 허가 받았다.[130] 1909년에는 해마도 어업 허가도 획득했다. 나카이가 1909년부터 홋카이도의 강치포획에 매달려 강치 포획기

125) 〈답신(答申) 오키 도청(1907. 7. 12)의 질문에 대한 나카이의 답신〉(1907. 7. 15), 《昭和 28年度 涉外關係綴》.

126) 나카이는 1907년에 시마네현 시찰단과 함께 러시아령 블라디보스토크를 다녀온 바 있다.

127) 〈원서(願書) 메이지 40년(1907) 7월 14일〉, 《昭和28年度 涉外關係綴》.

128) 〈農 제789호〉, 《昭和28年度 涉外關係綴》.

129) 김수희, 2010, 앞의 글, 146쪽.

130) 도청에 제출함. 〈이력서〉, 《昭和28年度 涉外關係綴》.

에 숙련된 인부를 홋카이도 치시마국으로 보내자 독도 포획량이 감
소했다. 나카이는 강치가 연해에서 번식하는 동물이므로 독도에 많
이 군집해 있지만, 물개(膃肭獸)도 와 있다고 보았다. 그는 어부들이
강치 새끼와 물개를 구분하지 못한다고 여겼고,[131] 'Sea Lion'이라는
서양 이름도 숙지하고 있었다.[132] 그는 1910년까지도 독도 강치의
전망을 낙관했다. 남획만 절제한다면 이익은 무궁할 것으로[133] 예
측했다.

그렇다면 1906년 이후에는 오키인들이 독도 강치에 대해 잡종세
를 납부했을까? 1901년부터 1911년까지 통계로 확인된, 울릉도와
오키에서의 강치 포획량을 보면 〈표-7〉과 같다.[134]

〈표-7〉 1901~1910년 강치 포획량(1903년까지는 오키 강치, 이후는 독도 강치임)

| 지역/연도 | 1901 | 1902 | 1903 | 1904 | 1905 |
|---|---|---|---|---|---|
| 오키국(4군) | 1053관/355엔 | 1240관/326엔 | 1436관/453엔 | | |
| 울릉도(가죽만) | | | | 800관/600엔 | 1275관/700엔 |
| 울릉도 수출세* | 7.1엔 | 6.5엔 | | 6엔 | 7엔 |
| 잡종세** | 5.3엔 | 4.8엔 | | 9엔 | 10.5엔 |
| 다케시마어렵 합자회사 6척 | | | /약4070엔 이상 | 7690관[135] (2750마리[136]) | 3750관(1004마리[137]) |

---

131) 〈다케시마 상황보고〉(1908. 4. 20), 《昭和28年度 涉外關係綴》.

132) 그는 강치, 물개, 해표(海豹) 등을 구분하고 있다. 나카이는 강치를 대부분 '海馬'
로 표기했다(1909년 1월 26일 도사에게 보낸 나카이 요자부로의 답신).

133) (오키 도청에 제출함) 〈이력서 부속의 〈사업경영 개요〉《昭和28年度 涉外關係綴》.

134) 박병섭에 따르면, 1,600엔은 현재 쌀값으로 환산하면 207만 엔, 10,000엔은 현재
쌀값으로 천 수백만 엔이다(竹島=獨島漁業の歷史と誤解》 1, 21~23쪽 ; 〈일본의 새
논조와 시마네현 어민의 독도 어업〉, 239~242쪽) 그렇다면 당시 1엔은 현재 약 1,293
엔 정도로 추정된다.

135) 貫으로 표기한 것이 문서에 따라 枚로 표기된 것도 있다.

136) 2760마리로 기록된 것도 있다.

137) 〈사업경영 개요〉에는 1003마리로 되어 있고, 다무라도 수컷(535)과 암컷(339), 새

| 지역/연도 | 1906 | 1907 | 1908 | 1909 | 1910 | 1911 |
|---|---|---|---|---|---|---|
| 다케시마어렵합자회사 | 1385(1948)마리)/5437엔 | 1680(2192)***마리/5940엔 | 1680(1681)마리/5878엔 | 1153마리/4344엔 | 679마리(1152) | 796마리(511) |
| 종업원 수 | | | 27명 | 23명 | 18명 | 23명 |
| 잡종세** | 81엔 | 89엔 | 88엔 | 65엔 | | |

\* 울릉도의 수세 관행과 〈울도군 절목〉의 규정에 의거, 1902년까지는 물건값의 2%, 1903년부터는 1%를 세금으로 매긴 금액임
\*\* 잡종세는 어획고의 1000분의 15를 매긴 금액임
\*\*\* 1907년 이구치 류타가 나카이의 남획을 상신했을 때 나카이는 771마리를 포획했다고 변명하고 있어, 숫자는 기록에 따라 차이가 있다.


 1906년과 1907년[138] 합자회사의 강치 포획량은 기록에 따라 다르지만, 오키 도청에 보고한 숫자와 회사 장부(괄호 안의 숫자)의 숫자가 일치하지 않는다. 제한 숫자를 초과해서 남획한 것을 숨기기 위해 이중장부를 만든 셈이다.[139] 위의 표에서 1904년과 1905년의 독도 강치 포획량을 보면, 울릉도인이 포획한 숫자는 없고 가죽의 총량만 나와 있지만, 이를 오키인의 포획 숫자와 비교해보면, 일단 가죽 총량 면에서 오키인의 포획량이 울릉도인을 크게 앞선다. 1904년에는 거의 9배가, 1905년에는 3배 정도의 차이가 난다.

 1904년과 1905년에 울도 군수가 울릉도인(일본인 포함)이 포획한 독도 강치에 대해 과세했음은 선행 연구에서 밝혔다. 그런데 시마네현이 오키인에게 과세했음은 앞에서 보았듯이, 1906년 3월 이전에는 법령이 구비되지 않았으므로 과세할 수 없었음을 확인할 수 있다. 1906년 3월 이후부터는 법이 구비되었으므로 합자회사는 현 세부과규칙대로 1906~1911년 사이의 어획고에 대해 납세했어야 한다. 그런데 1906년도 합자회사의 '대차대조표'를 보면, 자본금과

---

끼(130)를 합쳐 1003마리로 써 놓았다.

138) 1907년은 2094마리로 기록되어 있는 것도 있다(井上貴央, 〈日本海竹島のニホンアシカ 2 捕獲頭数の変遷〉, 《海洋と生物》 96, vol. 17 no. 1, 生物研究研究社, 1995, 42쪽) 포획 두 수는 기록마다 다르므로 감안해서 볼 필요가 있다.

139) 이 글에서는 도청에 보고한 숫자를 공식 기록으로 보았다.

인건비 등은 자세히 밝혀져 있지만 세금 관련 기술은 없다. 1905년 도는 손실금이 1500엔, 1906년도는 손실금이 336엔 정도로 나와 있 고[140] 포획량이 1910년부터는 급감했다. 나카이가 치시마 어업에 손을 대게 된 것도 독도 강치로부터 이익이 나지 않았기 때문이라 는 증언에 비추어보면, 합자회사의 설립은 결국 이익을 보지 못한 채 독도 강치의 멸절만을 초래했다고 할 수 있다.[141] 적자여서 그런 지, 대차대조표여서 그런지 몰라도 세금 관련 언급은 어디에도 없 다. 그렇다고 관유지 사용료를 납부했는가를 보면, 이것도 합자회 사 장부에 명시된 바는 없다.[142] 오키인들이 독도 강치를 포획하여 가장 많은 이익을 낸 시기가 남획이 극에 달했던 1904년이라는 사 실만 통계로 알 수 있을 뿐이다.

### 4) '오치군 고카촌 다케시마' 편입과 어업권

앞에서 고찰했듯이, 1905년 이전 시마네현에서 독도로 출어한 자 의 대부분은 오키인이었고, 1905년 2월 편입 후 대여 신청자도 대 부분 오키인이었다. 오키국 가운데서도 스키군 사람이 많았다. 그

---

140) 〈메이지 39년도 업무 집행 전말〉, 《竹島貸下 · 海驢漁業書類》; 〈메이지 39년도 계 산서〉, 《竹島貸下 · 海驢漁業書類》.

141) 1911년 독도가 금어구역으로 지정된 데다 1920년대에 소유권 양도 등의 복잡한 상 황이 있어 강치포획 관련 보고는 보이지 않는다. 이후 하시오카가 생포한 강치를 서 커스단에 판 기록이 보이긴 하지만, 강치포획 등 어획에 관한 보고서가 나오기 시작 한 것은 그가 1933(4)년 부정기 출어를 하고부터이다. 1933년 하시오카는 강치를 생 포하여 팔았으나 1242엔의 손실을 보았고, 1934년에는 210엔의 손실을 보았다. 1935 년부터 1700엔의 이익을 내기 시작하여 이후 1939년까지 이익을 냈다. (김선희, 2010, 앞의 책, 147~149쪽).

142) 기록상으로는 1925년에서 1941년까지 관유물 대여료와 토지사용료를 오키 지청에 납부한 것으로 되어 있다. 금액은 도서면적 23정 3반(反) 3묘보(畝步)에 대해 연액(각 연도 4월부터 3월까지) 4엔 700전으로 나와 있다(국세 외 제 수입 징수 원장 오키지 청, 《昭和28年度 涉外關係綴》중 참고자료). 도서 면적이 토지대장상으로는 69,990평 (1945년 기준)으로 나온다.

런데 1905년 5월, 오키국 4군에 속했던 '다케시마'가 1939년에는 오키국 4군의 하나인 '오치군'에 편입되고 있다. 그렇게 된 배경은 이 글의 목적과 직결되는 것은 아니지만, 시마네현 오키국에서의 어업권의 변천과정을 보여주는 것이므로 다룰 필요가 있다.

1903년에 하시오카 도모지로와 이구치 류타 등은 독도 강치를 오사카로 수출한 적이 있지만, 시마네현은 이를 규칙위반으로 간주했다.[143] 현은 독도 편입 후에는 오키에서의 강치어업을 금지시켰을 뿐만 아니라 독도에서의 강치어업도 허가제로 전환했다. 편입 이후 허가원을 신청한 사람들의 거주지를 정리해보면 〈표-8〉과 같다(별도의 표시가 없는 경우 시마네현 소속군임).

〈표-8〉 어업허가원 신청자와 거주지

| 신청자 | 주소 소재지 | 신청일 |
|---|---|---|
| 나카이 요자부로* | 스키군 사이고정 오아자 니시마치 아자 사시무코 | 2월 26일 |
| 나미 간이치(永海寬市) | 스키군 사이고정 오아자 나카마치 | 3월 3일 |
| 하시오카 도모지로 | 오치군 고카촌 오아자 구미(久見) | 3월 5일 |
| 야마네 후사마쓰(山根房松) | 스키군 후세촌 오아자 사카미(阪美) | 3월 7일 |
| 이시이 주타로(石井忠太郎) | 스키군 사이고정 오아자 니시마치 | 3월 7일 |
| 고베 요시키치(甲邊由吉) | 스키군 이소촌 오아자 시모니시(下西) | 3월 8일 |
| 미우라 주이치(三浦忠一郎) | 스키군 사이고정 오아자 니시마치 가미하라 | 3월 23일 |
| 이구치 류타 | 스키군 나카촌(中村) 오아자 미나토(湊) | 3월 24일 |
| 몬와키 사다타로(門脇貞太郎)·노쓰 이치타로(野津市太郎) | 스키군 이소촌 오아자 가모(加茂) | 3월 27일 |
| 가토 주조 | 스키군 사이고정 오아자 니시마치 | 4월 13일 |
| 시마타 도라조(島田虎藏) | 돗토리현 도하쿠군 오아자 아카사키촌(시마네현 마쓰에에 머묾) | 5월 1일 |
| 요도에 노리와카(淀江德若) | 지부군 우라고촌 | 5월 14일 |
| 가노 센이치(加納仙市)** | 스키군 사이고정 오아자 니시마치 아자 야비 | 5월 17일 |

* 돗토리현 도하쿠군(東伯郡) 오가모촌(小鴨村) 출신이지만, 거주지가 스키군이다.
** 가노 센이치는 당시 체재지가 스키군이다.

---

143) "강치어업 출원자로서 그것을 허가받아 오늘날까지 다케시마에 도항하여 해당 어업에 종사하고 있는 사람이 있지 않나 하는데, 이는 규칙 위반이기에 상당한 정도의 제재를 면치 못할 뿐만 아니라…"('西鄕·磯·五個·中·布施 각 町村에의 조회안', 農 397 1905. 5. 13, 《竹島貸下·海驢漁業書類》).

이들 신청자의 출신지를 보면, 대부분 시마네현 오키국 사람임을 알 수 있다. 그 가운데서도 스키군 거주자(10명)가 압도적으로 많고, 대부분 독도 출어의 경험이 있다. 합자회사의 공동사원 네 명 가운데 하시오카[144]를 뺀 나카이 요자부로, 가토 주조, 이구치 류타도 스키군 거주자였다. 그런데 일본은 1939년에 '다케시마'를 오치군 고카촌 오아자 구미(久見)에 편입시켰고, 1945년 11월 1일에는 국유재산법시행령 제2조에 따라 대장성 소관 국유재산으로 만들었다. 이때, 국유지 대장의 비고란에는 '시마네현 오치군 고카촌 독도(島根縣穩地郡五箇村獨島)'라고 쓰여 있다. '오치군 고카촌 독도'라고 쓴 것도 고유영토의식이 의심되는 바이지만, 한편으로는 왜 일본은 독도를 스키군이 아닌 오치군에 편입했을까 의구심이 들지 않을 수 없다. 1905년 전후 강치어업자의 대부분이 스키군 사람인 점으로 볼 때 스키군 편입이 자연스럽기 때문이다.

1906년 나카이 요자부로가 치시마로 눈을 돌리기 시작하자, 합자회사는 점차 유명무실한 존재가 되었고, 1916년부터는 나카이 요자부로의 아들 요이치가 허가원의 명의자였다.[145] 1924년에[146] 나카이 요이치는 어업권을 담보로 하시오카에게 대출을 받았고, 이어 어업권은 하시오카에게 넘어갔다.[147] 다만 1921~1926년간 허가원의 대표자는 나카이 요이치였다. 요이치는 1925년에 하시오카의 아

144) 1903년 이전부터 출어하던 하시오카 도모지로와 백부 이케다 기치타로(池田吉太郎)는 모두 오치군 고카촌 구미 사람이다.

145) 나카이 요이치는 명의만 계승했을 뿐 미성년자이므로 요자부로가 친권을 행사했다. 대표사원 명의는 1928년까지 나카이 요자부로였다.

146) 1921년으로 보는 경우가 있지만(김수희, 앞의 글, 2010, 149쪽), 외무성의 구술기록에는, 요이치가 어업권을 담보로 하시오카 다다시게, 이케다 고이치, 야하타 조시로에게 5천 엔의 융자를 받은 시기가 1924년 11월 24일로 되어 있다(나카이 요이치 구술서, 하시오카 다다시게 보고서 수록 계약서). 이후 요이치가 변제를 하지 못해 명의는 둔 채 실질적인 소유권이 채권자에게 양도된 것이다.

147) 어업권의 양도 시기에 대해서는 기록에 따라 엇갈려, 1925년 설과 1928년 설이 있다.

들 하시오카 시게다다 외 야하타 조시로(八幡長四郎, 하시오카 다다시게의 백부), 이케다 고이치(池田幸一 또는 池田孝一, 池田吉太郎의 아들이자, 하시오카 다다시게의 從兄) 두 명에게 어업권을 매각했다. 어업권의 양도시기를 1925년으로 보는 설은 이에 근거한다. 나카이 요자부로는 1925년에 해마도로 강치어장을 옮겼다. 양도시기를 1928년으로 보는 설은 그때까지의 명의가 나카이 요자부로였다는 데 근거한다. 나카이는 명의자였을 뿐이지만 이후 1928년 시코쿠(四國) 다카마쓰시(高松市)의 야노(矢野)서커스단과 다케시마의 강치 매매계약을 맺었다. 이 사실을 알게 된 현(縣)의원 야하타 조시로가 다시 5천엔을 지불하고 감찰 명의를 야하타 외 두 명으로 바꾸었다."[148] 이 기록에 따른다면, 실질적 권한은 1928년에 야하타로 옮겨간 것으로 되어 있다. 1929년으로 보는 기록도 있다.[149]

소유권자 야하타 조시로, 하시오카 다다시게(橋岡忠重), 이케다 고이치, 이들 세 사람은 1925년부터 실제로 독도로 출어하지 않던 상태에서 울릉도의 오쿠무라 헤이타로(奧村平太郎, 이즈모 출신)에게 근부어업권(根附漁業權, 磯の權利:해변어업권)[150]을 매각했다.[151] 1921년부터 독도에서 전복을 채취하고 있던 오쿠무라는 1925년에 야하타 조시로[152]에게서 근부어업권을 3년 기한 1,600엔에 사들었고,

---

148) 총후(總厚) 1652(1961. 10. 16), 〈오키 지청장이 하시오카 다다시게에게 청취한 상황 보고〉, 《昭和26年度 涉外關係綴》.

149) 1929년 1월 14일 야하타가 나카이 요이치에게 1000엔을 지불하고 어업권을 양도받은 것으로 된 기록도 있다(김선희, 앞의 책, 2010, 145쪽).

150) 이 어업권에서 강치 포획은 제외된다.

151) 가와카미와 다무라는 강치어업 허가의 소유권 변동시기와 명단을 밝히고 있는데, 박병섭의 구분시기와 명단은 이들과는 다르다(가와카미, 앞의 책, 240쪽, 김선희, 앞의 책, 108쪽 참조, 박병섭, 2011, 앞의 글, 22쪽 참조).

152) 울릉도 거주 하라 시게이치가 하시오카 다다시게에게 오쿠무라 헤이타로를 소개해주었다. 이에 하시오카가 근부어업권을 오쿠무라에게 매각했고 강치 보호도 의뢰한 것으로 되어 있다. 그러나 명의상의 대표는 나카이였다(庶 제175호 쇼와 2년 4월 4일, 다케시마어렵에 관한 건 조회, 5권 외무성 아시아국 제2과〈1953년 8월〉 2. 참고자료 중 (ㄷ) 하시오카 다다시게(53세) 구술서, 《昭和28年度 涉外關係綴》).

1928년에는 무계약으로 출어했다가 3년 기한 1,600엔에 사들였다
(1925~1932). 그 사이인 1926년 7월 1일, 도청이 폐지되자 '다케시마'
는 소관 부서가 없어졌다. 1905년 2월 22일부터 1925년까지 오키
도사의 소관이던 '다케시마'가 지청이 설치되면서 오키 지청으로 이
관된 것이 아니라 시마네현 지사 직할로 바뀌었다. 이후 도사(도청),
지청장(지청) 체제로 제도가 바뀌자, '다케시마'는 다시 오키 지청장
소관이 되었다. 1925년 5월에는 오키 지청이 관유지 사용료를 수
납하기 시작했다. 1928(9)년 이후부터 1934년까지는 야하타 조시로
가 납부했으나 1935(6)년부터 1941년까지는 하시오카 다다시게[153]
가 관유지 사용료를 납부했다. 하시오카는 1938년에 오쿠무라 헤이
타로[154]가 죽고 아들 오쿠무라 료(奧村亮)[155]가 이어받아 1945년까지
어업을 하던 사이, 대리인을 보내 계약금을 받아가기도 했다. 그러
던 1939년 4월 24일, 고카촌 의회는 다케시마를 '오치군 고카촌'에
편입하기로 결정한 것이다.

1937년, 오치군 고카촌장은 고카촌 인근의 다케시마는 고카촌 주
민이 어업권을 가지고 출어하고 있기 때문에 고카촌에 편입하고 싶
다는 강한 요망을 드러낸 바 있다. 그 명분은 오치군 고카촌 사람
이 어업권을 가지고 있기 때문이라는 것이다. 명분대로, 어업권의
소유 시기는 다르지만 소유자는 하시오카 다다시게[156]와 야하타 조

---

153) 하시오카 다다시게는 1933년부터 1941년까지 실제로 독도에 출어했다고 증언했다.
그는 야하타의 대리인으로서 연 4엔 70전씩 사용료를 납부했다고 했다. 외무성 아시
아국 제2과(1953년 8월) 2. 참고자료 중 ㄷ) 하시오카 다다시게(53세) 구술서, 《昭和
28年度 涉外關係綴》.

154) 오쿠무라 헤이타로는 1932년 이후에는 무계약으로 1937년까지 잠수기 어업을 했다.

155) 오쿠무라 헤이타로는 1938년부터 연간 1500엔에 계약했는데 이후 아들이 이어받
아 1942년까지 어업을 했고, 1941년에는 제주 해녀도 고용했다(외무성 아시아국 제2
과〈1953년 8월〉2. 참고자료 중 (ㄹ) 오쿠무라 료〈奧村亮, 43세〉구술서, 《昭和28年
度 涉外關係綴》).

156) 다무라는 1897년부터 존재하던 구미어업조합의 존속이 고카촌 편입을 결과한 것
으로 보았다. 즉 하시오카, 이케다 기치타로 등이 고카촌 구미의 유지이자 조합원이
었으므로 합자회사의 공중분해로 인해 어업권이 구미로 옮겨갔다는 것이다(김선희,

시로, 이케다 고이치였다. 이들은 모두 오치군 고카촌 오아자 구미(久見) 사람이라는 공통점을 지닌다. 1930년대 말, 오키와 울릉도 두 지역에서 어업에 대한 권리를 행사한 자도 오치군 고카촌 출신의 하시오카 다다시게였다. 그 후에는 같은 고카촌 출신의 야하타가 권리를 행사하고 있었다. 여기에 하시오카 다다시게와 이케다 고이치의 선대 때부터 독도 출어를 시작했다는 사실이 더해져 1939년에는 '오치군 고카촌 다케시마'로 편입된 것이다. 1940년 8월 17일, 일본은 해군 재산으로 독도를 마이즈루 진수부(舞鶴鎭守府)로 인계했다가, 1941년 11월 28일 마이즈루 진수부 장관은 야하타 조시로에게 해군용지의 사용을 허가했다.

## 5) 맺음말

1900년 전후 강치는 오키(오키 강치)와 독도(독도 강치), 두 지역에서 잡히던 동물이었다. 오키인들은 독도 강치의 존재가 알려지기 전부터 오키 연해에서 강치를 잡아왔는데, 그런 사실이 시마네현 통계기록으로 남아 있다. 시마네현은 '현세부과규칙'에 따라 '영업세잡종세'를 부과해왔는데, 어획물은 '잡종세'에 속했다. 어획물에 대한 세목과 세액은 '어업채조세 과목과액'으로 규정되었다. 기록상 오키 강치가 처음 보인 1895년의 '어업채조세 과목과액'을 보면, 고래에 관한 규정은 있지만 강치는 없었다. 통계상 오키 강치가 보인 것은 1903년까지이다. 게다가 오키국 전체 어획고에 견주면 강치 어획고는 너무 적어 이익을 냈다고 보기도 어렵다. 이 때문에 과

---

앞의 책, 149~150쪽). 다무라는 이들이 개입된 구미어업조합의 변천과정에 대해서는 상세히 논하지 않았다. 그러나 가와카미는 1907년에 스키군 사이고정 니시마치어업조합이 다케시마의 편입을 요청한 바 있다고 했으므로 오치군 고카촌 구미어업조합만이 편입을 시도했던 것은 아니라고 할 수 있다.

세하지 않은 것인지는 명확하지 않지만, 시마네현이 강치에 명확히
과세하기 시작한 것은 중앙정부가 1905년에 '다케시마'를 편입하고
난 이후였다. 그런데 독도 강치 포획통계는 1903년부터 보였다. 이
해에는 오키 강치의 포획통계도 보였지만, 독도 강치가 압도적으로
많다. 이 때문에 독도 강치의 일부가 오키로 간 것일 가능성도 제기
되고 있다.

　시마네현은 새 한 마리 잡거나, 해조류 하나 채취하는 데도 면허
세나 어장별 과세 조치를 취했다. 어류에도 어망에 따라 과세해왔
다. 그런데 강치에 대해서만 과세하지 않았다면 이를 어떻게 설명
해야 할까? 강치가 어망으로 잡는 어종이 아닌데다 어획고가 적었
기 때문이라고 설명하는 것만으로는 충분하지 않다. 과세가 반드
시 어획고와 비례한 것은 아니기 때문이다. 그러므로 그 이유를 다
른 데서 찾을 수 있다. 그 이유는 시마네현이 강치 포획지인 독도
를 오키국 관할지로 확정하지 못했기 때문으로 볼 수 있다. 1904년
부터는 오키인이 독도 강치를 어획한 양이 급증했음에도 불구하고
시마네현은 바로 과세조치를 취하지 않았다. 시마네현은 1905년 2
월 중앙정부가 '다케시마'를 일본 영토로 편입하고 난 뒤에야 비로
소 과세를 위한 입법 및 여러 절차에 착수했다. 첫 번째 조치는 바
로 1905년 4월, 시마네현이 허가어업의 종류에 "海驢漁業(隱岐國竹
島에서 하는 것에 한한다)"는 내용을 추가한 것이었다. 그런데 이런 조
치야말로 거꾸로 1905년 4월 이전까지는 시마네현이 '다케시마'를
오키국 관할로 여기지 않았음을 의미한다.

　그리고 시마네현은 '다케시마'를 편입한 뒤에도 곧바로 강치에 과
세하지 않았다. '다케시마'에 대한 지적(地籍)이 정해지지 않았기 때
문이다. 이에 현은 1905년 5월 17일, '다케시마'를 오키국 4군의 관
유지 대장에 등재하는 조치를 취했다. 오키인들이 독도 강치를 포
획한 시기는 1905년 이전부터지만 관유지 대장에 등재하고 나서야

과세관련 법령 제정에 착수했던 것이다. 그 결과 '경어(鯨漁)'에만 부과되던 잡종세 과목과액에 '강치어업'이 추가되었다. 그 시기는 바로 1906년 3월 이후였다.

그렇다면 1906년부터는 다케시마어렵합자회사를 상대로 실제로 과세했는가? 관유지 사용허가를 내린 시기가 1905년 5월 27일부터 9월 21일 사이이므로 그 이후부터 토지 사용료를 부과할 수 있었을 것이다. 잡종세의 경우, 1906년 10월[157] 이후 아니면 이듬 해 3월부터 과세할 수 있었을 것이다. 그런데 나카이의 합자회사가 잡종세를 납부했다는 사실은 기록상으로는 보이지 않는다. 관유지 사용료를 납부했다는 기록도 1920년대에야 보인다.

현재 일본은 《竹島問題100問100答》에서 1905년 편입 이후 시마네현이 어업규칙을 개정하여 다케시마 어업을 허가제로 한 뒤 감찰(鑑札)을 교부하여 국유지 사용료를 매년 징수했다[158]고 주장한다. 즉 독도에 대한 국유지 사용료를 매년 받았다는 것이다. 그러나 일본이 직접적인 주권 행위의 예로 제시한 시기는 일본이 1905년 2월 독도를 '다케시마'라는 이름으로 편입한 이후이다. 일본은 독도에 대한 직접적인 주권 행위를 주장하려면 편입 이후의 증거를 제시할 것이 아니라 편입 이전의 증거를 제시해야 할 것이다.

일본이 강치어업에 과세하기까지의 경위를 보면, 1906년 이전까지는 잡종세를 부과하지 못했음이 분명하다. 이를 정리해보면 〈표-9〉와 같다.

---

157) 연세 부과시기는 1년에 두 번, 즉 3월부터 9월, 10월부터 4월까지로 나누고 납부기일은 각각의 첫달 1일이다.
158) 竹島問題研究會, 《竹島問題100問100答》(ワック出版), 2014, Q85 참조.

〈표-9〉 1905년 전후 강치 포획지와 포획자, 포획기, 납세 여부

| 포획지 | 포획자 | 1904년 이전 포획 | 납세여부 | 1904~1905 포획 | 납세여부 | 1906년 이후 포획 | 납세여부 |
|---|---|---|---|---|---|---|---|
| 오키 | 울릉도인 | × | × | × | × | × | × |
| | 오키인 | ○ | × | × | × | × | × |
| 독도 | 울릉도인 | ○ | ○ | ○ | ○ | × | × |
| | 오키 | ○ | × | ○ | × | ○ | △ |

※ ○는 포획 및 납세, ×는 포획 및 납세 안함, △는 불분명, 울릉도인에는 일본인 포함

〈표-9〉로 알 수 있듯이, 1906년 이전까지 독도에서 강치를 포획·납세한 자는 울릉도인이었다. 오키인은 1905년 이전까지는 독도 강치에 납세하지 않았음이 분명하고, 1906년 이후의 납세 여부도 분명하지 않다.

이렇듯, 1906년 이전까지 오키인이 강치(오키 및 독도 강치)에 납세한 적이 없던 사실을 일본은 어떻게 설명할 것인가? 이에 대해 일본은 1905년 이전까지는 독도가 무주지였으므로 오키인들이 독도 강치에 납세할 필요가 없었다고 주장할 수 있다. 그러나 이런 주장은 성립하기 어렵다. 그 이유는 울릉도의 일본인들은 1905년 이전부터 울도군에 납세해왔고, 더구나 일본 외무성은 독도 강치를 포함한 일본인의 납세를 '수출세'라고 주장했기 때문이다. 일본의 주장대로 당시 울릉도의 일본인들이 독도를 무주지로 여겼다면, 강치는 무주지의 산물이므로 울릉도 수출세 품목에서 제외되었어야 한다. 그런데 외무성은 독도 강치를 울릉도 수출품목으로 분류한 뒤, 납세를 빌미로 거주권을 주장하라고 사주하기까지 했다. 1905년을 전후해서 오키에 사는 일본인은 독도를 무주지로 인식하고, 울릉도에 사는 일본인은 독도를 울릉도의 속도(屬島)로 인식하는 일이 양립할 수 있는가? 울릉도 거주 일본인 중 대부분은 겨울이면 오키로 가서 지내다가 봄에 돌아오곤 했다. 그런 사람 가운데는 선박과 자

금을 제공하며 강치 포획을 주도한 자들도[159] 있었다. 이들은 오키와 울릉도 두 지역의 사정을 양쪽에 전하고 있었으므로 독도를 무주지로 알고 있었을 가능성은 희박하다. '무주지' 논란을 떠나 분명해진 사실은 1903년부터 1906년 사이에 시마네현은 독도 강치에 대해 자국민에게 과세하지 않았다는 점이다. 시마네현이 독도 강치에 잡종세를 부과한 시기는 1906년부터이다. 즉 일본이 독도를 자국령으로 편입한 이후에야 독도 어획물에 과세했다는 사실은 그 이전까지는 독도를 일본령이 아닌 것으로 인식하고 있었음을 의미한다.

일본은 태정관 지령으로 독도가 자국령이 아니라고 했다 할지라도 그 자체가 한국령임을 의미하는 것은 아니니 한국령임은 스스로 입증할 것을 주장하고 있다. 그런데 〈울도군 절목〉이 발굴됨으로써 1905년 이전 대한제국의 과세권 행사가 사실임이 입증되었다. 과세권 행사는 '실효 지배'의 강력한 증거가 된다. 이런 사실이 밝혀진 뒤에도 일본은 독도가 한국령임을 스스로 입증하라는 주장을 계속할지 그 추이를 지켜볼 필요가 있다.

---

159) 대표적인 자가 와키타 쇼타로(脇田庄太郎)이다. 그는 1899년 울릉도 도감과 주고받은 약조문에 등장하며, 1901년 일상조합의 의원 명단에도 나온다. 1905년에 한인과 일본인을 데리고 독도 강치 포획을 주도했으며, 1906년에 시마네현 관민 시찰단이 울릉도에 왔을 때 자신의 집을 휴식처로 제공한 바 있다.

# 3장

# 일본이 왜곡한 사실

# 1. 일본이 인용한 중국 문헌의 '竹島'
## : 연원과 계보, 그리고 왜곡

### 1) 머리말

#### (1) 문제의식

에도시대 일본이 조선의 울릉도·독도 영유권을 인정하게 된 중요한 계기는, 이미 알고 있듯이 17세기 말 '다케시마 일건' 즉 '울릉도 쟁계'이다. 그런데 이 사건 이후 에도 막부는 1720년대 또 한 차례 울릉도에 관심을 보여 돗토리번에 조사를 지시한 바 있다. 자원면에서 매력적인 요소가 일본으로 하여금 울릉도를 포기하기 어렵게 만들었다. 이후 일본의 관찬 지지(地誌)는 이 사건을 포함하여 기술하기 시작했고, 내용은 겐로쿠 연간 일본이 '다케시마'와 '마쓰시마'를 포기하게 된 경위 서술이 중심을 이루었다.

18세기 후반에 접어들자, 돗토리번의 번사나 학자들을 중심으로 책을 내기 시작했다. 이들 저술에는 주로 일본의 다케시마 영유를 입증할 만한 사료가 거론되어 있지만, 17세기에는 보이지 않던 새로운 경향이 보이기 시작했다. 그것은 '일본국'의 '竹島[1]'를 기술한 중국 문헌을 추가하기 시작한 것이다. 이런 경향은 19세기 외무성 관리의 저술에까지 이어졌다. 일본인의 2차 저작은 조선과 문제가 되었던 '다케시마'를 중국이 일본 영토로 인정했음을 입증하는 중국 문헌을 근거로 활용하고 있다.

일본이 거론한 중국 문헌은《북사(北史)》를 비롯하여《무비지(武備志)》에까지 이른다. 이들 중국 문헌에는 어떻게 기술되어 있기에 일본이 이를 '다케시마 영유'와 결부시키고 있는 것인가? 선행 연구에서《다케시마고(竹島考)》[2]와《다케시마 고증(竹島考證)》을 분석하면서 중국 문헌을 단편적으로 언급한 적은 있지만, 원문을 분석하여 내용을 제대로 밝힌 적은 없었다.


## (2) 선행 연구 검토

독도 연구는 최근 연구 대상을 1차 사료에까지 확대하고 있지만, 아직도 많은 부분이 2차 문헌을 중심으로 한 분석이다. 2차 문헌 가운데서 최근 수행되는 연구는 주로《다케시마고》와《다케시마 고증》을 중심으로 한 연구이다.[3] 이는 두 저작이 '다케시마 일

---

1) 이 글에서 '竹島'는 일본 호칭이 분명한 경우는 '다케시마'로, 중국 호칭이거나 불분명한 경우는 '竹島'로 표기하기로 한다. 직접 인용은 원문대로 표기한다. 문헌명과 지명의 경우도 한자로만 표기하는 경우가 있다.

2)《竹島考》 번역본은 경상북도 사료연구회 번역본과 권혁성 번역본이 있다(권혁성, 《竹島考》 상권 하권, 인문사, 2013, 국회 독도자료실). 이 글에서는 경상북도 사료연구회 번역본(《竹島考》(상·하), 경상북도 사료연구회, 2010)을 참조하되, 원문을 확인했다.

3) 김호동, 《〈竹島考〉 분석》, 《인문연구》 제 63호, 영남대 인문과학연구소, 2011.12; 김호동, 《〈죽도고증〉의 사료왜곡: '한국 측 인용서'를 중심으로》, 《일본문화학보》 40, 2009. 2 ; 정영미, 《〈죽도고증〉의 〈마쓰시마 개척원〉과 아마기함의 울릉도 조사 : 메이지시대 새로운 마쓰시마=독도 창출 일(一)과정》, 《한일관계사연구》 43, 경인문화사, 2012.

건' 이후의 2차 문헌이지만, 비교적 많은 1차 사료가 언급되어 있어 일본에서 19세기 이후 사료 왜곡의 실상을 보기에 적당하다고 여겨서이다.

김호동은 《다케시마고》에 대해 평하기를, "중국 문헌의 경우 竹島가 일본의 영토임을 입증하기 위해 활용하였다. 명나라의 《도서편(圖書編)》에 실린 〈일본국도〉와 《등단필구(登壇必究)》[4]에 실린 〈사이총도(四夷總圖)〉 속의 〈일본총도(日本總圖)〉가 《다케시마고》에 실린 것은 거기에 일본국의 영토로서 '竹島'가 표시되었기 때문이다. 그렇지만 이것을 인용한 오카지마도 논술한 바와 같이 지도에는 잘못 그려진 곳이 매우 많으므로 사료로서의 가치가 별반 없다"[5]고 했다. 그러나 분석의 주요 대상이 한국 사료이므로 《다케시마고》에 인용된 중국 문헌의 분석은 단편적인 데 머물고 있다.[6] 또한 김호동의 《다케시마 고증》 연구는 기타자와가 《다케시마 잡지(竹島雜誌)》와 《다케시마 도설(竹島圖說)》, 《초려잡담(草盧雜談)》 등에 근거하여 중국 문헌상의 '竹島'[7]가 일본 땅임을 드러낸 것을 비판하는 데 초점을 맞추었다. 그 근거로 제시한 것은 《북사》〈왜전(倭傳)〉에서 인용한 '竹島'는 울릉도가 될 수 없다는 것이다.[8] 다만 이 연구는 일본 문헌과 중국 문헌을 구분하지 않고 다루어, 기타자와가 중국 문헌의 '竹島' 기술을 왜곡해가는 과정이 잘 드러나지 않는 경향이 있다.

이케우치는 《다케시마고》에서 인용한 《양조 평양록(兩朝平攘錄)》

---

4) 명대 말(1599) 왕명학이 편집한 군사 관계 저작이다.

5) 김호동, 앞의 글, 2011, 216쪽.

6) 이를테면 "兩朝平壤錄에서 언급된 竹島는 오카지마가 일본 영토로 간주하는 竹島와는 다른 竹島이다"(위의 글, 219쪽)고 했다. 그러나 《兩朝平壤錄》으로 되어 있다. 이케우치도 《兩朝平壤錄》으로 적었다.

7) 김호동은 '죽도'라고 했지만, 필자는 중국 문헌의 원문대로 '竹島'로 표기했다.

8) 김호동, 앞의 글, 2009, 332~333쪽.

등의 중국 문헌을 분석했지만, 임진왜란 후 오야와 무라카와가 발견하여 호키국 속지가 되었다고 본 오카지마의 의견을 소개하는 데 그쳤다.[9] 오카지마는 《무비지(武備志)》나 《등단필구》에서 일본 지명을 아카사키, 다케시마, 오사카 등으로 읽은 것을 중국이 일본 영토로 인정한 것으로 보았다. 이에 비해 조선인은 자음(字音)대로 읽었으므로 '다케시마'를 자기 관할지로 여기지 않았다고 보았다.[10] 이를 두고 이케우치는 "여기서 중국 서적에서의 기술과 조선인의 한자숙어 발음 문제에 대한 구별이 애매한 채 처리되어 있는 점에 약간의 문제가 없는 것은 아니지만, 오카지마의 논지는 그 나름대로 이해가 된다. 즉 외국 역사서에 일본어 발음으로 지명을 기재하고 있는 것은 일본 영역에 속하는 것이라는 이해방식인 것이다. 오카지마는 그런 인식에서 다케시마가 호키 영토라고 논한 것이다"[11]라고 평했다. 이케우치도 오카지마가 중국 문헌을 검토한 것을 소개했지만, 인용된 중국 문헌을 엄밀히 분석한 것은 아니었다.

최근 손과지는 중국 문헌 속의 '竹島'를 조사했다.[12] 그리하여 중국 문헌에 언급된 '죽도'[13]가 현재 한일간 문제가 된 '죽도'를 가리키는 것이 아님을 밝혔다. 이 논문에서 거론된 문헌은 모두 44종인데, 그 안에는 이 글에서 검토한 《수서(隋書)》, 《도서편》도 포함되어 있다. 손과지는 중국 문헌에서 가장 먼저 '竹島'가 보인 《수서》〈왜국전(倭國傳)〉을 인용한 뒤 "수나라로부터 왜국까지의 해상 경로 중

9) 이케우치 사토시(池内敏), 〈竹島考について〉, 《大君外交と〈武威〉 : 近世日本の國際秩序と朝鮮觀 》(名古屋 : 名古屋大學出版會, 2006), 356쪽.

10) "조선인은 한자 숙어를 그 자음대로 발음, 일본발음으로 읽지 않는다. 그런데도 (중국문헌에) 竹島가 '다케시마'라는 일본 발음으로 기록되어 있는 것은 그것이 일본에 속하는 것이 분명하기 때문이다"는 것이다. 이케우치, 앞의 책, 2006, 359쪽.

11) 池内敏, 〈竹島考ノート〉, 《江戸の思想》9(東京 : ぺりかん社, 1998), 102쪽.

12) 손과지, 〈중국문헌으로 본 일본의 '죽도(竹島)' 주장〉, 《동양학》 제56집, 단국대학교 동양학연구원, 2014. 5.

13) 손과지는 '다케시마' 대신 '죽도'로 표기했다.

'죽도'라 칭하는 섬이 있음을 알 수 있다. 그러나 여기서 '죽도'로 지칭된 섬은 한반도 서쪽에 있고, 한반도 중부의 백제와 담라 사이에 위치한 곳으로 지금의 한일 분쟁 지역 '죽도'와 동떨어져 있다"[14]고 결론지었다. 손과지는《도서편》에 대해서도 "이 문헌으로 볼 때 우리는 백기(현재 일본의 돗토리현)에서 30리 떨어진 북방 바다에 '죽도'라고 부르는 섬이 있다는 것을 어렵지 않게 알 수 있다"[15]고 했다. 그러나 손과지의 연구는《다케시마고》나《다케시마 고증》등에 언급된 중국 문헌의 내용을 검증한 것이 아니라 '죽도'가 언급된 중국 문헌을 조사한 것이다. 이에 위에서 언급한 30리 떨어진 '죽도'가 우리가 말하는 '다케시마'인지, 일본이 인용한 중국 문헌의 내용이 어떻게 변용되었는지를 밝히는 것은 논문의 주요 논지가 아니다. 18세기 이후 일본인은 '다케시마' 관련하여 저술하면서 한국, 일본, 중국 3국의 문헌을 두루 인용했다. 이 가운데 일본 문헌이 일본 영토임을 입증하는 데 가장 유리한 문헌이라고 보고 인용했음은 말할 것도 없다. 한국 문헌은 일본에 유리한 방향으로 해석되고 있다. 일본인의 2차 저작에서 일본과 한국 문헌을 인용·왜곡한 실상은 선행 연구로 밝혀진 바 있으므로 이 글은 중국 문헌을 인용·왜곡한 실상을 밝히고자 한다.

---

14) 손과지, 앞의 글, 6쪽.
15) 손과지, 위의 글, 10쪽.

## 2) 중국 문헌 인용의 초기 단계

### (1) 1차 사료와 2차 문헌

독도 영유권과 관련된 일본 측 문헌은 두 가지 형태로 구분된다. 하나는 '다케시마 일건'[16]과 직접 관계된 두 번(돗토리번, 쓰시마번)의 문서 즉 1차 사료이고, 다른 하나는 일건 이후 이들 1차 사료를 바탕으로 다시 펴낸 2차 문헌이다. '다케시마 일건' 관련 1차 사료로는 사건을 기록한 17세기 돗토리번의 사료《히카에초(控帳)》,[17] 《어용인 일기(御用人日記)》[18] 등이 있다. 그리고 이들을 발췌하여 18세기에 돗토리번은 에도 막부에 제출하기 위해 《다케시마노 가키쓰케(竹嶋之書附)》를 작성했다. 19세기에 내무성은 이전 저술을 참고하여 《이소타케시마 사략(磯竹島事略)》[19]을 작성했다. 한편 '다케시마 일건' 당시 조선과 외교교섭 역할을 수행했던 쓰시마번이 작성한 《다케시마 기사(竹島紀事)》도 2차 문헌에 속한다.

18세기에는 이 밖에 돗토리번과 오야 가문, 오카지마 가문도 저작 안에서 사건 관련 내용을 언급하기 시작했다. 돗토리번이 펴낸 것은 주로 지지류로서, 《호키 민언기(伯耆民諺記)》(1742), 《호키 민담기(伯耆民談記)》(1742년 이후),[20] 《이나바지(因幡誌)》(1795),[21] 《장생죽

---

16) '울릉도 쟁계'(안용복 사건)라고도 하지만 여기서는 일본 쪽이 기준이 되므로 '다케시마 일건'이라고 한다.

17) 돗토리번 현지 가로가 기록한 일기이다.

18) 번주의 측근인 어용인이 기록한 일기이다. 《御在國日記》《御在府日記》로도 불린다.

19) 《磯竹島事略》은 1875년에 펴낸 것이지만, 1차 사료를 모아 놓은 것이므로 여기서는 제외했다.

20) 《伯耆民諺記》(1742)와 《伯耆民談記》 모두 번사인 마쓰오카 후세이가 펴낸 호키국 지지이다.

21) 아베 고안(安部恭庵, 1734~1808)이 펴냈다. 이나바 지방의 지리지로 모두 47권 39책이다.

도기(長生竹島記)》(1801), 《호키지(伯耆志)》(1861~)[22] 등이다. 다만 여기에는 주로 도해면허 및 도해금지령과 관련된 사실이 기술되어 있을 뿐 중국 문헌을 인용한 예는 보이지 않는다. 돗토리번 오야 가문이 펴낸 것으로는 《다케시마도해유래기 발서(竹島渡海由來記拔書)》(1868)[23]가 있고, 오카지마 가문이 펴낸 것으로는 《다케시마고》(1828), 《인푸 연표(因府年表)》(1842), 《인푸 역년대잡집(因府歷年大雜集)》(1632~1854년간 내용 수록)이 있다. 오카지마 마사요시(岡嶋正義)는 돗토리번 오카지마 가문의 7대로서 고증사가로 알려져 있다.[24] 그가 펴낸 《竹島考》는 다케시마 도해와 금지 경위, 다케시마의 지리와 산물에 관한 정보를 담고 있다. 《증보 진사록(增補珍事錄)》(1831년 이후)의 저자는 노마 소조(野間宗藏)이지만, 이 또한 오카지마가 증보한 책으로 알려져 있다.[25]

두 가문 말고도 다른 사람에 의해 관련 저작은 계속 간행되었다. 18세기에서 19세기에 걸쳐 나온 개인 저작으로는 《초려잡담》(1738, 靑木昆陽), 《다케시마 도설》(1763, 金森建策), 《다케시마 잡지(竹島雜誌)》(1871, 松浦武四郎阿部弘), 《다기심마 잡지(多氣甚麼雜誌)》(1874) 등이 있다. 메이지유신 이후에는 내무성과 외무성이 중심이 되어 《이소타케시마 사략》과 《다케시마 고증》(1881)을 작성했다. 《이소타케

---

22) 호키국 관찬 지지이다. 가게야마 슈쿠(景山肅)가 편집했다. 1861년에 시작하여 메이지 초년에 완성되었다고 하지만 전본은 남아 있지 않다. 이들에 관한 서지사항은 송휘영 편역, 《일본 향토사료 속의 독도》(선인, 2014)를 참조할 것.

23) 오카지마가의 8대 손 마사노부(正脩)가 1868년에 필사한 것이고, 《다케시마도해유래기 발서공(竹島渡海由來記拔書控)》은 오야가 11대(실제는 10대) 가쓰오키(勝意)가 분세이(文政, 1818~1829) 연간 무렵 필사한 것으로 되어 있지만, 《다케시마 도해 유래기 발서竹島渡海由來記拔書》를 보면 막부 말기의 기록을 담고 있으므로 1868년 작성한 것으로 보아야 한다는 의견(시마네현, 《다케시마문제연구소 최종보고서》, 2007)이 있다. 오야가의 후손인 오야 후미코(大谷文子)는 1983년에 《오야가 고문서(大谷家古文書)》를 펴내면서 《다케시마도해유래기 발서공(竹島渡海由來記拔書控)》의 문체를 현대문으로 바꾸어 수록했다.

24) 박병섭의 《안용복 사건에 대한 검증》에는 오카지마(1784-1859)가 펴낸 문헌이 여럿 실려 있다. 대체로 비슷한 내용이므로 여기서는 《竹島考》를 중심으로 분석했다.

25) 연도는 《다케시마문제연구회 최종보고서》(2007)와 《독도사전》(2011)을 참고했다.

시마 사략》이 1차 사료에서 발췌·편집한 것이라면,《다케시마 고
증》은 관련 사료와 2차 문헌을 망라하여 작성한 것이었다. 따라서
이들 2차 문헌에는 저자의 시각이 개재되어 있음을 배제하기 어렵
다. 이들 문헌도 한·중·일 3국의 문헌을 인용하고 있는데, 중국
문헌을 어떻게 인용하고 있는가?


(2)《草盧雜談》과《北史》


　돗토리번이 1724년에 '다케시마 일건'과 관련된 문서를 막부에 제
출하고 나서 얼마 안 돼, 실학자 아오키 곤요(靑木昆陽, 1698~1769)[26]
는《초려잡담》(1738, 3권)[27]에서〈竹嶋〉[28]라는 주제를 다루었다. 내
용은 짧지만 중국 문헌《북사北史》〈왜전(倭傳)〉을 인용하여 자신의
의견을 밝힌 것이 특징이다.〈왜전(倭傳)〉은《북사》[29]에 실린 高麗,
百濟, 新羅, 勿吉奚, 契丹, 室 韋豆, 莫婁, 地豆干, 烏洛侯, 流求와
마찬가지로 열전 중의 하나이다. 아오키는〈竹嶋〉에서 "《北史》〈倭
傳〉에 '竹斯國·竹島·阿蘇山'이라고 되어 있으니, 竹島는 옛날부
터 우리나라의 섬으로 정해졌다. 그런데 憲廟(德川綱吉) 당시 조선이
'조선의 땅이다'라고 말해왔으므로 竹島를 조선에 주었다고 한다.
헌묘가 인정(仁政)을 베푸느라 주었다고는 하지만, 땅이란 작은 것

---

26) 아오키는 에도시대 중기의 실학자이자 난학자로서 이토 도가이(伊藤東涯)에게 사
　숙하여 고학(古學)을 배웠다. 감자 재배를 성공시켜 교호 연간의 기근으로부터 백성
　들을 구제했다. 1740년에 서물봉행(書物奉行), 이어 평정소를 거쳐 1767년에 사사봉
　행(寺社奉行)에 임명된 뒤 고문서 조사 및 수집 정리에 힘썼다(竹內誠·深井雅海 편,
　《日本近世人名辭典》, 吉川弘文館, 2005 참조).

27) 아오키가 여러 사람과 논담한 것과 들은 것을 모아 쓴 것으로 모두 56개의 주제를
　다루고 있다. '竹嶋'는 이들 주제 가운데 하나이다. 원문은 滝本誠一 편,《日本経済叢
　書》권7에 실려 있다.

28) 주제에서는 竹嶋라고 했지만 본문에서는 모두 竹島로 표기했다.

29) 당의 이연수(李延壽)가 찬(撰)했다.〈왜전〉은 권94,〈열전(列傳)〉제82에 실려 있다.

이라도 아껴야 하는 것인바, 이는 유사의 잘못이 아니겠는가"라고
탄식했다. 그는 중국 역사서에 '竹斯國·竹島·阿蘇山'가 함께 일
본 영토의 범주에 들어가 있다고 본 것인데, '竹島'는 일본이 인정
을 베푸느라 조선에 넘겨주게 되었다고 본 것이다. 그는 이때의 '竹
島'가 이른바 1693년 문제가 되었던 '다케시마'인가는 확인하지 않
았다.

아오키가 인용한 《북사》 원문을 보면, 다음과 같다.

> 明年 上遣文林郎裴世淸 使倭國 度百濟行 至竹島 南望耽羅國 經都斯麻
> 國 迴在大海中 又東至一支國 又至竹斯國 又東至秦王國 其人同於華夏 以
> 爲夷洲 疑不能明也

여기서 말한 '竹島'는 배세청이 백제를 지나 이르게 된 곳이므로
충청도 근처의 '죽도'를 가리킨다. 그러므로 이때의 '竹島'는 우리가
논하는 '다케시마'와는 관계없는 '죽도'라는 섬이다.

아오키는 왜 《북사》를 인용하여 '竹島'를 일본 영토라고 주장하
게 되었는가? 《북사》에 앞선 《수서》에도 같은 내용이 보이는데 굳
이 《북사》를 인용한 배경에 대해서는 알 수 없다. 그가 영토를 빼앗
긴 것을 탄식한 데서 보이듯, 교호 연간의 기근이 영토의 소중함을
일깨워주었고 그 때문에 '다케시마 재탈환'의 의지를 갖고 이런 글
을 쓰게 되었는지도 알 수 없다. 다만 그가 《초려잡담》을 발간한 해
가 한창 기근을 구제하느라 힘쓰던 시기였으므로 빼앗겼다고 생각
되는 영토를 아쉬워했을 개연성은 있다. 나중에 《다케시마 도설》도
중국 문헌을 인용한 것으로 보건대, 아오키가 중국 문헌을 인용한
사실이 뒷날 일본인의 중국 문헌 인용에 계기를 부여했다고 할 수
있다.

## (3) 《竹島圖說》과 중국 문헌

《초려잡담》 이후의 문헌으로는 《호키 민담기》(1742)가 있지만, 그 안에 중국 문헌을 인용한 예는 보이지 않는다. 다시 중국 문헌을 인용한 예가 보이는 것은 《다케시마 도설(竹島圖說)》(1763)에서이다. 《다케시마 도설》은 기타조노 쓰안(北園通葊)이 펴낸 것을[30] 가나모리 겐 겐사쿠(金森謙建築, ?~1862)[31]가 하마다 사람 조조(長藏)의 이야기를 증보하여 다시 펴낸 것이다. 가나모리는 이 책을 다시 펴낸 목적이 "뜻있는 자로 하여금 다케시마의 지리를 알게 하고자 해서"라고 밝혔다. 가나모리가 증보했다고 하지만, 내용을 보면 어느 부분이 기타조노의 저술인지 하마다 사람의 의견인지, 가나모리 자신의 의견인지 구분하기가 어렵다. 편의상 제사(題辭)를 뺀 본문은 기타조노가 완성한 것으로 보고 논리를 펴고자 한다.

기타조노가 인용한 중국 문헌은 《수서(隋書)》지만, 《수서》는 이토 도가이(伊藤東涯, 1670~1736)[32]의 수필[33]에 나온 것을 기타조노가 재인용한 것이다. 이토의 수필에 나온 내용은 "《隋書》에서 말하는 탐라도(耽羅島)란 아마도 이 竹島를 말하는 것일 듯하다(隋書ニ所謂耽羅島 蓋此竹島ナラン)"고 한 것을 말한다. 이토는 《隋書》의 '耽羅島'를 '竹島'로 본 것인데, 기타조노는 이를 그대로 따른 것이다. 다만 《수서》에는 이 부분이 "耽羅國"[34]으로 되어 있다. 이토는 이를

---

30) 1751~1763년 사이에 나온 것으로 보고 있다(《독도 사전》 '竹島圖說' 항목 참조).

31) 1849년 마쓰에번 양학자이자 난학자로서 서양 병학서를 번역했다. 페리 래항을 기록한 《威遠譚筆》도 저술했다. 이름은 金森建築, 金森錦謙, 호가 鳶巢이므로 金森謙建築, 金森謙으로도 불린다.

32) 에도시대 중기 유학자이자 고학파로서 아버지인 진사이(仁齋)의 저술 간행에 힘썼다. 고증에도 뛰어나 중국어학을 연구했고 제도학에도 조예가 깊었다(竹內誠·深井雅海, 앞의 책 참조).

33) 《東涯隨筆》을 가리킨다. 원문은 《日本儒林叢書》 第⑧卷(1978)에 실려 있다.

34) 《북사》와 같다. (明年 上遣文林郎斐淸 使於倭國 度百濟行 至竹島 南望耽羅國 經都斯麻國 迴在大海中 又東至一支國 又至竹斯國 又東至秦王國 其人同於華夏 以爲夷洲

'耽羅島'로 바꾸었고, 기타조노도 이토가 쓴 대로 '耽羅島'로 기술했
다. 이토와 기타조노가 인용한 《수서》[35]의 내용은 《북사》에도 보인
다. 《초려잡담》이 《북사》를 인용했다면, 《다케시마 도설》은 《수서》
를 인용하되 이토의 수필에서 재인용하는 형태를 취했다.

　《다케시마 도설》은 돗토리번이 17세기 울릉도에 도해했던 오야
와 무라카와 두 가문에게서 제출받은 문서에 근거하여 저술된 것
이다. 그러므로 이 문헌에는 1690년대 겐로쿠(元祿) 연간의 기술과
1724년 교호(享保) 연간의 기술이 혼재되어 있다. 《다케시마 도설》
에는 아래와 같은 내용이 기술되어 있다.

　　오키국(隱岐國) 마쓰시마(松島)의 서도(西島)〈마쓰시마에 속하는 하
　　나의 작은 섬이며, 섬사람들은 次島라고 한다〉에서 바닷길로 40리(里)
　　정도 북쪽에 섬 하나가 있다. 이름하여 다케시마(竹島)라고 한다. 이 섬
　　이 일본에 접해 있고, 조선〈다케시마에서 조선은 바닷길로 40리 정도라
　　고 한다. 이 설은 교호(享保) 9년(1724)에, 그 이전에 섬을 수 차례 드나
　　들었던 노인 한 사람을 조사하였는데, 그의 말은 '하쿠슈(伯州) 아이미군
　　(会見郡) 하마노메(濱野目) 산류촌(三柳村)에서 오키(隱岐)의 고토(後島)
　　까지 35~36리 되는데, 그 눈짐작으로 다케시마에서 조선의 산을 보면
　　〈조선의 산이〉 조금 더 멀리 보이니 약 40리 정도일 것'이라고 했다〉 옆
　　에 있으며 … 하쿠슈 요나고(米子)에서 다케시마까지는 바닷길로 160리
　　정도이다. 요나고에서 이즈모(出雲)로 가서 오키의 마쓰시마를 거쳐 다
　　케시마로 간다. 그리고 오키의 후쿠시마(福島)―후쿠우라(福浦)라고도 한
　　다―에서 마쓰시마까지는 바닷길로 60리 정도이고, 마쓰시마에서 다케시

---

疑不能明也).

35) 《수서》의 이 내용은 《주해도편》에도 보인다. 이토는 《주해도편》을 보고 인용했을 가
　능성이 크다. 기타조노는 이토의 글을 재인용했다. 《주해도편》에는 '탐라국'으로 되어
　있는데 기타조노 글에는 '탐라도'로 되어 있으므로 '탐라도'로 고친 것은 이토라고 볼
　수 있다.

마까지는 40리 정도라고들 한다.

위 내용은《竹嶋之書附》(1724)에 나왔던 내용과 비슷하다. 기타조노도 그 사실을 인정했다.[36] 다만 기타조노가 "오키국 마쓰시마의 서도〈마쓰시마에 속하는 하나의 작은 섬이며 섬사람들은 次島라고 한다〉에서 바닷길로 40리쯤 되는 북쪽에 섬 하나가 있는데, 다케시마라고 한다는 말이 있다"고 한 내용은 1724년 돗토리번이 막부에 제출한 문서에는 없던 내용이다. "하쿠슈 요나고(米子)에서 다케시마까지는 바닷길로 160리"라고 한 내용도《竹嶋之書附》에는 "호키국 요나고에서 다케시마까지는 140~150리"라고 되어 있어 약간 다르다. 또한 기타조노는 '오키국 마쓰시마의 서도'라고 하며 서두를 시작했지만, 이 역시《竹嶋之書附》에는 보이지 않는다. 이로써 기타조노가 1724년의 문서 내용을 변용하여 '마쓰시마(독도)'가 오키국에 속하는 영토인 듯 기술했음을 알 수 있다. 그러나 '마쓰시마'를 오키국 소속으로 본 견해는 마쓰에번 기타조노 개인의 견해일 뿐 1724년 무렵 돗토리번 두 가문, 나아가 돗토리번의 견해로 볼 수 없다.

가나모리는 제사(題辭)에서《다케시마 도설》에서의 '竹島'에 대해 "《일본 풍토기(日本風土記)》에서는 '他計甚麼' 또는 '竹島'라고 한다"고 적었다. 이는 '他計甚麼'라는 음독이《일본 풍토기》에서 유래한 듯 적은 것이다.《일본 풍토기》는《다케시마 도설》본문에는 나오지 않고 제사에만 나오므로 가나모리가 언급한 것으로 보인다.《일본 풍토기》(1592)[37]는《全淅兵制》의 부록으로 실린 것인데,《全淅兵制》

---

36) 본문에서 아래와 같이 기술했다. "이상의 여러 이야기는 교호 9년〈갑진년〉, 에도 막부의 조사에 대해 요나고 주민 오야 구에몬(大谷九右衛門)과 무라카와 이치베(村川市兵衛)가 답해 올린 문서에 있던 것들이다."

37) 가나모리는 자신이 인용한《일본 풍토기》가 어느 것인지 밝히지 않았지만, 중국인이 저술한 것으로는 1592년 명의 후계고(侯繼高, 1533~1602)가 찬(撰)하고 평유장(平維章)이 교(校)한《일본 풍토기》가 유일하다. 모두 5권으로 되어 있다. 1589년에 총병

의 저자는 명의 후계고(侯繼高)이다. 그렇다면 가나모리는 왜 《일본
풍토기》를 거론하여 '竹島'의 음독을 '他計甚麼'라고 했을까? 실제로
《일본 풍토기》에는 '竹島'의 음독이 '他計甚麼'로 되어 있는가?

　《일본 풍토기》의 권1 〈왜국사략(倭國事略)〉을 보면, 일본의 수도
및 지역을 밝히고 있는데, 伯耆를 기술할 때 '竹島'를 함께 기술한
내용이 있다. 관련된 내용을 인용하면 아래와 같다(〖 〗는 분주를 의미
함, 이하 마찬가지).

> 右爲因幡 右之西爲伯耆
> 【沿海俱白沙無罌可泊 其鎭爲阿家殺記 爲倭子介 爲他奴賀知 其北爲竹島
> 懸海三十里】

　위 내용은 이나바의 서쪽 호키 지역에 속한 지명과 거리관계를
기술한 것이다. 호키에 속한 지명으로 阿家殺記, 倭子介, 他奴賀
知[38]가 보이고 '竹島'도 보인다. 다만 〈왜국사략〉에 '他計甚麼'라는
음독은 보이지 않는다. 이 음독이 보이는 것은 같은 책 〈寄語島名〉
에서이다. 〈寄語島名〉은 일본의 도명을 번역(음독)해준 것이다. 이
를테면 '山城'에는 '羊馬失羅', '三島'에는 '密什麼', '伯耆'에는 '花
計', '隱岐'에는 '和計', '竹島'에는 '他計甚麼'를 분주로 써주었다. 모
두 81개의 도명이 나오는데 12개를 제외한 도명에 대하여 음독을
병기했다. 즉 '竹島【他計甚麼】' 형식으로 되어 있는데 이는 竹島의
음독이 '다케시마'임을 밝혀준 것이다.

---

　후계고가 왜구를 막은 공을 실은 《全浙兵制》 안에 부록으로 실려 있다(1915년 市村瓚
次郎이 작성한 《일본 풍토기》 '해제'에 따름).

38) 이들 지명에 대해서는 후에 오카지마 마사요시가 고증했다.

(4) 《일본 풍토기》와 《일본고략》, 《주해도편》

《일본 풍토기》의 내용은 이후 간행되는 중국 저술에서도 대부분 같은 내용이 보인다. 이는 《일본 풍토기》가 후대 저술의 출전이 되었거나, 아니면 《일본 풍토기》역시 다른 저술의 영향을 받았음을 의미한다. 이를 알려면 《일본 풍토기》에 앞서 일본 관련 정보를 담은 다른 저술이 있었는지를 조사해볼 필요가 있다. 필자가 조사해본 바에 따르면, 《일본고략(日本考略)》(1530)과 《주해도편(籌海圖編)》을 들 수 있다. 《일본고략》은 중국인이 한 일본 연구의 효시로 알려져 있다.[39] 《주해도편》은 정약증의 저술에 연원을 둔다. 《일본 풍토기》가 이들의 영향을 받았는지를 보려면 우선 이들 문헌에 대해 간략히 고찰해볼 필요가 있다.

《일본고략》은 1523년 일본 무로마치시대 중국에 대한 조공무역을 둘러싸고 일본의 세력이 다투던 가운데 절강 연해의 인민들이 일본의 분략(焚掠)을 당한, 이른바 영파의 난(寧波之亂, 宗設의 난)[40] 관련하여 왜구 방어를 위해 저술한 것이다. 구성은 아래와 같다.

연혁략(沿革略), 강역략(疆域略), 주군략(州郡略) 속국략, 산천략, 토산략, 세기략(世紀略), 호구략, 제도략, 풍속략, 조공략, 공물략, 구변략(寇邊

---

39) 차혜원, 〈중국인의 '南倭' 체험과 임진전쟁(1592~1598)〉, 《歷史學報》 제221집, 2014, 359쪽. 차혜원은 출간 연도를 1523년으로 보았지만(359쪽), 서문에 따르면 1530년이 맞는 듯하다.

40) 무로마치시대 일본과 명(明)과의 무역은 명이 발급하는 감합(勘合)에 의한 무역형태로 행해졌다. 중국은 이 증명서를 일본 국왕에게 발급했으므로 증명서를 지닌 遣明船만이 중국을 드나들 수 있었다. 15세기 말 전국시대 쇼군의 권위가 실추되자 여러 세력들이 국왕의 무역권을 다투게 되었고, 1523년 영파에 오우치(大內) 견명선과 호소카와(細川)사절단이 각각의 감합을 제시하고 입항하는 일이 생겼다. 이때 송소경(宋素卿)이 영파 입국관리에게 뇌물을 주어 호소카와 측이 유리한 상황이 되자, 오우치가 무장 봉기하여 호소카와 사절단을 습격, 살해한 사건이다. 송소경은 도망했으나 그를 추격하는 동안 오우치 측은 방화와 약탈을 자행했다(zh.wikipedia.org/wiki/ 참조).

略), 문사략(文詞略), 기어략(寄語略)

이 가운데 연혁략은 "日本國者 古倭奴國也 天御中主都筑紫日 向宮主"로 시작한다. '기어략(寄語略)'은 다시 천문류, 지리류, 방향류, 진보류(珍寶類), 인물류, 인사류, 신체류, 기용류, 의복류, 음식류, 화목류(花木類), 조수류, 수목류(數目類), 통용류(通用類)로 세분된다. 이 '기어략(寄語略)'을 보면, 당시 중국이 일본어를 어떻게 표기했는지를 알 수 있다. 예를 들면, 방향류를 보면, 熏加(東), 迷南來(南), 義西(西), 尤兀俚(北)으로 적고 있다. '훈가(동)'만 보더라도 중국의 동쪽에 해당되는 일본어 '히가시'에 가까운 음을 적어준 것이다. 나머지도 '미나미', '니시', '우올리'[41] 등으로 적어준 것임을 알 수 있다.

《주해도편(籌海圖編)》[42]은 명의 호종헌(胡宗憲, 1512~1565)이 절강의 군무(軍務)를 총괄하던 당시 왜구의 방어를 위해 정약증(鄭若曾) 등 군사전문가를 초빙하여 해방(海防) 자료를 수집·간행된 것이다.[43] 대략 아래와 같이 구성되어 있다.

日本國圖(지도), 倭國事略, 畿內部, 畿外郡, 寄語島名, 寄語雜類

《일본고략》, 《주해도편》, 《일본 풍토기》가 다룬 주제(항목)를 보면, 다음과 같다.

---

41) 그 의미가 현재의 북쪽('기타')과는 통하지 않는다.

42) 초판은 1562년에 나왔고 2판은 1572년에 나왔다. 모두 13권이며 114폭의 지도가 실려 있다.

43) 1624년에는 정약증의 이름을 삭제하고 호종헌이 찬한 것으로 수정하여 개정판을 냈지만, 실제 저술은 정약증이 한 것으로 알려져 있다. 《사고전서》에는 《鄭開陽雜著》로 나오는데 내용은 《주해도편》과 거의 비슷하다. 정약증(1503~1570)은 이 외에도 《日本圖纂》, 《江南經略》 등의 저술을 남겼다.

〈표-1〉 세 문헌의 구성

| 일본고략 | 沿革略, 疆域略, 州郡略 속국략, 산천략, 토산략, 世紀略, 호구략, 제도략, 풍속략, 조공략, 공물략, 寇邊略, 文詞略, 寄語略 |
|---|---|
| 주해도편(권2) | 王官使倭事略/日本國圖/倭國事略(畿內部 외)/寄語島名/寄語雜類(천문류 외)/倭船/倭好/寇術/倭刀/ |
| 일본풍토기 | 國主建都/속국/산천/토산/국왕세전/조공/공물/貢船開泊/군신예절/設官分職/染牙/內俗/米糧/법도/관출수/풍속남자/부인 혼인 외 |

이처럼 세 문헌은 같은 항목으로 구성된 것은 아니다. 《주해도편》의 〈倭國事略〉을 비롯하여 〈寄語島名〉의 내용은 《일본 풍토기》에 그대로 계승되어 있고, 다른 문헌에로 계승되었으므로 《주해도편》에서 일본 지명 관련 내용을 먼저 알아볼 필요가 있다. 후대의 저작에서 보이는 부분과 관련된 내용에 한하여 일부를 발췌하기로 한다.

〈표-2〉 일본 문헌이 인용한 중국 문헌의 일본 지명 비교

| 구분 | 본문 |
|---|---|
| 倭國事略(1) | 日本即古倭奴國也 去中土甚遠 隔大海 依山島爲國邑 隋書記在百濟新羅東南 其地形類琵琶 地勢東高西下 東西數千里 南北數百里 九州居西爲首【肥前肥後…】 陸嶼居東爲尾【至山城…】 |
| 倭國事略(2) | 右爲因幡 右之西爲伯耆【沿海俱白沙無臭可泊 其鎭爲阿家殺記 爲倭子介 爲他奴賀知 其北爲竹島 懸海三十里】 |
| 倭國事略(3) | 肥前西懸海爲平戶【東西海面十里 西北至博多 海面四百五十里】平戶之西爲五島【五山相錯 懸海而生…】 |
| 畿內部-州五 | 山城, 太河, 河內, 和川, 攝津 |
| 畿外郡-道七 | 東海道, 西海道, 南海道, 北陸道, 東山道, 山陽道, 山陰道 |
| 畿外郡-道七-山陰道(八州) | 舟渡, 舟後, 但馬, 因幡, 伯耆, 出雲, 石見, 隱岐 |
| 寄語島名 | 山城【羊馬失羅】…舟渡【舟白】…伯耆【花計】…隱岐【和計】…女島…男島【賀什麼】…對馬島【則什麼】…種島【他尼什麼】…竹島【他計什麼】…平戶·三島【密什麼】 등 총 81개 도명 보임 |

세 문헌을 비교해보면, 《일본고략》에서 '기어략'에 들어 있던 것이 《주해도편》에서는 '寄語島名'에서 보이는데, 도명의 수는 81개이고 이 가운데 12개에 대해서는 일본어 음독이 없다. 이는 《일본 풍

토기》도 같다. 위의 표에서 보이듯, '山城【羊馬失羅】 … 舟渡【舟白】 … 種島【他尼什麼】' 등은 일본 지명을 그 현지발음에 가까운 한자로 써준 것이다. '竹島【他計什麼】'도 일본에 있는 지명의 하나로서 써준 것이다. 그러나 그 자체가 호키국 소속임을 드러내지는 않는다. 寄語島名에서는 일본 안의 지명의 하나로 써준 것이며 竹島는 일본에서 흔한 도명이기 때문이다.

가나모리가 《일본 풍토기》를 거론하면서 '竹島'를 "他計甚麼라고 한다"고 언급했지만, 《일본 풍토기》는 《주해도편》을 따른 것이 많다. 가나모리가 《다케시마 도설》에서 《주해도편》을 인용했음을 직접 언급하지는 않았지만 《일본 풍토기》에 보인 내용이 《주해도편》의 내용과 거의 같기 때문이다. 다만 《주해도편》에는 '他計什麼'로 되어 있다. 나중에 나온 《登壇必究》(東倭 권1/倭國事略/島名, 1599)에도 '他計什麼'로 되어 있다. '他計什麼'라는 표기는 가나모리 당시에는 '他計甚麼'로 표기되었으나 '他計什麼'로 변전했다가 다시 '多氣甚麼'로 변전하는 양상을 보인다.

《일본 풍토기》(坤, 권4)에는 〈語音〉이 실려 있는데, 〈진보(珍寶)〉 안에 '竹'이 들어가 있다. '大吉'로 써주고 'たけ'로 표기하여 '다케'로 음독함을 밝히고 있다. 한편 '松'에 대해서는 '埋止'로 써주고 'おり'로 표기했다. '埋止'는 '마쓰'에 대한 음차 표기인 듯한데 'おり'로 표기하고 있다. 중국어 성조로 가장 비슷한 발음을 음차하여 써주는 것이 일반적이지만, 'おり'는 이와는 맞지 않는다. 어쨌든 일본 지명에 대한 발음을 음차 표기한 것이 특징이다. 그런데 《주해도편》에서는 '竹'이 〈진보〉 안에 들어가 있지 않다. 《일본 풍토기》가 《주해도편》의 구성 항목과 똑같지는 않듯이 그 안의 내용도 지리적인 것을 제외하면 똑같지는 않다. 다만 《주해도편》이 《일본 풍토기》보다 먼저 편찬되었고 관련 내용이 그대로 인용되어 있는 것으로 보아 《일본 풍토기》가 《주해도편》의 영향을 받았음은 분명해

보인다.

《주해도편》이 정약증의 저술에 기초하고 있으므로 정약증 저술인《정개양 잡저(鄭開陽雜著)》도 조사해볼 필요가 있다. 이를 포함시켜《일본고략》과《일본 풍토기》의 일본 관련 기술을 비교해보면, 아래와 같다. 각 문헌은 아래와 같은 내용으로 시작된다.

〈표-3〉《정개양 잡저》,《주해도편》,《일본 풍토기》의 관련 내용 비교

| 일본고략/沿革略 | 日本國者 古倭奴國也 天御中主都筑紫日… |
| 정개양 잡저 권4/日本國論 | 日本即古倭奴國也 去中土甚遠 隔大海 依山島爲國邑 隋書記在百濟新羅東南<br>水陸三千里 地勢東高西下… |
| 정개양 잡저/ 日本記略 | 其地形類琵琶 地勢東高西下 東西數千里 南北數百里 九州居西爲首… |
| 주해도편/권2 倭國事畧 | 日本即古倭奴國也 去中土甚遠 隔大海 依山島爲國邑 隋書記在百濟新羅東南<br>其地形類琵琶 地勢東高西下 東西數千里 南北數百里 九州居西爲首… |
| 일본풍토기/권1 倭國事畧 | 日本即古倭奴國也 去中土甚遠 隔大海 依山島爲國邑 隋書記在百濟新羅東南<br>其地形類琵琶 地勢東高西下 東西數千里 南北數百里 九州居西爲首【肥前肥後豐前…】 |

《등단필구》와《도서편》(권50)에는 아래와 같이 되어 있다.

| 등단필구/日本國 | 古倭奴國 其地東西南北 各數千里 西南之海 東北隔隔以大山 國王以王爲姓… |
| 등단필구/倭國事畧 | 日本即古倭奴國也 去中土甚遠 隔大海 依山島爲國邑 隋書記在百濟新羅 東南 其地形類琵琶 地勢東高西下 東西數千里 南北數百里 九州居西爲首… |
| 도서편/日本國序 | 日本在溟渤之東 其地形類琵琶 東西數千里 南北數百里 肥前肥後… |
| 도서편/ 日本國 | 日本即倭奴國 在東南大海中 依倚山谷 高麗在其北 新羅百濟在其西北 地勢東高西下於閩浙爲東北隅 王以王爲姓… |

즉《일본고략》은 일본국이 '倭奴國'이라는 기본적 사실만을 기술한 데 그쳤지만,《정개양 잡저》부터는 중국과의 거리 및 국읍으로

삼게 된 형세를 언급하고 있다. 이후의 저술도 대체로 《정개양 잡저》 계보를 따르고 있다. 《정개양 잡저》는 《주해도편》에 그대로 계승되었고, 이는 다시 《일본 풍토기》 및 《등단필구》에까지 그대로 계승되었다. 다만 《주해도편》과 《일본풍토기》에서 "隋書記在百濟新羅東南"라고 한 내용은 《정개양 잡저》와 같지만, 그 이하는 달리 분류되어 있다. 즉 "其地形類琵琶 地勢東高西下 東西數千里 南北數百里 九州居西爲首"라고 한 내용이 《정개양 잡저》에서는 〈일본기략〉에서 보이고, 《도서편》에서는 〈일본국서〉에서 보였다.

이로써 보면, 《일본 풍토기》가 정약증의 저술을 그대로 계승했다기 보다는 《주해도편》과 《정개양 잡저》를 적절히 혼용하여 저술했다고 할 수 있다. 《도서편》은 형식면에서는 《정개양 잡저》에 가깝다.

일본에 관한 호칭을 보면, 《일본고략》과 《정개양 잡저》는 '일본국'으로, 《주해도편》은 '왜국'으로 칭했다. 《일본 풍토기》도 '왜국'으로 칭했지만, 《도서편》에 오면 다시 '일본국'으로 칭해지고 있다.

위에서 보았듯이, 《일본 풍토기》에 '右爲因幡 右之西爲伯耆'라고 한 내용도 《주해도편》에 보였던 내용이다. 이로써 가나모리가 인용한 《일본 풍토기》, 이후의 《등단필구》(東倭 권1/倭國事略)는 《주해도편》의 계보를 따르고 있었음을 알 수 있다. 《주해도편》의 실제 저자인 정약증은 자신이 왜구와 겪은 체험에 바탕하여 여러 정보를 모아서 편찬했지만, 그가 《일본고략》과 자신의 저술을 비교한 바 있으므로[44] 《일본고략》을 참조했다고도 볼 수 있다. 그렇다 하더라도 《주해도편》이 호종헌에 의해 수정된 것이고 1592년에는 《籌海重編》으로도 출간되었으므로 그 이후의 저작에 가장 큰 영향을 미친 것은 《주해도편》이라고 할 수 있다.

가나모리 겐사쿠는 《일본 풍토기》만을 거론했으므로 그가 《주해도편》이나 《일본고략》을 보았는지는 알 수 없다. 이후 《竹島雜誌》,

---

44) 차혜원, 앞의 글, 2014, 363쪽.

《多氣甚麼雜誌》등에서도 《일본 풍토기》가 거론되어 있지만, 어느 문헌도 최초의 출전인 《주해도편》을 거론한 것은 없다. 이는 후대의 일본인 저작들이 중국 문헌을 1차 사료로 인용했다기보다는 가나모리의 저작을 따랐음을 의미한다. 다만 앞에서 보았듯이 가나모리가 인용한 《일본 풍토기》의 계보가 《일본고략》, 《정개양 잡저》 《주해도편》에 있음은 확인되었다.

《주해도편》에서 또 하나 주목할 것은 〈일본국도〉[45]를 싣고 있다는 점이다. 이 지도에는 '竹島'가 이나바주 북쪽 바다 위에 표기되어 있다. 그리고 이나바주 옆에는 他奴賀知, 倭子家, 阿家殺記라는 지명이 기재되어 있다. 오키주는 이나바주에서 훨씬 더 서쪽으로 떨어진 바다 위에 있으므로 이 지도대로라면 '竹島'는 오키 동쪽에 있는 것이 된다. 그러므로 여기 나온 '竹島'는 우리가 말하는 '다케시마(竹島)'가 아니다. '다케시마'는 오키 서쪽에 있기 때문이다. 《일본 풍토기》와 《등단필구》, 《도서편》에도 〈일본국도〉가 실려 있고 방향이 달라져 있기는 하지만[46] 지명과 위치는 《주해도편》을 계승하고 있다. 〈일본국도〉에 대해서는 오카지마가 해석하고 있는데 이에 대해서는 후술한다.

이 절에서 중국 문헌의 내용을 길게 소개한 것은 그 내용이 일본인의 저작에 그대로 계승되어 있기 때문이다. 그런데 아래에서 보듯이, 일본이 인용한 중국 문헌은 소수에 한정되어 있고 인용문도 앞 시대의 인용을 대부분 답습하고 있다. 《초려잡담》과 《다케시마도설》에 중국 문헌이 인용되어 있지만, 그 비중이 많은 단계는 아니었다. 이후 《이나바지(因幡志)》(1795), 《장생죽도기(長生竹島記)》(1801) 등의 지리지가 있었지만, 중국 문헌을 인용한 예는 보이지 않는다.

---

45) 《정개양 잡저》 권4 〈日本圖纂〉에도 같은 이름으로 보인다. 여기에는 '隱岐山'으로 되어 있다. 《도서편》에도 '隱岐山'으로 되어 있다.

46) 《도서편》에 실린 지도는 《주해도편》과는 반대로 남북 방향이 바뀌어 있다.

### 3) 오카지마 마사요시의 본격적인 인용과 해석

#### (1) 《다케시마고(竹島考)》와 중국 문헌

중국 문헌을 본격적으로 인용하여 이를 일본 영유권과 결부시
킨 것은 오카지마 마사요시의 《다케시마고》(1828)이다. 《다케시마
고》에 인용된 중국 문헌은 《수서》, 《일본 풍토기》(1592), 《등단필구》
(1599), 《양조 평양록》(1606), 《도서편》(1577 완성, 1613 편찬), 《무비지
(武備志)》(1621)[47] 등이다.

오카지마는 돗토리번에서 1824년 5월부터 1826년 9월까지 오메
쓰케(御目付役)를 지냈고 주로 사지(史誌) 편찬에 몰두하여 40여 점
의 사서류를 남긴 자이다.[48] 그는 왜 이토록 많은 중국 문헌을 인용
하여 자국의 '다케시마 영유권'과 결부시키려 했을까? 그의 인식은
《다케시마고》 서문에 드러나 있다. 그는 "오랫동안 일본 호키국에
속했던 땅을 다른 나라의 간악한 어부들이 탈취했다"고 했다. 그는
1720년대 막부가 다케시마 재탈환'을 시도한 바 있지만 조선의 어
부들이 다케시마를 침탈했기 때문에 성공하지 못했다고 보았다. 이
에 1724년 당시 돗토리번이 막부에 제출했던 관련 서류를 입수하여
책을 냈다.[49] 그가 중국 문헌을 인용한 의도를 이런 애국적 견지에
서 결부시킬 수 있다.

《다케시마고》의 구성과 내용,[50] 거기 인용된 일본 문헌[51]을 고찰

---

47) 간행 연대에 대해서는 판본에 따라 차이가 있고, 편찬 연도도 다르다.

48) 이케우치 사토시, 1998, 앞의 글, 96쪽.

49) 《竹島考》自敍.

50) 이케우치 사토시(1998)가 이를 다루고 있다.

51) 《다케시마고》에 거명된 일본인 저술의 문헌은 대략 아래와 같다. 《因幡志》, 《三國
通覽》, 《因幡民談記》, 《和漢三才圖會》, 《西遊雜記》, 《日本事跡考》, 《武鑑》, 《西遊記》,
《伯耆民談記》, 《太平記》, 《恩德記》, 《雪窓夜話》.

하는 것은 이 글의 목적이 아니므로 중국 문헌을 중심으로 검토하고자 한다. 《다케시마고》는 본문에 앞서 총설과 도설(圖說)을 싣고 있는데, 도설에는 몇 개의 지도가 실려 있다. 그것은 ① 〈竹島松島之圖〉, ② 《도서편》의 지도, ③ 《등단필구》의 지도이다. 이를 상술하면, ①은 교호 연간 막부의 요구에 응하여 오야·무라카와 집안이 그려 제출한 지도를 (돗토리번이) 다시 축소·필사한 것이다. 이 지도를 보면 다케시마(竹嶋)와 마쓰시마(松嶋)가 그려져 있고 오키에서 마쓰시마까지는 70리, 마쓰시마에서 다케시마까지는 40리로 나타나 있다. '다케시마' 가까이에는 '마노시마(間ノ嶋)'[52]와 '이가시마(イガ嶋)'[53]가 있을 뿐만 아니라 隱岐嶋前, 隱岐島後, 因幡, 伯耆, 出雲, 石見 등의 지명이 정확히 기술되어 있다. 그러므로 이 지도에 그려진 '다케시마'는 울릉도를, '마쓰시마'는 독도를 가리킨다.

한편 《다케시마고》에 인용된 ② 《도서편》의 지도에는 '竹島'가 이나바주 북쪽 바다 위에 나타나 있다. 그리고 이나바주 옆에는 他奴賀知, 倭子家, 阿家殺記라는 지명이 기재되어 있고, 그 아래에는 호키주(伯岐州-원문대로)가 기재되어 있다. 이들 지명은 《일본 풍토기》에 보였으므로 그 연원은 《주해도편》으로 거슬러 올라간다. 그런데 오카지마는 그 연원에 대해서는 언급하지 않았을 뿐만 아니라 《도서편》의 〈日本國圖〉에 대해서도 잘못 그려진 것이 많다고 했다. 이는 그가 《도서편》에 기재된 '竹島'에 대해서도 신뢰하지 않음을 의미한다. 오카지마는 《도서편》〈日本國圖〉에 그려진 他奴賀知, 倭子家, 阿家殺記 등의 지명도 거론했다. 오카지마가 거론한 他奴賀知와 阿家殺記라는 지명도 《도서편》에 보이는데, '倭子家'가 '倭子介'로 기재되어 있다. 《주해도편》에는 '倭子家'로 되어 있다.

오카지마는 《다케시마고》에서 《등단필구》의 〈日本國圖〉도 인용

---

52) 우리나라의 관음도를 가리키는 것으로 보인다.

53) 우리나라의 죽도를 가리키는 것으로 보인다.

했다. 이 지도 역시 연원은 《주해도편》이다.[54] 그런데 오카지마는
"이 지도도 역시 잘못된 곳이 적지 않다. 다지마(但馬)국과 이와미
(石見)국 사이의 호키(伯耆)주가 있어야 할 곳의 바다에 다케시마를
그려놓았는데, 이나바국(因幡國)과 오키도(隱岐島)는 빠져 있다"고 했
다. 즉 지도에 '竹島'는 그려져 있지만 이나바국과 오키도가 빠져
있으므로 일본 영토를 잘못 기재하고 있다는 것이다. 그러나 오카
지마가 인용한 《등단필구》의 〈日本國圖〉를 보면, 호키국 대신 호키
주(伯岐州-원문대로) 7군(郡), 이즈모주(出雲州) 등이 표기되어 있으므
로 《등단필구》의 설명이 전적으로 잘못된 것은 아니다. 오카지마는
《등단필구》(1599)가 《도서편》(1613)을 인용했다고 보았다. 《도서편》
의 간행 연도는 1613년이지만 완성된 연도는 1577년이므로 《도서
편》이 앞선다고 보았기 때문인지는 알 수 없지만,[55] 오카지마는 이
들 두 문헌만을 언급하고 《주해도편》은 언급하지 않았다. 그는 두
문헌 속의 지도가 모두 《주해도편》에서 연원한다는 사실을 몰랐기
때문일까? 오카지마가 보기에, 《등단필구》가 인용했다는 《도서편》
(권 50. 日本國序)의 내용은 아래의 내용이다.

　　(備前의) 左之西爲備中 右亦因幡 右之西爲伯耆【沿海俱白沙無墅可泊
其鎭爲阿家殺記 爲倭子介 爲他奴賀知 其北爲竹島 懸海三十里】

이는 아래와 같이 번역할 수 있다.

　　(備前의) 왼쪽의 서쪽이 빗츄(備中)가 되고 (빗츄의) 오른쪽도 이나바

---

54) 앞에서 언급했듯이 《주해도편》의 실제 저자가 정약증이므로 《주해도편》의 내용은
　　정약증의 저술에서 연원하지만 이에 대해서는 일일이 언급하지 않기로 한다.

55) 《도서편》은 명나라 장황(章潢, 1527~1608)이 1577년에 집(輯)했지만 1613년에 문인
　　만상렬(萬尙烈)에 의해 완성·간행되었다. 모두 127권으로 되어 있다. 그러므로 완성
　　된 해를 기준으로 보면, 《도서편》이 《등단필구》보다 앞선다.

(因幡)이며, (이나바의) 서쪽이 호키(伯耆)가 된다.【바닷가에 모두 배를 댈
만한 백사장이 없다. 그 진을 阿家殺記와 倭子介, 他奴賀知라고 한다. 그
북쪽에 있는 것을 竹島라고 하는데 바닷길이 30리이다.】

이 부분이 《등단필구》에는 아래와 같이 되어 있다.

　　左之西爲備中　右爲[56]因幡　右之西爲伯耆【沿海俱白沙無隝可泊　其鎮爲
阿家殺記　爲倭子介　爲他奴賀知　其北爲竹島　懸海三十里】

이렇듯 두 문헌의 원문은 같다. 오카지마는 이에 대하여 "바닷가
에 모두 배를 댈 만한 백사장이 없다고 한 것은 (중국이) 因幡과 伯
耆의 연해 지리를 알았기 때문이다. … 阿家殺記는 赤崎(아카사키),
倭子家는 大塚(오쓰카)이다. 他奴賀知에 대해서는 의견이 분분하다.
… 種か池라고도 하나 미덥지 못하다"는 의견을 개진했다.

　　이들 내용은 앞에서 나왔듯이 《일본 풍토기》에서 보였던 내용이
다. 《일본 풍토기》의 〈일본국도〉에도 '竹島'[57]가 그려져 있었다. 이
렇듯 오카지마가 인용한 문장의 출전은 세 문헌(《일본 풍토기》, 《등단
필구》, 《도서편》)이지만, 그 내용은 같다. 이는 출처도 하나였음을 의
미한다. 그 출처가 《일본 풍토기》로 밝혀져 있지만, 《주해도편》에
서 연원하는 것임은 언급한 대로이다.

　　그런데 《주해도편》을 보면, 사실상 일본의 지리를 설명한 것이라
기보다는 일본의 행정 구역(8道, 66州) 및 그 위치를 열거해준 것에
가깝다. 《주해도편》도 왜구 방어를 목적으로 편찬한 것이므로 일본
지명을 현지어로 알려줄 필요가 있었다. '山城【羊馬失羅】'로 표기한
것은 그 때문이다. 함께 나온 '竹島【他計什麼】'도 마찬가지 차원에

─────────────

56) 《도서편》에는 '亦'으로 되어 있다.

57) 다만 《등단필구》와는 반대방향으로 '竹島'가 기재되어 있다.

서의 표기였다. 그런데 일본 저술가들은 이를 자국의 '다케시마 영
유'와 연관 지었다.


### (2) 중국 문헌의 '竹島'와 오카지마의 해석

오카지마가 중국 문헌을 검토하여 중국이 '竹島'를 【他計什麼】로
음독했다는 사실에 주목한 이유는 중국도 '다케시마'를 일본 땅으로
인정했다고 주장하기 위해서였다. 과연 중국이 언급한 '竹島'는 일
본이 일컫는 오키국 '다케시마'를 의미하는 것인가?

위의 두 문헌(《도서편》과 《등단필구》)에 따르면, 호키국 북쪽에 있는
'竹島'는 바닷길로 30리 떨어져 있는 섬이다(其北爲竹島 懸海三十
里). 그런데 오카지마는 이 30리를 300리로 본다 해도 호키에서 다
케시마까지는 150~160리이므로 배가 넘는 오차가 보인다고 지적
했다. 오카지마는 《도서편》의 '竹島'를 아래와 같이 이해했다.

> 같은 책(《도서편》)에 보면, "이즈모의 남쪽 경계(出雲之南境)라고 했으
> 며, 그 땅을 오키라고 한다. 바닷길 350리이다"고 했다. 책에서 말한 대로
> 라면, 다케시마는 호키국에서 불과 3리의 바닷길이고 오키국은 이즈모국
> 에서 바닷길 35리가 된다. 다케시마가 오키국 안 우리쪽 바다에 있지 않은
> 것은 어린애도 아는 바이다.

오카지마가 지적한 《도서편》의 원문을 보면, 아래와 같이 되어
있다.

右亦因幡 右之西爲伯耆【沿海俱白沙無嶼可泊 其鎭爲阿家殺記 爲倭子
介 爲他奴賀知 其北爲竹島 懸海三十里】美作之西 爲備後之北境【其嶼爲

一子該一知 爲干奴鼻 爲和奴窖知 爲拿敗 爲赦東大】出雲之南境【其畧爲畓你 爲山子介 爲欽子溪 爲石流 爲+(非口+頁)[58]+吖 爲失喇哈吖 爲也生忌 爲窖和奴失記 其北爲隱岐懸海三百五十里】

즉 위 문장에 따르면, '다케시마'는 호키 북쪽 30리 떨어진 곳에 있는 섬이다. 그런데 오카지마는 《도서편》에서 일컬은 '다케시마'는 오키국 다케시마와는 관계없는 섬이라고 했다. 오카지마의 이런 주장은 잘못되었다. 《도서편》은 '竹島'를 오키국 '다케시마'로서 기술하지 않았기 때문이다. 《도서편》은 '竹島'를 호키 북쪽의 섬으로서 기술하고, '오키'를 이즈모 남쪽에서 북쪽 350리 떨어진 섬으로 기술한 것이다. 《등단필구》와 《도서편》에 언급된 '竹島'가 《일본 풍토기》에는 아래와 같이 기술되어 있다.

右亦因幡 右之西爲伯耆【沿海俱白沙無畧可泊 其鎮爲阿家殺記 爲倭子介 爲他奴賀知 其北爲竹島懸海三十里】

따라서 위에 나온 세 문헌의 해당 부분 원문은 아래와 같이 모두 같다.

〈표-4〉 세 문헌의 '竹島' 관련 내용

| | | |
|---|---|---|
| 日本風土記 | (備前)左之西爲備中 … 右爲因幡 右之西爲伯耆 | 【沿海俱白沙無畧可泊 其鎮爲阿家殺記 爲倭子介 爲他奴賀知 其北爲竹島 懸海三十里】 |
| 圖書編 | (備前)左之西爲備中 … 右亦因幡 右之西爲伯耆 | 【沿海俱白沙無畧可泊 其鎮爲阿家殺記 爲倭子介 爲他奴賀知 其北爲竹島 懸海三十里】 |
| 登壇必究 | (備前)左之西爲備中 … 右爲因幡 右之西爲伯耆 | 【沿海俱白沙無畧可泊 其鎮爲阿家殺記 爲倭子介 爲他奴賀知 其北爲竹島 懸海三十里】 |

58) 口는 불명.

세 문헌에 따르면, '竹島'는 호키에서 30리 거리에 있는 섬이다. 그러면 이때의 30리는 우리가 통상적으로 "오키에서 마쓰시마까지는 80리", "마쓰시마에서 다케시마까지는 40리"라고 할 때의 리 수와 같은 리 수를 말하는 것인가? 같은 것이라면, 호키에서 30리 거리에 있는 '다케시마'를 울릉도를 가리키는 것으로 보기 어렵다. 오카지마는 이 30리를 300리로 보았다. 그는 그럴 경우에도 "호키국에서 다케시마까지는 대략 150~160리이므로 30리(300리)로 본 것은 배나 차이가 나는 오류"라고 보았다.

따라서 위 문헌에 기술된 "其北爲竹島 懸海三十里"의 '竹島'가 '다케시마' 즉 조선의 울릉도를 의미하지 않는다는 것은 오카지마가 자인한 셈이다. 오카지마는 이즈모에서 오키까지의 바닷길을 350리[59]로 본 《도서편》의 기술도 신뢰하지 않았다.

오카지마는 《도서편》(권57)의 "竹島는 해우(海隅)가 되는 곳이며 松島와 莫邪島, 漫鷄島는 海衛를 안정시키는 곳"[60]이라는 내용을 고증했다. 그리하여 여기서 말한 '竹島'를 중국 산동성 남해에 있는 땅이라고 보았다. 중국에도 통상 竹島와 松島라는 지명이 있다. 두 지명이 나온다고 해서 이를 일본 영토와 연계시키려 한 것 자체가 성립하기 어렵다는 사실을 오카지마 자신이 고증해준 것이다.

### (3) 조선의 '竹島' 발음에 대한 오카지마의 논리

그렇다면 '다케시마'와 '마쓰시마'에 대한 오카지마의 인식은 어떠한가? 그는 "호키국 요나고에서 이즈모국 구모쓰까지는 해상 9리

---

59) 오카지마는 《호키 민담기》에 오키에서 호키까지의 거리가 35리로 되어 있는 것도 믿을 수 없다고 했다. 이때의 35리를 350리로 본 것이다.

60) 《도서편》 권 57, 〈沿海界倭要害之地〉 "竹島爲海隅所界 松島莫邪島漫鷄島爲靖海衛界"

(육로는 7리 반 5丁), 구모쓰에서 오키국 지부리까지는 18리, 지부리
에서 오키국 도고의 후쿠우라까지는 8리인데, … 후쿠우라에서 북
서쪽으로 70여 리를 가면 마쓰시마에 도착한다. 거기서 다시 40리
를 가면 다케시마에 착안한다"[61]고 했다. 또한 "호키국에서 다케시
마까지는 약 150~160리의 해로이다"[62]라는 사실도 언급했다. 이들
은 에도시대 기록에서 언급되던 거리관계와 유사하다. 그러므로 위
에서 언급한 '다케시마'와 '마쓰시마'는 울릉도와 독도를 가리킨다.
오카지마는 중국 문헌의 '竹島'가 이른바 '다케시마'가 아니라는 사
실을 확인한 셈이지만, 그의 논리는 중국이 '다케시마'를 일본 영토
로 인식했다는 논리로 귀결하고 있다.

　오카지마는 규슈에서 다케시마로 가는 해로를 추정하여 다케시
마가 어느 섬인지를 알아보기 위해 중국 문헌 가운데《수서》를 검
토했다. 그 내용은 "다음해(608)에 임금이 문임랑 배청[63]을 왜국으
로 사신 보내니, 백제로 건너가 竹島에 도착했다. 남쪽으로 耽羅國
(제주도)을 바라보며 都斯麻國(쓰시마국)을 거쳐 큰 바다로 향했다"[64]
는 것이다. 위에서 언급된 '다케시마(竹島)'가 울릉도를 가리키는 것
이 아님은 그가 언급한 바 있다. 이에 오카지마는 기요마사(清正)의
기록과《징비록(懲毖錄)》을 거론하여 이들 기록의 '竹島'가 '다케시마
(울릉도)'인지를 고증했다. 오카지마는 기요마사가 "규슈 땅을 떠나
竹島로 밀고 들어가서 6일간 머물면서 남은 병사를 모아 조선으로
도해하여 양산성을 공략하여 함락시켰다"고 했다. 그런데 오카지

---

61)《竹島考》(上)

62) 이들 거리관계는〈竹島圖〉앞에 실린《竹島考圖說》, '竹島松島之圖'에서의 거리관계
　와 같다. 에도시대 사료를 보면 기록에 따라 차이는 있지만, 호키(혹은 요나고)에서
　다케시마까지는 150~160리, 오키에서 다케시마까지는 70~100리로 되어 있다(유미
　림,《1877년 태정관 지령에 관한 연구》, 한국해양수산개발원, 2014 참조).

63) 배청(裴清)은 배세청을 가리킨다. 수(隋)대에 문임랑(文林郎)으로서 일본에 사신 갔
　던 자이다.

64) 원문은 다음과 같다.〈明年 上遣文林郎裴清 使於倭國 度百濟行 至竹島 南望耽羅國
　經都斯麻國 迥在大海中…〉《隋書》권81,〈열전〉제46, 倭國).

마는 그 진위 여부에 대해서는 모른다고 했다. 이어 그는 나가사키를 외국 땅처럼 생각하듯이 竹島를 먼 지역으로 여겨서는 안 된다고 했다. 그는 오키국을 나가사키에 비하고, 마쓰시마와 다케시마를 이키와 쓰시마에 비했다. 그리하여 조선까지의 거리를 비교하면 큰 차이가 나지 않으니, 지리에 관심이 있는 자라면 (다케시마와 마쓰시마까지의 거리가) 소홀히 하기 어려운 해로라고 언급했다. 이런 주장은 그가 지금까지 앞에서 고증했던 논리와는 거리가 있다.

　나아가 오카지마는 조선인이 '竹島'를 '다케시마'로 읽지 않았다는 사실을 거론했다. 그는 조선인은 자음(字音)대로 읽는 것을 중시했다는 증거로 《징비록》을 들었다. 그는 "《징비록》을 보면, 우키다 히데이에(浮田秀家)를 수가(秀嘉)라고 썼다. 家와 嘉가 같은 음이기 때문이다. … 또한 조선인은 일본인 관리 나카무라(中村)를 중촌(中村)으로 불렀다고 누군가 내게 알려준 적이 있다. 쓰시마시마도 대마도로 부르는 것을 본 사람이 한 말이다. … 그러니 다케시마에 한해 자기 관할지를 일본식 훈으로 읽을 리가 없다"고 했다. 이어 "명나라 사람도 그렇게 쓴 것이 분명하니, 다케시마가 옛날부터 우리나라 호키국 속도였다는 것에 어떤 의심이 있을 수 있겠는가"라고 단정했다. '다케시마'가 호키국 속도였다는 사실을 이끌어내기 위해 전혀 논의의 차원이 다른, 호칭 방식을 문제삼은 것이다.

　그러나 설령 조선인이 '秀家'를 '수가'로, '對馬島'를 '대마도'로, '中村'을 '중촌'으로 호칭했다고 하더라도 이런 사실이 바로 조선인이 '竹島'를 '다케시마'로 호칭할 줄 몰랐다고 단정할 만한 근거는 되지 않는다. 다른 예도 보이기 때문이다. 조선 측 기록에 나온 '玉岐', '郎古耶', '都伊沙只', '所謂竹島' 등의 표기는 조선인이 오키, 나고야, 도요사키, '이른바 다케시마' 등 일본 발음대로 읽었음을 보여준다. 오카지마가 지적한 수가(秀嘉), 중촌(中村) 등의 호칭 방식도 존재했을 것이다. 그러나 이는 일본어를 모르는 일반인들이 편의적으로 부른 방식에 지나지 않는다. 일본과의 사이에 문제가 되었던 '竹島'의 호칭이 '다케시마'임을 아는 사람은 정책결정자들이었다. 이를 두고 조선인은 '竹島'를 '죽도'로 불렀다고 단정하는 것은 국가적 차원의 소통방식을 이해하지 못한 데서 빚어진 오류이다.[65] 무엇보다 중국 문헌에 '多計什麼'로 표기된 것은 영유권과는 관계없었던, 일본 지명에 대한 표기일 뿐이다. 오카지마는 "명나라 사람도 그렇게 쓴 것이 분명하니"라고 운운했지만, 명나라 사람이 일본을 알기 위해 집필하는 문헌에서 일본식으로 표기하는 건 당연하다. 이를 일러 중국인이 '竹島'를 '多計什麼'로 읽었으므로 일본 영토로 인정했다고 주장하는 것은 문헌에 대한 이해부터가 잘못된 것이다.

《등단필구》(東倭 권1/倭國事略)에는 '산인도(山陰道)'에 소속된 '팔주(八州)'의 이름이 명기되어 있다. 그것은 丹波, 丹後 이 두 지명은 《일본고략》에는 舟波와 舟彼, 《정개양 잡저》에는 丹渡와 丹後,[66] 그리고 나머지에는 但馬, 因幡, 伯耆, 出雲, 石見, 隱岐이다. 이 역시 《주해도편》의 내용을 답습한 것이다. 《양조 평양록》에도 丹波, 丹後, 但馬, 因幡, 伯耆, 出雲, 石見, 隱岐 등의 지명이 나온다. 《무비지》(권231/사이/일본고/강역)에는 丹波(大), 丹後(中), 但馬(大), 因幡(大), 伯耆(大), 出雲(大), 石見(小), 隱岐(小)로 되어 있다. 이들 문헌이 비슷하게 기술하고 있다는 사실은 전대의 저술을 답습하고 있었음을 말해준다.

---

65) 이에 대해서는 이 책의 4장 보론에서 다루고 있다.

66) 《주해도편》에는 丹渡와 丹後, 《등단필구》에는 丹渡와 丹後, 《양조 평양록》에는 丹波와 丹後, 《도서편》에는 丹渡와 丹渡, 《무비지》에는 丹波(大) 丹後(中) 등으로 적혀 있는데, 丹波와 丹後가 맞는 지명이다. 글자가 비슷해서 丹을 舟로, 波를 渡로 잘못 쓴 것이다.

## 4) 《竹島考》와 《兩朝平攘錄》

오카지마는 《양조 평양록》의 내용을 거론했다. 이 문헌을 검토한 자는 오카지마뿐이다. 《양조 평양록》(1606)[67]은 명의 제갈원성(諸葛 元聲)이 펴낸 것으로 〈일본상〉에는 일본과 조선의 간략한 역사와 풍속 등을 소개한 뒤 전란 전후 특히 임진왜란 당시 명군이 출병한 사실을 조선 구원의 관점에서 기술하고 있다. 이전 문헌과 마찬가지로 "日本故倭奴國也"로 시작하고 있다. 畿外郡의 7개 도를 '丹波, 舟後, 但馬, 因幡, 伯耆, 出雲, 石見, 隱岐'로 제시한 것은 이전과 같으나, '丹波'에 '【出水銀】'을 덧붙이는 등 약간 달라졌다.

여기에 '竹島'가 보인 부분은 아래와 같다.

> (淸正이 부장 등을 거느리고) 기선 200여 척이 정월 13일(1597년) 순풍을 타고 하루 만에 도해하여 14일에 조선에 도착했고 竹島의 구루(舊壘)에 들어가 잔류해 있던 일본 군대와 합류하였다. 이어 기장에 주차(住箚)하여 이어 양산(梁山)을 공격했고 태수(太守)를 성 밖으로 쫓아냈다.[68]

오카지마는 조선이 도요토미 히데요시의 위벌을 당한 후 중국이 일본 군대를 떨쳐버린 것을 다행으로 여겨 '다케시마(竹島)' 같은 것에는 마음을 쓰지 않았다고 한다. 그리고 그 사이에 오야와 무라가와가 도해를 하였고, 그 이후에는 호키국의 속지처럼 되어 중국 책에도 그렇게 기술되었다는 것이 오카지마의 논리이다. 그는 《양조 평양록》에 기술된 '竹島의 舊壘'의 '竹島'를 '호키국 다케시마'로 본

---

67) 《병제》의 부록으로 수록되었다.

68) 같은 내용이 《선조실록》 선조 30년 4월 15일자 기사에도 보이는데, 다음과 같이 되어 있다. "가등청정(加藤淸正)이 또 1월 14일에 병선(兵船) 2백여 척을 거느리고 와서 기장(機張)의 옛 보루에 주둔하였고, 풍무수(豊茂守)가 또 병선 60여 척을 거느리고 와서 죽도(竹島)의 옛 보루에 주둔하였다."

것이다. 그러나 이 '竹島'는 경상도에 있는 '죽도'를 가리킨다. 오카지마는 "만일 그때 빨리 섬을 개척하여 이주시켰으면 이후의 우환은 생기지 않았을 텐데 … 조선인이 우리 땅을 탈취하였으니 애석한 일이 아닐 수 없다"고 덧붙임으로써 임란으로 일본 영토가 되었다가 겐로쿠 연간에 다시 빼앗기게 된 것을 안타까워했다.

《양조 평양록》에는 동래, 기장, 서생포, 두모포, 안골, 竹島, 양산, 울산, 가덕이 일본에 점거당한 지역으로 기술되어 있다. 또한 '竹島加德之賊', '金海竹島' 등의 표현도 보이는데, 이때의 '竹島'는 울산 근처의 '죽도'를 가리킨다. "유키나가가 竹島의 왜장과 상의했다"고 했을 때의 '竹島' 역시 이른바 '다케시마'를 가리키지 않는다.

오카지마는 《양조 평양록》의 '松島'도 검토했다. 그리하여 그는 "대병을 세 곳으로 나누어 유키나가는 松島에 … 긴고(興歌)는 부산포[69]에 주둔하였다고 했지만, 이 책에서 언급한 松島는 순천에서 가깝고 동래 등지보다는 더 먼 남쪽으로 떨어진 곳으로 추정된다. 오키국 바다에 있는 松島는 아주 멀리 떨어진 섬으로 우리 군이 성루를 쌓을 수 있는 곳이 아니다. 이로써 이름은 같으나 다른 곳임이 분명하다"라고 했다. 이때의 松島 역시 경상남도의 송도를 언급한 것이지 이른바 '마쓰시마'를 기술한 것이 아니다. 오카지마 역시 에도시대 문헌에 '다케시마'가 언급될 때마다 함께 등장했던 '마쓰시마'가 《양조 평양록》의 '松島'를 의미하는지 의문을 품었으므로 이를 조사한 것이다. 그러나 그도 이 '松島'는 이른바 '마쓰시마'가 아닌 것으로 결론 내렸다.

오카지마는 '마쓰시마'가 기재된 《등단필구》도 조사했다. 그는 "조선지도의 경상도 앞바다에 松島라고 하는 섬이 있다고 하지만 다른 섬이다. 또한 그 지도에 다케시마가 빠져 있는 것은 일본 영지의 하나로 보았기 때문이 아닐까"라고 했다. 오카지마는 이 사실을

---

69) 《양조 평양록》에는 부산으로 되어 있다.

다른 방향으로 적용했다. 그것은 조선지도에도 없는 '다케시마'가
《등단필구》에는 실려 있으니 이것이 오히려 일본 영토임을 입증한
다는 것이다. 이 역시 오카지마의 오류이다. 조선에 있는 '죽도'(댓
섬)라는 지명은 지도에 나오더라도 '죽도'로 표기하지 '다케시마'로
표기하지 않는다. 더구나 울릉도와 독도를 왕래하던 오야와 무라카
와 가문의 그림지도에는 늘 竹島와 松島가 함께 나왔다. 그러므로
오카지마가 《등단필구》의 〈일본국도〉에 '竹島'만 실려 있고 '松島'는
실려 있지 않다고 본 것도 오류이다. 그가 조선 지도에 '松島'는 실
려 있지만 竹島는 실려 있지 않다고 본 것도 오류이다. 오카지마는
'다케시마'가 일본 영토임을 주장하기 위하여 중국 문헌을 자의적으
로 취사하여 왜곡되게 해석한 것이다.


### (5)《登壇必究》와《武備志》의 '竹島(他計什麼)'

《등단필구》(동왜/왜국사략/도명) 역시 이전 문헌과 마찬가지로 81
개의 도명을 쓰고 분주(分註)로 음독을 표기했다. 오카지마는 이
《登壇必究》에 나온 산인도 8주를 인용한 바 있다. 앞에서 고찰했듯
이 '山城'을 야마시로, '伯耆'를 호키, '隱岐'를 오키, '種か島'를 다
네가시마, '對馬島'를 쓰시마, '竹島'를 '다케시마'로 음독한 것은 그
발음을 써준 것일 뿐이다. 따라서 〈도명〉에 보인 '竹島=다케시마'
도 호키국에 부속된다는 사실을 보여주려는 것이 아니었다. 그런데
오카지마는 《등단필구》의 8주에 대한 음독을 인용하는 대신《무비
지》에 나온 음독을 인용했다.

그리하여 그는 "《무비지》 권231 〈일본고〉 '도명' 부에, 사쓰주(薩
州)의 種か島, 히젠(肥前)의 平戶, 게이주(藝州)의 宮嶋라고 한 것과
마찬가지로, 竹島를 호키국에 부속시키고 그 음독을 '다케시마(多計

什麼)'라고 하였다. 조선인에게는 대체로 자음(字音)대로 읽는 것이 중요하지 훈대로 읽는 것(和訓)은 중요하지 않은 듯하다"고 했다. 이를 오카지마는 중국이 "竹島를 호키국 부속"[70]으로 여겼다는 논리로 연결지었다.

그런데《무비지》원문을 보면, 위의 내용이 "薩州의 種か島, 肥前의 平戶, 藝州의 宮島"로 나오지 않을 뿐만 아니라 '竹島'를 호키국 부속으로 한데 묶어 기술하지도 않았다.《주해도편》의〈왜국사략〉을 보면, '肥前西懸海爲平戶'[71]라고 되어 있고, '竹島'는 '右亦因幡 右之西爲伯耆'의 분주에서 보인다. 그런데《무비지》에는 이 부분이 없다. 오카지마는《무비지》에 이런 부분이 있는 듯 기술했고, 그 내용도 '히젠(肥前)의 히라토(平戶)', "사쓰주의 다네가시마, 히젠의 히라토, 게이주의 미야지마"로 변용시켰다. 나아가 여기에 '호키국 다케시마'가 같이 기술되어 있는 듯 기술했다. 이는 마치 네 개의 도명에 대한 소속관계를 함께 밝힌 듯 오인하게 만들 염려가 있다.

오카지마는 '호키국의 다케시마'를 부각시키기 위해《무비지》〈강역〉에 나온 내용과〈도명(島名)〉에 나온 내용을 교묘하게 결부시켰다. 그런데 이들은 분류되어 있는 위치가 서로 다르다. 즉 "사쓰주(薩州)의 種か島, 히젠(肥前)의 平戶, 게이주(藝州)의 宮嶋"는〈왜국사략〉에 나온 내용이고, '竹島【他計什麼】'는〈도명〉에 나온 내용이다. 즉 따로 다른 위치에 기술되어 있다. 더구나 이들 문헌에서 언급된 '竹島'는 일본이 조선과 문제로 삼기 전의 '竹島'를 가리킨다. 일본이 문제로 삼은 '竹島' 관련 기술은 17세기에 와서야 일본 문헌에 보인다.[72] 그러므로 그 전에 중국이 '竹島'를 호키국 부속으로 특

---

70)《竹島考》(上), 경상북도 사료연구회 번역본 69쪽.

71)《다케시마 도설》에서는 '海驢'를 설명하는 내용에서 '히젠(肥前)의 히라토(平戶)'라고 표현했다.

72) 우리가 일컫는 바의 '竹島'가 일본에서 처음 보인 문헌으로 알려져 있는 것은 1667년에 나온《隱州視聽合記》이다. 그 이전에는 '礒竹島'로 보인다(《朝鮮通交大紀》5,

기해준다는 일은 있을 수 없다. 이들 문헌의 출전은 《주해도편》이
며 그것은 임진왜란 이전에 집필된 것이다. 오카지마가 이런 사실
을 알았다면 사실을 은폐한 것이고, 몰랐다면 불충분한 고증인 것
이다.

위의 두 문헌에 보인 '竹島'는 다른 지명과 마찬가지로 도명으로
서 언급된 것일 뿐이다. 《무비지》에 '竹島'가 기술되어 있음은 역으
로 일본에서 이 도명이 얼마나 흔한 것인가의 방증이기도 하다.

### 4) 19세기 후반의 일본 문헌과 중국 문헌

#### (1) 《竹島雜誌》와 《多氣甚麼雜誌》

《다케시마고》(1828) 이후 일본 하마다번에서는 이른바 '덴포 다케
시마 일건'이 일어났다. 이에 마쓰시마도해를 명분으로 도해, 밀무
역을 해오던 이마즈야와 그를 도와준 하마다번의 관리들이 엄벌에
처해지는 사태가 발생했다. 이로써 과거 돗토리번에 내려졌던 이른
바 '다케시마도해금지령'은 전국으로 확대되었다. 이 사건 이후 나
온 문헌으로는 《호키지(伯耆志)》(1858년 이후), 《다케시마 잡지(竹島雜
誌)》(1870년 탈고, 1871년 간행), 《多氣甚麼雜誌》(1854년 탈고, 1874년 간
행)가 있다. 이 가운데 《호키지》에는 중국 문헌을 인용한 사실이 보
이지 않는다. 《竹島雜誌》와 《多氣甚麼雜誌》[73]는 둘 다 마쓰우라 다
케시로(松浦武四郎, 松浦弘라고도 함, 1818~1888)의 저작으로서 중국 문
헌이 인용되어 있다. 마쓰우라는 자신이 인용한 참고문헌 서목을

---

1614; 《通航一覽》 129, 1620)
73) 여기서는 간행 연도를 기준으로 했다.

따로 밝혔다.[74] 그 가운데 중국 문헌은 《북사》《수서》《일본 풍토기》 등이다. 그도 기본적으로는 《다케시마 도설》 등에 인용된 문헌을 인용했지만, 그 밖에도 다케시마의 경위도를 알아보기 위해 〈일본여지노정도〉와 〈대청일통도〉 등도 검토했다. 그는 《다케시마 도설》에 인용된 중국 문헌을 그대로 인용했으므로 이전에 일본 문헌에 인용된 것과 크게 다르지 않다. 다만 마쓰우라는 《일본 풍토기》의 '他計甚麼'를 거론하되 서명은 《多氣甚麼雜誌》라고 했듯이, 자신은 '多氣甚麼'를 선택했다. '他計甚麼'[75]가 오히려 '다케시마'에 가까운 표기라고 할 수 있는데, '多氣甚麼'[76]로 한 이유가 그의 호와 관계있는지는 모르겠다.

마쓰우라는 '竹島'에 대해 "원래 이 섬이 우리나라 영역이었던 것은 의심할 바 없고 … 땅에 약용 식물도 적지 않고 바다에는 전복과 강치가 있다고 한다. 물고기도 당연히 많을 것이다. 이런 땅을 개척자들이 아직까지 황도(荒嶋)에 비정해두고 있는 것이 매우 개탄스럽다"[77]고 했다. 그에게는 개척대상으로서의 인식이 기저에 깔려 있는 것이다. 그가 홋카이도 개척에 지대한 공이 있었음을 고려해볼 때 자연스럽다고 할 수 있겠다. 더구나 마쓰우라가 보기에 작금의 '다케시마'는 외국인이 넘볼 만한 곳이었다. "다케시마는 조선과 우리나라 사이에 있지만 사람이 거주하지 않고 있으므로 여기에 외국 선박이 모여 산인의 여러 항구에 출몰한다면 그 해가 적지 않을 것이라"고 우려했다. 이에 그는 이 섬의 개척 가능성을 염두에 두고 고증했다.

---

74) 《竹島雜誌》 그가 참고문헌을 열거한 이유는 자신이 기술한 근거가 개인이 꾸며낸 것이 아님을 보여주기 위해서라고 《竹島雜誌》 범례에서 밝혔다.

75) 시마네현 다케시마문제연구회의 연구(杉原通信, 〈郷土の歴史から学ぶ竹島問題〉 13 "松浦武四郎について")에 따르면, 1854년 책자의 이름은 《他計甚麼雜誌》였는데 1862년에 《多氣甚麼雜誌》로 바꿨다가 1870년에 《竹島雜誌》로 바꾼 것으로 되어 있다.

76) 그의 아호는 '多氣志樓'이다.

77) 《多氣甚麼雜誌》.

그 때문인지 그는 '다케시마'를 고증하면서 중국 문헌보다는《호키 민담기》나《삼국통람(三國通覽)》등의 일본 문헌을 더 많이 신뢰했다. 그가 중국 문헌을 통해 중국이 '竹島'를 일본 영토로 인정해왔음을 입증하려는 의지는 그리 커 보이지 않는다. 그는 중국 문헌의 '竹島'를 '다케시마'로 보는 데 회의적이었기 때문으로 볼 수 있다.

《竹島雜誌》(1871)와《多氣甚麼雜誌》(1874)[78]에 인용된 일본·중국 문헌(저자 기준)을 적어 보면, 다음과 같다(표-5).

<표-5> 마쓰우라가 인용한 서목 비교

| 연도 | 저작물 | 인용서목-1(일본) | 인용서목-2(중국) |
|---|---|---|---|
| 1871 | 竹島雜誌 | | 日本風土記 |
| | | 東涯隨筆 | |
| | | | 隨書 |
| | | | 北史 |
| | | 伯耆民談記 | |
| | | 竹島圖說 | |
| | | 草盧雜談 | |
| | | 日本輿地路程全圖 | |
| | | 懷中抄 | |
| | | 現存六帖 | |
| 1874 | 多氣甚麼雜誌 | | 日本風土記 |
| | | | 隨書 |
| | | 東涯隨筆 | |
| | | | 北史 |
| | | 伯耆民談記 | |
| | | 竹島圖說 | |
| | | 日本輿地路程圖 | |
| | | 大淸一統圖[79] | |
| | | 草盧雜談 | |
| | | 三國通覽 | |

<표-5>로 알 수 있듯이, 동일 저자의 각각의 저술에 인용된 문

---

78) 서문 연도는 1854년으로 되어 있다.

79) 막부 말기의 지리학자 시바타 슈조(柴田收藏, 1820~1859)가 그린 지도인데 그의 사후 출간되었으나 간행 연도는 미상이다. 〈重訂萬國全圖〉 제작에도 참여했다.

헌은 수적인 면에서 크게 차이가 나지 않는다. 중국 문헌에 한정해 보더라도, 인용 서목이 마쓰우라 이전의 저작에서 보인 것과 같으므로 인용한 부분도 같은 것임을 짐작할 수 있다.

(2) 태정관 지령 이후의 《竹島考證》

마쓰우라의 저작이 있고 얼마 뒤인 1880년대 초, 외무성 관리 기타자와에 의해 관련 저작이 나왔다. 그는 선학들이 인용한 중국 문헌의 '竹島'를 어떻게 해석했을까? 기타자와 역시 선학의 저술《다케시마고》의 '竹島'를 인용하는 것으로《다케시마 고증》의 서두를 열었다. 그는 서두에서 "竹島〈磯竹島라고도 되어 있다〉는 본방과 조선 사이에 있는 고도(孤島)이다. 둘레는 10리 정도가 되며 산은 매우 험하고 계곡은 깊고 고요하며 나무는 울창하고 대나무가 빽빽이 들어서 있다. 토지는 비옥하고 물산(物産)이 많다"[80]고 기술했다. 그런데 오카지마의《다케시마고》에는 이 뒤로도 다른 내용이 더 있다. 그것은 "본방에서는 수로가 아주 먼데, 조선국에서는 매우 가까워 맑은 날에는 늘 그곳을 볼 수 있다고 한다"는 내용이다. 의도적인지는 모르겠지만, 기타자와는 이 부분을 인용하지 않았다.

기타자와는 '竹島'에 대해 일본과 중국에서 전해져오는 설이 다르므로 먼저 일본 문헌의 '다케시마'부터 검토하겠다는 의사를 밝혔다. 그가 택한 방식은《竹島雜誌》가 인용한《일본 풍토기》를 재인용하거나,《초려잡담》에 인용된《北史》를 재인용하는 방식이었다. 그는 "세 권의 책《竹島雜誌》,《다케시마고》,《다케시마 도설》이 말한 바에 따르면, 竹島는 실로 우리나라 사람이 발견한 곳이므로 우리 판도(版圖) 안의 한 섬이다. 그리고 우리가 해상의 이권을 장악한

---

80)《竹島考》(上)의 ○竹島松島之地理에 보인다.

지 74년이 지났다"고 결론 내렸다. 또한 이는 그가 조선 문헌-《동국통감》, 《고려사》, 《동국여지승람》, 《지봉유설》-을 검토한 뒤에 내린 결론이기도 하다. 그에 따르면, 1370년 전부터 임진왜란 때까지는 竹島가 조선 판도였지만 그 이후부터 1696년까지는 조선이 이 섬을 도외시하여 일본인이 점거했다는 것이다. 그는 명나라 사람 저서에 '竹島'를 일본 판도라고 했다는 사실도 근거의 하나로 제시했다. 기타자와가 증거로 제시한 중국 문헌은 아래의 세 종류이다. 이를 인용해보면 아래와 같다.

① 명의 모원의(茅元儀)가 지은 《무비지》 권231 〈일본고〉 '도명'에는 사쓰마(薩摩)의 種か島, 히젠의 平戸島, 아키(安藝)의 宮島 등과 같이 호키에 竹島를 부속시키고 그 역어(譯語)를 '他計甚麼'로 하였다. 만일 이 섬이 조선의 땅이라면 '죽도'라는 음독이 붙었을 것이다. '他計甚麼'라는 일본 음이 붙은 것은 당시 우리나라 사람이 그 섬을 점거하고 있었으므로 명나라 사람들도 우리 영역으로 인정했기 때문인데, 이것이 竹島를 우리나라 판도라고 하는 첫 번째 예이다.

② 명의 장황(章潢)이 지은 《도서편》[81]에는 산인(山陰)지방 호키(伯岐)의 서쪽에 섬 하나가 그려져 있고 竹島라는 두 글자가 쓰여 있다. 이 책의 〈일본국 서〉에는, "(히젠)왼쪽의 서쪽은 빗츄(備中)이고, 오른쪽은 역시 이나바(因幡)가 된다, 그 서쪽은 호키(伯耆)가 된다"고 되어 있다. 그리고 그 밑에 주를 붙였는데, "바닷가가 모두 백사장이어서, 배를 댈 만한 곳이 없다. 그곳의 진(陣)을 阿家雜記와 倭子介, 他奴賀知라 한다. 그 북쪽에 있는 것을 竹島라고 하는데 바닷길 30리"라고 되어 있다. 즉 지금 지형에서 찾아 증명해보면, 이나바와 호키 바닷가가 흰 모래로 덮여 있어 배를 댈 수 없음이 《도서편》이 말한 바와 같다. 이는 매우 신기하다. … 阿家雜記

---

81) 《도서편》에는 지도명이 〈日本國圖〉로 되어 있다.

는 赤崎이고, 倭子介는 大塚이다. … 他奴賀知는 어디인지 모르겠다.《도
서편》의 저자가 우리 땅 지리를 알고 있는 명나라 사람인데, 그도 호키 바
다에 있는 竹島를 우리 판도로 인정했으니, 이것이 竹島를 우리나라 판도
로 인정한 두 번째 증거이다.

③ 또 명의 왕명학(王鳴鶴)의《등단필구》권22〈日本国圖〉를 보면, 이
와미(石見), 다지마(但島)의 바다에 竹島가 있다고 되어 있으니, 이는 명나
라 사람이 竹島를 우리 판도라고 인정한 세 번째 증거이다.《무비지》와 그
외의 두 책이 모두 임란 이후 편찬된 것이며 당시 상황에 따라 모두 竹島
를 우리 판도로 한 것이다.

기타자와는 ①에 보인,《무비지》권231〈일본고〉'도명'에 있는
것을 일러, "薩摩의 種か島, 肥前의 平戸島, 安藝의 宮島라고 한 것
처럼 伯耆에 竹島를 부속시키고 그 역어를 多計什麼로 하였다"고
했다. 이 부분도 이미 오카지마가《다케시마고》에서 언급한 바 있
다. 그런데 언급했듯이,《무비지》'도명'을 보면, '竹島'를 '다케시마
(多計什麼)'로 음독한 것은 맞지만, "薩摩의 種か島, 肥前의 平戸, 藝
州의 宮島"로 했듯이 소속 관계를 명기한 것이 아니다. 원문은 이
전 문헌과 마찬가지로 "薩摩【撒子馬】, 肥前【非前】, 宮島【迷換什麼】,
隱岐【和計】, 平戸, 種島【他尼什麼】, 竹島【他計什麼】"로 되어 있다.
이는 거슬러 올라가면《주해도편》에 연원한다. 그러므로 이들을 함
께 적어보면 아래와 같다.

〈표-6〉 세 문헌의 '도명' 인용 부분

| 문헌 | 도명을 인용한 부분 |
|---|---|
| 籌海圖編 | 薩阿【撒子馬】, 肥前【非前】, 宮島【迷換什麼】, 種島【他尼什麼】, 竹島【他計什麼】 |
| 武備志 | 薩摩【撒子馬】, 肥前【非前】, 宮島【迷換什麼】, 種島【他尼什麼】, 竹島【他計什麼】 |
| 竹島考證 | 薩州의 種か島, 肥前의 平戸, 安藝의 宮島, 伯耆의 竹島(多計什麼) |

위에서 《주해도편》을 보면, 사쓰마와 다네가시마가 별개의 섬으로 분리되어 있는데, 《무비지》와 《다케시마 고증》에서는 다네가시마가 사쓰마주에 소속된 것처럼 기술했다. 또한 기타자와는 '肥前의 平戸'라고 했지만, 《무비지》에 '肥前(非前)'과 '平戸'는 별개로 기술되어 있다. '竹島'에 대해서도 기타자와는 "竹島가 호키에 속한다"고 했지만, 《무비지》에는 '竹島(他計什麼)'로 표기했을 뿐 소속 관계를 나타내지 않았다. 이는 《등단필구》에서 "山城(羊馬失羅)…伯耆(花計)…隱岐(和計)…種島(他尼什麼)…竹島(他計什麼)…"라고 표기했듯이, 《무비지》에서도 '竹島'와 음독 【他計什麼】를 적어준 것일 뿐이고, 따라서 이는 일반적인 도명을 명기해준 것에 지나지 않는다.

《무비지》는 〈일본고〉의 '강역(疆域)' 부분에서 畿内部, 畿外郡(東海道, 東山道, 北陸道, 山陰道, 山陽道, 南海道, 西海道)으로 구분했다. 이 가운데 '山陰道'의 8주(州)를 보면, 아래와 같이 기술되어 있다.

丹波(大), 丹後(中), 但馬(大), 因幡(大), 伯耆(大), 出雲(大), 石見(小), 隱岐(小)

이렇듯 8주에 '竹島'는 들어 있지 않다. 이는 《등단필구》에서도 보였던 내용이고, 그 연원을 거슬러 올라가면 《주해도편》이다.

②의 내용 즉 《도서편》을 인용한 부분 "右亦因幡 右之西爲伯耆 【沿海倶白沙無礐可泊 其鎭爲阿家殺記 爲倭子介 爲他奴賀知 其北爲竹島 懸海三十里】"라고 한 내용도 《일본 풍토기》와 《등단필구》에서 보였던 내용이다. 오카지마는 이들 문헌의 첨부지도에 "이나바국과 오키도가 빠져 있으므로" 여기 보인 '竹島'를 '호키국 다케시마'로 보기 어렵다고 해석했었는데, 기타자와는 도리어 "호키 바다에 있는 竹島를 우리 판도로 인정했으니"라고 해석했다. 이 내용은 앞에서도 언급했듯이, 《등단필구》의 첨부지도에 이나바국과 오키도 대신 호키주와 이즈모주를 표시했으므로 전적으로 잘못된 것은 아니

지만, 여기 보인 '竹島'가 '오키국 다케시마'가 아닌 것도 분명하다. 그런데 기타자와는 '호키국 다케시마'를 '오키국 다케시마'로 오인했고, 중국 문헌에 기술된 사실을 들어 중국이 일본 영토로 간주했다고 해석했다. ③의 내용도 위에서 지적한 바와 같이, 오카지마는 여기 기술된 '竹島'를 '호키국 다케시마'로 보기 어렵다고 해석한 바 있지만, 기타자와는 이를 다르게 해석한 것이다.

기타자와는 위의 세 가지 증거를 들어 명나라 사람이 '竹島'를 일본 판도로 인정했다고 주장한다. 나아가 조선[82]도 이를 묵인했다고 주장한다. 기타자와가 제시한, 중국이 '다케시마'를 일본 영토로 인정했다고 든 것은 명대의 문헌이다. 위에서 인용한 《도서편》의 阿家雜記, 他奴賀知, 竹島 등도 명대의 《일본 풍토기》에서 보였던 내용이다. 이들의 간행 순서는 다르지만 모두 《주해도편》에서 비롯된 내용이다.

《양조 평양록》에서 언급한 '竹島'는 조선의 '죽도'를 의미한다. 기타자와는 세 문헌(《등단필구》, 《도서편》, 《무비지》)이 임진왜란 이후 편찬된 것이므로 중국이 '竹島'를 일본 영토로 본 증거라고 생각했다. 기타자와는 집필 연도와 간행연도가 일치하지 않는다는 사실을 간과한 것이다. 게다가 《등단필구》와 《무비지》도 '竹島'를 일본 도명의 하나로서 언급한 것인데, 기타자와는 이 '竹島'가 호키국의 부속 도서인 듯 해석한 것이다.

기타자와가 《다케시마 고증》을 저술한 목적이 1870년대 말부터 쇄도하기 시작한 개척원에서 가리킨 섬(竹島, 松島)을 조사하기 위한 것인지, 아니면 1881년 5월 조선 정부가 일본인의 울릉도 도항에 대해 항의하자, 외무성이 이 섬을 조사시킨 결과로서 작성한 것

---

82) 그 예로 《지봉유설》의 "근래에는 왜인이 磯竹島를 점거했다고 들었다"는 내용을 들었다. 《지봉유설》에는 '礒竹島'로 되어 있다.

인지에 대해서는 의견이 엇갈린다.[83] 그런데 1881년 10월 7일 외무경 이노우에 가오루는 〈일본인의 울릉도(蔚陵島) 도항금지 건에 대해 조선 정부에 회신을 상신하는 건〉을 태정대신 산조 사네토미에게 올리면서 〈다케시마판도 소속고(竹島版圖所屬考)〉를 첨부했다. 이것은 기타자와의 8월 20일자 보고서이기도 하다. 그렇다면 이는 외무성이 기타자와에게 조사하게 한 목적이 조선과의 외교문제에 대응하기 위해서이지 개척원에서 말한 섬을 조사하기 위해서는 아니었음을 의미한다. 기타자와는 〈다케시마판도 소속고〉에서 "마쓰시마는 고대에 한인이 칭한 울릉도이며, 그 밖에 竹島라고 칭하는 것이 있지만 작은 소도에 불과하다는 것을 알게 되어 실정이 분명해졌다. 이로써 보건대, 오늘날의 마쓰시마는 바로 겐로쿠 12년에 칭한 바의 竹島로서 옛날부터 우리나라 판도 밖의 땅임을 알 수 있다"는 결론을 내렸다. 이는 《다케시마 고증》과 같은 내용이다.

기타자와가 "옛날부터 우리나라 판도 밖의 땅"이라 한 것으로 보더라도 외교적인 대응을 목적으로 조사 결과를 정리한 것임을 보여준다. 기타자와는 중국 문헌에 기술된 '竹島'가 중국이 일본 영토로 인정한 것을 의미하는 것으로 해석했지만, 그가 도출한 결론은 '다케시마'를 다른 섬으로 만들었다. 즉 겐로쿠 연간에 문제가 된 섬 '다케시마'는 아마기함의 조사로 '다케시마(울릉도)'가 아닌 것으로 판명되었고 겐로쿠 연간 독도 호칭이었던 '마쓰시마'는 울릉도 호칭이 되었다는 식으로 바뀐 것이다. 이에 일본 정부는 새로 확정된 '마쓰시마' 즉 울릉도에 대해서만 정책적인 관심을 기울이게 되었다. 이로써 또 하나의 '마쓰시마/다케시마' 즉 독도에 대해서는 관심을 기울이지 않게 되었다. 이런 상황은 1890년대까지 지속되었다. 그 사이에 전통시대에 독도의 호칭이었던 '마쓰시마'는 서양 호칭 '리앙쿠르 열암'에게 자리를 내어주고 있었다.

83) 김호동, 2009, 앞의 글, 329쪽.

## 5) 맺는 말

일반적으로 저작은 전대의 저작을 계술(繼述) 또는 답습으로 시작하여 창작에 이르는 경향이 있다. '竹島' 관련 연구도 예외는 아니다. 일본이 '다케시마' 관련하여 중국 문헌을 인용한 부분은 같은 문헌에서 비롯되고 있으므로 동일한 계보를 따르고 있음을 알 수 있다. 다만 후대로 오면서 전대의 내용을 계술하는 것에서 나아가 변화 또는 기술상의 차이를 보이기도 한다. 이 글이 다룬, 일본이 인용한 중국 문헌은 기본적으로는 일본을 이(夷) 또는 왜(倭)로서 보는 이적관(夷狄觀)에 근거하여 기술하고 있다. '竹島' 관련 기술은 10세기 이전에는 일본 역사 속에서 언급된 데 그쳐 특정 시기 즉 겐로쿠 연간 문제가 된 '다케시마'와는 관련이 없다. 그러다가 16세기 이후 《일본고략》, 《일본 풍토기》 등에서 일본 지명으로서의 '竹島'를 언급하기 시작했다. 그러나 이때의 '竹島'도 우리가 말하는 '다케시마'는 아니었다.

일본이 인용한 《일본 풍토기》, 《등단필구》, 《도서편》, 《무비지》의 내용을 거슬러 올라가면, 《주해도편》에서 연원하고 있다. 그런데 《주해도편》에는 '竹島'를 '他計什麼'로 발음한다는 사실만 밝히고 있을 뿐 조일간 문제가 된 섬의 소속을 밝힌 것은 아니었다. 일본에서 중국 문헌의 '竹島'를 인용하기 시작한 것은 18세기의 《초려잡담》이 시초인데, 1724년 막부가 다케시마(울릉도) 재탈환을 시도하고 나서 얼마 안 된 시기였다. 《초려잡담》은 《북사》에 나온 '竹島'를 인용했다. 이어 《다케시마 도설》은 《수서》의 '竹島'를 인용하고 《일본 풍토기》를 거론하며 '他計甚麼'를 언급했다. 《다케시마 도설》이 나온 시기로부터 일본은 중국이 '竹島'를 '他計甚麼'로 음독한 사실을 영유권과 결부시키기 시작했다. 따라서 왜곡의 단초는 가나모리가 제공했다고 할 수 있다.

　중국 문헌을 본격적으로 영유권과 결부시키려 한 자는 오카지마 마사요시이다. 그는 중국 문헌 속의 '竹島'를 인용하고 그것이 이른바 '다케시마'인지를 고증하기 위해 이전에는 거론되지 않았던 《양조 평양록》까지 검토했다. 그리하여 《양조 평양록》에 언급된 '竹島'는 일본이 말하는 '다케시마'가 아님을 밝혀냈다. 오히려 오카지마는 중국 문헌에 '竹島'가 일본의 도명 안에서 언급되어 있다는 사실을 영유권과 결부시켰다. 그는 《등단필구》에 '他計甚麼', 《무비지》에 '多計什麼'가 나온다는 사실은 중국이 '다케시마'를 일본 영유로 인식했음을 의미한다는 논리를 폈다. 그러나 앞에서 고찰했듯이, '竹島(他計甚麼, 多計什麼)'는 일본의 일반적인 도명으로서 써준 것이므로 조선과 문제가 된 섬과는 관계없다. 그런데도 오카지마는 조선인이 '竹島'를 '다케시마'로 칭하지 않고 '죽도'로 칭했으므로 자기 관할지라는 인식이 없었고, 따라서 이것이 바로 '다케시마'가 "일본 호키국의 속도(屬島)"임을 의미한다는 논리로 변용시켰다. 오카지마는 문헌 고증이라는 명분을 내세웠지만, 사실은 문헌상의 기술을 이용하여 영유권과 교묘히 결부시킨 것이다. 이는 오카지마가 인용한 중국 문헌의 연원을 조사하여 교차분석해보면 드러나는 사실이다.

　일본이 중국도 '다케시마'를 일본 영토로 인식했다는 사실을 보여주기 위해 중국 문헌을 본격적으로 인용하기 시작한 시기는 18세기 중반부터이다. 이는 19세기 후반까지 이어져 외무성에서까지 그 논리가 지속되었다. 그런데 앞에서 보았듯이, 일본인들이 인용한 중국 문헌의 종류는 많지 않을 뿐더러 같은 문헌의 같은 내용을 인용한 경우가 대부분이다. 특히 오카지마는 중국 문헌의 '竹島'와 '松島'를 검증하는 듯한 형식을 취하면서 자국의 영유권 주장에 유리한 측면으로 이용했다. 이런 경향은 태정관 지령 이후에 외무성이 조선과 문제가 된 섬을 조사하여 《다케시마 고증》이 나올 즈음 정점에 달했다. 《다케시마 고증》의 저자 기타자와는 《무비지》에서 일본 지명의 하나로 거론된 '竹島(他計什麼)'를 "호키국 부속의 多計什麼"로 변용시킨 오카지마의 논리를 계승하는 데서 머물지 않고 중국 문헌의 첨부지도에 보인 '竹島'가 "호키국 바다의 竹島"이므로 '일본 판도'라는 식으로까지 왜곡하기에 이르렀다.

중국 문헌에 언급된 '竹島'는 우리가 말하는 '다케시마'와는 관련 없는 경우가 많다. 중국이 '竹島'를 언급하고 그 음독이 '다케시마'임을 명기해준 이유는 무엇인가? '다케시마'가 일본 영토임을 밝혀주기 위해서였을까? 그 이유는 단순하다. 일본과 관련된 저술이기 때문이다. 《주해도편》의 편찬 목적은 왜구의 소탕에 있었다. 일본의 지리적 위치와 풍속, 일본 선박과 칼 등에 대한 정보를 취합한 것은 소탕에 필요한 정보를 제공하기 위해서였다. 중국이 일본의 지명을 소개하면서 중국식 발음을 써준다면 이는 논리적으로 성립하지 않는다. 중국에도 竹島, 大竹島, 小竹島 등의 지명이 있다. 이때의 '竹島'를 중국은 '주다오(Zhudao)'로 칭하지 '다케시마(Takeshima)'로 칭하지 않는다. 중국의 지명이기 때문이다. 중국은 일본 지명을 알려주기 위해 〈기어(寄語)〉에 관한 항목을 따로 둘 정도였다. 중국이 지명을 일본 발음으로 표기했다고 해서 이를 일러 중국이 일본 영토로 보았기 때문이라고 주장할 수 있는 것인가?

일본이 인용한 중국 문헌의 계보는 《주해도편》으로 거슬러 올라가지만, 일본인 누구도 이 사실을 밝히지 않고, 《일본 풍토기》를 언급하는 데 그쳤다. 일본은 《주해도편》의 정보를 검증하지 않았으며 그로 인해 오류까지 계승했다. 18~19세기에 일본은 왜 이런 오류를 범하면서까지 중국 문헌을 인용하려 했을까? 그 이유는 겐로쿠 연간과 교호 연간에 걸쳐 조선에 '다케시마'를 빼앗겼다고 인식하여 탈환하려는 의지가 앞섰기 때문이다. 이런 인식은 19세기 중반 이른바 신도(新島) 개척원이 다케시마 영유 의지를 거듭 환기시키는 바람에 단절되지 않고 이어질 수 있었다. 《다케시마도설》 저본의 저자인 기타조노 쓰안은 마쓰에번의 번사, 증보판의 저자인 가나모리 겐사쿠는 마쓰에번의 어용학자였고, 《다케시마고》를 쓴 오카지마 마사요시는 돗토리번의 번사, 《竹島雜誌》를 쓴 마쓰우라 다케시로는 세쓰주(勢州)의 탐험가였다. 《다케시마고증》과 그 요약본을 쓴 기타자와 마사나리는 외무성 관리였다. 이들이 번과 정부의 "다케시마 재탈환" 시도에 참여하게 된 계기는 저마다 다르겠지만, 공통적인 것은 이들이 중국 문헌을 이용하여 역사적 사실을 왜곡하는 데 이바지했다는 점이다.

전체적으로 보면, 18세기 이후 일본인이 '竹島' 관련 저작에서 참고 또는 인용한 주요 문헌은 중국 문헌이 아니었다. 주요 문헌은 일본의 1차 사료와 2차 저작이었다. 이들 가운데 일부 2차 저작은[84] '다케시마' 고증과 직접 관계없는 내용이긴 해도 그것이 어떻게 왜곡되고 있는가를 밝히기 위해서는 검토할 필요가 있다. 앞으로의 과제로 남기고자 한다. 아래에 제시한 표는 참고를 위한 것이다.

〈표-7〉 일본 문헌이 인용한 중국 문헌(ㅇ는 거론했음을 의미)

| | 北史 | 隋書 | 日本風土記 | 登壇必究 | 兩朝平攘錄 | 圖書編 | 武備志 | 大淸一統圖 |
|---|---|---|---|---|---|---|---|---|
| 草盧雜談 | ㅇ | | | | | | | |
| 竹島圖說 | | ㅇ | ㅇ | | | | | |
| 竹島考 | | ㅇ | ㅇ | ㅇ | ㅇ | ㅇ | ㅇ | |
| 竹島雜誌 | ㅇ | ㅇ | ㅇ | | | | | |
| 多氣甚麼雜誌 | ㅇ | ㅇ | ㅇ | | | | | ㅇ |
| 竹島考證 | ㅇ | | ㅇ | ㅇ | | ㅇ | ㅇ | |

---

84) 《和漢三才圖會》 《西遊雜記》 《日本事跡考》 《武鑑》 《西遊記》 《淸正記》 《太平記》 《陰德記》 《雪窓夜話》 《懷中抄》 《現存六帖》 등이다.

〈표-8〉 일본 문헌에 인용된 중국 문헌의 원문

| 연도 | 문헌명 | 원문 |
|---|---|---|
| 636 | 隋書/권81 열전 제46/倭國 | 明年上遣文林郎裴淸 使於倭國 度百濟行 至竹島 南望䑏羅國 經都斯麻國 迴在大海中 又東至一支國 又至竹斯國 又東至秦王國 其人同於華夏 以爲夷洲 疑不能明也 |
| 659 이후 | 北史/ 권94 列傳제82/倭 | 明年上遣文林郎裴世淸 使倭國 度百濟行 至竹島 南望䑏羅國 經都斯麻國 迴在大海中 又東至一支國 又至竹斯國 又東至秦王國 其人同於華夏 以爲夷洲 疑不能明也 |
| 1592 | 日本風土記 권1 倭國事略 | 右亦因幡右之西伯耆【沿海俱白沙無㙮可泊 其鎭爲阿家殺記 爲倭子介 爲他奴賀知 其北爲竹島 懸海三十里】 |
| 1592 | 日本風土記 권1 倭國事略 | 〈日本國圖〉에 '竹島' 있음 |
| 1599 | 登壇必究/東南海夷 1권 | 〈日本國圖〉에 '竹島' 있음 |
| 1599 | 登壇必究/東倭 1권/倭國事略 | 右爲因幡右之西爲伯耆【沿海俱白沙無㙮可泊 其鎭爲阿家殺記 爲倭子介 爲他奴賀知 其北爲竹島 懸海三十里】 |
| 1599 | 登壇必究/東倭 1권/倭國事略 | 山陰道(八州) (舟渡, 舟後, 但馬, 因幡, 伯耆, 出雲, 石見, 隱岐) |
| 1599 | 登壇必究/東倭 1권/倭國事略/島名 | 山城【羊馬失羅】…伯耆【花計】…薩摩【撒子馬】…肥前【非前】…宮島【迷換什麼】, 隱岐【和計】…平戶… 種島【他尼什麼】…對馬島【則什麼】…竹島【他計什麼】… |
| 1606 | 兩朝平攘錄 | (1598년)騎船二百餘艘 於正月十三日順風一日渡海 十四日渡朝鮮 入竹島舊壘 與原留倭衆合勢 仍在機張住箚 隨攻梁山 |
| 1606 | 兩朝平攘錄 | 大兵分屯三處 行長在松島 淸正在蔚山 與歌在興釜山[85](원문대로) 通共兵馬 十餘萬衆… |
| 1577 완성 1613 간행 | 圖書編/日本国圖 | 〈日本国圖〉에 '竹島' 있음 |
| 1613 | 圖書編 권50/日本國序 | 右亦因幡 右之西爲伯耆【沿海俱白沙無㙮可泊 其鎭爲阿家殺記 爲倭子介 爲他奴賀知 其北爲竹島 懸海三十里】 |
| 1613 | 圖書編 권57/沿海界倭要害之地 | 巨高島爲大嵩衛界 竹島爲海隅所界 松島莫邪島漫鶴島爲靖海衛界 |
| 1621 완성 1664 간행 | 武備志 권231/ 四夷 9/日本考 2/疆域 | 山陰道(州八)丹波(大), 丹後(中), 但馬(大), 因幡(大), 伯耆(大), 出雲(大), 石見(小), 隱岐(小) |
| 1621 완성 1664 간행 | 武備志 권231/ 四夷 9/日本考 2/島名 | 山城【羊馬失羅】…伯耆【花計】…薩摩【撒子馬…肥前【非前】…宮島【迷換什麼】, 隱岐【和計】…平戶, 種島【他尼什麼】…對馬島【則什麼】…竹島【他計什麼】… |

85) '興歌在釜山'이 되어야 맞다.

## 2. 일본 외무성 홍보자료의 변화와 시사점

### 1) 머리말

일본 외무성은 홍보 전략의 하나로 2008년에 〈다케시마: 다케시마 문제를 이해하기 위한 10가지 포인트〉를 홈페이지에 탑재했었다. 그 내용은 '다케시마'[1] 즉 독도가 일본 영토인 근거를 열 가지 포인트로 나누어 기술한 것이었다. 이 자료가 탑재된 뒤 한국과 일본에서는 반론이 이어졌다. 일본에서는 나이토 세이츄(內藤正中)가, 한국에서는 연구기관 소속 연구원이 주로 반론했다.[2]

그런데 일본 외무성은 최근 홍보자료의 체재(體裁)와 내용을 바

---

1) 이 글은 일본 외무성이 주체이므로 다케시마, 독도, 일한관계 등을 원문에 표기된 대로 써주기로 한다.

2) 內藤正中, 《竹島=獨島問題入門—日本外務省〈竹島〉批判》, 新幹社, 2008; 김명기 · 이동원 공저, 《일본외무성 다케시마 문제의 개요비판 : 다케시마 10포인트 비판》, 책과 사람들, 2010.; 김호동, 〈한일 양국에서 누가 먼저 '독도'를 인지하였는가: 일본 외무성의 죽도 홍보 팸플릿의 포인트 1, 2 비판〉, 《民族文化論叢》 제44집, 2010.4; 송휘영, 〈일본의 독도에 대한 "17세기 영유권 확립설"의 허구성: 일본 외무성의 죽도 홍보 팸플릿의 포인트 3, 4 비판〉, 《民族文化論叢》 제44집, 2010.4; 곽진오, 〈일본외무성 팜플렛에 나타난 죽도(다케시마) 영유권주장 10포인트에 대한 연구: 근세부분을 중심으로〉, 《한국정치외교사논총》, 한국정치외교사학회, 2010. 8.

꾸었다.[3] 일본 정부는 2014년에 외무성 홈페이지를 개편한 이래 현재는 외무성이 제작한 동영상(10개 국어) 외에 전단과 팸플릿 형태의 홍보자료를 게시·게재하고 있다. 일본이 등재한 홍보 자료 언어의 수는 12개로 늘어났다.[4] 거의 전 세계를 향해 홍보를 확대하고 있다고 해도 지나치지 않다.

홍보 자료는 대상에 따라 내용에 차이가 있는데, 매우 간략한 전단 〈다케시마〉(2쪽 분량), 중간 정도의 〈다케시마 팸플릿〉(10쪽 분량), 그리고 매우 상세한 자료(28쪽 분량의 10포인트) 등 모두 세 가지 버전이 있다. 이 가운데 매우 상세한 자료 〈다케시마 문제에 관한 10개의 포인트(Q&A포함)〉[5]는 2008년도의 〈다케시마: 다케시마 문제를 이해하기 위한 10가지 포인트〉를 수정·보완한 것이다. 다만 2014년도 판은 이전 판과는 달리 '일본의 입장'이 다섯 가지로 정리·추가되어 있으며[6] 질문과 답변 형식의 내용도 추가되어 있다.

그렇다면 일본 외무성은 왜 홈페이지 및 홍보 자료의 체재와 내용을 바꾸었는가? 한국 외교부의 홈페이지도 개편되어, 일본과 마찬가지로 세 가지 버전으로 제작되고 12개국 언어로 제작된 것은 같지만 내용상의 큰 변화는 없다. 학계에서 한·일 양국 사이트를 비교·검토한 적이 있지만,[7] 일본 사이트에 나타난 외무성의 논조 변화를 추적하지는 않았다. 이 글은 일본 외무성의 홍보 자료에서의

---

3) 개정된 팸플릿이 게재된 것은 2014년 3월부터지만, 유튜브에 올린 동영상은 2013년 10월부터다.

4) 중국어는 간체와 번체 두 가지 버전으로 실었으므로 이를 포함한 언어가 12개 언어다 (www.kr.emb-japan.go.jp/territory/takeshima/index.html).

5) 이 제목은 한국어판 제목을 따른 것이다.

6) 그 내용은 다음과 같다. 1.일본은 17세기 중반에 다케시마 영유권을 확립, 2 일본은 1905년 각의결정에 의해 竹島를 영유할 의사를 재확인, 3. 샌프란시스코 평화조약으로 竹島가 일본 영토임이 확인되었다. 4. 샌프란시스코 평화조약 발효 직전에 한국은 국제법에 반해 竹島를 불법점거함. 5.일본은 과거 3회, 국제사법재판소에 의한 해결을 한국에 제안했지만 거부되었다.

7) 송휘영, 〈한일 양국 정부의 독도 홍보사이트의 비교 검토〉, 영남대학교 독도연구소 춘계학술대회 발표자료, 2015. 2.

논조 변화를 추적하여 그로부터 시사점을 얻으려는 것이다.[8] 이에 일본의 주장에 일일이 반박하는 것은 이 글의 주 목적이 아님을 밝힌다.[9]

## 2) 홈페이지 구성의 변화

우선 홈페이지의 구성을 보면, 한국어판 메인 화면은 전체적으로 3단으로 구성되어 있다. 다른 외국어도 구성은 비슷하다. 왼쪽에는 일반적인 자료 및 소개,[10] 가운데 메인에는 일본의 입장 및 거리관계를 밝힌 지도, 그리고 오른쪽에는 홍보 자료 즉 동영상(다케시마-법과 대화에 의한 해결을 지향하며),[11] 〈전단: 다케시마〉(PDF), 〈다케시마 팸플릿〉(10페이지, PDF), 〈다케시마 문제에 관한 10개의 포인트(Q&A포함)〉((PDF)를 게시 · 게재하고 있다.

영어판도 왼쪽에는 'Takeshima Issue', 'Press Release', 'Reference Room', 'Links'로 되어 있어 한국어판과 같다. 오른쪽에는 'Vedio: Takeshima —Seeking a Solution based on Law and Dialogue', 'Leaflet: Takeshima(PDF)', 'Pamphlet: Takeshima(10 pages) (PDF)', '10 points to understand the Takeshima Dispute(PDF)로 구성되어 있어 한국어판과 같다. 다만 일본은 자료 명칭을 한국어판에는 '전단,' 영어판에

---

8) 외국인용으로는 한국어와 영어를 주로 검토하고, 일본어판도 함께 검토했다. 2015년 4월 기준으로 검색한 자료에 근거하여 작성했다. 다만 이 글을 탈고한 이후 10포인트가 12개국으로 번역 · 탑재된 사실을 알게 되어 약간의 수정을 가했다.

9) 외무성 홍보자료에 대한 반박자료는 선행 연구로 충분히 밝혀져 있다. 다만 10포인트에 개진된 논리가 바뀐 부분이 있으므로 2008년과 2014년의 논조 비교를 위해 이 글의 맨 뒤에 그 내용을 참고자료로 실었다.

10) 좀 더 자세히 언급하면, 왼쪽에는 '다케시마 정보' '다케시마 문제' '자료실' '링크'로 구성되어 있다.

11) 이전에 필자가 검색했을 때는 '동영상(미래지향적인 일한관계를 지향하며)'이 탑재되어 있었으나 최근에는 삭제되었다.

는 '리플렛', 일본어판은 '플라이어'라고 하여 각각 다르게 표기하고 있다.[12)]

　일본어판은 왼쪽에 탑재된 것은 다음과 같다.

　　'다케시마 데이터', '다케시마 문제의 개요('다케시마의 인지' 외 8개 주제)', '다케시마 문제에 관한 Q&A', '보도발표 등', '자료 코너', '관련 링크집'

오른쪽에 탑재된 것은 다음과 같다.

　　'동영상:다케시마에 관하여', '다케시마 문제 플라이어(PDF)', '다케시마 문제 팸플릿(10페이지, PDF)', '다케시마 문제에 관한 10개의 포인트(Q&A 포함)[13)](28페이지, PDF)'

　이 가운데 〈다케시마 문제에 관한 10개의 포인트〉는 〈다케시마: 다케시마 문제를 이해하기 위한 10가지 포인트〉[14)]의 개정판이다. 오른쪽의 홍보 자료를 표로 정리해보면 다음과 같다.

| 언어\유형 | 동영상-1 | 동영상-2 | 전단(2쪽) | 팸플릿(10쪽) | 10포인트 |
|---|---|---|---|---|---|
| 한국어 | 다케시마-법과 대화에 의한 해결을 지향하며 | 미래 지향적 일한 관계를 지향하며(삭제됨) | 다케시마(전단) | 다케시마 팸플릿(10쪽) | |
| 영어 | Takeshima-Seeking a Solution based on Law and Dialogue | | Takeshima(리플렛) | Takeshima | |
| 일본어 | 다케시마에 관하여 | | 다케시마문제(플라이어) | 다케시마문제 팸플릿 | 10포인트(28쪽) |

───────────

12) 내용은 각각 2쪽이다.

13) 이하 '〈10포인트〉'로 약칭한다.

14) 이하 '〈10포인트〉(2008)'로 약칭한다.

### 3) 〈다케시마 영유권에 관한 일본의 일관된 입장〉

위에서 보았듯이 홈페이지 개정판은 2008년도판보다 버전이 다양하다. 이로써 일본이 대상에 따라 홍보 전략을 다각화하기로 방침을 바꾸었음을 엿볼 수 있다. 그런데 이들 각 버전을 검토하기에 앞서 필자가 주목한 것은 홈페이지의 첫 화면을 구성하는 3단 형식의 중앙 부분의 내용이다. 여기에 〈다케시마 영유권에 관한 일본의 일관된 입장〉이 탑재되어 있는데, 그 내용을 옮겨 적으면 다음과 같다(한국어판을 기준으로 하되 영어를 병기함).[15]

---

다케시마 영유권에 관한 일본의 일관된 입장
(Japan's Consistent Position on the Territorial Sovereignty over Takeshima)

* 다케시마는 역사적 사실에 비추어도, 또한 국제법상으로도 명백히 일본국[16] 고유의 영토입니다.
(Takeshima is indisputably an inherent part of the territory of Japan, in light of historical facts and based on international law.)

* 한국에 의한 다케시마 점거는 국제법상 아무런 근거 없이 행해지고 있는 불법 점거이며, 한국이 이러한 불법 점거에 의거해 다케시마에 대해 시행하는 그 어떤 조치도 법적인 정당성을 지니지 않습니다.
(The Republic of Korea has been occupying Takeshima with no basis in international law. Any measures the Republic of Korea takes regarding Takeshima based on such an illegal occupation have no legal justification.)

* 일본은 다케시마 영유권을 둘러싼 문제에 대해 국제법에 따라 냉정하게, 그리고 평화적으로 분쟁을 해결할 생각입니다.
(Japan will continue to seek the settlement of the dispute of the territorial sovereignty over Takeshima on the basis of international law in a calm and peaceful manner.)

(주) 한국 측은 일본이 다케시마를 실효 지배하며 영유권을 재확인한 1905년 이전에, 한국이 이 섬을 실효 지배했었다는 것을 나타내는 명확한 근거는 제시하지 않고 있습니다.
(Note: The Republic of Korea has never demonstrated any clear basis for its claims that it had effective control over Takeshima prior to Japan's effective control over Takeshima and reaffirmation of its territorial sovereignty in 1905.)

---

15) 한국어는 일본식 표현이 있긴 하지만 홈페이지대로 써주었다. 일본어판은 번역문이 있는 것은 한국어판을 따르되 필자가 윤문했다.

위 내용은 문면상으로는 〈10포인트〉(2008) 목차에서 네 가지로 범
주화한 포인트의 내용과 거의 같다. 2008년에 일본 외무성은 홈페
이지에 〈다케시마: 다케시마문제를 이해하기 위한 10가지 포인트〉
를 탑재하되, '목차'에 열 가지 포인트를 네 가지로 범주화하여 붉
은색으로 강조한 것을 탑재한 바 있다. 그런데 개정된 홈페이지에
서는 그 내용을 〈다케시마 영유권에 관한 일본의 일관된 입장〉이라
는 제하(題下)의 첫 화면에 실은 것이다. 다만 개정판에서는 네 가지
로 범주화한 내용을 실은 순서와 번호가 달라졌다. 비교를 위해 표
로 정리하면 다음과 같다(굵은 글자는 필자).

| 다케시마 문제를 이해하기 위한 10가지 포인트(2008, 목차) | 다케시마 영유권에 관한 일본의 일관된 입장(2014) |
|---|---|
| * 다케시마는 역사적 사실에 입각해봐도, 국제법상으로도 명백한 일본 고유의 영토입니다.[17] | * 다케시마는 역사적 사실에 비추어도, 국제법상으로도 명백히 일본 고유의 영토입니다. |
| **\* 한국 측은 일본이 다케시마를 실효 지배하여 영유권을 재확인하기 이전에, 이 섬을 실효적으로 지배하고 있었다는 명확한 근거를 제시하지 않고 있습니다.[18]** | * 한국에 의한 다케시마 점거는 국제법상 아무런 근거 없이 행해지고 있는 불법 점거이며, 한국이 이러한 불법 점거에 의거하여 다케시마에 대해 시행하는 그 어떤 조치도 법적인 정당성을 지니지 않습니다. |
| * 한국은 다케시마를 불법점거하고 있으며, 일본은 엄중하게 항의를 하고 있습니다. | * 일본은 다케시마 영유권을 둘러싼 문제에 대해 국제법에 따라 냉정하게, 그리고 평화적으로 분쟁을 해결할 생각입니다. |
| * 일본은 다케시마 영유권에 관한 문제를 국제사법재판소에 회부할 것을 제안하고 있지만, 한국이 이를 거부하고 있습니다. | **(주)한국 측은 일본이 다케시마를 실효 지배하며 영유권을 재확인한 1905년 이전에, 한국이 이 섬을 실효 지배했음을 나타내는 명확한 근거를 제시하지 않고 있습니다.** |

---

16) 일본어판에는 '일본'으로 되어 있다.

17) 이 범주 안에는 모두 6개의 포인트(1, 3, 4, 6, 7, 8)가 들어가 있다. 모두 고유영토론
의 범주에 속한다고 볼 수 있는 내용들이다.

18) 이 범주 안에는 두 개의 포인트(2, 5)가 들어가 있다. 그것은 "한국이 옛날부터 다케
시마를 인식하고 있었다는 근거는 없습니다"(포인트 2)와 "한국의 자국 주장의 근거
로 인용하는 안용복의 진술 내용에는 많은 의문점이 있습니다"(포인트 5)라는 내용이
다. 한국의 고유영토론을 부정하고 일본의 무주지 선점에 의한 편입을 정당화하기 위
한 범주로 묶었다고 볼 수 있다.

2008년도 판과 2014년도 판 모두 일본이 주장하는 열 가지 포인트 가운데 네 가지만을 싣고 있다는 점에서 큰 차이가 없다. 그러나 여기서 달라진 점이 있다. 그것은 2008년도 판에서는 목차의 두 번째 범주에 있던 내용이 2014년도 판에서는 본문이 아닌 '주'로 처리되어 있다는 사실이다. '주'의 내용은 일본이 그동안 한국을 공격하는 데 활용해온 이른바 '실효 지배'에 관한 내용이다. 즉 이 내용은 그동안 일본이 한국의 가장 큰 취약점이라고 여겨왔던 부분이다. 그런데 위와 같이 순번과 구성이 달라졌다면 그것이 의미하는 바는 무엇인가? 또한 이 내용이 다른 형태의 홍보 자료인 전단이나 팸플릿에서는 어떻게 되어 있는가?


### 4) 〈전단〉과 〈다케시마 팸플릿〉의 논조

〈전단〉 표지에는 다음과 같은 내용이 실려 있다.

| 다케시마-법과 대화를 통한 해결을 지향하며- |
| --- |
| -여러분, 다케시마를 아십니까?- |
| ○ 다케시마가 일본 고유의 영토임은 역사적으로도 국제법상으로도 명백합니다. |
| ○ 한국은 일방적으로 다케시마를 불법 점거하고 있습니다. |
| ○ 전후 일관되게 평화국가의 길을 걸어온 일본은 이 문제의 평화적 해결을 지향하고 있습니다. |

〈다케시마 팸플릿〉 첫 페이지는 다음과 같은 내용이 실려 있다.

| 다케시마 영유권에 관한 일본의 일관된 입장 |
| --- |
| ○ 다케시마는 역사적 사실에 비추어도, 또 국제법상으로도 명백한 일본 고유의 영토입니다. |
| ○ 한국에 의한 다케시마 점거는 국제법상 아무런 근거 없이 이루어지고 있는 불법 점거이며, 한국이 이런 불법 점거에 의거해 다케시마에서 행하는 어떤 조치도 법적인 정당성을 가지는 것은 아닙니다. |
| ○ 일본은 다케시마 영유권을 둘러싼 문제에 대해, 국제법에 따라 냉정하게 그리고 평화적으로 분쟁을 해결할 생각입니다. |

두 내용으로 알 수 있듯이, 〈전단〉과 〈다케시마 팸플릿〉의 주요 논지는 거의 같다. 〈다케시마 팸플릿〉이 좀더 자세하게 기술한 것이 다를 뿐이다. 논지는 '다케시마'는 일본 영토인데 한국이 불법 점거하고 있으므로 일본은 이를 평화적으로 해결하고 싶다는 것이다. 그런데 이들 두 가지 홍보 자료 즉 〈전단〉과 〈다케시마 팸플릿〉의 기술은 외무성 홈페이지 메인 화면의 '〈다케시마 영유권에 관한 일본의 일관된 입장〉'과는 다르다는 것을 알 수 있다. 이를 보면, 〈다케시마 팸플릿〉에서 제목은 홈페이지 메인 화면의 제목('다케시마 영유권에 관한 일본의 일관된 입장')과 같지만, 내용에서는 달라져, 홈페이지 메인 화면에서는 '실효 지배'에 관한 내용을 '주'로 처리하긴 했지만 들어 있는 반면, 〈전단〉과 〈다케시마 팸플릿〉에서는 '실효 지배'에 관한 내용이 아예 보이지 않는다. 이 점이 가장 두드러진 차이다. 홈페이지의 메인 화면에서 '주'로 처리한 것도 달라진 점이지만, 이 부분이 다른 자료에서는 삭제된 것이다.

일반적으로 '주'라는 것은 본문보다 그 비중이 약한 것으로 간주된다. 외무성이 2008년도 〈10포인트〉의 목차에서는 두 가지 포인트를 하나로 합쳐 기술했었는데, 2014년도 〈10포인트〉에서는 그 내용[19]을 '주'로 처리한 데다 〈전단〉과 〈다케시마 팸플릿〉에서는 이 부분을 언급조차 하지 않았다면, 이런 변화를 어떻게 해석해야 할까? 일본이 의도하는 바 없이 삭제하지는 않았을 것이다. 그렇다고 해서 '실효 지배'가 전혀 언급되어 있지 않는가 하면, 그렇지도 않다. 〈다케시마 팸플릿〉의 첫 페이지에는 없지만 본문에서는 언급되고 있다. 〈다케시마 팸플릿〉은 '파트 3'에 〈다케시마를 둘러싼 의문에 대해 답합니다〉를 싣고 있다. 여기에 세 개의 질문이 실

---

19) "한국 측으로부터 일본이 다케시마를 실효적으로 지배하여 영유권을 확립하기 이전에 한국이 이 섬을 실효 지배하고 있었다는 명확한 근거는 제시되어 있지 있습니다." 이 내용이 2014년 개편된 홈페이지에서는 다음과 같이 바뀌었다. "(주) 한국 측은 일본이 다케시마를 실효 지배하며 영유권을 재확인한 1905년 이전에, 한국이 이 섬을 실효 지배했음을 나타내는 명확한 근거를 제시하지 않고 있습니다."

려 있는데, 두 번째 질문(Q.2)에 대한 상세 답변(A.2)에서 '실효 지
배'가 언급되고 있다. 〈다케시마 팸플릿〉에서 두 번째 질문은 다음
과 같다.

> 1905년 일본 정부에 의한 다케시마 편입 이전에, 한국 측이 다케시마를 영유하고 있었
> 다는 증거가 있습니까?

이에 대한 답변은 다음과 같다.

> 아니요, 한국 측으로부터 다케시마를 영유하고 있었다는 구체적인 증거는 제시되지 않
> 은 상태입니다.

이에 대한 '상세 답변'에 다음과 같은 설명이 덧붙여져 있다.

> … 또한 한국 측은 '대한제국 칙령 41호'(1900년)에 의해 설치된 '울도군'이 관할하는 지
> 역을 '울릉 전도'와 '죽도 석도'로 규정하고, 이 '석도'가 '독도'(다케시마의 한국명)를 지
> 칭하는 것이라고 주장하고 있습니다. 한국 측은 '석(돌)'은 한국의 방언으로 '독'이라고
> 도 발음하며, 이를 발음대로 한자로 고치면 '독도'로 이어진다고 주장하고 있습니다만,
> '석도'가 오늘날의 다케시마('독도')라고 한다면, 왜 칙령에서 '독도'가 사용되지 않았는
> 가, 왜 '석도'라는 섬 명칭이 사용되었는가, 애초부터 왜 한국 측이 다케시마의 옛 명칭
> 이라고 주장하는 '우산도'와 같은 명칭이 사용되지 않았는가 하는 의문이 생깁니다. 또
> 한 가령 칙령의 석도가 다케시마를 지칭한다고 해도, 칙령의 공포 전후에 대한제국이
> 다케시마를 실효적으로 지배한 사실을 나타내는 증거가 제시되지 않고 있어, 한국에 의
> 해 영유권이 확립되었다고는 인정되지 않습니다.

위 내용은 〈10포인트〉(2008)의 여섯 번째 포인트에서 언급된 내용
과 거의 유사하다. 여섯 번째 포인트의 내용은 "일본 정부는 1905
년 다케시마를 시마네현에 편입하여, 다케시마 영유의사를 재확인
했습니다"는 것이었다. 다만 이 포인트의 논지는 일본의 편입은 정
당하지만, 한국이 칙령에서 말한 '석도'는 '독도'로 보기 어렵다는
것을 주장하는 데 놓여 있다. 즉 초점은 칙령에서 천명한 '석도'에
대한 대한제국의 관할권을 부인하는 데 놓여 있는 것이지 '실효 지
배'에 놓여 있는 것이 아니었다. 일본이 여섯 번째 포인트에서 '실

효 지배'를 말한 것은 대한제국 칙령 제41호의 '석도'가 '독도'임을 인정하게 될 때를 대비한 논리이기도 하다. 이 때문에 개정된 〈다케시마 팸플릿〉에서도 '실효 지배'를 일컫고는 있지만, 기존 〈10포인트〉에서의 주장을 반복하는 수준에 머물고 있는 것이다.

### 5) 〈10포인트〉(2014)에서의 논조 변화

그러면 〈10포인트〉(2014)에는 위의 내용이 어떻게 기술되어 있는가? 〈10포인트〉의 표지 제목은 〈다케시마: 왜 일본 영토인가 확실히 알 수 있다. 다케시마 문제에 관한 10개의 포인트〉(Q&A 포함)이다. 표지에 이어 목차가 나온다. 그런데 '10포인트'의 내용을 구체적으로 기술하기에 앞서 싣고 있는 〈다케시마 영유권에 관한 일본의 일관된 입장〉(p.2)을 살펴볼 필요가 있다. 그 내용은 다음과 같다.[20]

① 다케시마는 역사적 사실에 비추어도, 또한 국제법상으로도 명백히 일본국 고유의 영토입니다.

② 한국에 의한 다케시마 점거는 국제법상 아무런 근거 없이 행해지고 있는 불법 점거이며, 한국이 이러한 불법 점거에 의거해 다케시마에 대해 시행하는 그 어떤 조치도 법적인 정당성을 지니지 않습니다.

③ 일본국은 다케시마 영유권을 둘러싼 문제에 대해 국제법에 따라 냉정하게, 그리고 평화적으로 분쟁을 해결할 생각입니다.

---

20) 〈10포인트〉(2014)는 한국어판을 그대로 싣지 않고 일본어판에 근거하여 필자가 윤문했다. 이하도 마찬가지다.

한국 측은 일본이 다케시마를 실효적으로[21] 지배하며 영유권을 재확인한 1905년 이전에, 한국이 이 섬을 실효적으로 지배했었다는 것을 나타내는 명확한 근거는 제시하지 않고 있습니다.

즉 〈10포인트〉(2008)에서는 두 번째 범주에 있던 '실효 지배' 관련 내용이 〈10포인트〉(2014)에서는 박스로 따로 처리되고 있는 것이다. 이는 홈페이지 메인 화면에서 '(주)'로 처리했던 것과도 다른 형식이다. '주'로 처리한 것은 본문에 견주어 그 의미를 축소시키려는 의도에서였다고 할 수 있겠지만, 이렇게 박스로 처리하면 그렇게 말하기가 모호해진다. 그러면 일본이 이런 형식을 취한 것이 '실효 지배'의 의미를 축소하고자 해서인가, 아니면 부각시키고자 해서인가? 적어도 부각시키려는 의도는 아니라고 할 수 있다. 그 이유는 〈전단: 다케시마〉에서는 이런 내용이 아예 언급되고 있지 않기 때문이다. 그러므로 〈10포인트〉(2014)에서 따로 박스처리한 이유는 홈페이지 메인 화면에서 '주'로 처리하여 본문과 구분했듯이, 〈10포인트〉에서도 1~3번과 구분하기 위해서로 볼 수 있다.

〈10포인트〉(2014)에서 여섯 번째 포인트는 "일본은 1905년, 각의 결정으로 다케시마 영유의 의사를 재확인했습니다"라는 내용이다. 이 포인트의 내용은 두 개의 단락으로 나뉘어 있다. 두 번째 단락에는 "'석도'가 '독도'였다고 말하는, 한국의 억지스런 해석('石島'が'獨島'だったと言う韓國の苦しい解釋)"이라는 제목을 붙이고 다음과 같은 내용을 적고 있다.

---

21) 일본어판에는 "실효적으로 지배하고" 한국어판에는 "실질적으로 지배하고", 영어판에는 "effective control over Takeshima"로 되어 있다.

게다가 한국에서는 1900년의 '대한제국 칙령 41호'에 의해 울릉도를 울도로 개칭함과 동시에 도감을 군수로 했다고 되어 있습니다. 그리고 이 칙령 가운데, 울도군이 관할하는 지역을 '鬱陵全島'와 '竹島, 石島'로 규정하고 있는데, 여기서의 죽도는 울릉도 근방에 있는 '죽서(竹嶼)'라는 작은 섬이지만, '석도'는 바로 지금의 '독도'를 가리킨다고 지적하는 연구자도 있습니다.
그 이유는 '돌'은 한국의 방언으로 '독'으로도 발음되며, 이를 발음대로 한자로 고치면 '獨島'로 이어지기 때문이라는 것입니다.
그러나 '石島'가 오늘날의 '다케시마(獨島)'라면, 왜 칙령에서 '독도'를 사용하지 않았는가, 왜 '석도'라는 도명이 사용되지 않았는가, 또 한국 측이 다케시마의 옛 이름이라고 주장하는 '우산도' 등의 명칭을 사용하지 않았는가 하는 의문이 생깁니다.
어찌 되었든, 가령 이 의문이 해소된다 하더라도, 이 칙령의 공포를 전후해 한국이 다케시마를 실효적으로 지배했던 사실이 없어, 한국에 의한 다케시마 영유권은 확립되지 않았다고 생각됩니다(Q&A 참조).

위 내용은 〈10포인트〉(2008)의 여섯 번째 포인트 "일본 정부는 1905년 다케시마를 시마네현에 편입하여 다케시마 영유 의사를 재확인했습니다"에 기술된 내용과 거의 같다. 2014년의 〈10포인트〉도 〈다케시마 팸플릿〉에서 두 번째 질문에 대한 상세한 답변 내용과 거의 같다. 다만 〈10포인트〉(2014)에는 위의 기술에 이어 두 개의 사진이 게재되어 있다. 그것은 일본인이 독도에 세운 '강치어렵 회사'와 강치를 잡는 모습을 찍은 사진이다. 사진 아래에는 두 사람의 대화문을 다음과 같이 넣었다.

여자: 1905년의 각의 결정으로 시마네현에 편입한 사실로써 일본의 영토라는 것을 확실히 알 수 있네요.

남자: 그렇단다. 한국이 주장하는, 1900년 칙령에 쓰여 있는 석도가 독도라고 하는 애매하고도 의문이 남는 형태로서가 아니라, 일본은 1905년 각의 결정으로 다케시마 영유 의사를 재확인했으며, 관유지 대장에 등록하고 강치어렵을 허가하는 등의 주권 행사를 평온하게 해왔고 계속해왔단다. 그리하여 17세기에 이미 확립하고 있던 다케시마에 대한 우리나라의 영유권을 근대 국제법상으로도 제 외국에게 보다 명확히 주장할 수 있게 되었단다.

위의 기술은 일본이 자국 편입의 정당성을 주장하기 위해 대한제국 칙령의 '석도'를 부인해야 했던 고민의 흔적을 보여준다. 그런데 위의 대화문은 논점이 빗나가 있다. 일본은 한국에 1905년 이전의

'실효 지배'를 입증할 것을 요구해왔는데, 위 대화문에서 보듯이, 일본이 자국의 '실효 지배' 증거로 제시한 것은 1905년 이전이 아니라 편입 후의 증거이다. 이는 전후 맥락이 맞지 않는 것을 증거로 제시한 셈이다. 대한제국의 1900년 칙령의 '석도'가 '독도'임을 부인하는 것과 1905년 이후 일본의 '실효 지배' 제시는 직접적으로 연관성이 없다.

한편 〈10포인트〉(2014)에는 〈10포인트〉(2008)에는 없던 내용이 추가되어 있다. 그것은 열 가지 포인트에 〈다케시마 문제의 의문을 해소하는 'Q&A'〉를 추가한 것이다. 즉 'Q&A' 형식으로 6개의 질문과 답변을 실은 것이다. 이는 〈10포인트〉(2014)에는 없던 내용이다. 〈10포인트〉(2008)의 본문은 12쪽인데, 〈10포인트〉(2014)는 본문이 15쪽, 'Q&A'가 9쪽 분량이 되어 전체적으로 양이 증가했다.

〈10포인트〉(2014)에 추가된 여섯 가지의 질문과 답변을 보면, 일본 정부가 홍보에서 중점을 두는 부분이 무엇인지를 엿볼 수 있다. 이 여섯 가지는 말하자면 일본인이 가장 궁금해 하는(또는 일본 정부가 중시하는) 사항으로 볼 수 있기 때문이다. 그것은 다음과 같다.

| |
|---|
| Q1. 국제법상 어떤 섬이 자국 영토와 거리적으로 가까운 것이 그 섬에 대한 영유권과 관계가 있습니까? |
| A1. 국제법상 자국 영토에서 가깝다는 이유만으로 영유권을 인정받는 일은 없습니다. |
| Q2. 한국 측의 고문헌과 고지도에는 다케시마에 관해 기술되어 있습니까? |
| A2. 아니요. 한국 측은 한국의 고문헌과 고지도에 기술된 '우산도'를 현재의 다케시마라고 주장하지만, 이 주장은 근거가 약합니다. |
| Q3. '안용복'은 어떤 인물이었습니까? |
| A3. 17세기 말, 두 차례 일본에 간 조선인으로, 한국은 그의 공술을 다케시마 영유권의 근거로 삼고 있습니다. 그러나 그는 조선을 대표한 인물이 아니며, 또한 그의 공술은 사실에 맞지 않으므로 신빙성이 떨어집니다. |
| Q4. 1905년 일본 정부가 다케시마를 편입하기 이전에 한국 측이 다케시마를 영유하고 있던 증거는 있습니까? |
| A4. 아니요. 한국 측이 다케시마를 영유하고 있던 구체적인 증거는 제시되어 있지 않습니다. |
| Q5. 다케시마는 카이로 선언에서 말하는, '폭력과 탐욕으로 탈취한' 지역에 해당됩니까? |
| A5. 해당되지 않습니다. |

Q6. 제2차 세계 대전 후, 다케시마는 연합국 총사령부에 의해 일본의 영역에서 제외되었습니까?
A6. 아니요. 그렇지 않습니다. 연합국 총사령부는 영토를 처분할 권한이 없었습니다.

　위의 여섯 가지 질문과 답변은 한편으로는 일본 정부가 영유권 문제에서 자국의 강점 또는 한국의 취약점으로 간주하고 있는 것임을 의미한다. 한·일 양국이 자국의 영유권을 주장하거나 상대국을 공격할 때 이들 문제를 주로 제기하기 때문이다. 위 질문과 관련된 내용은 한국 외교부 홈페이지의 〈독도에 관한 15가지 일문일답〉에서도 볼 수 있다. 일본이 특히 한국 측 고문헌과 고지도의 비중을 크게 다루고 있음은 이 부분을 한국의 취약점으로 간주하고 있음을 의미한다. 안용복의 행위를 사인(私人)의 행위로 간주하고 그가 거짓말을 한 사실을 부각시키고 있는 것이라든지, 전후 처리에 대해서도 마찬가지 인식이 엿보인다. 일본은 여섯 번째 질문에 대한 답변에서 연합국 관련 문서인 SCAPIN−677과 SCAPIN−1033을 제시하고 있다. 이들도 한국 외교부가 영유권 근거의 하나로서 제시하고 있는 문서들이다. 일본이 두 문서의 원문을 제시하며 자국의 논리를 뒷받침하고 있음은 비(非)전문가의 관점에서 보면 매우 타당한 듯이 보일 수 있다. 그러나 일본의 기술방식은 자국에 유리하도록 일부 사료를 발췌하여 기술하고 있으므로 사실관계를 왜곡시킬 우려가 있다. 다만 이렇게 된 배경에는 외교부 홈페이지에 두 문서가 연합국이 독도를 한국 영토로 인정한 근거로서 제시되어 있기 때문임을 들 수 있다.
　〈10포인트〉(2014)의 '질문'에서 '실효 지배'와 관련되는 내용은 'Q4'에 있다. 질문은 "1905년 일본 정부가 다케시마를 편입하기 이전에 한국 측이 다케시마를 영유하고 있던 증거는 있습니까?"라는 것이다. 이에 대한 상세한 답변은 다음과 같이 기술되어 있다. 좀 길지만 일본의 논리적 허점을 밝히는 데 필요한 내용이므로 인용하기로 한다.

예를 들면, 한국 측은《세종실록지리지》(1454년),《신증동국여지승람》(1531년) 등의 조선 고문헌에 이름이 나오는 '于山(島)'가 다케시마를 가리킨다고 하며, 예로부터 자국의 영토였다고 합니다. 그러나 조선의 고문헌과 지도에 있는 우산(도)은 울릉도의 다른 이름이지만, 18세기 이후 지도에 그려진 우산(도)같은 것은 울릉도 옆에 있는 다른 소도(竹嶼)로서 다케시마가 아닙니다.

또한 한국 측은 '대한제국 칙령 41호'(1900년)(주)에 의해 울릉도에 군을 설치하여 '울도군'이 관할하는 지역을 '鬱陵全島'와 '竹島 石島'로 규정했으며, 이때의 '석도'가 '독도'(다케시마의 한국명)를 가리킨다고 주장하고 있습니다.

그러나 한국 측은 '石島'가 다케시마라는 명확한 근거는 제시하지 못하고 있습니다. 가령 칙령의 석도가 다케시마를 가리킨다고 해도, 칙령의 공포를 전후해 한국이 다케시마를 실효적으로 지배했던 사실이 없으므로 한국에 의한 다케시마 영유권이 확립되었다고 할 수는 없습니다.

(주) 1882년 조선 정부는 울릉도에 470년간에 걸쳐 지속하고 있던 '공도정책'을 폐지하고 울릉도를 개척하기로 결정했습니다. 그 후 1900년 6월, 울릉도에 많은 일본인이 거주하고 있었으므로 일본과 공동조사를 실시합니다. 대한제국(조선은 1897년 10월 국호를 대한제국으로 개칭)은 그 공동조사의 보고(우용정의《울도기》)를 참고하여 1900년 10월, "외국인이 왕래하며 교역하는데 교제상" 필요하다는 이유에서, 칙령 제41호〈울릉도를 울도로 개칭하고 도감을 군수로 개정하는 건〉을 제정했습니다. 이 칙령의 제2조에 '울도군'의 관할구역을 '울릉 전도와 죽도 석도'로 규정했습니다. 그러나 갑자기 등장한 이 석도가 어디인지는 특정되지 않았습니다.

한편 이 칙령의 제정에 앞서 행해진 상기의 공동조사 보고에서는 울릉도의 길이를 70리(약 28킬로미터), 넓이를 40리(약 16킬로미터), 둘레를 145리로 보았고, 의정부 찬정 내부대신 이건하는〈울릉도를 울도로 개칭하고 도감을 군수로 개정하는 건에 관한 청의서〉(1900)에서 "이 섬은 사방이 세로는 80리(약 32킬로미터)이고 가로는 50리(약 20킬로미터)가 된다"고 했습니다. 이런 사실로부터 석도가 다케시마가 아니라는 사실을 명확히 알 수 있습니다. 게다가 울릉도 근방(수 킬로미터 이내)에는 죽서(竹嶼)와 관음도라는 비교적 큰 섬이 있으므로 이들을 의도했을 가능성도 있습니다.

*1리(일본)=약 10리(조선)=약 4킬로미터

위 내용은 'Q4'에 "포인트 2와 6, Q&A 2 참조"라고 부기했듯이, 'Q&A 2'에 나온 고지도와 고문헌의 내용을 결부시킨 논리이다. 일본은 한국 측 고지도와 고문헌의 '우산도'가 모두 '독도'를 가리키는 것은 아니라는 사실을 자국의 논리 주장에 이용하고 있다. 물론 한국 고지도에 그려진 '우산도'를 전부 독도라고 단정하기 어려운 경우, 즉 경·위도나 모양으로 보아 현재의 '죽도'를 가리키는 것으로 보이는 경우도 없지 않다. 그러나 울릉도와 함께 그려진 우산도

가 '죽도'라면 울릉도 가까이에 있으므로 쉬 목격되는 '죽도'의 위치
를 잘못 나타낸다는 것도 이해하기 어렵다. 그러므로 한국 고지도
의 울릉도와 우산도는 위치에서의 정확성은 떨어진다 할지라도 '울
릉도와 독도'라는 두 섬을 그린 2도(島) 인식의 표현으로 보아야 할
것이다. 지도상의 표기와 위치를 문제 삼는다면 일본도 마찬가지로
이 점에서 자유로울 수 없다. 일본이 지도에 표기한 '다케시마'와
'마쓰시마'가 언제나 조선의 '울릉도'와 '독도'를 가리키는 것은 아니
기 때문이다. 위에서 일본이 거론한 《세종실록 지리지》(1454), 《신
증동국여지승람》(1531)에 나오는 '우산도'와 18세기 이후 지도에서
의 '우산도'를 동일하게 취급할 수 있는 것도 아니다. 이들 문헌에
'우산도'로 기술되었다 할지라도 문헌상의 '우산도'와 지도상의 '우
산도'는 다르며, 문헌일지라도 문헌에 기술된 문맥에 따라 각각 파
악되어야 한다.

　일본은 위 주장을 뒷받침하기 위해 본문보다 긴 내용을 '(주)'로
덧붙였다. 그것은 칙령 제정에 참고가 된 우용정의 《울도기》와 내
부 대신의 청의서를 포함한 내용이다. 그리고 일본은 1905년 이전
한국이 말하는 '석도'가 '독도'가 아님을 입증하기 위해 대한제국 관
리가 언급한 면적 등을 거론했다. 그런데 일본이 인용한 내용은 울
릉도에 관한 것이지 독도에 관한 것이 아니다.[22] 일본은 "이런 사실
로부터 석도가 다케시마가 아니라는 사실을 명확히 알 수 있다"고
했지만, 울릉도에 관한 기술에서 이런 논리를 도출하는 자체가 무
리이다. 울도군의 관할 구역에 '석도'를 포함한 것과 울릉도의 면적
을 언급한 것은 별개의 사안이기 때문이다. 일본이 '(주)'로써 '석도'
가 죽서(竹嶼)와 관음도일 가능성을 제기한 것은 더욱더 논리가 맞
지 않는다. 칙령에서 언급한 '죽도'가 일본이 말하는 '죽서'임은 명

---

22) 이에 대해서는 유미림, 《우리 사료 속의 독도와 울릉도》(지식산업사, 2013), 145-
　148쪽 참조.

백하기 때문이다. "울릉도 근방(수 킬로미터 이내)에는 죽서(竹嶼)와 관음도라는 비교적 큰 섬이 있으므로 이들을 의도했을 가능성도 있습니다"고 했는데, 그렇다면 이는 '석도'가 '죽서'와 '관음도'를 가리킨다는 의미인가? 칙령에 '죽도'를 명기했는데, '죽도'에 '관음도'를 포함시키고 다른 이름 '석도'를 거론하는 것은 논리적으로 성립하는가? "이들을 의도했을 가능성도 있습니다"고 했지만 그 말의 의미도 명확하지 않다. 일본은 이전에는 '석도'를 일러 '관음도'라고 주장하기도 했는데, 위와 같은 논리는 일본이 주장하려는 바가 무엇인지 더 애매할 뿐이다.

칙령의 제정 배경이나 울릉도 역사에 대한 지식이 없는 일본인이 위와 같이 분절적으로 기술된 내용만 볼 경우, 외무성 논리의 허점을 간파하기는 쉽지 않다. 그것이 오히려 일본 정부로 하여금 역사적 사실과 직접 관계없는 사료-한국 측에 취약한-를 끌어다가 자국의 논리 입증에 무리하게 이용하게 하고 있는 이유인가? 위에 인용된 사료와 그 역사적 맥락을 이해할 수 있는 일본인-한국인도 드물다-이 드물다는 사실에 기대어 객관적인 듯 포장하고 있는 것으로밖에 볼 수 없다.

이번에 개정된 〈10포인트〉(2014)에서 특기할 만한 것은 2차 대전 이후 대일 평화조약 체결 과정에서 미국이 일본과 인식을 같이 해온 사실을 기술하되 2008년도 판과 달리 이 부분에 밑줄을 그어[23] 강조하고 있다는 점이다. 그리고 특히 달라진 내용은 아홉 번째 포인트의 내용이다. 2008년도 판은 "한국은 다케시마를 불법점거하고 있으며, 일본은 엄중하게 항의를 하고 있습니다"라는 내용이었는데, 2014년도 판은 "한국은 국제법에 반하여 공해상에 이른바 '이승만라인'을 그어, 일방적으로 다케시마를 불법점거하고 있습니다"라는 내용으로 바뀌었다. 이렇게 바꾼 것은 한국의 불법성을 강조하

---

23) 이 글 뒤의 〈참고자료〉 참고.

려는 의도에서로 보인다. 전체적으로 볼 때 〈10포인트〉(2014)의 특징은 자국민을 대상으로 한 홍보자료라고 보기에는 사료가 지나치게 많고 전문적인 내용이 많다는 점을 들 수 있다. 이는 다분히 한국을 의식한 홍보이지 자국민을 대상으로 한 홍보라고 보기는 어렵다.[24]

한편 일본은 외무성 외에 내각관방과 수상관저 홈페이지에도 다케시마 관련 자료를 게재하거나 다른 사이트와 연동되도록 링크시켜 놓았는데, 외무성과는 다른 형태를 띠고 있다. 그 가운데 '실효지배' 부분만 보더라도, 내각관방 '영토 · 주권대책기획조정실'의 홈페이지[25]에는 '실효 지배'와 관련된 내용이 전혀 없다. 이에 견주어 수상관저 홈페이지[26]의 〈竹島問題에 대하여〉에서는 '다케시마 영유권에 관한 우리나라의 일관된 입장'을 밝히고 있는데, 외무성의 입장을 그대로 전재하지는 않았다. 수상관저 홈페이지에는 외무성이 기술한 '다케시마 영유권에 관한 우리나라의 일관된 입장'에서 세 번째로 밝힌, "일본은 다케시마 영유권을 둘러싼 문제에 대해 국제법에 따라 냉정하게, 그리고 평화적으로 분쟁을 해결할 생각입니다"라는 내용이 없다. 또한 '실효 지배' 부분은 외무성과 마찬가지로 본문이 아닌 '※' 형식으로 따로 언급하고 있다. 이는 국제법에 따른 분쟁 해결 방안의 주체가 정부(외무성)로 단일화되어 있음을 보여주기 위해서로 보인다.

---

24) 상대국을 의식한 홍보라는 측면에서는 한국도 크게 다르지 않다고 여겨지지만, 한국의 홍보자료는 일본에 비해 매우 간략하게 기술되어 있다.

25) www.cas.go.jp/jp/ryodo/ryodo/takeshima.html

26) www.kantei.go.jp/jp/headline/takeshima.html

## 6) '실효 지배' 의미의 축소와 일본의 전략, 그리고 시사점

2014년에 개정된 일본 외무성의 홍보 자료는 〈전단: 다케시마〉와 〈다케시마 팸플릿〉, 〈10포인트〉라는 세 가지 버전으로 제작되었다. 자료의 체재는 각각 다르지만 공통적인 것은 한국의 불법성을 강조하고 일본의 평화적 해결의지를 보여주는 데 중점을 두고 있다는 점이다.

〈전단〉보다 상세히 일본의 주장을 담은 〈다케시마 팸플릿〉은 강화조약 관련 영어권 문서와 어업 관련 사진, 고지도와 고문헌 등을 적절히 나누어 실었다. 1차 사료를 많이 게시했다는 점은 객관성을 띤 것처럼 보이는 데 유리하다. 또한 〈다케시마 팸플릿〉에서 〈Q&A〉를 추가하되 핵심적인 의문사항(세 가지)을 덧붙인 것은 외국인이 의문을 품을 만한 사안에 적절한 해답을 제공한다는 인상을 줄 수 있다. 일본의 홍보 전략이 이런 점을 고려하여 제작되었음을 알 수 있지만, 그럼에도 외국인용 홍보 자료(〈전단〉)에서는 이른바 '한국의 실효 지배'를 요구하던 내용이 삭제되었다. 앞으로 〈전단〉만 접하는 외국인은 1905년 이전 한국의 '실효 지배'와 관련된 내용이 무엇인지 전혀 알 수 없다. 이것이 이번 개정판의 가장 큰 특징이다.

외무성 홍보 자료에서 외국인이 가장 쉽게 접할 수 있는 것은 1차적으로는 〈전단〉이다. 〈전단〉은 간략한 내용을 기술하는 것인 만큼 일본이 가장 강조하고 싶은 핵심을 담게 마련이다. 전단의 주요 내용은 샌프란시스코 강화조약에 '독도'를 추가하여 명기해줄 것을 제의한 한국 측 요구를 연합국이 부정했다는 사실, 한국 이승만 정부가 국제법을 위반하고 일방적으로 선을 그어 일본 어선을 나포했다는 사실 및 그에 대한 비판이다. 게다가 일본은 국제사법재판소에서 이 문제를 평화적으로 해결하려 하지만 한국이 거부한다는 내용을 덧붙였다. 이들 내용으로만 본다면, 두 나라 사이의 역사를 모르는 외국인의 시각에서는 한국이 평화국가로서 자격이 있는지 의구심을 품게 할 우려가 있다. 〈다케시마 팸플릿〉의 'Q&A'에 관련된 내용이 언급되어 있지만, 칙령의 '석도'를 부인하는 데 초점이 있으므로 위에 기술된 내용을 올바로 이해하기는 어렵다.

그렇다면 일본은 왜 이번 개정판에서 대한제국의 '실효 지배'의 의미를 축소하는 방향으로 전략을 수정하고자 했을까? 일본은 그동안 한국에 1905년 이전 '실효 지배'의 증거를 제시하도록 강고하게 고집해왔었다. 일본이 한국에 '실효 지배'를 입증할 것을 강하게 요구한 이유는 1905년 일본의 편입 조치의 정당성을 주장하기 위해서였다. 일본은 한국이 일본의 편입에 앞서 5년 전에 칙령 제41호에서 '석도'를 명기('석도'를 '독도'로 가정하고)한 사실이 독도에 대한 주권 행사의 강력한 증거가 된다는 사실을 의식하고 '실효 지배'를 제기한 것이다. 그리하여 일본은 1차적으로는 칙령의 '석도'가 '독도'임을 인정하지 않을 뿐만 아니라 나아가 "석도가 독도라는 의문이 해소된다 해도 칙령 공포를 전후해 조선이 다케시마를 실효적으로 지배했던 사실이 없어 한국에 의한 다케시마 영유권은 확립되지 않았다고 생각합니다"[27]는 주장을 개진한 것이다. 이는 1900년에서 1905년 사이에 한국이 독도를 실효 지배한 사실을 입증하지 못하는 한, 일본의 무주지 선점이 정당함을 주장하는 근거로 삼기 위한 것이었다.

그런데 개정판 홈페이지에서는 '실효 지배' 부분을 주(注)로 처리했고, 〈전단〉에서는 아예 삭제하고 싶지 않았다. 이는 일본이 이 부분을 강조하지 않기로 전략을 바꾸었음을 의미한다. 그렇다면 일

---

27) 이 내용이 2014년 〈10포인트〉 〈Q4&A〉에서는 다음과 같이 바뀌었다. "…또한 가령 칙령의 석도가 다케시마를 지칭한다고 해도, 칙령의 공포 전후에 대한제국이 다케시마를 실효적으로 지배한 사실을 나타내는 증거가 제시되지 않고 있어, 한국에 의해 영유권이 확립되었다고는 인정되지 않습니다."

본이 홍보 전략을 바꿀 만한 계기 즉 한국 외교부의 주장이 바뀐 부분이 있었는가? 필자가 아는 한, 2008년과 2014년 사이에 한국 외교부의 논조가 크게 바뀐 것은 없다. 한국 외교부는 "독도는 역사적·지리적·국제법적으로 명백한 대한민국의 고유 영토"이므로 "우리의 고유 영토인 독도에 대해 분쟁은 존재하지 않으며, 어느 국가와의 외교교섭이나 사법적 해결의 대상이 될 수 없다는 확고한 입장을 그대로 고수하고 있다." 그러므로 2008년도에 "정부는 독도에 대한 대한민국의 영유권을 부정하는 어떤 주장에 대해서도 단호하고 엄중히 대응하면서 국제사회에서 납득할 수 있는 냉철하고 효과적인 대응방안을 통한 '차분하고 단호한 외교'를 전개해나갈 것"[28]임을 표방해왔던 논조는 최근까지도 크게 바뀌지 않았다.

그런데 한국의 논조와 관계없이 일본이 한국의 '실효 지배'를 더 이상 언급하지 않기로 했다면 그것이 의미하는 바는 무엇인가? 외무성 홈페이지 메인 화면에서 주(注)로 처리하거나 〈10포인트〉의 본문에서 언급하고 있어 완전히 삭제된 것은 아니라 할지라도 〈전단〉과 〈다케시마 팸플릿〉의 첫 페이지에서는 이 부분이 아예 보이지 않는다. 그동안 한국의 '실효 지배' 입증을 강고하게 요구해온 일본 입장에서는 이 내용이 자국 영유권 주장에 불가결한 것이라면, 개정된 〈전단:다케시마〉과 〈다케시마 팸플릿〉에서도 주장해야 한다. 그런데 그렇지 않다면 그 이유를 일본이 한국의 '실효 지배'를 더 이상 전면에 내세우지 않는 것이 자국에 유리하다고 판단했기 때문으로 볼 수 있지 않을까 한다. 이는 거꾸로 일본이 1905년 이전 대한제국의 '실효 지배'를 인정하게 되었기 때문이거나, 아니면 그럴 가능성을 염두에 두고 있음을 의미한다.

---

28) 이 부분에 대한 개정판의 논조는 다음과 같다. "우리 정부는 독도에 대해 확고한 영토 주권을 행사하고 있습니다. 우리 정부는 독도에 대한 어떠한 도발에도 단호하고 엄중하게 대응하고 있으며 앞으로도 지속적으로 독도에 대한 우리의 주권을 수호해 나가겠습니다."

그렇다면 2008년에서 2014년 사이 한국 외교부가 1905년 이전의 '실효 지배' 사실을 주장했는가 하면 그렇지 않다. 다만 학계에서 〈울도군 절목〉(1902)을 '실효 지배'의 입증 사료로 제시하고 관련 내용을 발표한 적이 있다. 〈울도군 절목〉은 1902년에 대한제국이 울도 군수에게 내려보낸 일종의 시행세칙이므로 그 자체가 칙령 이후 대한제국의 지속적인 울도군 관리를 보여준다. 특히 그 안의 '과세' 조항은 1905년경 독도 강치의 어획고에도 적용된다. 따라서 당시 군수가 절목의 규정에 의거하여 독도 산물에 과세했다면, 이는 독도 관할의 유력한 증거가 된다.[29] 일본 외무성의 논조가 바뀐 배경에 이 사료가 영향을 미쳤다고 볼 수 있을까? 일본 정부가 이 사료를 공개적으로 언급한 적은 없다. 그러나 시마네현의 다케시마문제연구회는 절목을 법령[30]으로 간주한 바 있다. 다만 "울릉도에서 가공한 산품(다케시마 강치)에 대한 과세이므로 '다케시마'에 대한 주권행위로 인정하기 어렵다"[31]는 주장을 펴고 있다. 그러나 당시 울릉도의 일본인들이 독도를 울릉도의 부속도서로 인정하지 않았다면 독도 강치에 대한 납세를 거부했어야 한다. 그런데 그들은 그렇게 하지 않았다. 더구나 일본 외무성은 울릉도 일본인의 납세를 '수출세'라고 주장하도록 자국민에게 사주하기까지 했다.

이런 정황이 밝혀진 이상 일본이 한국의 '실효 지배'를 계속 운운한다면 자가당착에 빠지게 된다. 일본 외무성의 논조가 변화하게 된 데는 다케시마문제연구회가 일익을 담당했을 것으로 보인다. 과거 다케시마문제연구회의 연구 성과가 외무성의 〈10포인트〉(2008) 작성에 반영되었던 사실로 미루어 보아 개정판에도 그럴 가능성은 충분하다. 일본에서 다케시마 영유권 관련 싱크탱크로는 이 단체가

---

29) 이에 대해서는 이 책의 2장 참조.
30) 《다케시마문제 100문100답》 85번 문항 참조.
31) 《다케시마문제 100문100답》.

가장 중심적인 구실을 하고 있다. 2014년 2월에 다케시마문제연구회는 《다케시마문제 100문100답》을 발간했고, 일본 외무성이 홈페이지를 개편한 시기는 3월이다. 외무성이 다케시마문제연구회의 연구 성과를 이용하여 논조를 바꾸었음은 그동안의 외무성의 논리적 추이를 주시해보면 드러난다. 일본은 현재 일본어판 〈10포인트〉에서 '실효 지배'를 언급하는 정도지만, 이것은 이전의 주장[32]을 반복하는 데 지나지 않는다. 그 내용은 한국에 '실효 지배' 입증을 요구하던 과거의 주장일 뿐 한국에서 새로 발표된 '실효 지배'를 비판하는 내용이 아니다. 일본이 한국의 '실효 지배' 사실이 없다고 간주하고 그 입증을 요구할 때의 논리와 한국에서의 '실효 지배'를 의식하고 이를 비판할 때의 논리는 달라질 것이다.

최근 일본에서는 1905년 편입의 정당성 연구에서 샌프란시스코 강화조약과 관련된 전후 처리과정 연구로 그 중점이 옮겨가고 있다. 학계와는 달리 일본 정부는 국제사회에서 평화국가 일본으로서의 이미지를 구축하는 데 힘쓰고 있다. 한편 〈10포인트〉(2014)에서는 한국의 '실효 지배' 입증 사실을 감추려 하고 있다. 일본이 어떤 홍보 자료에서는 '실효 지배' 부분을 삭제하고, 어떤 자료에서는 주(注)로 처리했으며, 또 어떤 자료에서는 '실효 지배'를 운운하고 있어 홍보자료에 따라 구성이 교묘하게 다르다. 이는 일본이 홍보 대상에 따라 내용을 다르게 하려는 전략인 듯 보이지만, 한편으로는 그 자체가 한국의 '실효 지배' 사실을 감추고 싶은 속내를 드러내고 있다. 그런 속내가 아니라면, 외국인을 위한 간결한 홍보자료에서는 과거에 강조한 것처럼 똑같이 '실효 지배'를 강조해야 하는데 이번에는 언급조차 하지 않고 있기 때문이다.

이로써 볼 때 일본은 자국에 유리한 사료만 소개하고 불리한 사

---

32) "칙령의 공포를 전후해 한국이 다케시마를 실효적으로 지배했던 사실이 없으므로 한국에 의한 다케시마 영유권이 확립되었다고 할 수는 없습니다."

료는 은폐한 채 자국의 영토임을 홍보하고 있는 셈이다. 국가 차원의 홍보는 사료 게재와 설명이 공정하고 객관적이어야 한다. 이는 한국도 마찬가지다. 이를테면, SCAPIN-677이 연합국이 독도를 한국령으로 인식했음을 보여주는 문서임은 분명하지만 영토에 관한 최종 결정을 내려준 문서는 아니다. SCAPIN-677 안에 그와 관련된 단서 조항을 명기하고 있기 때문이다. 그러므로 한국으로서는 이런 맥락을 설명해주거나 아니면 게재하지 않는 것이 오히려 일본의 공격(〈다케시마 팸플릿〉의 A3, 〈10포인트〉〈2014〉의 Q6)을 차단하는 방법의 하나일 것이다.

홍보 전략을 떠나 양국이 "독도(다케시마)가 자국령"이라고 주장할 수 있는 근거는 사료적인 측면에서 보더라도 일본이 불리하다. 이는 자명하다. 일본 스스로 '자국령'이 아니라고 천명한 관찬 문서[33]가 있기 때문이다. 아직도 일본 정부는 1877년 태정관 지령을 공식적으로 언급하지 않고 있다. 학자는 지령의 존재를 인정하고 있지만 그 경우에도 "일본이 '독도'를 "자국령이 아니라고 한 것은 맞지만 한국령임을 인정한 것은 아니"[34]라는 궤변을 펴고 있다. 이는 지령을 내기 위해 내무성이 참고한 문서가 대(對)조선 관계에서 파생한, '울릉도 쟁계' 관련 문서였음을 이해하지 못했을 때라야 주장할 수 있는 논리다. 더구나 일본이 독도가 자국령이 아니라고 부인한 사료들은 1905년 편입 이전의 것이다. 그런데도 일본이 1905년에 독도를 자국령으로 편입했다면, 그 편입은 부당한 것임이 분명하다. 그러나 일본은 여전히 1905년 '편입'의 정당성을 주장하고 있으며, 편입 이후의 조치를 증거로 제시하고 있다. 이는 시기적으로 맞지 않는다.

---

33) 1696년 에도 막부의 도해금지령과 1877년 태정관 지령이 대표적이다.

34) 일본의 일부 학자는 지령의 "다케시마 외 일도가 본방과 관계없음을 명심할 것"에서의 '일도'가 독도임을 부인하고 있으며, 소수만이 '일도'가 독도임을 인정하고 있다.

지금까지 일본에 불리한 사료를 발굴해준 사람은 일본인이었다. 독도는 한국 땅이므로 사료를 발굴할수록 그 사료—일본 사료라 할지라도—는 한국 측에 유리한 사료일 가능성이 크다. 그러나 우리에게 유리한 사료가 계속 발굴된다 할지라도 일본은 그때마다 논리를 교묘하게 바꿀 것이다. 일본 사회에서 독도가 한국 땅임을 인정하는 양심적인 시민세력이 증가하여 일본 정부에 목소리를 내고 영향을 미칠 수 있는 날이 오기를 바라마지 않지만, 영토 문제는 시민사회의 영역을 뛰어넘는 문제이기도 하다. 또한 영토 문제는 사료와 논리만으로 해결되기 어려운, 정치적 사안이기도 하다. 게다가 현재의 이 정치적 사안에는 전후의 국제정치적 상황과 마찬가지로 한·일 당사국 외에 미국의 대(對)아시아 정책이라는 것이 중대 변수로 끼어들어 있다. 결국 지금으로서는 국력이 더 강대해질 때까지 논리 보강에 힘써야 하고, 일본과 마찬가지로 교육[35]에 힘쓸 수밖에 없다. 일본 외무성의 논조 변화가 우리에게 주는 시사점이다.

---

35) 일본이 최근 '다케시마'를 일본 땅으로 기술한 교과서를 늘리고 있는 현상은 먼 미래를 염두에 둔 것으로 볼 수 있다. 국가의 교육정책이 일관되지 못한 상태에서는 일관성 있는 독도 교육도 기대하기 어렵다는 점에서 한국의 독도 교육 문제도 생각해볼 일이다.

〈참고자료〉 일본 외무성의 〈10포인트〉 비교[36]

| | | 추가<br>부분 | 竹島 영유권에 관한 일본 입장과 한국의 불법점거의 개요[37] (일본어판, 2014)<br>-일본은 법과 대화에 따른 평화적인 해결을 희망하고 있습니다- |
|---|---|---|---|
| 제목 | 다케시마 문제를 이해하기 위한 10가지 포인트(한국어판, 2008) | | 다케시마 문제에 관한 10개의 포인트(일본어판 번역, 2014) |
| | | 1 | 일본은 17세기 중반에 다케시마 영유권을 확립 |
| | | 1-1 | 일본이 예로부터 다케시마의 존재를 옛날부터 인지하고 있었음은 각종 지도와 문헌으로 명백합니다. 17세기 초에는 일본인이 정부(에도막부) 공인 하에 울릉도에 도해할 때 항행의 목표로서… |
| | | 2 | 일본은 1905년 각의결정으로 竹島를 영유할 의사를 재확인 |
| | | 2-1 | … |
| | | 3 | 샌프란시스코 평화조약으로 竹島가 일본 영토임이 확인되었다. |
| | | 3-1 | … |
| | | 4 | 샌프란시스코 평화조약 발효 직전에 한국은 국제법에 반해 竹島를 불법점거함. |
| | | 4-1 | … |
| | | 5 | 일본은 과거 3회, 국제사법재판소에 의한 해결을 한국 측에 제안했지만 거부되었다. |
| | | 5-1 | … |
| | | | |
| 1 | 일본은 옛날부터 다케시마의 존재를 인식하고 있었습니다. | 1 | 일본은 옛날부터 다케시마의 존재를 인식하고 있었습니다. |
| | | | |
| | | 1-1 | 일본이 옛날부터 竹島를 인식하고 있었음은 각종 지도와 문헌으로 확인할 수 있다. |

---

36) '10개의 포인트' 본문을 전부 게재하긴 했지만, 고지도와 문헌, 대화체 등을 전부 게재한 것은 아니다. 논조 변화를 보는 데 참고가 되는 한에서 실었다. 본문의 밑줄은 원문대로이다.

37) 이 부분을 크게 다섯 가지로 분류하여 개요로서 싣고 있다. 이는 2008년도 판과는 달라진 구성이다. 5개 부분에 대한 개요의 본문은 생략했다. 모두 2쪽 분량이다.

| 1-1 | | | |
|---|---|---|---|
| | 오늘날의 다케시마는 일본에서 일찍이 마쓰시마로, 반대로 울릉도가 다케시마나 이소다케시마로 불렸습니다. 다케시마와 울릉도의 명칭에 대해서는 유럽의 탐험가 등에 의한 울릉도 측위의 잘못으로 일시적인 혼란이 있었으나, 일본이 다케시마와 마쓰시마의 존재를 옛날부터 인지하고 있었던 것은 각종 지도와 문헌으로도 확인할 수 있습니다. 예를 들어, 경위선을 투영한 간행 일본지도로서 가장 대표적인 나가쿠보 세키스이의 '개정일본여지노정전도'(1779년 초판) 외에도, 울릉도와 다케시마를 한반도와 오키 제도 사이에 정확하게 기재하고 있는 지도는 다수 존재합니다.<br>〈지도〉 개정일본여지노정전도(1846) | 1-1-1 | 오늘날의 다케시마는 일본에서 일찍이 '마쓰시마'로, 반대로 울릉도가 '다케시마'나 '이소타케시마'로 불렸습니다(그림-1). 다케시마와 울릉도의 명칭에 대해서는 유럽의 탐험가 등의 울릉도 측위의 잘못으로 일시적인 혼란이 있었으나, 일본이 '다케시마'와 '마쓰시마'의 존재를 옛날부터 인지하고 있었음은 각종 지도와 문헌으로도 확인할 수 있습니다. 예를 들어, 경위선을 투영한 간행 일본지도로서 가장 대표적인 나가쿠보 세키스이의 〈개정일본여지노정전도〉(1779년 초판) 외에도, 울릉도와 다케시마를 한반도와 오키 제도 사이에 정확하게 기재하고 있는 지도는 다수 존재합니다.<br>〈지도〉〈개정일본여지노정전도〉(1846)<br>〈지도〉 竹嶋之圖(1724년경) |
| | | 1-2 | 유럽 탐험가의 측량 잘못으로 인해 일시적으로 울릉도 명칭에 혼란이 생기다. |
| | | 1-2-1 | 1787년 프랑스 항해가 라 페루즈가 울릉도에 이르러 이 섬을 '다줄레(Dagelet) 섬'이라고 명명했습니다. 이어 1789년에는 영국 탐험가 콜넷이 울릉도를 '발견'했지만 후에는 이 섬을 '아르고노트(Argonaut) 섬'이라고 이름 붙였습니다.<br>그러나 라 페루즈와 콜넷이 측정한 울릉도의 경위도에는 오차가 있었으므로 그후 유럽에서 작성된 지도에는 울릉도가 마치 별개의 두 섬인 것처럼 기재되었습니다(그림 2)<br>나가사키 출신의 의사 시볼트는 유럽에서 '일본도'(1840)를 간행했습니다. 그는 오키도와 조선반도 사이에는 서쪽에서부터 '竹島'(울릉도의 에도시대의 호칭), '松島'(현재의 竹島의 에도시대의 호칭)라는 두 개의 섬이 있음을 일본의 제 문헌과 지도를 통해 알고 있었습니다. 한편 유럽의 지도에는 서쪽에서부터 '아르고노트 섬' '다줄레 섬'이라는 두 개의 명칭이 나란히 있다는 것도 알고 있었습니다. 이 때문에 그의 지도에는 '아르고노트 섬'이 '다카시마', '다줄레 섬'이 '마쓰시마'로 기재되었습니다(그림 2). 이로써 지금까지 일관되게 '다케시마' 또는 '이소타케시마'로 불려왔던 울릉도가 '마쓰시마'라고도 호칭되는 혼란을 초래하게 되었습니다. |
| | | | |
| | | 1-3 | 1905년에 현재의 竹島를 정식으로 '竹島'라고 명명하다 |

| | | | |
|---|---|---|---|
| | | 1-3-1 | 이처럼 우리 국내에서는 예로부터 전해지던 '다케시마' '마쓰시마'에 관한 지식과 그 후에 구미에서 전해진 도명(島名)이 혼재해 있었지만, 그런 가운데 '마쓰시마'를 망견했다는 일본인이 이 섬의 개척을 정부에 청원했습니다. 정부는 도명의 관계를 분명히 하기 위해 1880년에 현지조사를 실행, 청원에서 '마쓰시마'라고 칭한 섬이 울릉도임을 확인했습니다.<br>이상의 경위에 기초하여, 울릉도를 '마쓰시마'로 칭하고 있었으므로 현재의 다케시마 명칭을 어떻게 할까가 문제가 되었습니다. 그 때문에 정부는 시마네현의 의견도 청취하면서 1905년 지금까지의 명칭을 바꾸는 형태로 현재의 다케시마를 정식으로 '다케시마'로 명명했습니다. |
| | | | |
| 2 | 한국이 옛날부터 다케시마를 인식하고 있었다는 근거는 없습니다. | 2 | 한국이 옛날부터 다케시마를 인식하고 있었다는 근거는 없습니다. |
| | | 2-1 | 한국은 한국 측 고문헌, 고지도에 쓰인 우산도가 현재의 다케시마라고 주장 |
| 2-1 | 한국이 옛날부터 다케시마를 인식하고 있었다는 근거는 없습니다. 예를 들어 한국 측은 고문헌 '삼국사기'(1145), '세종실록지리지'(1454), '신증동국여지승람'(1531), '동국문헌비고'(1770), '만기요람'(1808), '증보문헌비고'(1908) 등의 기술을 근거로 '울릉도'와 '우산도'라는 2개의 섬을 예로부터 인지하고 있었으며, 그 '우산도'가 바로 오늘날의 다케시마라고 주장하고 있습니다. | 2-1-1 | 이를 테면, 한국 측은 조선의 고문헌《삼국사기》(1145), 《세종실록 지리지》(1454), 《신증동국여지승람》(1531), 《동국문헌비고》(1770), 《만기요람》(1808), 《증보문헌비고》(1908) 등의 기술을 근거로 '울릉도'와 '우산도'라는 2개의 섬을 예로부터 인지하고 있었으며, 그 '우산도'가 바로 오늘날의 다케시마라고 주장하고 있습니다. |
| | | 2-2 | '우산도'에는 대나무가 자라고 있고 다수의 사람이 살고 있다고 기술되어 있다. |
| 2-2 | 그러나 '삼국사기'에는 우산국이었던 울릉도가 512년에 신라에 귀속했다는 기술은 있습니다만, '우산도'에 관한 기술은 없습니다. 또한 조선의 다른 고문헌 중에 나오는 '우산도'의 기술을 보면, 그 섬에는 다수의 사람들이 살고 큰 대나무를 생산한다는 등 다케시마의 실상과 맞지 않는 바가 있으며, 오히려 울릉도를 상기시키는 내용으로 되어 있습니다. | 2-2-1 | 그러나 《삼국사기》에는 우산국이었던 울릉도가 512년에 신라에 귀속했다는 기술은 있습니다만, '우산도'에 관한 기술은 없습니다. 또한 조선의 다른 고문헌 중에 있는 '우산도'의 기술을 보면, 그 섬에는 다수의 사람들이 살고 있고 큰 대나무가 난다는 등 다케시마의 실상과는 맞지 않는 바가 있으며, 오히려 울릉도를 상기시키는 내용으로 되어 있습니다.<br>〈지도〉〈신증동국여지승람 팔도총도〉(사본) |
| | | 2-3 | 안용복이라는 인물의 신빙성 낮은 공술을 기초로 한 문헌 |

| | | | |
|---|---|---|---|
| 2-3 | 또한 한국 측은 '동국문헌비고' '증보문헌비고' '만기요람'에 인용된 '여지지'(1656)를 근거로 '우산도는 일본이 말하는 마쓰시마(현재의 다케시마)'라고 주장하고 있습니다. 이에 대해 '여지지'의 원래 기술은 우산도와 울릉도는 동일한 섬이라고 하고 있으며 '동국문헌비고' 등의 기술은 '여지지'에서 직접 정확하게 인용된 것이 아니라고 비판하는 연구도 있습니다. 이 연구에서는 '동국문헌비고' 등의 기술은 안용복의 신빙성이 낮은 진술(5.참조)을 아무런 비판없이 인용한 다른 문헌('강계고'(彊界考) ('강계지'(彊界誌), 1756년)을 원본으로 삼고 있다고 지적하고 있습니다. | 2-3-1 | 또한 한국 측은 《동국문헌비고》《증보문헌비고》《만기요람》의 《여지지》(1656년)를 인용하여, "우산도는 일본이 말하는 마쓰시마"라고 기술되어 있으므로 우산도는 독도(다케시마의 한국명)임이 명백하다고 주장하고 있습니다. 이에 대해 《여지지》의 원래 기술은 우산도와 울릉도를 동일한 섬이라고 하고 있으며, 《동국문헌비고》 등의 기술은 '여지지'에서 직접 정확하게 인용된 것이 아니라고 비판하는 연구도 있습니다. 이 연구는 《동국문헌비고》 등의 기술은 안용복이라는 인물의 신빙성이 낮은 공술을 무비판적으로 인용한 다른 문헌(《강계고》), 1756년)을 원본으로 하고 있다고 지적하고 있습니다(→포인트5, Q&A3 참조). |
| | | 2-3 | 지도상의 위치나 크기가 이상한 '우산도'는 존재하지 않는 섬 |
| 2-4 | 한편 '신증동국여지승람'에 첨부된 지도에는 울릉도와 '우산도'가 별개의 2섬으로 기술되어 있습니다. 만약 한국 측의 주장처럼 '우산도'가 다케시마를 가리키는 것이라면, 이 섬은 울릉도 동쪽에, 울릉도보다 훨씬 작은 섬으로 그려질 것입니다. 그러나 이 지도의 '우산도'는 울릉도와 거의 같은 크기로 그려졌으며 한반도와 울릉도 사이(울릉도의 서쪽)에 위치하는 등 전혀 실재하지 않는 섬이라는 것을 알 수 있습니다. 〈지도〉〈신증동국여지승람 팔도총도〉(사본) | 2-3-1 | 한편 《신증동국여지승람》에 첨부된 지도에는 울릉도와 '우산도'가 별개의 두 개의 섬으로 그려져 있습니다. 만약 한국 측의 주장처럼 '우산도'가 다케시마를 가리키는 것이라면, 이 섬은 울릉도 동쪽에, 울릉도보다 훨씬 작은 섬으로 그려져야 합니다. 그러나 이 지도의 '우산도'는 울릉도와 거의 같은 크기로 그려져 있으며, 더구나 조선반도와 울릉도 사이(울릉도의 서쪽)에 위치하고 있는 등, 전혀 실재하지 않는 섬이라는 것을 알 수 있습니다(→Q&A 2 참조). |
| 3 | 일본은 울릉도로 건너갈 때의 정박장으로 또한 어채지로 다케시마를 이용하여, 늦어도 17세기 중엽에는 다케시마의 영유권을 확립했습니다. | 3 | 일본은 17세기 중엽에는 다케시마의 영유권을 확립했습니다. |
| | | 3-1 | 에도시대 초기부터 막부 공인 아래, 어민들이 이용하고 있던 다케시마 |

| | | | |
|---|---|---|---|
| 3-1 | 1618년(*주) 돗토리번 호우키노쿠니 요나고의 주민인 오야 진키치, 무라카와 이치베는 돗토리번주를 통해 막부로부터 울릉도(당시의 '다케시마') 도해(渡海) 면허를 받았습니다. 그 이후 양가는 교대로 매년 한번 울릉도에 도항해 전복 채취, 강치 포획, 대나무 등의 삼림 벌채에 종사했습니다. (*주: 1625년이라는 설도 있습니다.) 〈사료〉 도해면허 | | 1618년*, 돗토리번 호키국 요나고의 조닌(町人) 오야 진키치, 무라카와 이치베는 돗토리번주를 통해 막부로부터 울릉도(당시의 일본명은 '다케시마')도해(渡海) 면허를 받았습니다. 그 후 양가는 교대로 매년 한번 울릉도에 도항하여 전복 채취, 강치 포획, 수목 등의 벌채에 종사했습니다. |
| 3-2 | 양가는 장군가의 접시꽃 문양을 새긴 선인(船印)에 종사하고, 채취한 전복은 장군가에 헌상하는 것을 일상화 하는 등 이른바 이 섬의 독점적 경영을 막부 공인하에 행했습니다. | | 양가는 장군가의 접시꽃 문양을 새긴 선인(船印)을 내세워 울릉도에서 어업에 종사하고, 채취한 전복은 장군가에 헌상하는 것을 일상화 하는 등 이른바 이 섬의 독점적 경영을 막부 공인하에 행했습니다. |
| 3-3 | 그 동안 오키에서 울릉도로 가는 길목에 해당하는 다케시마는 항행의 목표나 도중의 정박장으로서, 또 강치나 전복 포획의 좋은 어장으로서 자연스럽게 이용되기에 이르렀습니다. | | 그 동안 오키에서 울릉도로 가는 길목에 있던 다케시마는 항행의 목표나 도중의 정박지로서, 또한 강치나 전복포획의 좋은 어장으로서 자연스레 이용되기에 이르렀습니다. |
| 3-4 | 이와 같이 일본은 늦어도 에도시대 초기인 17세기 중엽에는 다케시마의 영유권을 확립했었다고 생각됩니다. | | 이렇게 해서 우리나라는 늦어도 에도시대 초기인 17세기 중엽에는 다케시마의 영유권을 확립했습니다. |
| 3-5 | 가령 당시 막부가 울릉도나 다케시마를 외국영토로 인식하고 있었다면, 쇄국령을 발해 일본인의 해외 도항을 금지한 1635년에는 이들 섬에 대한 도항을 금지했을 것이지만, 그런 조치는 취해지지 않았습니다. | | 가령 당시 막부가 울릉도나 다케시마를 외국영토로 인식하고 있었다면, 쇄국령을 내어 일본인의 해외 도항을 금지한 1635년에는 이들 섬에 대한 도항을 금지했어야 하지만, 그런 조치는 취해지지 않았습니다. *1625년이라는 설도 있습니다. 〈사료〉竹島渡海由來記拔書(도해면허) 사본 |
| 4 | **일본은 17세기 말 울릉도 도항을 금지했습니다만, 다케시마 도항은 금지하지 않았습니다.** | 4 | **일본은 17세기 말 울릉도 도항을 금지했습니다만, 다케시마 도항은 금지하지 않았습니다.** |
| | | 4-1 | **울릉도의 귀속을 둘러싸고 막부와 조선왕조 사이에 의견이 대립** |
| 4-1 | 막부로부터 울릉도 도항을 공인받은 요나고의 오야, 무라카와 양가는, 약 70년에 걸쳐 아무런 방해없이 독점적으로 사업을 행했습니다. | | 막부로부터 울릉도 도항을 공인받은 요나고의 오야, 무라카와 양가는, 약 70년에 걸쳐 아무런 방해없이 독점적으로 사업을 행했습니다. |
| 4-2 | 1692년 을릉도에 향한 무라카와가는 다수의 조선인들이 울릉도에서 어류채취에 종사하고 있는 광경에 조우했습니다. 또 이듬해에는 오야가가 마찬가지로 다수의 조선인과 조우하며, 안용복, 박어둔의 2명을 일본에 데리고 돌아갔습니다. 이때 조선왕조는 국민들의 울릉도 도항을 금했습니다. | 4-1-1 | 1692년 울릉도로 향한 무라카와가는 다수의 조선인들이 울릉도에서 어류채취에 종사하고 있는 광경을 만났습니다. 또 이듬해에는 오야가도 마찬가지로 다수의 조선인과 만났기에 안용복, 박어둔 2명을 일본으로 데리고 돌아왔습니다. 당시 조선왕조는 국민들의 울릉도 도항을 금지하고 있었습니다. |
| 4-3 | 상황을 알게 된 막부의 명을 받은 쓰시마번(에도시대에 대 조선외교·무역의 창구역할을 했음)은 안용복과 박어둔의 두 사람을 조선에 송환함과 동시에, 조선에 대해 어민들의 울릉도 도항 금지를 요구하는 교섭을 시작했습니다. 그러나 이 교섭은 울릉도의 귀속을 둘러싸고 의견이 대립해 합의를 보지 못했습니다. | | 상황을 알게 된 막부의 명을 받은 쓰시마번(에도시대에 대 조선외교·무역의 창구역할을 했음)은 안용복과 박어둔 두 사람을 조선에 송환함과 동시에, 어민들의 울릉도 도항 금지를 요구하는 교섭을 조선과 시작했습니다. 그러나 이 교섭은 울릉도의 귀속을 둘러싸고 의견이 대립해 합의를 보지 못했습니다. |

| | | 4-2 | 조선과의 우호를 고려하여 울릉도 도해를 금지했지만, 다케시마도해는 금지하지 않음. |
|---|---|---|---|
| 4-4 | 쓰시마번으로부터 교섭 결렬의 보고를 받은 막부는 1696년 1월, 조선과의 우호 관계를 존중하여, 일본인의 울릉도 도항 금지를 결정하고, 이를 조선 측에 전하도록 쓰시마번에 명했습니다.<br>울릉도의 귀속을 둘러싼 이 교섭 경위는 일반적으로 "다케시마 잇켄(竹島一件)"이라고 불리고 있습니다. | 4-2-1 | 쓰시마번에게서 교섭 결렬의 보고를 받은 막부는 1696년 1월, "울릉도에 우리나라 사람이 정주하고 있는 것도 아니고, 이 섬까지의 거리는 조선에서는 가깝고 호키에서는 멀다. 쓸모없는 작은 섬을 둘러싸고 이웃나라와의 우호를 잃는 것은 득책이 아니다. 울릉도를 일본령으로 한 것은 아니니 도해만 금지하면 된다"고 하며 조선과의 우호관계를 존중하여, 일본인의 울릉도 도해를 금지하기로 결정하여 돗토리번에 지시함과 동시에 조선 측에 전하도록 쓰시마번에 명했습니다.<br><br>이 울릉도의 귀속을 둘러싼 교섭 경위는 일반적으로 "다케시마 일건"이라고 합니다. |
| 4-5 | 한편, 다케시마 도항은 금지되지 않았습니다. 이것으로도 당시부터 일본이 다케시마를 자국 영토라고 생각했음은 분명합니다.<br><br>〈사료〉 울릉도 도항을 금한 문서 | | 한편, 다케시마 도해는 금지되지 않았습니다. 이것으로도 당시부터 우리나라가 다케시마를 자국 영토라고 생각했음은 분명합니다.<br><br>〈사료〉 울릉도 도해금지 노중 봉서(〈竹嶋之書附〉 수록) (사본) |
| 5 | 한국이 자국 주장의 근거로 인용하는 안용복의 진술 내용에는 많은 의문점이 있습니다. | 5 | 한국 측은 안용복이라는 인물의, 사실에 반하는 공술을 영유권 근거의 하나로 인용하고 있습니다. |
| | | 5-1 | 한국이 근거로 하는 안용복의 공술과 그 의문점 |

| | | | |
|---|---|---|---|
| 5-1 | 막부가 울릉도 도항 금지를 결정한 후, 안용복은 다시 일본으로 건너왔습니다. 그 후, 다시 조선에 송환된 안용복은 울릉도 도항 금지를 어긴 자로서 조선 관리의 취조를 받는데, 이 때의 안용복의 진술이 현재 한국의 다케시마 영유권 주장의 한 근거로 인용되고 있습니다. | | 막부가 울릉도 도항 금지를 결정한 후, 안용복은 다시 일본으로 건너왔습니다. 그후, **추방되어** 조선으로 송환된 안용복은 울릉도 도해 금지를 어긴 자로서 조선 관리의 취조를 받았는데, 이때의 안용복 진술이 현재 한국의 다케시마 영유권 주장의 근거의 하나로 인용되고 있습니다. |
| 5-2 | 한국 측 문헌에 따르면, 안용복은 일본에 왔을 때 울릉도 및 다케시마를 조선령으로 한다는 서계(書契) 즉 문서를 에도막부로부터 받았으나, 쓰시마의 번주가 그 문서를 빼앗았다고 진술한 것으로 되어 있습니다.<br><br>그러나 일본 측 문헌에 의하면, 안용복이 1693년과 1696년에 일본에 왔다 등의 기록은 있으나, 한국 측이 주장하는 것과 같은 서계를 안용복에게 주었다는 기록은 없습니다. | | 한국 측 문헌에 따르면, 안용복은 1693년 일본에 왔을 때, 울릉도와 다케시마를 조선령으로 한다는 서계(書契)를 에도막부로부터 받았으나, 쓰시마 번주가 그 서계를 빼앗았다고 진술한 것으로 되어 있습니다.<br><br>그러나 안용복이 1693년에 일본에 연행되었다가 **송환된 것을 계기로 일본과 조선은 울릉도 출어를 둘러싼 교섭을 시작했으므로 1693년 도일 당시 막부가 울릉도와 다케시마를 조선령으로 한다는 뜻의 서계를 주었을 리는 없고, 실제로 그런 사실은 없습니다.** |
| 5-3 | 더우기 한국 측 문헌에 의하면, 안용복은 1696년 일본에 왔을 때 울릉도에 다수 일본이 있었다고 말한 것으로 되어 있습니다. 그러나, 안용복이 일본에 온 것은 막부가 울릉도 도항 금지를 결정한 후의 일로서, 당시 오야, 무라카와 양가는 모두 이 섬에 도항하지 않았습니다. | | 더우기 한국 측 문헌에 따르면, 안용복은 1696년 일본에 왔을 때 울릉도에 다수 일본이 있었다고 말한 것으로 되어 있습니다. 그러나 그의 도일은 막부가 울릉도 도해 금지를 결정한 후의 일로서, 당시 오야·무라카와 양가 모두 이 섬에 도해하지 않았습니다. |
| 5-4 | 안용복에 관한 한국 측 문헌의 기술은 안용복이 국금을 어기고 국외에 도항하여, 그 귀국 후 취조를 받았을 때의 진술에 의거한 것입니다. 그의 진술은 상기 내용뿐만 아니라, 사실에 맞지 않는 바가 많으나 그런 것들이 한국 측에 의해 다케시마 영유권의 한 근거로 인용되어 왔습니다. | | 안용복에 관한 한국 측 문헌의 기술은 안용복이 1696년에 국금(國禁)을 어기고 국외에 도항하여 귀국한 후 취조 받았을 때의 진술에 따른 것입니다. 그의 공술에는 위의 내용뿐만 아니라, 사실에 맞지 않는 바가 많이 보입니다. 한국 측은 이렇듯 사실에 반하는 공술을 다케시마 영유권의 한 근거로 인용하고 있습니다(→Q&A3 참조). |
| 6 | **일본정부는 1905년 다케시마를 시마네현에 편입하여, 다케시마 영유 의사를 재확인했습니다.** | 6 | **일본은 1905년, 각의결정으로 다케시마를 영유하는 의사를 재확인했습니다.** |

| | | 6-1 | 일본 영토임을 확실히 재확인 |
|---|---|---|---|
| 6-1 | 오늘날의 다케시마에서 강치 포획이 본격적으로 행해지게 된 것은 1900년대 초기였습니다. 그러나, 곧 강치어업이 과열 경쟁 상태가 되자 시마네현 오키도민 나카이 요자부로는 사업의 안정을 도모하기 위해 1904(메이지 37)년 9월 내무, 외무, 농상무의 3대신에게 '리앙코섬'의 영토 편입 및 10년간의 임대를 청원했습니다. (주: '리앙코섬'은 다케시마의 서양 이름 '리앙쿠르섬'의 속칭. 당시 유럽 탐험가에 의한 측량의 잘못 등으로 울릉도가 종래 불리던 '다케시마'와 아울러 '마쓰시마'라고도 불리게 되며, 현재 다케시마는 종래 불리던 '마쓰시마'와 아울러 '리앙코섬'이라고 불리게 되었습니다.) | | 오늘날의 다케시마에서 강치 포획이 본격적으로 행해지게 된 것은 1900년대 초기였습니다. 그러나 곧 강치어업이 과열 경쟁 상태가 되었으므로 시마네현 오키도민 나카이 요자부로는 사업의 안정을 도모하기 위해 1904년 9월 내무·외무·농상무 3대신에게 '리양코 섬'*의 영토 편입 및 10년간의 임대를 청원했습니다. |
| 6-2 | 나카이의 청원을 접수한 정부는 시마네현의 의견을 청취한 후 다케시마를 오키도청의 소관으로 해도 지장이 없고, '다케시마'의 명칭이 적당하다는 것을 확인했습니다. 이에 1905(메이지 38)년 1월 각의 결정에 의해 이 섬을 '오키 도사의 소관(所管)'으로 정하는 동시에, '다케시마'로 명명하고, 그 취지를 내무대신으로부터 시마네현지사에게 전달했습니다. 이 각의결정으로 일본은 다케시마 영유 의사를 재확인했습니다. | 6-1-1 | 나카이의 청원을 접수한 정부는 시마네현의 의견을 청취한 후 다케시마를 오키 도청의 소관으로 해도 지장이 없고 '다케시마' 명칭이 적당하다는 사실을 확인했습니다. 이에 1905년 1월, 각의 결정으로 이 섬을 '오키 도사의 소관'으로 정하는 동시에 '다케시마'로 명명하고, 그 취지를 내무 대신이 시마네현지사에게 전했습니다. 이 각의 결정으로 일본은 다케시마 영유 의사를 재확인했습니다. |
| 6-3 | 시마네현 지사는 이 각의 결정 및 내무대신 훈령에 의거해 1905(메이지 38)년 2월 다케시마가 '다케시마'로 명명되어 오키 도사의 소관이 되었음을 고시함과 동시에, 오키 도청에도 이를 전달했습니다. 이는 당시 신문에도 게재되어 널리 일반에게 전해졌습니다.<br><br>〈사료〉 1905년 1월 28일 각의 결정(아시아역사자료센터) | | 시마네현 지사는 이 각의 결정 및 내무 대신 훈령에 의거하여 1905년 2월 다케시마가 '다케시마'로 명명되어 오키 도사의 소관이 되었음을 고시함과 동시에, 오키 도청에도 이를 전달했습니다. 이는 당시 신문에도 게재되어 널리 일반에게 알려졌습니다. |
| 6-4 | 또 시마네현 지사는 다케시마가 '시마네현 소속 오키 도사의 소관'으로 정해짐에 따라 다케시마를 관유지대장(官有地臺帳)에 등록하는 동시에, 강치 포획을 허가제로 했습니다. 강치 포획은 그 후 2차 대전으로 1941(쇼와 16)년에 중지될 때까지 계속되었습니다. | | 또 시마네현 지사는 다케시마가 '시마네현 소속 오키 도사의 소관'으로 정해짐에 따라 다케시마를 관유지 대장(官有地臺帳)에 등록하는 동시에, 강치 포획을 허가제로 했습니다. 강치 포획은 그후 2차 대전으로 1941년에 중지될 때까지 계속되었습니다.<br><br>*'리양코 도'는 다케시마의 서양 명칭인 '리양쿠르 도'의 속칭. 당시 유럽 탐험가의 측량 오류로 인해 울릉도가 '마쓰시마'로 불리게 되었고, 현재의 다케시마는 '리양코 도'로 불리게 되었습니다.<br><br>〈사료〉 1905년 1월 28일 각의 결정(아시아역사자료센터) |

| | | 6-2 | '석도'가 '독도'였다는 한국 측의 억지스런 해석 |
|---|---|---|---|
| 6-5 | 조선에서는 1900년의 '대한제국 칙령 41호'에 의해 울릉도를 울도로 개칭함과 동시에 도감을 군수로 한다는 것을 공포한 기록이 있다고 되어 있습니다. 그리고 이 칙령가운데, 울릉군이 관할하는 지역을 '鬱陵全島'와 '竹島石島'로 규정하고 있는데 여기서 말하는 죽도는 울릉도 근방에 있는 '죽서(竹嶼)'라는 작은 섬이지만, '석도'는 바로 지금의 '독도'를 가리킨다고 지적하는 연구자도 있습니다. 그 이유는 한국의 방언으로 '돌(石)'을 '독'으로도 발음하며, 이를 발음대로 한자로 고치면 '獨島'로 이어지기 때문이라는 것입니다. | 6-2-1 | 한편, 한국에서는 1900년의 '대한제국 칙령 41호'에 따라 울릉도를 울도로 개칭함과 동시에 도감을 군수로 했다고 되어 있습니다. 그리고 이 칙령가운데, 울도군이 관할하는 지역을 '울릉전도'와 '죽도(竹島)·석도(石島)'로 규정하고 있는데 여기서 말하는 죽도는 울릉도 근방에 있는 '죽서(竹嶼)'라는 작은 섬이지만, '석도'는 바로 지금의 '독도'를 가리킨다고 지적하는 연구자도 있습니다. 그 이유는 '돌'은 한국의 방언으로 '독'으로도 발음되며, 이를 발음대로 한자로 바꾸면 '獨島'로 되기 때문이라는 것입니다. |
| 6-6 | 그러나, '석도'가 오늘날의 다케시마('독도')라면, 왜 칙령에서 '독도'를 사용하지 않았는가, 또 한국 측이 다케시마의 옛 이름이라고 주장하는 '우산도' 등의 명칭을 사용하지 않았는가, 나아가 '독도'라는 호칭은 언제부터 어떻게 사용하게 되었는가 하는 의문이 생깁니다. | | 그러나 '石島'가 오늘날의 다케시마('독도')라면, 왜 칙령에서 '독도'라는 말을 사용하지 않았는가, 또 한국 측이 다케시마의 옛 이름이라고 주장하는 '우산도' 등의 명칭을 사용하지 않았는가 하는 의문이 생깁니다. |
| 6-7 | 만일 이 의문이 해소된다 하더라도, 이 칙령의 공포를 전후해 조선이 다케시마를 실효적으로 지배했던 사실이 없어 한국에 의한 다케시마 영유권은 확립되지 않았다고 생각됩니다.<br><br>〈사진〉 1909년경의 다케시마 어렵 회사 | | 어쨌든, 이런 의문이 해소된다 하더라도, 이 칙령의 공포를 전후해서 한국이 다케시마를 실효적으로 지배했던 사실이 없으므로 한국에 의한 다케시마 영유권은 확립되지 않았다고 생각됩니다. (→Q&A 4 참조)<br><br>〈사진〉 1909년경의 다케시마어렵합자회사<br>〈사진〉 다케시마에서의 강치어렵<br><br>〈대화문〉<br>여자-1905년 각의결정으로 시마네현에 편입된 것으로써 일본 영토임을 확실히 알 수 있네요.<br><br>남자-그렇단다. 한국이 주장하는 1900년의 칙령에 쓰여 있는 석도가 독도라고 말하는 애매하고 의문이 남는 형태가 아니라. 일본은 1905년 각의결정으로 다케시마에 관한 영유의사를 재확인하고, 관유지 대장 등록과 강치어렵 허가 등을 통해 평온하고도 지속적으로 주권을 행사해왔다.<br>이렇게 해서 17세기에 이미 확립하고 있던 다케시마에 대한 일본 영유권이 근대 국제법상으로도 여러 외국에 보다 명확하게 주장할 수 있게 되었단다. |
| 7 | 샌프란시스코 평화조약 기초과정에서 한국은 일본이 포기해야 할 영토에 다케시마를 포함시키도록 요구했습니다. 미국은 다케시마가 일본의 관할하에 있었다고 해서 이 요구를 거부했습니다. | 7 | 샌프란시스코 평화조약 기초 당시 한국은 일본이 포기해야 할 지역에 다케시마를 추가해줄 것을 미국에 요구했지만, 거부되었습니다. |

| | | 7-1 | 1951년에 한국은 미국에 다케시마 영유권을 요구하는 서간을 제출 |
|---|---|---|---|
| 7-1 | 1915년 9월에 서명된 샌프란시스코 평화조약은 일본의 조선독립 승인을 규정하는 동시에, 일본이 포기해야 할 지역으로서 '제주도, 거문도 및 울릉도를 포함한 조선'으로 규정 했습니다. | | 1915년 9월에 서명된 샌프란시스코 평화조약은 일본의 조선 독립 승인을 규정하는 동시에, 일본이 포기해야 할 지역으로 "제주도, 거문도 및 울릉도를 포함한 조선"으로 규정했습니다.<br><br>이 부분에 관한 미·영 양국의 초안 내용을 알게 된 한국은 같은 해 7월, 양유찬 주미 한국대사가 애치슨 미 국무장관 앞으로 서한을 제출했습니다.<br>그 내용은 "우리 정부는 제2조 a항의 '포기한다'는 말을 "(일본국이) 조선 및 제주도, 거문도, 울릉도, 독도 및 파랑도를 포함하는, 일본의 조선 합병 이전 조선의 일부였던 섬들에 대한 모든 권리와 권원 및 청구권을 1945년 8월 9일에 포기했음을 확인한다'로 바꿀 것을 요망한다"는 것이었습니다.<br><br>〈사료〉 양유찬 주미 한국대사가 애치슨 미 국무장관에게 보낸 서간(사본)<br>〈사료〉 샌프란시스코 평화조약 제2조 |
| 7-2 | 이 부분에 관한 미·영 양국에 의한 초안 내용을 알게 된 한국은 같은 해 7월, 양유찬 주미 한국대사로부터 애치슨 미 국무장관 앞으로 서한을 제출했습니다. 그 내용은 '한국 정부는 제2조 a항의 "포기한다"라는 말을 "(일본국이) 조선 및 제주도, 거문도, 울릉도, 독도 및 파랑도를 포함하는 일본에 의한 조선 합병 이전에 조선의 일부였던 섬들에 대한 모든 권리, 권원 및 청구권을 1945년 8월 9일에 포기했음을 확인한다." 로 바꿀 것을 요망한다.'는 것이었습니다.<br>〈사료〉 샌프란시스코 평화조약 제2조<br>〈사진〉 조약에 조인하는 요시다 시게루 수상 | | |
| | | 7-2 | 미국은 한국의 영유권 주장을 명확히 부정 |

| | | | |
|---|---|---|---|
| 7-3 | 이 한국 측 의견서에 대해 미국은 같은 해 8월, 러스크 극동 담당 국무차관보로부터 양유찬 대사에게 보낸 서한에서 다음과 같이 답변하며, 한국 측 주장을 명확하게 부정했습니다.<br><br>'…합중국 정부는, 1945년 8월 9일의 일본에 의한 포츠담 선언 수락이 이 선언에서 취급된 지역에 대한 일본의 정식 내지 최종적인 주권 포기를 구성한다는 이론을 (샌프란시스코 평화)조약이 취해야 한다고는 생각하지 않는다. 독도, 또는 다케시마 내지 리앙쿠르 암(岩)으로 알려진 섬에 관해서는, 통상 무인(無人)인 이 바위섬은 우리들의 정보에 의하면, 조선의 일부로 취급된 적이 결코 없으며, 1905년 경부터 일본의 시마네현 오키도 지청의 관할하에 있었다. 이 섬은 일찍이 조선에 의해 영유권 주장이 이루어졌다고는 볼 수 없다.…'<br>이 내용들을 보면, 다케시마는 일본의 영토라는 것을 긍정하고 있는 것이 명백합니다. | 7-2-1 | 이러한 한국 측 의견서에 대해 미국은 같은 해 8월, 러스크 극동 담당 국무차관보가 양유찬 대사에게 보낸 서한에서 다음과 같이 답변하며, 한국 측 주장을 명확하게 부정했습니다.<br><br>"…합중국 정부는 1945년 8월 9일 일본의 포츠담 선언 수락이 이 선언에서 취급된 지역에 대한 일본의 정식 내지 최종적인 주권 포기를 의미한다는 이론을 (샌프란시스코 평화)조약이 취해야 한다고는 생각하지 않는다. 독도, 혹은 다케시마 내지 리앙쿠르 암으로 알려진 섬에 관해서는, 통상 무인(無人)인 이 바위섬은 우리들의 정보에 따르면, 조선의 일부로 취급된 적이 결코 없으며, 1905년경부터 일본 시마네현 오키도 지청의 관할하에 있었다. 이 섬은 일찍이 조선에 의해 영유권 주장이 이루어졌다고는 볼 수 없다.…"<br><br>이런 내용을 보면, **샌프란시스코 평화조약**에서 다케시마는 일본 영토라는 것을 긍정하고 있었음이 분명합니다. |
| 7-4 | 또한 밴 플리트 대사의 귀국보고서(10. 참조)에서도 다케시마는 일본 영토이며, 샌프란시스코 조약에서 포기한 섬들에 포함되지 않는다는 것이 미국의 결론이라고 명기되어 있습니다.<br><br>〈사료〉 러스크 극동담당 국무차관보가 보낸 서한(사본) | | 더구나, **1954년에 한국을 방문한 밴 플리트 대사의 귀국 보고(포인트 10 참조)에도 다케시마는 일본 영토이며, 샌프란시스코 조약에서 포기한 섬들에 포함되지 않는다는 것이 미국의 결론이라고 명기되어 있습니다.**<br><br>〈사료〉 러스크 서간(사본) |
| 8 | **다케시마는 1952년 주일 미국의 폭격 훈련구역으로 지정되었으며 일본 영토로 취급되었음은 분명합니다.** | 8 | 다케시마는 주일 미군의 폭격 훈련구역으로 지정되었습니다. |
| | | 8-1 | **제2차 세계대전 후의 국제질서 안에서 다케시마가 일본 영토로 인정받고 있던 분명한 사실** |

| | | | |
|---|---|---|---|
| 8-1 | 일본이 아직 점령하에 있던 1951년 7월, 연합국 총사령부는 SCAPIN 제2160호로, 다케시마를 미국의 해상 폭격 연습 지구로 지정했습니다. | 8-1-1 | 일본이 아직 점령하에 있던 1951년 7월, 연합국 총사령부는 연합국 총사령부 각서(SCAPIN) 제2160호에 의거, 다케시마를 미군의 폭격훈련구역으로 지정했습니다. |
| 8-2 | 1952(쇼와27)년 7월, 미국이 계속적으로 다케시마를 훈련장으로 사용함을 희망한 것에 따라 일미행정협정 (주:구 일미안보조약에 입각한 협정, 현재 '일미지위협정'으로 인수됨).)에 입각하여, 이 협정의 실시와 관련된 일미간의 협의기관으로 설립된 합동위원회는 주일미군이 사용하는 폭격 훈련지구의 하나로 다케시마를 지정하는 동시에 외무성은 이를 고시했습니다. | | 샌프란시스코 평화조약 발효 직후인 1952년 7월, 미군이 계속적으로 다케시마를 훈련구역으로 사용하기를 희망함에 따라 일미행정협정 (주:舊 일안보조약에 입각한 협정, 현재 '일미지위협정'으로 인계됨)에 입각하여, 이 협정의 실시와 관련된 일미간의 협의기관으로 설립된 합동위원회는 주일미군이 사용하는 폭격 훈련구역의 하나로 다케시마를 지정함과 동시에 외무성은 이 사실을 고시했습니다.<br><br>그러나 다케시마 주변 해역에서 강치포획과 전복, 미역 채취를 바라던 지역민의 강한 요청이 있었고 또한 미군도 이 해 겨울부터 다케시마 폭격훈련구역 사용을 중지하고 있었으므로 1953년 3월의 합동위원회에서 이 섬을 폭격훈련구역에서 배제하기로 결정했습니다. |
| 8-3 | 일미행정협정에 의하면, 합동위원회는 '일본국내의 시설 또는 구역을 결정하는 협의기관으로 임무를 수행한다'고 되어 있었습니다. 따라서 다케시마가 합동위원회에서 협의되고, 또 주일미군이 사용하는 구역으로 결정이 내려졌다는 것은 곧 다케시마가 일본의 영토임을 보여주고 있습니다.<br><br>〈사료〉 1952년 7월의 관보 | | 일미행정협정에 따르면, 합동위원회는 "일본국내의 시설 또는 구역을 결정하는 협의기관으로 임무를 수행한다"고 되어 있었습니다. 따라서 다케시마가 합동위원회에서 협의되고, 또 주일미군이 사용하는 구역으로 결정이 내려졌다는 것은 무엇보다 다케시마가 일본 영토임을 보여주고 있습니다.<br><br>〈사료〉 미군 훈련장 지정을 알리는 관보 (1952년 7월)<br><br>〈삽화 대화문〉<br>여자: 제2차 대전 후 세계가 정한 룰에서도 다케시마가 일본 영토로 인정받았다는 거네요.<br>남자: 맞아. 미국이 일본 영토로 인정했기 때문에 미군의 폭격훈련구역으로 사용하고 싶다고 요청한 것이지. |
| 9 | 한국은 다케시마를 불법점거하고 있으며, 일본은 엄중하게 항의를 하고 있습니다. | 9 | 한국은 국제법에 반하여 공해상에 이른바 '이승만라인'을 그어, 일방적으로 다케시마를 불법점거하고 있습니다. |
| | | 9-1 | 국제법을 무시하고 일방적으로 설정된 '이승만라인' |

| | | | |
|---|---|---|---|
| 9-1 | 1952(쇼와27)년 1월, 한국의 이승만 대통령은 '해양주권 선언'을 발표하여, 이른바 '이승만 라인을 국제법에 반해 일방적으로 설정하고, 그 라인 안에 다케시마를 포함시켰습니다. | | 1952년 1월, 한국의 이승만 대통령은 '해양주권 선언'을 발표하여, 이른바 '이승만 라인을 국제법에 반해 일방적으로 설정하고, **그 라인 안의 광대한 수역에 대한 어업관할권을 일방적으로 주장함과 동시에** 그 라인 안에 다케시마를 포함시켰습니다. |
| 9-2 | 1953(쇼와28)년 3월, 일미합동위원회에서 다케시마를 주일미군 폭격훈련구역에서 해제하기로 결정했습니다. 이로써, 다케시마에서의 어업이 재개되었습니다만, 한국인도 다케시마와 그 주변에서 어업에 종사하고 있는 것이 확인되었습니다. 같은 해 7월에는, 불법 어업에 종사하는 한국 어민에게 다케시마에서 철거하도록 요구한 해상보안청 순시선이 한국 어민을 보호하던 한국 관헌의 총격을 당하는 사건도 발생했습니다. | 9-1-1 | 1953년 3월, 일미합동위원회에서 다케시마를 주일미군 폭격훈련구역에서 해제하기로 결정했습니다. 이로써 다케시마에서의 어업이 재개되었습니다만, 한국인도 다케시마와 그 주변에서 어업에 종사하고 있는 것이 확인되었습니다. 같은 해 7월에는 불법 어업에 종사하고 있던 한국 어민에게 다케시마에서 퇴거하도록 요구한 해상보안청 순시선이 한국 어민을 보호하고 있던 한국 관헌의 총격을 당하는 사건도 발생했습니다.<br><br>〈자료〉 이승만라인 |
| | | 9-2 | 한국경비대가 다케시마에 상주하여 불법점거 상태가 계속되고 있다. |
| 9-3 | 이듬해인 1954(쇼와29)년 6월, 한국 내무부는 한국 해안경비대 주둔 부대를 다케시마에 파견했다고 발표했습니다. 또, 같은 해 8월에는 다케시마 주변을 항행중이던 해상보안청 순시선이 이 섬으로부터 총격을 당해, 이로 인해 한국의 경비대가 다케시마에 주둔하고 있는 것이 확인되었습니다. | | 이듬해인 1954년 6월, 한국 내무부는 한국 연안경비대 주둔 부대를 다케시마에 파견했다고 발표했습니다. 같은 해 8월에는 다케시마 주변을 항행중이던 해상보안청 순시선이 이 섬에서 총격을 당했고, 이로써 한국 경비대가 다케시마에 주둔하고 있다는 사실이 확인되었습니다. |
| 9-4 | 한국 측은 현재도 계속 경비대원을 상주시키는 동시에 숙사와 감시소, 등대, 접안시설 등을 구축하고 있습니다. | 9-2-1 | 한국 측은 현재도 계속 경비대원을 상주시키고 있는 동시에 숙사와 감시소, 등대, 접안시설 등을 구축하고 있습니다. |
| 9-5 | 한국에 의한 다케시마 점거는 국제법상 아무런 근거없이 이루어지고 있는 불법 점거이며 한국이 이런 불법 점거에 의거하여 다케시마에서 행하는 어떤 조치도 법적인 정당성이 있는 것은 아닙니다. 이와 같은 행위는 다케시마 영유권을 둘러싼 일본의 입장에 비추더라도 결코 용인할 수 있는 행위가 아니며, 다케시마를 둘러싸고 한국 측이 어떤 조치 등을 취할 때마다 엄중한 항의를 거듭하는 동시에, 그 철회를 요구해오고 있습니다. | | **'이승만라인' 설정은 공해상에서의 위법적인 선 긋기임과 동시에** 한국의 다케시마 점거는 국제법상 아무런 근거 없이 이루어지고 있는 불법 점거입니다. 한국이 이런 불법 점거에 의거하여 다케시마에서 행하는 어떤 조치도 법적인 정당성을 지니지 못합니다. 이와 같은 행위는 다케시마 영유권을 둘러싼 일본의 입장에 비추더라도 결코 용인할 행위가 아니므로 다케시마를 둘러싸고 한국 측이 어떤 조치 등을 취할 때마다 엄중한 항의를 거듭함과 동시에 그 철회를 요구하고 있습니다.<br><br>〈사진〉 순시선 헤쿠라호 |

| | | | |
|---|---|---|---|
| 10 | 일본은 다케시마 영유권에 관한 문제를 국제사법재판소에 회부할 것을 제안하고 있습니다만, 한국이 이를 거부하고 있습니다. | 10 | 일본은 한국에 국제사법재판소(ICJ)에 회부할 것을 제안하고 있습니다만, 한국은 이를 거부하고 있습니다. |
| | | 10-1 | 국제법을 따른 평화적 해결을 지향하며 |
| 10-1 | 일본은 한국에 의한 '이승만 라인' 설정 이후, 한국 측이 행하는 다케시마의 영유권 주장, 어업 종사, 순시선에 대한 사격, 구조물 설치 등에 대해서, 누차에 걸쳐 항의를 거듭해왔습니다. 그리고 이 문제의 평화적 수단에 의한 해결을 도모하고자 1954(쇼와 29)년 9월, 구상서(口上書)로 다케시마 영유권 문에 대해 국제사법재판소에 회부할 것을 한국 측에 제안했으나, 같은 10월 한국 측은 이 제안을 거부했습니다. 또 1962(쇼와 37)년 3월의 일한외상회담 때도 고사카 젠타로 외무대신이 최덕신 외무부장관에게 이 문제를 국제사법재판소에 회부할 것을 제안했으나, 한국은 이를 받아들이지 않은 채, 현재에 이르고 있습니다. | 10-1 | 우리나라는 한국이 '이승만라인'을 설정한 이후, 한국 측이 행하는 다케시마의 영유권 주장, 어업 종사, 순시선에 대한 사격, 구조물 설치 등에 대해 누차에 걸쳐 항의를 거듭해왔습니다. 그런 가운데 일본은 다케시마 문제를 평화적 수단으로 해결하고자 1954년 9월, 다케시마 영유권 문제에 대해 국제사법재판소에 회부할 것을 한국 측에 구상서(口上書)로 제안했으나, 같은 해 10월 한국 측은 이 제안을 거부했습니다(주1). 1962년 3월의 일한외상회담 당시도 고사카 젠타로 외무대신(당시)이 최덕신 외무부 장관(당시)에게 이 문제를 국제사법재판소에 회부할 것을 제안했습니다. 그러나 한국은 이를 받아들이지 않았습니다.<br><br>〈주1〉 ICJ에의 부탁은 1954년 당시 미국도 한국에게 권고한 바 있습니다. 1954년에 한국을 방문한 밴 플리트 대사의 귀국 보고서에는 "미국은 다케시마를 일본령이라고 생각하지만, 본건은 ICJ에 회부하는 것이 적당하다는 입장이며, 이 제안을 한국에 비공식적으로 했다"는 기록이 남아 있습니다.<br><br>〈사료〉 밴 플리트 대사 귀국보고서(사본)<br><br>더구나 2012년 8월, 일본은 이명박 대통령(당시)이 역대 대통령으로서는 처음으로 다케시마를 방문한 것을 계기로, 구상서를 보내 다케시마 영유권에 관한 분쟁을 ICJ에 회부할 것을 한국에 제안했지만, 같은 해 한국은 일본의 제안을 거부했습니다(주2). |
| 10-2 | 국제사법재판소는 분쟁의 양 당사자가 동 재판소에서 해결을 도모한다는 합의가 있어야 비로소 가동하는 체제로 되어 있습니다. 따라서 만일 일본이 일방적으로 제소를 한다고 해도 한국 측이 이에 응할 의무는 없으며, 한국이 자주적으로 응하지 않는 한 국제사법재판소의 관할권은 설정되지 않습니다. | | 〈주2〉 ICJ는 분쟁 당사국이 이 재판소에서 해결을 구한다는 합의가 있어야 이 분쟁에 대한 심리를 개시하는 체제로 되어 있습니다. 일본은 국제사회에서 '법의 지배'를 존중한다는 관점에서 1958년부터 합의 없이 상대국이 일방적으로 우리나라를 제소해온 경우에도 ICJ의 강제 관할권을 원칙적으로 받아들이고 있습니다. 그러나 한국은 이런 입장을 취하지 않고 있습니다. 따라서 우리나라가 일방적으로 제소한다고 해도 한국이 자주적으로 응하지 않는 한 ICJ의 관할권은 설정되지 않습니다. |
| 10-3 | 1954년에 한국을 방문한 밴 플리트대사의 귀국보고서(1986년 공개)에는 미국이 다케시마를 일본영토라고 생각하고 있으나 이 문제를 국제사법재판소에 회부하는 것이 적당하다는 입장이며, 이 제안을 한국에게 비공식적으로 했으나, 한국은 '독도'는 울릉도의 일부라고 반론했다는 내용이 기록되어 있습니다.<br><br>〈사료〉 밴 플리트 대사의 귀국보고서(사본) | | |
| | | | 다케시마 문제의 의문을 해소하는 Q&A<br>(이하 생략함) |

# 4장

## 보론: 우리가 알아야 할 사실들

# 1. 숙종은 '다케시마'로 불렀을까, '죽도'로 불렀을까?

## 1) 여는 말

대한민국 울릉도에서 동남쪽으로 87.5킬로미터 떨어져 있는 섬에 대한 한국의 현재 호칭은 '독도(獨島)'이다. 같은 섬에 대한 일본의 현재 호칭은 '다케시마(竹島)'이다. '다케시마'는 본래 에도시대에 울릉도를 가리키던 호칭이었고, 독도를 가리키던 호칭은 '마쓰시마(松島)'였다. 일본은 1905년에 독도를 불법 편입하면서 '다케시마'라는 호칭을 붙였다. 두 호칭의 역사적 전개와는 상관없이 1905년에 바뀌게 된 배경은 복잡하므로 여기서는 생략하고, '독도'에 대한 일본 호칭을 둘러싼 국내의 논란을 살펴보자.

독도 호칭을 둘러싼 국내의 논란이란 일본 호칭 '竹島'를 '다케시마'가 아니라 '죽도(竹島)'로 불러야 한다는 주장이 한편에 있는 것을 가리킨다. 이런 주장의 근거는 '다케시마'가 일본 호칭이므로 우리가 그대로 호칭할 필요가 없다는 것, 그리고 조선시대에 조선인들이 '죽도'로 불렀는지 '다케시마'로 불렀는지 알 수 없기 때문이라는 것이다.[1] 이런 주장은 과연 학술적 근거가 있는가?[2]

이런 주장이 나오게 된 배경을 굳이 찾는다면, 우리 문헌에는 '竹島'[3]로만 나오고 발음 내지 훈독(訓讀)을 써준 경우가 없기 때문이다. 중국 문헌은 竹島에 대해 '他計什麼'(《登壇必究》, 1599)로 발음한다는 사실을 밝히고 있다.[4] 일본은 '竹島'를 통상 '다케시마'로 읽기 때문에 따로 밝힐 필요가 없다. 다만 특정 시기에만 '多氣甚麼'(《多氣甚麼雜誌》, 1874)로 읽는다는 사실이 나온다. 그런데 한국 문헌에 보인 '竹島'는 두 가지 의미를 지닌다. 하나는 한국에 흔한 도명으로서의 '죽도'를 가리키는 경우이고, 다른 하나는 17세기 '울릉도 쟁계' 당시의 특정 도명을 가리키는 경우이다. 전자(竹島)는 말 그대로 '댓섬'을 훈차(訓借) 표기한, 일반적인 지명이다. 한국에는 '죽도'라는 섬이 울릉도 근처의 '죽도'[5]를 비롯하여 전라도와 충청도, 경상도, 강원도 등 여러 곳에 있다.[6] 이들을 우리는 '죽도'라고 부르지 '다케시마'라고 부르지는 않는다. 우리나라 섬에 대한 우리말[7] 지명이기 때문이다. 문제는 후자, 즉 일본과 특정 시기에 문제가 된 섬

---

1) '죽도'로 부를 것을 주장하는 자들은 조선이 외교교섭에서 '죽도'로 불렀기 때문이라는 것인지 아니면 교섭 이외의 자리에서 '죽도'로 불렀기 때문이라는 것인지를 명확히 하지 않은 채 '죽도'로 불려야 한다고 주장한다.

2) 독도 관련 국책기관과 일부 연구소가 '죽도'로 표기·호칭하고 있다. 한국 외교부는 최근 홈페이지에 '다케시마'로 표기하고 있다. 언론은 '다케시마의 날' 등으로 부르고 있다. 필자가 과문한 탓인지 '죽도'로 불려야 하는 이유를 학술적으로 접근한 경우를 아직까지 보지 못했다.

3) 이 글은 '다케시마'인지 '죽도'인지를 논하는 것이므로 '다케시마'로 칭했음이 분명한 경우를 제외하고는 대부분 '竹島'로 표기한다. 橘眞重도 어떻게 호칭했는지 모를 경우에는 한자로만 표기했다.

4) 중국 문헌에 이렇게 표기되어 있는 것은 그것이 일본 호칭임을 밝혀주기 위해서였다. 중국에도 '竹島'라는 섬이 많이 있는데 중국 발음은 '주다오(Zhudao)'이다. 이 책의 3장 참조

5) 이 섬의 면적은 약 21만 평방미터(207,868㎡)이다. 해발고도 106미터의 평탄한 섬으로 울릉도의 부속 섬 가운데 가장 큰 섬으로 알려져 있다.

6) 제주도, 충청도 태안, 간성, 경상남도 기장, 전라남도 해남 등지에 '죽도'가 있다.

7) 엄밀한 의미의 우리말 지명은 '댓섬'이다. 그러나 문헌에 표기될 때는 한자로 표기되므로 '竹島'가 된 것이다.

을 어떻게 부를 것인가의 문제이다. 조선 후기에 일본과 문제가 된
'竹島'는 조선시대에는 '울릉도'를, 현재는 '독도'를 가리켜 대상은
다르지만, 그렇다고 해도 일본에서 '竹島'를 '다케시마'로 부른다는
사실이 바뀐 적은 없었다. 다만 한국에서 '竹島'를 '다케시마'가 아
닌, '죽도'로 불러야 한다는 주장이 있을 뿐이다. 이런 논란은 양국
이 교섭 당시 조선 측이 어떻게 불렀는가를 고찰하면 해결되는 문
제이다.


## 2) 울릉도 쟁계 당시의 '竹島'

### (1) 교섭을 기록한 문헌들, 그리고 소통방식

조선시대 우리 학자들은 중국학자들과 말이 통하지 않아도 이른
바 필담(筆談)으로 소통할 수 있었다. 일본 학자들과도 완전하지는
않지만 필담으로 소통이 가능했을 것이다. 1696년에 안용복이 다시
일본에 갔을 때 돗토리번의 이나바에서 안용복과 말이 통하지 않
는다고 막부에 보고하자, 막부는 필담을 하라고 지시한 적이 있다.
이나바에서는 필담을 하면 소송을 받아들이는 것이 되므로 거부했
다. 안용복은 글을 몰랐으므로 필담은 불가능했겠지만 양반인 이인
성은 가능했을 것이다. 그럼에도 돗토리번 측이 말이 통하지 않는
다고 거짓 보고한 이유는 쓰시마번에 대한 배려에서였다.[8] 어찌됐
든 이 사건을 해결해야 하는 돗토리번의 처지에서 보면, 통역 없이
민간인에만 의존하여 처리한다는 것은 있을 수 없었다. 그리하여

---

8) 돗토리번은 안용복이 다시 온 이유가 쓰시마번 측에 불만을 품고 소송하기 위해서인
데 이 사실을 그대로 막부에 보고하면 쓰시마번이 곤란해질까 염려했다고 쓰시마번
관리에게 말한 바 있다. 그러나 쓰시마번은 오히려 안용복이 다시 온 이유가 다케시
마 문제로 돗토리번에 소송하기 위한 것이라고 보아 양측의 주장이 엇갈린다.

1696년에 돗토리번은 막부에 통사를 파견해줄 것을 요청했다. 게다가 이는 1693년에 일어난 사건이 재발한 것이었으므로 돗토리번은 그 연장선에서 처리해야 했다.

　1693년 12월 일본은 납치해갔던 안용복과 박어둔을 인도하기 전 11월에 서계를 조선 측에 보내왔다. 서계의 요지는 "귀국의 바닷가 어민들이 근래 본국의 다케시마(竹島)에 배를 타고와 몰래 고기잡이를 하니", "속히 변방 포구에 정령(政令)을 내어 어민에게 단단히 금지시킨다면 이웃나라와의 친목을 오래 유지하는 좋은 일"이될 것이라는 내용이었다. 조선은 회답서신에 "우리나라의 울릉도〔弊境之蔚陵嶋〕도 아득히 멀리 있는 까닭에 마음대로 왕래하지 못하게 하거늘 그 밖의 섬이겠습니까? 이번에 우리 어선이 감히 귀국의竹島〔貴界竹島〕에 들어가는 바람에 번거롭게 돌려보내고 멀리 서한까지 보내는 수고를 끼쳤으니 교린의 정의(情誼)에 실로 기쁘고 감사합니다"는 사례를 표명했다. 이때 일본은 회답서신의 '弊境之蔚陵嶋', '貴界竹島' 표현을 문제 삼아 개작(改作)을 요청했다. 이런 표현은 마치 "다케시마와 울릉도라는 두 개의 섬이 있는 듯 보이지만, 다케시마와 울릉도는 한 섬이다. 그런데 이를 모르는 것처럼 막부에 보고할 수는 없으니 수정해주면 좋겠다"는 취지였다. 쓰시마번이 이렇게 요구한 것은 처음부터 그들이 말한 '다케시마(竹島)'가 조선의 '울릉도'임을 알았음을 의미한다.

　조선 정부는 일본 측 서계를 정식으로 받기 전부터 '竹島'라는 호칭에 민감했다. 조선 정부는 쓰시마번이 선향사(先向使)의 파견을 알려올 즈음부터 "竹島가 별개의 섬이라면 달리 문제가 없습니다. 만약 우리가 울릉도라고 부르는 곳이라면 (그 섬은) 예로부터 조선에 속한 곳이며 매번 왕래해왔습니다. 더욱이 조선인을 붙잡았다가 참판사라는 사자와 함께 돌려보내는 것은 생각지도 못한 일입니다"[9]

---

9) 《竹嶋紀事》 1권, 1693년 10월 10일에 동래부사에게 도착한 도성의 답변.

며 조선인 피랍에 불쾌감을 드러냈다.

이때부터 양국은 서계 문제를 계기로 교섭 당사자를 파견하여 사안을 논의하기 시작했다. 그러므로 '다케시마' 호칭 문제는 교섭과정의 전모 안에서 파악되어야 하는데, 이는 두 나라의 소통시스템에 대한 이해 위에서 파악될 필요가 있다.

우선 '울릉도 쟁계' 당시의 교섭 체계를 보자. 조·일(朝日)간 외교 교섭 역할을 맡은 번은 쓰시마번이었다. 쓰시마번이 대차사(大差使) 정관(正官)을 교섭 대표자로서 도선주(都船主), 봉진(封進) 및 수행원과 함께 부산왜관에 파견하면, 조선 측은 예조의 관리를 접위관으로 삼아 동래부로 내려보낸다. 보통 접위관은 동래 부사와 함께 왜관에 가서 교섭에 임했다.[10] 양국의 의견을 전하는 자는 조선 측은 역관(通事 혹은 通詞로도 불림), 일본 측은 쓰시마번의 조선어 통사(通詞)[11] 혹은 전어관(傳語官)이었다.[12] 일반적으로 조선 측 접위관에 수행되는 역관은 사역원 소속의 접대역관이 수역(首譯:별견역관)이 되고, 동래부 소속의 훈도(訓導)와 별차(別差)가 수역을 돕는다.[13]

조일관계에서 무엇보다 왜관에서 이루어지는 양국간 교섭은 조

---

10) 당시 쓰시마번은 조선에 서계를 보낼 때 보통 예조참판, 참의, 동래부사, 부산첨사 앞으로 함께 보냈다. 예조참판, 참의에게 보내는 서계를 정본, 동래부사와 부산첨사 앞으로 보내는 서계를 부본이라 한다.

11) 조선 측은 일반적으로 왜학역관, 왜역관 또는 왜통사(倭通事)로 불렀고, 일본 측은 통사, 전어관, 조선어통사(朝鮮語通詞) 등으로 불렀다(정승혜, 〈한글 簡札을 통해 본 近世 譯官의 對日外交에 대하여〉, 《대동한문학》 37, 2012, 92쪽; 허지은, 《근세 쓰시마 조선어통사의 정보수집과 유통》, 서강대학교 사학과 대학원 박사학위논문, 2008. 8. 1쪽). 1695년 당시 부산왜관에는 10명 정도의 통사가 있었다고 한다. 1695년 12월 15일 형부대보가 막부에 보고한 내용에 따르면, 왜관의 인원은 모두 648명이다(《竹嶋紀事》 3). 이 글에서는 조선 측은 역관, 일본 측은 통사로 통일하기로 한다.

12) 전어관은 보통 일본 통사를 가리키지만, 반드시 그렇지는 않다. 단순한 통역 이상의 전달자 역할, 즉 사자가 사정을 잘못 파악하여 잘못 말했을 때 마찰이 없도록 무마시키거나 교섭과정에서 양자간의 의견을 절충하는 역할을 하기도 했다.

13) 훈도는 사역원 소속의 정9품관으로 파견되어 있었다. 훈도의 임기는 30개월, 별차의 임기는 1년이었다. 별차는 훈도를 돕는 역할을 했다. 왜관의 왜인 접대와 변방 정세를 살피는 일을 맡았으며 왜학을 설치하여 역관 양성의 일도 맡았다.

선어를 기본으로 하여 소통하는 시스템이었다.[14] 조선 접위관의 발언을 역관이 일본 통사에게 전하면, 일본 통사는 이 말을 통역하여 정관에게 전한다.[15] 마찬가지로 상대국 일본 정관의 발언을 통사가 통역하여 조선 역관에게 전하면, 역관은 다시 접위관에게 전하는 시스템이었다. 조선어로 소통한다고 해서 공식적인 자리에서 일본 통사가 조선 접위관에게 바로 말하는 시스템은 아니었다. 조선 역관은 대부분 접위관의 의견을 일본 통사에게 전달하는 데 그쳤지만, 때로는 왜관 또는 쓰시마에서 일본 교섭 대표자 혹은 실무자들과 직접 소통하는 경우도 있었다.[16] 두 나라는 교섭 대표자(접위관과 정관)가 정식 대면하기 전 사전 조율을 위해 실무자간 수시로 만났으므로[17] 역관이 직접 일본 사자와 소통할 때도 있었다. 한편 접위관은 수역에게 차비역관 혹은 차비관[18]의 직(職)을 주어 전령(傳令)

---

14) 이훈의 연구에 따르면, "동래부 역관이 조선어로 말하면 왜관측 통역이 일본어로 바꾸어 관수 측에 전한 것으로 보인다. 즉 이 광경으로 미루어 볼 때, 동래부의 '양역'은 왜학역관으로 일본어를 얼마든지 구사할 수 있었지만, 공적인 교섭현장에서 사용하는 언어는 기본적으로 '조선어'였다는 것이다. 그러나 동래부 역관은 때때로 관수나 재관 등 왜관측과 직접 일본어로 의사소통을 하기도 하였다."(이훈, "동래부사 왜관의 공적 의사소통과 전령"《외교문서로 본 조선과 일본의 의사소통》, 경인문화사, 2011, 157쪽)고 한다.

15) 일본 통사가 조선어로 했다면 굳이 역관을 통하지 않아도 되는 상황이었겠지만 교섭석상이므로 역관을 통했고 역관은 이를 접위관에게 전하는 형식이었던 것이다. 문헌에도 대부분 양국 통역관을 통한 것으로 나온다. 조선 역관은 회답서 정본을 건네기 전에 등사본을 먼저 일본 측 실무자에게 보여주어야 했으므로 사자(使者)와 개인적인 만남을 갖는 일도 많았다.

16) 일본 정관이 접위관과 정식 대면하기 전 개인 숙소로 역관을 불러 조선의 의사를 타진해본 사실이 기록에 보인다. 이때의 역관은 박재흥(朴再興)이었다. 박재흥은 1682년 통신사행에 당상역관(수역)으로서 참여한 바 있다(홍우재,《東槎錄》). 1693년 귀양지에서 접위관을 수행하라는 명을 받고 상경했다. 일본에 우호적인 인물로《竹嶋紀事》에는 그려져 있다.

17) 조선 예조에서 일본 측 문서에 대한 답서를 작성하여 동래부로 내려 보내려면 시일이 소요되므로 그 사이 동래부는 역관에게 '전령' 또는 역관 명의의 각(覺) 등의 형식으로 된 문서 혹은 구두전달로 소통하며 실무자간 사전 조율을 해왔다(이훈, 앞의 글, 2011, 144쪽). 안용복 사건 당시에도 이런 소통 시스템이 작동하고 있었다고 볼 수 있다.

18) 차비역관이란 쓰시마의 대차왜, 소차왜가 도해할 때 접위관을 수행하여 사역원에서 파견되는 역관을 말한다. 대차왜가 도해할 때는 서울에서 접위관(京접위관)이 내려가

을 가지고 왜관에 가서 정관을 만나거나 쓰시마번에 보내는 경우도 있었다. 역관은 일본 정관이 쓰시마번의 가로와 번주에게 재판(裁判)[19]을 보내거나 연락선을 통해 대면 또는 서면보고를 할 때도 일본 재판과 동행했다. 그러므로 그 과정에서 역관은 사견을 덧붙여 양쪽의 판단에 영향을 미칠 기회가 적지 않았다. 더구나 역관은 접위관의 명을 받아 숙종에게 대신 보고하거나 숙종의 명으로 대면하여 보고하는 경우도 있었다.

그러므로 교섭 과정에서 통역관의 역할은 중요했다. 그런데《숙종실록》등 한국 사료에는 '울릉도 쟁계'와 관련된 양국의 교섭상황이 자세히 기록되어 있지 않다. 이에 견주어 일본 기록, 이를테면《竹嶋紀事》[20]에는 당시 교섭상황이 자세히 적혀 있다. 이 문헌은 특히 '竹島', '울릉도' 호칭을 둘러싼 논란이 큰 비중을 차지하고 있다. 조선 사료로는《변례집요》와 개인 문집에 당시의 교섭상황을 알 수 있는 실마리가 될 만한 글이 실려 있다. 이들 문헌을 비교 고찰하면, 한국 문헌에 '竹島'로 기록된 호칭이 실제로 어떻게 불리고 있었는지를 알 수 있을 것이다.

통역이 대동된 교섭석상에서 양국이 '竹島'를 '다케시마'로, '鬱陵島'와 '蔚陵島'를 '울릉도'로 상호 호칭했을 것은 분명하다. 그런데 같은 호칭이 교섭석상 밖에서는 다르게 불릴 수 있었을까? 교섭석상 밖으로 상정할 수 있는 주체는 많다. 교섭 당사자들은 동래 부사와 왜관의 관수 및 관계자, 조선 조정, 쓰시마번 가로와 번주, 막부

---

고, 소차왜가 도해할 때는 경상감사가 지정한 도사나 도내 수령이 鄕접위관으로 파견된다(이상규, 〈17세기 전반의 朝日關係 전개와 倭學譯官 제도의 변화〉,《조선시대사학보》62, 조선시대사학회, 2012, 264쪽).

19) 외교교섭을 위해 왜관에 특별히 파견된 관직이다.

20) 이 문헌은 당시 실제 교섭에 참여했던 쓰시마번이 작성한 것으로, 가로인 오우라 리쿠에몬(大浦陸右衛門)이 집필하고 고시 쓰네에몬(越常右衛門)이 1726년에 편찬했다. 경상북도 사료연구회가 번역·간행(비매품, 2014)했지만, '竹島'를 '죽도'로 번역했다.

노중 등과도 긴밀하게 소통해야만 사안을 처리할 수 있는 체계였기 때문이다. 이런 체계에서 조선의 누가 '죽도'라고 칭할 수 있었을까? 사실상 '죽도'로 호칭하는 것이 불가능했음을 문헌상에 보인 용례를 들어 입증하기로 한다(인용문은 사료에 표기된 대로 '竹島'로 표기한다).

### (2) 문헌의 용례

① (1693년 11월) 접위관 홍중하(洪重夏)가 하직인사를 하고 좌의정 목내선, 우의정 민암과 청대(請對)했을 때 아뢰기를, "왜인이 말하는 竹島〔倭人所謂竹島〕는 바로 우리나라 울릉도(鬱陵島)입니다. 지금 상관하지 않는다고 해서 포기한다면 그만이겠지만, 그렇지 않다면 미리 분명히 분변하지 않을 수 없습니다. 그리고 또 만약 저들이 인민(人民)을 들어가 살게 한다면 어찌 뒷날의 걱정거리가 아니겠습니까?"하고…[21]

② 1693년 11월, 쓰시마번 사자가 왜관에 있을 때 훈도 변 동지가 방문해서 내부 사정을 말하기를 "竹島는 본래 조선 안의 울릉도임이 틀림없는데도 이번에 전해온 내용을 잘 이해하더라도 일본에게 넘겨주기는 어렵습니다. 또한 반드시 조선 소속이라고 하기도 어렵습니다. 섬이 두 개 있으니 하나는 울릉도, 하나는 竹島라고 정하자는 듯 판사들이 발언하고 있으니 접위관도 그대로 발언할 것입니다. (우리가) 버려두던 섬이지만 (일본이 말하는 竹島가) 울릉도라는 말은 반드시 꺼낼 것 같습니다"[22]라고 했다.

---

21) 《숙종실록》 숙종 19년(1693) 11월 18일.

22) 《竹嶋紀事》 1, 다다가 재판의 귀국 편에 쓰시마번에 보고하는 서장(1693년 11월 19

③ 1693년 12월 초, 박 동지는 일본 재판(다카세 하치에몬)과 함께 쓰시마번으로 가는 도중[23] 자신을 포함한 사역원 역관들이 조정에 불려갔던 일화를 얘기했다. 그 내용은 임금이 자신들을 불러 "일본에서 竹島라고 칭하는 섬은 어느 방향에 있는 섬인가? 조선에도 울릉도라는 섬이 있으므로 이 섬이라면 분명히 조선 소속으로《여지승람》에도 기재되어 있다.《여지승람》은 일본에도 전해져 있는 책인가?"를 물었다는 것이다. 역관들이《여지승람》이 일본에도 전해진 책이라고 답하자, 임금은 "일본에서 竹島라고 칭하는 것이 다른 섬인가? 다른 섬이라면 문제될 것이 없으므로 답변도 달라질 것이 없을 것이다"고 했다는 것이다.

④ (1694년 2월) 교리(校理) 홍중하가 접위관이 되어 동래왜관에서 대면했을 때, 橘眞重이 우리나라의 회답하는 서신 중에 '우리나라의 울릉도란 말'을 보고는 매우 싫어하여 통역관에게 이르기를, "서계에 다만 竹島라고만 말하면 좋을 것인데, 반드시 울릉도를 들어 말하는 것은 무슨 이유인가?"하면서, 여러 번 산개(刪改)하기를 청하고는…[24]

⑤ (1694년 2월) 접위관이 조정에 돌아가 보고한 내용의 일부이다.

> …제2조. 통사왜(通事倭)가 역관에게 묻기를, "죄인들을 어찌하여 다시 심문하지 않는가?"고 하니, 역관이 답하기를 "너희 나라에서 이미 竹島에 들어갔다고 말했는데, 어찌하여 믿지 않고 다시 심문할 수 있겠는가?"[25]고

---

일자) 안에 나옴. ②번 내용도 이 서장에 보임.

23) 정관이 쓰시마번 가로에게 보내는 1693년 11월 19일자 서장을 재판이 지참하고 가던 중이었다.

24)《숙종실록》숙종 20년(1694) 2월 23일.

25) 이 내용이《竹嶋紀事》(1694. 1. 15)에는 박동지가 재판 아비루 소베에게 접위관의

하자, 통사왜가 말하기를, "실로 그렇다. 미열한 죄인들은 그들이 들어간 섬이 竹島와 蔚陵島라는 것을 어찌 기억할 수 있겠는가"라고 했다. 이로써 추정컨대, 아마 죄인들은 그 안에서는 울릉도에 들어갔다고 말을 한 듯하다.

…제6조. 차왜가 역관에게 묻기를, "울릉도는 어느 해중(海中)에 있는가?"라고 하니, 역관이 말하기를, "울진과 삼척 등지 너머에 있다"고 했다. 차왜가 말하기를, "竹島는 蔚陵島에서 어느 정도 떨어져 있는가"라고 하자, 역관이 말하기를, "울릉도만 알고 竹島가 어디 있는지는 들어본 적이 없다. 공은 울릉도가 竹島에서 어느 정도 떨어져 있는지 아는가"라고 물었다. 차왜가 말하기를, "나도 竹島에 대해서만 알 뿐이다"고 하고, 차왜가 다시 묻기를, "蔚島 산의 형세는 어떤가"라고 하자, 역관이 "공은 《여지승람》을 보지 않았는가? 세 봉우리가 있다고 한다"고 하니, 차왜가 답하기를, "竹島에도 세 봉우리가 있다고 하는데, 두 섬의 봉우리 수가 우연히 같은 것도 이상한 일이다"고 했다.[26]

⑥ (1694년 7월 23일) 숙종이 희정당에서 대신들을 인견하다.

…박세채가 아뢰기를, "울릉도의 일을 들으니, 첨사를 보내 형세를 살피게 한다고 합니다"고 하자, 임금이 말하기를, "이 일은 이미 정해졌다. 다시 왜정을 살필 필요가 없게 된 후에 보낼 것이다"고 했다. … 남구만이 아뢰기를, "신이 피랍된 사람들의 말을 들으니, 이 섬에 죽목(竹木)이 많고 어산(魚産)도 풍부하여 왜인들이 시시때때로 오며, 근래에는 우리나라 사람들도 자주 가서 왜인들과 만난다고 합니다. … 저 사람들이 정말로 그 땅을 점거하려 한다면 왜관에 온 왜인들도 이미 알고 있을 것입니다. 그러

---

성품을 말하면서 "접위관이 판단하시기로는 일본의 竹島에 건너갔다는 쓰시마도주 님의 말씀이 있었으므로 그자들에 대한 심문을 진행할 필요가 없다고 하셔서 그대로 두었습니다. 이러한 일도 접위관의 분별력이 좋기 때문에 그렇게 된 것입니다."고 한 것으로 되어 있다.

26)《邊例集要》17, '울릉도' 갑술년(1694) 2월.

니 바로 조정에서 조치해서 첨사를 보내는 것이 마땅하며 2~3월까지 기다
릴 필요가 없습니다. 만일 (첨사가) 왜인을 만난다면, '이곳은 우리나라 울
릉도이므로 보러 왔다. 너희가 말하는 竹島는 우리들은 원래 들어본 적이
없다'고 한다면 염려할 바가 없을 듯합니다"고 하자, 임금이 말하기를, "저
들은 교린의 뜻을 끊지 않았다. 이번에 차송된 관원을 결코 침핍(侵逼)하
지 않을 것이다. 그리고 이 섬은 본디 우리나라 땅이니 저들이 따지더라도
잘못은 저들에게 있으니 염려할 것 없다"고 하였다.[27]

### (3) 용례에 대한 해석

위에 인용한 것은 일본이 안용복과 박어둔을 피랍했다가 송환하
기로 한 사실을 조선에 전한 뒤의 기록들이다. 이에 조선은 접위관
을 동래로 내려보내고 첨사를 울릉도에 파견하기로 결정하기까지
의, 조정과 부산왜관에서 전개되던 상황을 기술한 것이다. 주로 울
릉도 쟁계 초기의 기록이다. 초기 기록을 발췌한 이유는 초기의 호
칭이 후기까지 이어졌을 것으로 보기 때문이다.

①은 홍중하가 동래로 내려가기 전의 일을 적은 것이다. 그는 '일
본인들이 말하는 다케시마(倭人所謂竹島)'라고 했다. 그가 '所謂竹島'
라고 했듯이 일본이 말하는 '竹島'는 안용복 피랍사실이 조정에 보
고될 당시부터 사용되고 있었다. 1693년 9월 쓰시마번은 봉행차왜
가 조선인 두 명을 송환하기 위해 바람을 기다리는 중이라는 사실
을 왜관에 알려왔다. 그런데 이런 사실이 조선에 통지되기 전에 경
상 감사가 두 사람의 납치 건을 조정에 보고한 적이 있다.[28] 이에

---

27) 박세채, 《남계집(南溪集)》〈南溪先生朴文純公文集 續集〉 권5, '延中講啓', '七月
二十三日 熙政堂引見'
28) 《변례집요》 제1권 별차왜, 1603년 9월조.

대한 조정의 회계(回啓)도 "所謂竹島"라고 칭했다.

홍중하도 임금에게 하직 인사를 하기 전 역관으로부터 정황을 보고받았다. 이때 역관 박 동지는 "이번에 조선인이 일본의 竹島에 건너가 실례를 저질렀으므로"[29]라고 하며, "다시는 竹島에 건너가지 말도록 바닷가에 지엄하게 분부하겠다는 회답 서신을 작성하도록 아뢰는 것이 지당하다고 생각한다"는 대응방법까지 접위관에게 진언했다.[30]

조정에서는 "대신들 중에 竹島라는 것이 조선의 울릉도라면 조선이 비록 버려두었더라도 조선인이 다시 건너가지 말도록 분부하겠다는 회답을 보내는 것은 생각할 수도 없는 일이라고 말하는 사람들이 많았"다. 이로써 숙종과 대신들은 사건을 보고받을 당시부터 역관을 통해 일본인들이 "다케시마라고 부른다〔倭人所謂竹島〕"는 사실을 접하고 있었으며, '다케시마'는 바로 조선의 울릉도라는 사실도 인지하고 있었음을 알 수 있다. 역관이 "竹島라는 것이 조선의 울릉도라면"이라고 했으므로 이때 '竹島'를 일본식 발음인 '다케시마'로 불렀을 것이 분명하기 때문이다.

②는 역관이 왜관을 방문하여 조선의 내부사정을 들려준 내용이다. 조선 판사들이 "하나는 울릉도, 하나는 竹島"로 정하기로 했다는 내용을 역관이 전해준 것이므로 '다케시마'로 칭했을 것임을 알 수 있다. 역관은 접위관도 그대로 발언할 것이라고 했으므로 접위관도 역관과 같은 호칭 '다케시마'로 사용할 것임을 짐작할 수 있다.

③은 역관이 사전협상을 위한 실무자로서 쓰시마로 가던 중 일본인에게 전한 내용이다. 그것은 자신이 직접 숙종에게 보고했다는 사실이다. 역관은 숙종에게 보고할 때 '다케시마'로 불렀을 것이다. 숙종이 역관에게 "일본에서 竹島라고 말하는 섬"이라고 했으므로

---

29) 《竹嶋紀事》 1, 1694년 1월 15일 기사에 보이지만 내용은 1693년 11월의 일이다.
30) 위의 글.

숙종도 '다케시마'로 칭했다는 것을 알 수 있다.

④는 1694년 2월에 접위관 홍중하가 왜관에서 정식으로 정관 橘眞重과 대면했을 때 정관의 반응이다. 橘眞重은 조선 측이 서계에서 '竹島' 외에 '울릉도'를 칭한 것에 대한 불만을 역관에게 토로했다. 일본 통사가 통역할 때 橘眞重이 말한 '竹島'를 '다케시마'로 칭했을 것이므로 동석했던 홍중하가 '다케시마'를 '죽도'로 듣거나 바꾸어 칭했을 리는 없다.

⑤는 접위관이 조정으로 돌아와 숙종에게 보고한 내용의 일부이다. 《변례집요》에는 이 내용이 대화체로 실려 있으므로 호칭 관계를 올바로 파악할 수 있다. 2조를 보면, 역관이 통사에게 '竹島와 蔚陵島'라고 병칭하고 있다. 차왜(差倭)는 '竹島'와 '울릉도'가 마치 별개의 섬인 듯 물었지만, 역관은 조선인은 '蔚陵島'로만 알고 있었음을 강조하고 있다. 이때 역관이 일본이 칭한 섬에 대해서는 모른다고 했으므로 '다케시마'로 부르지 않았다면 서로 소통되지 않는다. 역관이 일본 호칭을 이르면서 '죽도'라고 부르는 것이 논리적으로 성립하는가? 역관의 일을 임금에게 보고하는 접위관 역시 '다케시마'로 보고했음을 이로써 알 수 있다.

⑥은 숙종이 울릉도에 첨사[31]를 파견하여 조사할 것을 대신들과 논의한 내용이다. 박세채는 첨사 파견에 회의적인 의견을 보였고, 남구만은 첨사가 울릉도에서 일본인을 만나더라도 "소위 竹島는 우리들은 원래 들어본 적이 없다"고 하면 문제없다고 했다. 이때 "소위 竹島" 운운도 '다케시마(竹島)'라고 했어야 일본인과 소통할 수 있었음을 보여주므로 남구만도 '다케시마'로 칭했을 것임을 알 수 있다. 숙종 역시 남구만의 의견에 동조하여 '울릉도'를 조선 땅이라고 했으므로 조선 호칭은 '울릉도', 일본 호칭은 '다케시마'로 칭했

---

31) 이 첨사가 장한상이다. 장한상은 역관 안신휘를 데리고 9월 19일 울릉도로 출발했다.

어야 논리적으로 맞는다.

　이상 여섯 개의 용례를 보면, 정황은 각기 다르더라도 조선의 역관은 말할 것도 없고 군주와 대신에 이르기까지 모두 '竹島'를 '다케시마'로 칭했어야 맥락이 맞는다는 것을 알 수 있다. 그러지 않았다면, 일본 측에서 역관에게로, 역관에게서 다시 조선 측에로 이어지는 소통구조 안에서 문제가 생겼을 것이다. 위의 기록은 대부분 직접 대화한 내용을 인용한 것들이다. 그러므로 문헌에는 '竹島'로 쓰여 있지만 현장에서는 '다케시마'로 불렀을 것임을 보여준다. 또한 실제 교섭과정에서 많은 부분을 차지하고 있는 것은 구두 전달이다. 구두 전달도 교섭의 일환이다. 구두로 소통할 때 역관이 일본 측에게는 '다케시마'로 부르고 조선 측에게는 '죽도'로 부르는, 분리 소통이 가능했을 리도 없다.

　역관이 '죽도'로 부를 수 없었던 가장 큰 이유는 '죽도'는 일본이 가리키는 섬에 대한 올바른 호칭이 아니기 때문이다. 일본이 가리키는 섬—그것이 울릉도이든 아니든—에 대한 호칭은 '다케시마'이다. '竹島'는 그에 대한 문헌상의 표기일 뿐이다. 외국 지명이므로 문헌상의 표기와 구두 소통시의 호칭은 당연히 다를 수밖에 없다. 역관이 통역을 한다고 해서 지명이나 인명 같은 고유명사까지 통역하지는 않는다. 일본 통사도 조선의 '鬱陵島'는 고유 호칭이므로 '울릉도'로만 칭할 수밖에 없었다.

　1693년 12월 10일, 정관 다다 요자에몬(多田與左衛門)은 왜관 대청에서 안용복과 박어둔을 조선 측에 인계했다. 이때 통사가 대동했음은 물론, 조선말에 능통한 조닌(町人) 도미이 겐파치(富井源八)까지 배석했다. 통사가 있는데도 조선말에 능통한 자를 배석시켰다는 것은 이 사안을 얼마나 중시했는지를 짐작하게 한다. 정관은 "일본 소속 다케시마(竹島)에 근래 조선인이 건너와 어렵을 행하고 있었지만"으로 시작하며 자신의 의사를 접위관 홍중하에게 전했다. 이때

정관은 '竹島'가 일본 소속이라고 했으므로 당연히 '다케시마'로 칭했을 것이다. 접위관과 동래 부사는 "조선인이 국경을 넘어 일본의 竹島에 건너간 것과 관련해서 잘못한 자들을 각각 처벌하지 않으면 안 될 일입니다. 竹島로 건너간 것도 필시 다른 뜻이 있어서가 아니라, 물고기를 잡기 위해 간 것으로 알고 있습니다. 조선에 울릉도라는 곳이 있습니다. 여기에 가려다가 竹島로 간 것입니다"[32]라고 응대했다. 이 경우 조선 역관이 '竹島'를 '다케시마'로 호칭하지 않고 '울릉도'로 통역할 수 있는가? 그랬다고 가정하고 위에서 인용한 문장의 일부를 옮겨보자(굵은 글자는 필자).

② "**울릉도(원문은 竹島)**는 본래 조선 안의 울릉도임이 틀림없는데도 이번에 전해온 내용을 잘 이해하더라도 일본에게 넘겨주기는 어렵습니다. 또한 반드시 조선 소속이라고 하기도 어렵습니다. 섬이 두 개 있으니 하나는 **울릉도**, 하나는 **울릉도(원문은 竹島)**라고 정하자는 듯 판사들이 발언하고 있으니 접위관도 그대로 발언할 것입니다."

③ "일본에서 **울릉도(원문은 竹島)**라고 칭하는 섬은 어느 방향에 있는 섬인가? 조선에도 울릉도라는 섬이 있으므로 이 섬이라면 분명히 조선 소속으로 《여지승람》에도 기재되어 있다. 《여지승람》은 일본에도 전해져 있는 책인가?"

위에서 보았듯이, 그렇게 할 경우 "하나는 울릉도, 하나는 울릉도"가 된다. 이것이 성립할 수 있는가? 또한 "일본에서 울릉도라고 칭하는 섬"이라는 것도 논리적으로 성립되는가? '울릉도'는 조선의 고유호칭이다. 따라서 역관이 '竹島'를 '울릉도'로 통역하는 것 자체가 성립되지 않음을 알 수 있다.

---

32) 《竹嶋紀事》 1권, 1693년 12월 10일 정관 발언에 대한 답변임.

　　그렇다고 해서 역관이나 통사가 '竹島'를 '죽도'로 통역했겠는가?
일본 통사는 '竹島'를 '울릉도'로 통역하지 않는 한 '다케시마'로 칭
한다. 그런데 조선 역관이 이를 '죽도'로 바꾸어 통역했을까? 그랬
다면 일본 통사는 '죽도'라는 말은 일본 호칭이 아니므로 조선의 다
른 섬인지 의문을 제기했어야 한다. 나아가 교섭과정에 개재된 여
러 주체들도 '다케시마'가 '죽도'가 된 것에 대해 의문을 제기했어
야 했다. 그런데 《竹嶋紀事》에는 이와 관련된 내용이 보이지 않는
다. 일본 측은 자신들이 칭한 '다케시마'가 조선의 '울릉도'에 해당
된다는 것을 알고 있었기에 조선 측의 '울릉도' 거론에 이의를 제기
한 것이다. 역관이 이를 '죽도'로 바꾸었다면 그때의 '죽도'는 '울릉
도'가 아닌 다른 섬이 된다. 그렇게 되면 일본은 '다케시마'가 일본
땅이라고 주장할 명분 자체가 없어진다. '죽도'는 '다케시마'가 아니
기 때문이다. 역관이 '죽도'로 바꿀 수 없었음을 이로써도 알 수 있
다.[33]

　　③으로 알 수 있듯이, 숙종이 "일본에서 竹島라고 칭하는 섬"이
라고 한 것은 역관의 보고를 받고나서이다. 숙종은 역관(박 동지)에
게서 '다케시마' 호칭을 들은 뒤 이 섬이 바로 '울릉도'일 것으로 짐
작했다. 이에 숙종은 "일본에서 竹島라고 칭하는 것이 (우리나라
울릉도와는) 다른 섬인가"를 물었다. 역관이 '다케시마'로 칭했고,
숙종은 '소위'라고 했으므로 '다케시마'로 불렀음을 보여준다. 만일
이때 역관이 '죽도'라고 보고했다면, 이 '죽도'는 우리나라의 일반적
인 죽도와 구분되지 않을 뿐만 아니라, 일본의 섬을 가리키지도 않
는다. 당시는 울릉도 옆의 섬에 대해 '죽도'라는 명칭이 성립해 있
던 시기가 아니지만, 비록 '죽도'라는 명칭이 있었다 할지라도 이때
의 '죽도'는 "일본에서 칭하는" 섬과는 관계없는 섬일 뿐이다.

---

33) 일본은 근대기에 울릉도 옆의 '댓섬'의 한자가 '竹島'이며 '죽도'로 발음된다는 사실
　을 알게 되자, 'チュクト'라고 발음했다. 그러다가 '竹島'와의 중복을 피해 '竹嶼'로 바
　꾸었다.

역관은 일본 측 재판 아비루 소베(阿比留總兵衛)에게 조선 측 동정을 전하면서, 조선이 장차 회답서신에 "일본어 서신에는 竹島로, 조선어 서신에는 蔚陵島로 쓰게 될 것"[34]임을 비쳤다. 이는 호칭문제가 미묘한 사안임을 간파한 역관이 사건을 무마하려 한 정황을 보여준다. 조선 대신들은 "竹島라고 전해 온 것이 조선국의 울릉도라면 우리가 비록 버려두었더라도 조선인이 다시 건너가지 말도록 분부하겠다는 회답을 보내는 것은 생각할 수도 없는 일이다"[35]는 강경한 입장을 보였다. 당시 조선이 문제시한 것은 일본이 칭한 '竹島' 즉 '다케시마'였다. 그러므로 조정의 군주와 대신들이 '다케시마'를 '죽도'로 바꾸어 칭했을 리는 없다.

### (4) '貴界竹島'와 '所謂竹島'

1693년 12월 예조 참판 권해(權瑎)의 이름으로 작성된 회답서신 사본이 왜관에 전해진 것은 다음해 1월이다. 조선은 서신에서 "우리나라는 귀국 영토인 다케시마(貴界竹島)는 물론이고 우리나라 영토인 울릉도(弊境之蔚陵嶋)에도 금령을 시행하여 못 가게 한다"[36]고 회답했다. 일본은 '竹島'만 남겨두고 '蔚陵嶋' 세 글자는 삭제해줄 것을 요청했다. 정관으로부터 조선의 서신 내용을 보고받은 쓰시마 번 가로는 "다케시마(竹島)라고 하는 것이 조선국 울릉도임이 분명한 지는 이쪽의 추측일 뿐이지만 막부는 분명히 울릉도로 알고 계

---

34) 《竹嶋紀事》1, 1694년 1월 15일자 기사에 보이지만 내용은 1693년 12월에 박 동지가 왜관에 들어와 고한 내용임.

35) 1693년 12월 박동지가 아비루 소베를 만나 자신의 진심을 전할 때 나온 말이다(《竹嶋紀事》1).

36) 《숙종실록》 숙종 21년(1695) 6월 20일.

시면서 지시하신 것인지 가늠하기 어렵다"[37]는 의견을 개진했다. 이는 쓰시마번이 막부가 '다케시마'를 조선의 울릉도로 확신하는지 신경을 쓰고 있음을 의미한다. 쓰시마번이 '울릉도' 세 글자의 삭제를 집요하게 요청한 것도 막부에 그 의도를 들키지 않을 심산에서였다. 이렇듯 쓰시마번과 막부의 소통과정에서도 울릉도는 '울릉도'로 호칭되고 있었다.

　1693년 안용복 배에 타고 있던 9명 가운데 피랍되지 않고 귀향한 7명은 조선으로 돌아와 조사받고 수감되었다.[38] 이들은 심문당할 때 한결같이 '울릉도'에 갔었다고 주장했다. 그런데 안용복은 일본에서는 '무릉섬'으로 칭하고 '울릉도'라고 칭하지 않았다. 이는 일본이 '울릉도'를 인지하고 있음을 의식한 안용복의 임기응변으로 보인다. 그 섬의 이름이 울릉도임을 안용복 자신이 몰랐을 리는 없기 때문이다. 조선의 관청에서 7명은 "일본인이 오는 곳에는 어떤 이유로 갔는지, 울릉도가 아닌 다른 곳에 간 것이 아닌가"를 심문받았지만, 이들은 "결코 다른 곳은 아니며 이전부터 갔다"[39]고 답변했다. 이때의 조사는 경상도 순찰사에게 보고되었고, 조정은 경상도 순찰사에게 다시 조사를 지시했다. 조선의 대신들은 "있는 그대로 말해, 竹島에는 가지 않았으며, 우리나라 울릉도에 간 것이라고 회답하는 것이 지당하다"[40]고 결론 내렸다. 이때도 대신들의 말은 직접 인용 형태이므로 '竹島'를 '다케시마'로 칭했어야 논리적으로 맞다. 1693년 안용복과 함께 일본에 납치되었던 박어둔도 돌아와서

---

37)《竹嶋紀事》1, 1694년 1월 26일 쓰시마번 가로가 다다에게 보내는 답장에 보임.

38) 조선 측 기록에 이들이 수감되었다는 사실은 보이지 않는다. 안용복의 형량이 2년이라는 사실은《성호사설》에만 보인다. 관찬 기록에 보이지 않는다고 해서 안용복의 2년형을 인정하지 않는 경우가 있다. 일본에 가지 않은 7명도 수감되었는데 해금정책을 어긴 것에 더해 외국까지 갔다온 두 사람에게 형벌이 내려지지 않았다고 보는 것은 상식적으로 성립하기 어렵다. 안용복이 2차 도일 후 사형을 구형받은 것은 1차 피랍 때 형벌을 받았음에도 재범한 사실이 중형을 초래한 것으로 볼 수 있다.

39)《竹嶋紀事》1, 1694년 2월 9일 박동지가 왜관에 와서 정관에게 한 말 가운데 보인다.

40)《竹嶋紀事》1, 1694년 2월 9일 정관의 구두전달에 대한 박 동지의 답변에 나온다.

심문받을 때, 자신이 간 곳을 '所謂竹島'라고 칭했다.[41]

조선은 초기에는 '울릉도'와 '竹島'가 마치 다른 섬인 듯 기술했지만, 일본이 칭한 '竹島'가 조선의 '울릉도'임을 분명히 인식하여 일본 측에 강변하고 있었다. 1694년 2월 쓰시마로 돌아간 정관 다다 요자에몬은 "이번 답장에 우리 쪽에서 언급하지 않은 '울릉도'를 적어 넣은 것과 관련해서 '일도이명(一島二名)'으로 만들어 처리하더라도 장기적으로는 해결되지 않을 것"으로 보았다. 그는 "울릉도와 다케시마가 한 섬이라"는 것을 모르는 것처럼 해서 조선의 답서를 막부에 제출하더라도 분명히 막부가 심의할 것으로 보았던 것이다.

1694년 가을, 숙종이 직접 남구만의 집으로 가서 의논한 사실이 《竹嶋紀事》에 보인다. 이런 내용은 조선 측 문헌에는 보이지 않는다. 남구만은 "반드시 답신에, 竹島는 우리나라 토지라는 주장을 기록해 보내야 합니다. 일본인이 화를 내어 전쟁을 하게 된다면 제 머리를 자른 뒤 일본인에게 말을 하는 명분을 삼으십시오"[42]라고 했다. 남구만은 일본이 칭하는 '竹島'를 우리나라 토지라고 주장해야 한다는 생각이었으므로 그가 '竹島'를 일본 호칭대로 부르지 않았다면 논리가 맞지 않는다. 이 역시 숙종과 남구만 둘 다 '다케시마'로 칭했을 것임을 보여주는 대목이다.

이 밖에도 양국은 서신 교환이나 면담 과정에서 서로의 호칭을 그대로 써준 예가 많다. 일본 측은 "竹島가 바로 울릉도", "일본 소속 竹島", "일본의 竹島", "울릉도를 일본에서 竹島로 부르게 된 것도 임진왜란 이후", "조선인이 우리 竹島에 들어와" 등의 표현을 했다. 조선 측은 "귀국의 竹島" "竹島는 물론 울릉도에도 도해하지 말도록.." "조선인이 일본의 竹島에 건너가", "왜인이 말하는 竹島"

---

41) 《변례집요》 17, 울릉도, 1694년 1월 박어둔 문초 관련 글에 나온다.

42) 《竹嶋紀事》 2, 1694년 10월 1일자 서장으로, 쓰시마번의 도시요리가 다다 요자에몬에게 보내는 글에서 언급했다.

등의 표현을 했다. 이 가운데 "조선인이 우리 竹島에 들어와"[43]라고 한 것은 동래 부사가 일본인의 말을 전한 것을 남구만이 다시 숙종에게 보고한 것이다. 또한 일본은 조선이 '울릉도'라고 쓴 것을 보고 "이 섬이 어느 쪽에 있는지 일본의 竹島와 혼동한 것은 아닌지 알고 싶다"[44]고도 했다. 이 모두 '竹島'가 '다케시마'로 칭해질 수밖에 없었던 정황을 보여준다.

## 3) 국내에서의 호칭과 표기 방식

일본 측의 서계개작 요구에 대해《숙종실록》은 아래와 같이 기술하고 있다.[45]

橘眞重이 조선 측의 회답서신에 '우리나라 울릉도(弊境鬱陵)'라고 쓴 것을 매우 싫어하여 역관에게 이르기를, "서계에는 竹島라고만 말했으면 좋을 텐데 반드시 '울릉'을 쓴 것은 무슨 이유인가?"라고 하면서, 여러 번 산개(刪改)하기를 청하고는, 수행한 왜인을 사적으로 對馬島로 보내 의논했다. 그리고는 거의 반 달이나 시일을 끌며 결정하지 않았다. 이에 홍중하가 역관을 시켜 책망하자, 수행한 왜인이 역관에게 사적으로 말하기를, "도주(島主)는 반드시 '울릉(鬱陵)'이란 두 글자를 없애려 하니, 난처한 일이 있는 듯하다. 또한 자세히 고치기를 청한 정관(正官)의 서신을 받아야 하기에 자연히 이렇게 되었다"고 했다. 또한 그는 번갈아 근거 없는 말을 하면서 논쟁해왔으므로 조정은 끝내 들어주지 않았다. 橘眞重은 계략이 다하고 사실이 드러나자, 그제서야 서계를 받고 돌아갔다.

---

43)《숙종실록》숙종 20년(1694) 2월 23일. 1693년 여름의 일을 보고한 것이다.

44)《竹嶋紀事》3. 과거 1694년의 일을 말하는 내용에 보인다.

45)《숙종실록》숙종 20년(1694) 2월 23일.

사건의 처리에 대하여 사신은 아래와 같이 평했다.[46]

> 왜인들이 말하는 '竹島'는 바로 우리나라 울릉도이다. '울릉'이란 호칭은
> 신라 · 고려의 사서(史書)와 중국 사람의 문집에 보이니, 그 유래가 가장
> 오래 되었다. 섬에 대나무가 많이 나므로 '竹島'라는 호칭이 있긴 하지만,
> 실은 한 섬에 두 명칭인 셈이다. 왜인들은 '울릉'이란 명칭은 숨기고 '竹島
> 에서 고기잡는다'는 구실로 우리나라의 회답서신을 얻어 금단(禁斷)을 허
> 가받은 후 좌계(左契)를 가지고 점거(占據)할 계책을 삼으려고만 했다. 우
> 리나라의 회답서계에 반드시 '울릉'이란 명칭을 거론한 것은 그 땅이 본디
> 우리나라 땅임을 밝히기 위해서이다. 왜인들이 반드시 '울릉'이란 두 글자
> 를 고치려 하면서도, 끝내 '竹島'가 울릉도가 된다는 사실을 분명히 말하지
> 않은 것은 그 왜곡(歪曲)이 자기들에게 있음을 스스로 걱정했기 때문이다.

위의 내용은 橘眞重 즉 다치바나 마사시게가 회답서신의 수정을
요청했으나, 조선 측이 응하지 않아 단념하고 돌아가기까지의 경위
를 기술한 것이다. 조선 측 문헌에는 '竹島'로 되어 있지만, 다치바
나와 홍중하가 통역을 대동하고 대화한 것이므로 '다케시마'로 호칭
되었음을 알 수 있다. 사신(史臣)도 "왜인들이 말하는 竹島(倭人所謂
竹島)"라고 했으므로 '다케시마'로 칭해진다는 사실을 알고 있었음
을 보여준다. 그런데 사신이 "섬에 대나무가 많이 나므로 '竹島'라
는 호칭이 있긴 하지만"이라고 할 때는 '竹島'의 어의(語義)를 말한
것이다. 즉 '竹島'의 뜻을 풀어준 것이므로 일본이 칭한 '竹島'의 음
독과는 관계없는 것이다.

다만 위의 두 기록에 보인 '橘眞重'에 대해서도 '竹島' '다케시마'
호칭 방식을 그대로 적용할 수 있는가는 차원이 다르다. 물론 교섭
석상에서는 일본 호칭대로 불렸을 것이다. 그러나 조정에서도 일본

---

46) 앞과 같음.

호칭을 썼다고 단정하기는 어렵다. 이들 호칭이 '다케시마'처럼 간단하지 않기 때문이다. '橘眞重'의 음독은 다치바나 마사시게(橘眞重)이다. 그런데 이 자는 다다 요자에몬(多田與左衛門)과 동일인이다. 《竹嶋紀事》에는 두 이름이 다 보이지만, 조선국 예조에 보낸 서간에는 '橘眞重'만이 보인다. 다만 '橘眞重'의 음독을 놓고 볼 때, '다치바나 마사시게'로 읽는다는 사실을 조정 대신들이나 일반인이 알기는 쉽지 않다. 일본의 인명과 지명은 일본인도 모르는 경우가 있다. 이를 외국인이 알기는 더욱더 쉽지 않다. 우리는 '對馬島'[47]를 지금도 '대마도'로 호칭하는 관습이 있다. 이 차원에서 일반인이 '竹島'를 '죽도'라고 호칭했을 가능성은 생각해볼 수 있다. 그러나 '다케시마'라는 호칭을 전혀 접할 기회가 없는 일반인이 '죽도'로 호칭한 사실을 들어 '울릉도 쟁계' 당시 관련자들도 '죽도'로 호칭했다는 논리를 펴는 것은 문제가 있다. 더구나 일반인이 '죽도'로 호칭했다고 가정할 수 있는 이유도 우리가 한자 문화권이기 때문에 가능한 논리다. 우리가 러시아어를 모르면 한글로도 호칭하기 어렵듯이 서양인도 '竹島'를 읽을 줄 모른다면 '다케시마'를 영어로 표기한 'Takeshima' 혹은 이와 유사한 서구어로 부를 수밖에 없다.

우리가 우리식대로 읽을 수 있는 가능성은 중국 인명의 경우 더 크다. 중국인의 이름이 대부분 우리와 같아 친숙한지라 대부분 한자를 그대로 읽는 경우가 있다. 임진왜란 당시 등장한 李如松, 沈惟敬에 대해 우리는 지금도 '이여송', '심유경'으로 호칭한다. '毛澤東'도 한때는 '마오쩌둥'이 아니라 '모택동'으로 칭했다. 그러나 지금은 시대가 달라졌다. '습근평'이라고 하면 누군지 모른다. 대부분 '시진핑(習近平)'이라고 부르기 때문이다. 그러므로 '竹島'를 '죽도'로, '對馬島'를 '대마도'로, '毛澤東'을 '모택동'으로 부르는 것은 편의적인

---

47) 조선 후기 일본어 학습서 《捷解新語》(1721)에는 '對州'에 대하여 'たいしゅ'라고 발음을 적고 있다. 《倭語類解》(1781~1782 무렵)에는 일본어 발음을 한글로 적고 있다.

방식을 취한 것에 불과할 뿐이므로 그렇게 부르는 것을 옳다고 하거나 그렇게 불러야 한다고 주장할 수 있는 것은 아니다.

우리가 과거에 외국 인명과 지명을 편의적인 방식대로 취사했음은 여러 문헌으로 입증할 수 있다. 예를 들면, 1452년에 쓰시마에 갔다온 성균 사예 이견의(李堅義)는 단종에게 복명하면서 쓰시마의 인명과 지명을 음독과 훈독 두 가지로 써주고 있다. 그가 후루가와(侯樓加臥), 나가사도(那加沙道), 변사야문(邊沙也文), 도라니(都羅尼), 도이사지(都伊沙只)로 표기한 것은 음독을 표기한 것이다. 한편 사포(沙浦), 고리포(古里浦)라는 지명도 보이는데 이는 현지 지명대로 한 자로 표기한 것이다.[48] 인명을 현지어대로 표기한 예도 보인다. 종성가(宗盛家)·종정국(宗貞國)·평무지(平茂持)·종성직(宗盛直)·종성홍(宗盛弘)·종조무(宗朝茂) 등이 그러한 예이다.

일본에 갔다온 신숙주[49]는 《해동제국기》(1471)에서 對馬島의 8군 지명을 밝혔는데, 豐崎郡, 豆豆郡, 伊乃郡, 卦老郡, 要羅郡, 美女郡, 雙古郡, 尼老郡라 하였다. 그는 이 가운데 豐崎郡에 대해서는 "或稱都伊沙只郡", 卦老郡에 대해서는 '或稱仁位郡'이라는 사실을 덧붙였다.[50] 실제로 호칭되는 발음을 표기해 준 것이다. 다른 지명도 豆豆郡은 豆酘郡이, 伊乃郡은 伊奈郡이, 美女郡은 三根郡이, 雙古郡은 佐護郡이 본래 지명인데, 전자와 같은 방식으로 표기한 것은 현지 발음에 가까운 글자를 빌려 표기해준 것이다. 《해동제국기》에 첨부된 〈日本國對馬島之圖〉에는 加羅愁浦, 沙愁那浦, 豆羅浦, 于那豆羅浦, 時古浦, 沙加浦, 訓那串, 完尼老浦 등의 지명도 보인다. 이들도 가라쓰(唐州), 사스나(佐須奈), 쓰쓰우라(豆酘浦), 우나쓰라(女連), 시코우라(志古浦), 사가우라(佐賀浦), 후나코시(船越), 와

---

48) 《단종실록》 즉위년(1452) 10월 17일.

49) 1443년 통신사 변효문을 수행하여 서장관으로서 일본에 갔다 왔다.

50) 《해동제국기》〈일본국기〉(1471)

니우라(鰐浦)가 본래의 지명이다. 그런데 신숙주는 실제로 호칭되는 발음을 소리나는 대로 표기해준 것이다.[51] 그러나 이런 표기방식이 모든 지명에 적용되었다고 보기는 어렵다. 읽는 법을 알기 어려운 경우가 있었기 때문이다.

그런데 문헌에는 대부분 지명이 한자로만 표기된다. 일본에 가본 경험이 있는 자일지라도 한자로만 표기한다. 이를테면, 신숙주 시대보다 후대에 순조 연간(1811) 통신사행에 정사로서 일본 쓰시마에 갔다온 부제학 김이교는 사행일기를 《동사록(東槎錄)》으로 남겼는데, 그는 쓰시마의 지명을 '豐崎浦, 鰐浦'로 적었다. 그렇다고 해서 그가 도요사키, 와니우라로 읽는 법을 몰랐다고 단정할 수는 없다. 우리가 접한 것은 문헌상의 표기에 지나지 않기 때문이다.

임진왜란 관련 문헌에 많이 등장하는 豊臣秀吉, 小西行長에 대해 조선인은 어떻게 불렀을까? 전장(戰場)에서도 통역이 대동되었으므로 현장에서는 도요토미 히데요시, 고니시 유키나가로 호칭되었을 것이다. 그러나 일반인들은 풍신수길, 소서행장으로 칭했을 가능성도 있다. 이는 《징비록(懲毖錄)》으로도 입증된다. 거기에 '平秀嘉'라는 인명이 나온다. 이는 '다이라노 히데이에(平秀家)'를 의미한다. 그런데 《징비록》에는 '平秀嘉[52]'로만 적혀 있다. 이는 유성룡 또는 일반인이 '평수가'로 불렀음을 의미한다. '平秀嘉'는 '平秀家'에서 와전된 것이기 때문이다. 이에 대해서는 일본의 오카지마도 같은 의견을 드러낸 바 있다. 즉 그도 '家'와 '嘉'가 같은 음이기 때문에 '平秀家'를 '平秀嘉'로 잘못 적었다고 보았다.[53] 오카지마가 이런 논리를 편 목적은 후술하겠지만, 조선인이 '다케시마'를 '죽도'로 칭했다는 것을 주장하기 위해서이다.

---

51) 신숙주는 '壹岐島'의 지명에 대해서도 臥多羅浦, 于羅于未浦, 仇老沙只浦 등과 같이 현지 발음에 가깝게 표기했다.

52) 《兩朝平攘錄》에도 '平秀嘉'로 되어 있다.

53) 《竹島考》의 저자는 우키다 히데이에(浮田秀家)를 가리키는 것으로 보았다.

《징비록》에는 '郞古耶'라는 지명도 보인다. '나고야'를 가리키는
데 이는 '名古屋'의 오기이다. 이렇게 쓴 것은 '郞古耶'[54]의 원어가
'名古屋'인 줄 모른 채 '나고야'로만 들었고 이를 음차표기한 것이
기 때문이다. '名護屋'[55]은 '名古屋'의 음 '명고옥'에 가깝지만 이 역
시 음차 표기이다. 1617년에 일본에 갔다온 이경직은《부상록》에서
일본 8도, 66주의 지명을 썼다. 여기에 山陰道 8주에 대해 丹後·
但馬·因幡·丹波·伯耆·出雲·石見·隱岐로 표기했다. 문헌상의
표기이므로 발음은 드러나지 않는다. 그러나《扶桑錄》에는 '신시로
(信時老)'라는 인명도 보인다. 이는 저자가 일본 표기를 몰라 들은
대로 적은 것임을 의미한다.[56] 이런 용례는 많다.[57] 이는 조선인이
일본 인명이나 지명의 현지발음을 알 때는 음독으로 표기하고 모를
때는 한자대로 표기했음을 보여준다.

안용복 시대도 마찬가지다. 1693년 안용복은 자신이 '무릉섬'이
라고 부르는 섬을 일본인들은 '다케시마'로 부른다는 사실을 알았다
고 진술한 바 있다.[58] 이때도 조선 측 기록에는 '竹島'로 되어 있다.
안용복이 일본에서 먼저 접한 것은 '竹島'라는 문자가 아니라 '다케
시마'라는 구어였을 것이다. 그가 일본인의 실제 호칭을 인용했으
므로 '죽도'라고 칭했을 리는 없다. 그런데 실록에는 '竹島'로만 표
기되어 있다. 이를 근거로 안용복이 '다케시마'라고 호칭하지 않고

---

54) 당시 조선에서는 '나고야'의 표기가 郞古耶, 郞古邪로 알려져 있었다. 이덕무는 '名
護屋'으로 적었고 "왜음은 郞古耶이다(名護屋倭音郞古耶)"고 하였다(《靑莊館全書》제
65, 蜻蛉國志二, 輿地).

55) 신유한, 《海遊錄》(下), 〈使行水陸路程記〉

56) '小野新十郞信時'를 가리키는 것으로 나오는데(《本州編稔略》) 이 역시 信治郞 혹은
信十郞에 준하는 원어를 몰라서 들은 대로 표기한 것으로 보인다(《부상록》, 1617. 8.
2).

57) 하멜이 표류했을 때 제주 목사는 일본어를 아는 자를 시켜 소통시킨 결과 이들이
'나가사키'로 가려다 표류했음을 알았다. 이때 나가사키가 '郞可朔其'로 적혀 있다(《효
종실록》효종 4년 8월 6일).

58) 《竹嶋紀事》1, 1693년 7월 1일자 기사에 보임. 나가사키에서의 진술이다.

‘죽도’로 호칭했다고 주장할 수 있는가? 실록에 ‘竹島’로 표기되어 있는 것이야말로 오히려 안용복과 조선 측이 ‘다케시마’로 읽고 있었음을 의미한다.

안용복이 현지 호칭을 접하고 그대로 호칭했음은 다른 기록으로도 입증할 수 있다. 안용복은 1696년에 일본에 갔다온 뒤 비변사에서 심문받았는데, 《숙종실록》에는 섬의 이름이 ‘옥기도(玉岐島)’로 되어 있다.[59] 이는 그가 진술 당시 ‘오키도’로 칭했음을 의미한다. 이를 적은 조선의 관리는 ‘오키도’의 한자가 ‘隱岐島’인 줄 몰랐으므로 안용복의 발음과 비슷한 음을 차용하여 ‘玉岐島’로 적은 것이다.[60] 안용복은 ‘오키도’, ‘다케시마’로 진술했는데, 이 사건을 처리하는 조정에서 ‘은기도’, ‘죽도’로 호칭했다고 볼 수 있는가?

1693년, 안용복과 박어둔이 울릉도에서 피랍되고 나머지 7명만이 울산으로 돌아오자, 안용복과 박어둔의 가족은 울산 수령에게 소장을 제출한 바 있다. 자신들의 아버지가 돌아오지 않았으니 조사해달라는 내용의 소장이었다. 이에 7명을 소환하여 조사해보니, 그들의 말이 “울릉도에 고기잡이를 하러 갔는데 일본인을 만나 두 사람이 붙잡혀가 伯耆國에 끌려간 탓에 힘없이 우리들만 돌아왔다”[61]는 것이었다. 《竹嶋紀事》에는 ‘伯耆國’으로 적혀 있다. 7명의 조선인이 ‘호키’의 한자가 ‘伯耆’라는 것을 알았을 가능성은 적다. 그들 가운데 누군가 ‘호키’라는 현지어보다 ‘伯耆’라는 한자를 먼저 알았다면 ‘백기’로 읽었을 수는 있지만, 그럴 가능성은 희박하다. 그러므로 이때 ‘호키’로 진술했다고 보아야 한다. 그럼에도 문

---

59) 《숙종실록》 숙종 22년(1696) 9월 25일.

60) 한편 다른 문헌에는 ‘隱岐’가 나온다. 따라서 隱岐와 그 음독인 ‘오키’가 같은 것을 의미한다는 사실이 안용복 사건 당시에는 유리되어 있었다고 할 수 있다. 일본어 학습서 《첩해신어(捷解新語)》(1721)에는 ‘隱岐’를 ‘오기노구니’로 발음하고 있다. 여기에 8개 도(道) 66주(州)의 이름을 음독으로 표기하고 있는데 이를 테면 ‘이나바주(因幡州)’는 7군, ‘호우기(伯耆州)’는 6군, ‘오기노구니(隱岐州)’는 4군 등으로 나온다.

61) 《竹嶋紀事》1, 1694. 2.

헌에는 '伯耆國'으로 표기되어 있다. 그 이유는 일본 기록이기 때문이다. 그렇다고 이를 근거로 7명의 조선인이 '호키'로 호칭하지 않았다고 할 수 있는가?

이런 여러 정황은 사건에 연루된 조선인들이 '다케시마'라는 지명을 알고 있었음을 말해준다. 《변례집요》를 보면, 일본 인명이 대부분 한자로만 표기되어 있다. 그토록 많은 인명을 정확히 한자로 표기했다는 사실이 놀라울 정도이다. 그것이 가능했던 이유는 양국이 교섭 당시 주고받은 문서가 진문(眞文) 즉 한문이었기 때문이다. 다만 조선 예조에서 내려온 문서가 왜관에 전해질 때는 실무자에게 전령(傳令) 형식의 문서 또는 그 사본이 전해졌는데 이때도 이두가 섞이긴 했지만 한문으로 작성되었다. '다케시마'가 문헌에 '竹島'로만 표기된 이유는 이 때문이다. 그러므로 울릉도 쟁계 당시 '竹島'를 '죽도'로 불렀을 것이라고 주장하는 것은 말(호칭)과 글(표기)을 구분하지 않은 데서 빚어진 오류이다. 그리고 당시 역관이 대동된 소통 시스템을 이해하지 못한 데서 빚어진 오류이다.

두 나라가 첨예하게 영토 문제로 대립할 때 교섭석상에서 상대국이 부르는 바의 호칭부터 정확히 불러주는 것은 외교의 기본이다. 일본도 '울릉도'를 칭한 뒤에 세 글자의 삭제를 요구했던 것이지 '울릉도'를 다른 호칭으로 바꾸거나 잘못 호칭한 적은 없었다. 조선의 일반인이 읽는 법을 몰라 편의상 호칭한 경우와 교섭에서 호칭을 알면서도 올바로 호칭하지 않는 것은 별개 차원의 문제이다. 조선 초기에도 쓰시마의 豊崎가 '도요사키'(都伊沙只)[62]인 줄 알았는데, 후기에 들어와 '竹島'가 '다케시마'인 줄 몰랐겠는가? '竹島'를 '죽도'로 불렀을 것이라는 주장이 성립하려면 '豊崎'에 대해 '都伊沙只'로 표기한 것이 문헌에 보이지 않았어야 한다. '죽도' 주장자의 논리대

---

62) 조선 초기에 도요사키, 사스나, 가라쓰 등 현지발음을 써준 표기가 보이는데, 竹島에 대해서는 '다케시마'에 가까운 음을 한자로 표기한 것이 문헌에 일체 보이지 않는 것은 안용복 사건 당시 '다케시마'로 부른다는 사실이 일반적이었기 때문으로 보인다.

로라면, '풍기'라는 호칭이 있으므로 '도요사키'로 부를 이유가 없기 때문이다.

호칭 문제로 빚어진 양국의 논전은 '울릉도 쟁계'가 완전히 매듭지어지는 1699년까지[63] 지속되었다. 조선 측은 일본 측의 호칭을 그대로 칭하면서 교섭에 임했기에 교섭이 진전될 수 있었고, 그 결과 일본으로 하여금 '다케시마'가 조선의 울릉도임을 인정하게 하는 성과를 거둘 수 있었음을 인식해야 할 것이다.


## 4) 죽도와 竹島

한국에서 '죽도'로 호칭된, 또는 호칭할 수 있는 경우를 생각해보자. 울릉도 옆에는 현재 '죽도'로 불리는 섬이 있다. 이 섬의 존재를 알게 된 것은 언제일까? 울릉도를 실제로 목격했다면 당연히 이 섬의 존재에 대해서도 인지했을 것이다. '울릉도 쟁계' 당시 우리나라가 울릉도를 본격 조사하여 주변의 섬을 자세히 파악하게 된 것은 장한상 파견 이후이다. 장한상이 울릉도에 파견된 것은 일본에 회답서신[64]을 보낸 뒤였다. 1694년 9월 예조참판 이여(李畲)는 일본에 보내기 위해 개작한 답신에서 "우리 어민들이 고기잡이하던 곳은 본래 울릉도입니다. 그곳에서 대나무가 생산되기 때문에 혹자는 '죽도(竹島)'라고도 하니, 이는 섬은 하나인데 이름은 둘인 셈입니다"[65]라고 했다. 이는 '竹島'에 대한 자의(字意)를 해석한 것이므로 '죽도'로 음독하는 것이 맞다. 그러나 이때의 '죽도'는 울릉도에 대

---

63) 1696년 도해금지령이 나온 뒤에도 양국은 사례 표현을 둘러싸고 서신을 왕복하면서 논전했다.

64) 이여의 회답서신이 도성에서 부산으로 내려온 시기는 1694년 9월 10일이므로 작성된 시기는 그보다 앞선다. 장한상이 울릉도로 출발한 시기는 9월 19일이다.

65) 《竹嶋紀事》 I 권.

한 일본의 호칭을 해석한 것일 뿐, 현재의 '죽도'를 가리키는 의미로 쓴 것은 아니었다. 이여가 "혹자는 '죽도'라고도 하니"라고 한 데는 일본이 '다케시마'로 호칭하게 된 연원이 대나무에 있었음을 조선이 알고 있다는 사실을 암시하고 있다.[66] 조선에서는 '울릉도(鬱陵島, 蔚陵島)' 또는 '무릉도(무릉섬)'로 불러온 사실이 명확하기 때문이다.

장한상은 조사 뒤에 보고서에서 "(울릉도) 동쪽으로 5리쯤 되는 곳에 작은 섬이 하나 있는데, 그리 높고 크지는 않으나 해장죽(海長竹)이 한쪽에 무더기로 자라고 있다"고 했다. 울릉도에서 동쪽으로 5리 떨어진 곳에 있는 섬의 이름은 '죽도'와 '관음도'이다. 그러나 그 가운데 해장죽이 자라고 있는 섬은 '죽도'이다. 장한상이 기술한 섬은 '죽도'로 보이지만 '죽도(竹島)'라고 명명하지는 않았다. '죽도'에 관한 기술이 보이는 것은 수토정책(搜討政策)이 활발해져 점차 울릉도 지명을 많이 알게 되던 사실과 궤를 같이한다. 1794년 4월 월송 만호 한창국[67]은 울릉도에 열흘 정도 체재하며 조사한 적이 있는데 '竹島'를 언급했다.[68] 오늘날의 이름과 같은 '죽도'가 처음 문헌에 보인 예이다.

이후 한참 뒤인 1882년에 이규원은 《울릉도 검찰일기》에서 '竹島'를 언급했다. 이때의 '죽도'도 울릉도 근처의 '댓섬'을 가리킨다.

---

66) 《지봉유설》(1614)에 "近聞倭奴占據磯竹島 或謂磯竹 卽蔚陵島也"라는 글이 보인다. 《증정 교린지》 4권 '울릉도 의죽도 변정전말'에는 광해군 6년에 동래부사 윤수겸이 장계에서 '磯竹島'를 거론한 것으로 되어 있다. 이맹휴는 《춘관지》에서 이수광의 설을 인용하여, "(울릉도를) 일본이 磯竹이라고 한다"고 했다. 그리고 "울릉도에는 대나무가 나므로 竹島라고 하고 세 봉우리가 있으므로 삼봉도라고 하며, 우릉, 무릉, 磯竹이라는 호칭은 전부 발음이 잘못 전해져 그렇게 되었다"고 했다. 《多聞院日記》(1592)에 '이소타키인삼'이 나오는 것으로 보건대, 이수광이 '磯竹(磯竹島)'이 '磯竹(磯竹島)'에서 유래한 것으로 이수광이 잘못 표기했음을 알 수 있다. 이로써도 磯竹과 竹島는 모두 일본에서 유래했음을 알 수 있다.

67) 한창국보다 앞서 수토했던 월송 만호 김창윤(1786년 4월 수토)의 수토기록에는 '죽도'가 보이지 않는다.

68) 《정조실록》 정조 18년(1794) 6월 3일.

일본도 이듬해의 수로잡지에서 울릉도 옆의 섬 '죽도'를 언급하면서 조선인의 호칭임을 분명히 했다.[69] 1899년 부산해관에 근무하던 스미스는 울릉도 부속도서 중 가장 드러난 것을 우산도와 죽도라고 했다.[70] 《통상휘찬(通商彙纂)》의 〈한국 울릉도 사정(韓國鬱陵島事情)〉(1902)에는 "テッセミ島(댓세미島, 즉 댓섬을 말함)는 와달리 앞바다에 있는데, 본방인은 이를 竹島라고 속칭한다. 둘레가 30정(丁; 원문대로) 정도로 후박나무와 해장죽이 무성하지만 음료수가 없으므로 이주한 자가 없다고 한다" 즉 당시 울릉도 주민의 현지 발음 '댓섬'을 적고 있으므로 '다케시마'가 아니라 '죽도'로 불렸음을 분명히 하고 있다. 일본은 울릉도 옆의 섬 '죽도'를 인지하고부터 에도시대에 울릉도를 가리키던 '竹島'와 혼동을 일으킬 수밖에 없었으므로 '댓섬'을 '竹嶼'로 쓰기 시작했다. 1906년에 울릉도와 독도를 시찰한 오쿠하라 헤키운도 '竹嶼'로 적고 서양명 '(ボーッスール)'를 함께 적었다.

이렇듯 양국은 울릉도 옆의 '댓섬'을 인지한 이래 '죽도(竹島)' 또는 '竹嶼'로 표기하여 '다케시마(竹島)'와는 구분했다. 일본은 'チュクト(죽도)'라고 써주어 두 섬의 발음 차이를 분명히 했다. 그런데 도리어 현재 '죽도'와 '다케시마'를 구분하지 않고 '죽도'라고 부를 것을 주장한다면, 이는 울릉도 근처의 '竹島'를 '죽도'라고 부르고, '울릉도'의 일본식 호칭도 '죽도'라고 불러야 한다고 주장하는 것과 같다. 그리고 이런 주장은 일본의 논리를 추수(追隨)하는 것이다. 《竹島考》(1828)의 저자 오카지마 마사요시(岡嶋正義)는 "'竹島'를 조선인은 '죽도'라고 불렀을 것이므로 중국 문헌에 '多計什麼'로 나온 竹島는 조선인과는 상관없다. 그러므로 '多計什麼'로 읽힌 경우의 '竹

---

69) 1883년 《水路雜誌》에는 '竹嶼(Boussole Rx), 竹島(朝鮮人)'로 되어 있고, 1920년 《日本水路誌》에는 '竹島(竹嶼)'로 되어 있다. 'チュクト'는 죽도를 표기한 것이다.

70) 그 내용이 《황성신문》, 1899. 9. 23, 별보 '鬱陵島 事況'에 실려 있다.

島'는 일본 영토이다"라는 주장을 폈다. 오카지마는 조선인이 '다케
시마'로 읽지 않았으므로 영유권을 주장할 자격이 없다고 주장하기
위해 이런 논리를 편 것이다.

　그러나 오카지마가 '平秀家'를 '平秀嘉'로 적은 것과 '竹島'를 '죽
도'로 적은 것을 같은 차원에서 논하는 것은 아전인수에 불과하다.
오카지마의 주장은 조선시대에 우리가 '竹島'를 '다케시마'로 칭했
다는 사실을 알지 못해 빚어진 오류이거나 아니면 고의로 이런 주
장을 펼친 것으로 볼 수 있다. 오카지마는 조선 문헌에 '竹島'로 표
기된 것만 보고 조선인이 '죽도'로 칭했다고 단정했을 가능성이 크
다. 그러나 오카지마가 가리킨, 중국 문헌에 나온 '竹島(多計什麼)'[71]
의 '竹島'는 울릉도를 가리키는 것이 아니다. 오카지마가 거론한 '竹
島'는 조선과 일본과의 사이에 논란이 된 섬이 아니라 일본에 있는
일반적인 섬 '竹島'에 대한 발음을 써준 것일 뿐이다. 그는 "山城(羊
馬失羅) … 伯耆(花計) … 隱岐(和計) … 種島(他尼什麼) … 竹島(他計什
麼) …"로 표기했지만 이때의 '竹島'는 울릉도를 가리키는 것이 아니
기 때문이다.[72]

　오카지마의 논리대로라면, '죽도'는 조선인에 의한 조선식 호칭
이므로 '다케시마'를 의미하는 것이 아니며, 따라서 조선과는 관계
없다는 것이다. 그의 논리대로라면, '죽도'는 조선 땅, '다케시마'는
일본 땅이다. 그렇게 되면 양국이 당시 서로 자국령이라고 주장했
던 대상이 일치하지 않는다. 따라서 앞에서 언급했듯이 이는 논리
적으로 성립하지 않는다. 반대로 우리가 '다케시마'로 호칭했다고
해서 그것이 바로 "다케시마는 일본 영토다"는 사실을 인정하는 논
리가 될 수 있는 것인가? 이 또한 논리적으로 타당하지 않다는 것

---

71) 《登壇必究》〈東倭〉 권1/倭國事略/島名 (1599);《武備志》 권231/ 四夷 9/日本考 2/
　　島名(1621)

72) 이에 대해서는 이 책의 4장 '보론'에서 자세히 다루고 있다.

을 한국 학자들은 잘 알 것이다. 조선 숙종 연간에 영유권 분규가 있었던 섬의 조선 호칭은 '울릉도'였고, 일본 호칭은 '다케시마'였다. 우리가 현재 '竹島'를 '다케시마'로 칭해서는 안 되고 '죽도'로 칭해야 한다고 주장한다면, 이는 오카지마의 논리와 크게 다르지 않다. 그렇게 될 경우 일본의 호칭 '다케시마'는 그 존재 자체가 없어진다. 존재가 없는데 어떻게 양국이 다툴 소지가 있었겠는가? 오카지마의 논리도 성립하지 않을 뿐더러 '다케시마'로 호칭하면 마치 일본 영토로 인정해주는 것인 양 호도하는 일부 한국인의 논리도 성립하지 않는다.

## 5) 맺는 말

17세기 울릉도 쟁계 당시의 보고와 소통 체계는 에도 막부의 노중–쓰시마 번주 및 가로–정관–도선주–재판–부산왜관 관수–조선 측 접위관(接慰官)과 동래 부사–부산포 첨사–경상 감사–순찰사–조정 대신 및 국왕이 함께 연계되어 있는, 다중·다층의 소통체계였다. 그리고 그 과정에는 역관과 통사가 개재되어 있었다. 이런 소통구조에서 조선이 일본의 지명 '竹島'를 '다케시마'가 아닌 '죽도'로 호칭했다면, 그것은 조선 측의 문제로만 끝나지 않았을 것은 자명하다. 그런데 조선은 '울릉도' 세 글자를 삭제해달라는 일본의 요구를 거절하느라 진통을 겪은 사실은 있지만, '다케시마'호칭에 대한 일본의 문제 제기로 말미암아 논의한 사실은 어디에도 보이지 않는다. 이는 두 나라가 서로 상대국 호칭을 그대로 불러주었고, 따라서 소통에 아무런 문제가 없었음을 의미한다.

"조선시대에 '죽도'로 불렸는지 '다케시마'로 불렸는지 알 수 없기 때문에" 혹은 "조선시대에 '죽도'로 불렸기 때문에 지금 '다케시마'로

불러서는 안 된다"는 일각의 주장은《숙종실록》등 한국 측 문헌만
을 단편적으로 고찰했기 때문이다. 조선시대에 '죽도'로 불렀을 것이
라는 일각의 주장에는 지명을 외교용과 국내용으로 분리하여 호칭
할 수 있다는 사실이 전제되어 있다. 그러나 지명은 고유 명사이므
로 대내외를 분리하여 호칭할 수 없는 것이다. 따라서 처음부터 일
각의 '죽도' 운운은 성립하기 어려운 주장이다. 그럼에도 필자가 이
런 불필요한 논증을 할 수밖에 없는 이유는 한편에서 이런 주장이
공공연히 행해지고 있는 것이 우리 학계의 현실이기 때문이다.

숙종 연간에 조선이 사력을 다해 지킨 호칭은 '울릉도'라는 세 글
자였다. 쓰시마번이 사력을 다해 삭제하려 한 것도 '울릉도'라는 세
글자였다. 조선 측이 '다케시마(竹島)'가 조선의 울릉도임을 강변한
적은 있지만, '죽도'가 울릉도라고 강변한 적은 없었다. 당시 양국
이 자국의 고유 호칭을 온존시키기 위해 얼마나 치열한 외교전을
벌였는가를 안다면, 오늘날의 이런 논란이 얼마나 무책임한 것인지
를 알 것이다.

조선시대의 '울릉도:다케시마' 호칭 논란은 오늘날의 '독도:다케
시마' 호칭 논란에도 그대로 적용된다. 필자가 '竹島'를 '다케시마'
로 부르자고 주장하는 것은 일본이 말하는 '竹島'를 부를 때이지 우
리나라의 '죽도'나 '독도'를 부를 때가 아니다. 우리가 '독도'를 부를
때는 '다케시마'라고 호칭할 필요가 없다. 우리는 '독도'로만 부르면
되기 때문이다. 그러나 부득이 '다케시마'라는 호칭을 사용해야 할
때가 있다. 일본이 조선의 영유권을 인정한 문서, 이를테면 '다케시
마(竹島) 도해금지령'이나 태정관 지령의 '다케시마(竹島) 외 일도'와
관련된 내용을 인용해야 할 때이다. 일본의 '다케시마 도해금지령'
을 학생들에게 교육하면서 '죽도 도해금지령'으로 교육한다면 그때
의 '죽도'는 어느 섬을 가리키는가? 울릉도인가 댓섬인가? 또한 '울
릉도 도해금지령'은 성립하는가? 막부가 일본인의 도해를 금지한

섬이 울릉도를 가리키므로 '울릉도 도해금지령'으로 해도 문제가 되
지 않는다고 하겠지만(그렇게 쓰는 경우도 있다), 그럴 경우 '울릉도'가
분명한 조선 영토임은 막부도 인정한 사실인데 막부가 금지령을 내
리되 이를 '울릉도 도해금지령'이라고 명명한다면 그것이 논리적으
로 성립하는지도 따져볼 필요가 있다.

1953년 9월 9일, 대한민국 외무부 주일 대표부는 일본 외무성의
7월 13일자 각서에 대한 반박서에서, "外務省은 … 韓國에서 獨島
로서 아는 所謂竹島에 對한 日本의 請求權을 主張하였으나…"[73]라
고 하여 '所謂竹島'라고 했다. 당시는 한자로만 썼다. 그러나 영어
구상서에는 'Takeshima'로 되어 있다. 1950년대에 외교부가 '所謂
竹島'로 표기한 것은 조선시대에 숙종이 "일본에서 竹島라고 부르
는 섬"이라고 한 것과 같은 맥락이다. 조선시대와 1950년대에도 일
본 호칭을 '다케시마'로 칭했음에도 한국 외교부는 최근까지 '다케
시마' 대신 '죽도'라고 할 것을 고집해왔다. 그런데 대외 홍보물에는
'Takeshima'로 쓰고 있다. 영어로는 'Takeshima'로 쓰면서 한국어로
는 '죽도'로 쓸 것을 주장하는 것은 맞지 않다.

최근 외교부는 1955년의 《獨島問題槪論》 전면개정판을 내면서
"외무성은 … 한국에서 독도로서 아는 소위 다케시마(竹島)에 대한
일본의 청구권을 주장하였으나…"로 바꾸었다.[74] 상대국이 칭한 호
칭을 '이른바'의 형식으로 언급해준 것이다.

이제는 독도 교육을 올바르게 하기 위해서도 호칭을 올바르게 가
르칠 필요가 있다. '다케시마'로 부르면 마치 일본 영유권을 인정하
는 것인 듯 여겨 '죽도'로 불러야 한다고 주장하는 것은 유치하다.
한국 언론에서 외국 인명 표기의 변천을 보면, 일본 인명은 1940

---

73) 외무부 정무국 편, 《獨島問題槪論》, 외무부, 1955. 115쪽.

74) 외교통상부 국제법률국 편, 《독도문제개론》, 외교통상부, 2012, 93쪽.

년대에는 '吉田[75]'으로 칭했으나, 1970년대에는 '福田'과 '후꾸다'
를 병칭했고, 1980년대에는 '나카소네 야스히로(中曾根康弘)'로 표기
했다. 이후부터는 '호소카와 모리히로(細川護熙)'의 형식으로 정착해
갔다. 지명에 대해서는 시마네현을 '도근현[76]', '시마네껭'[77]으로 부
른 적도 있었지만, 지금은 한자 없이 '시마네현'으로만 표기하는 경
우도 많다. '아베 신조'도 마찬가지다. '安倍晋三'을 병기하지만, '아
베 신조'로만 표기하는 경우가 많다. 지금 '안배진삼'으로 부르는 경
우는 거의 없다. 그런데 도리어 연구자들이 이런 시대적 변화를 따
라가지 못한 채 지체되고 있다. '吉田'이 '요시다'인 줄 모르는 사
람은 '길전'으로 호칭할 수밖에 없고, 마찬가지로 '島根縣'이 '시마
네현'인 줄 모르는 사람은 '도근현'으로 칭할 수밖에 없다. 이는 일
본 인명과 지명에만 해당되는 것이 아니라 외국 인명과 지명 전체
에 해당하는 문제다. 다만 우리가 모를 때는 편의적으로 읽을 수 있
지만, 알면서 의도적으로 우리식으로 읽는 것은 다른 문제이다. 더
구나 몰라서 편의적으로 취한 방법을 정당하다고 주장하는 것은 더
욱 문제이다. 지금은 일본에 관한 정보 면에서 역관을 통하던 시대
나 1950년대에 비할 바가 아니다. 그리고 외래어 표기에 관해서는
국가가 권장하는 지침이 있다. 지금이 특정 계층만이 정보를 접하
던 시대도 아닌데 여전히 '죽도'로 호칭할 것을 고집하는 것은 시대
착오적이다.[78] 조선시대에도 국왕은 '다케시마'로 칭하면서 외교 교
섭에 응했다. 이는 엄연한 역사적 사실이다. 우리가 역사적 사실까

75) 《동아일보》 1946.5.17 외 다수.

76) 《대구시보》, 1947.6.20.

77) 《매일경제》, 1977년 1월 20일자 기사명 '獨島領海 선포요구 日 시마네縣漁夫들'에
   "日本의 〈시마네껭〉어부들은 한일간에 영유권 분쟁의 대상이 되어온…"이라는 내용
   이 보인다. 같은 기사 안에서 '시마네현'이라는 표현도 보인다.

78) 관련 연구기관 및 교육기관은 '죽도'로 부를 것을 권유하고 있다. 그러나 대부분의
   학생과 일반인은 '다케시마'로 알고 있고, 또 그렇게 불러야 한다고 생각하고 있다. 이
   제 올바른 지침을 정해줄 필요가 있다.

지 부정한다면 이 또한 역사적 왜곡이다. 역사적 사실에 근거하지 않은 주장은 누구의 동의도 받기 어렵다고 생각되기에 서설(絮說)을 늘어놓았다.

## 2. 가제냐, 강치냐: 호칭의 유래와 변천에 관한 소고

### 1) 머리말

2015년 새해 초[1] 우리나라 언론매체는 일본의 '다케시마 메치'(독도 강치) 동영상을 보도하며 일본의 영유권 도발을 비판했다. 일본 내각관방의 '영토·주권대책 기회조정실'은 초등학교 교사 출신의 스기하라 유미코(杉原由美子)가 '메치가 살았던 섬'이라는 그림책을[2] 학생들에게 읽어주는 동영상을 홈페이지[3] 및 유튜브에 올렸다. 동영상의 내용은 스기하라가 오키 구미 지구의 선조들이 자국 영토인 '다케시마'에서 태어나고 자란 '메치' 즉 일본 강치와 친근하게 생활해왔는데 지금은 갈 수 없는 곳이 되었음을 호소하며 일본의 고유 영토임을 강변하는 것이다.

이 동영상에서 필자가 주목한 것은 일본이 바다사자를 '메치'로 표현한 점이다. 일본 문헌에 가장 많이 나온 호칭은 '아시카(海驢)'

---

1) 2015년 1월 4일 연합뉴스가 보도하자, 다른 언론매체들도 잇따라 이 사실을 보도했다.

2) 이 그림책은 스기하라의 글에 근거하여 만들어진 것으로 3천 부 발행되었다.

3) www.cas.go.jp/jp/ryodo/index.html

이기 때문이다. 동영상의 화자는 왜 '아시카'(アシカ, 海驢) 또는 '니혼 아시카(日本海驢)'라는 명칭을 놔두고 굳이 '메치(メチ)'[4]라는 방언을 사용했을까? 우리는 '강치' 또는 '바다사자'라고 부르지만 그 명칭이 가지어, 가제(가재)에서 온 것임은 잘 알려진 사실이다.[5] 그런데 최근에는 '가지'나 '가제'는 어원을 설명할 때 동반되는 정도일 뿐 주로 '강치'나 '바다사자'로 호칭된다. 한편 '강치'는 조선시대의 '가지' 또는 '가제'에서 유래한 것이며 동해안에서 사용하던 호칭이므로 '강치' 대신 '가지'나 '가제'를 써야 한다는 주장도 제기되고 있다.[6] 그렇다면 '가지(가제)'와 '강치'는 어떻게 다른가? '가지(가제)'가 전통적인 호칭인데도 대부분의 독도 관련 연구서에 '강치'로 나오는 이유는 무엇이며, 또 海驢를 '강치'로 번역하는 이유는 무엇일까? 이런 여러 가지 의문이 들었다. '강치'라는 명칭이 조선시대에 등장했음에도 그 어원이나 유래에 대해서도 거의 알려진 바가 없다. 이 글에서는 이들 명칭의 유래를 추적하고 호칭 사용에 관해 생각해보기로 한다.

---

4) '메치'는 오키 지역에서 부르던 미치(みち)의 방언이라고 한다. '메치'가 미치(美智)의 방언이라면 표준어는 '미치'가 된다. 그렇다면 방언사전에 보여야 하는데, 필자는 '토도(トド)'만을 확인할 수 있었다. 좀 더 검토가 필요하다. '바다사자'에 관한 해양생물학적 견해는 국립생물자원관 한상훈 박사가 제공한 자료의 도움과 가르침을 받았다. 기각류 바다사자과(FAMILY OTARIIDAE)에는 물개(Callorhinus ursinus), 큰바다사자(Eumetopias jubatus), 바다사자(Zalophus californianus) 3종이 있는데, 바다사자는 현재 절멸종 또는 절멸위기종으로 분류된다. '토도'는 큰바다사자(Eumetopias jubatus)를 가리킨다.

5) 이 글에서는 역사적 명칭으로는 원어대로 쓰고, 학술적 명칭으로는 '바다사자'로 칭하기로 한다.

6) 한철호, 〈독도·울릉도 '가지'(강치)에 대한 인식의 변화와 그 의미〉《한국사학보》 제49호, 2012. 11. 이 글에서 이규경의 변증설을 자세히 다루고 있으므로 필자는 중요한 사료만을 기술하고 어원에 초점을 두었다.

## 2) 가지어와 강치의 어원

'바다사자'를 가리키는 명칭으로 문헌에 등장한 것은 '가지어'[7]이다. 이 말이 처음 보이기 시작한 것은 17세기 장한상의 〈울릉도 사적〉에서이다. 그 전에 성종 시대에 삼봉도를 찾아 떠난 일행이 바다에서 인형 같은 것을 보았다고 한 기록이 있지만, 이 인형을 '가지어'로 이름붙인 것은 아니었다.

1693년 이른바 '안용복 사건'으로 울릉도에 대한 관심이 커지자, 1694년 가을 숙종은 삼척영장 장한상에게 울릉도를 조사시킨 바가 있다. 그때 장한상은 입도에 앞서 군관 최세철을 보내 사전 답사하게 했다. 최세철은 답사 후 "바위틈에서 가지어(可支魚)가 졸고 있기도 하고—원문 빠짐—하고 있으므로 사람들이 두 마리를 몽둥이로 때려 죽여 가지고 왔다"[8]고 보고했다. 이때 '가지어'가 처음 나온다. 최세철이 거명했음은 그런 호칭이 이미 통용되고 있었음을 의미한다. 이에 대해 장한상은 "해구(海狗)나 점박이 물범[班獺]과 같은 종류로 이름만 다른 것이다. 평해와 통천 등지에 이런 종류가 많이 있다니, 원래 희귀한 동물이 아니다"고 했다. 그는 '가지어'를 동해안에서 쉽게 볼 수 있는 해수(海獸)로 본 것이다.[9]

장한상의 조사 이후 조선 정부는 3년마다 수토정책을 실시했다. 이에 파견되었던 수토관들은 수토 보고서에서 대부분 '가지어'를 언급했다. 1794년 월송 만호 한창국, 1807년 월송 만호 이태근, 1827

---

7) 조선시대 태종대에 강치를 가리키는 듯한 언급이 보인다(《태종실록》 태종 17년 2월 5일). 김인우가 우산도에서 '水牛皮'를 가지고 돌아왔다고 하는데, 이때의 우산도는 울릉도를 가리키고 수우피는 강치가죽으로 보인다.

8) 유미림, 《우리 사료 속의 독도와 울릉도》, 지식산업사, 2013, 375쪽.

9) 한상훈 박사에 따르면, 동해안에서 쉽게 볼 수 있었던 것은 물개가 아니라 바다사자라고 한다. 바다사자의 번식지는 40개 이하로 번식기에 독도를 찾아오고 그 외에는 동해와 남해 등 연안에서 생활했으며, 물개는 북위 42도 이북에서 번식하고 그 중 어린 개체와 일부 성체 수컷이 가을에서 봄까지 회유하여 생활했다고 한다.

년 삼척 영장 하시명[10] 1831년 삼척 영장 이경정 등은 '가지어'내지 '가지어피(可支魚皮)'를 언급했다. [11] 이익(1681~1763)은 《성호사설》에서 장한상의 보고서에 나온 '가지어'를 거론했다. 이익은 장한상의 기록에 근거했지만, 장한상보다 자세히 가지어의 특성을 묘사했다. [12] 이후 대부분의 '가지어' 기술은 이에 따르고 있다.

신경준(1712~1781)은 "눈동자는 붉고 뿔이 없으며, 무리지어 해안가에 누워 있다가 혼자 가는 사람을 보면 해치고 많은 사람을 만나면 달아나 물속으로 들어가는데, 이름을 가지(可之)라고 한다"[13]고 했다. 그는 '가지어'에서 '魚'자를 삭제했다. 해중(海中)의 '대수(大獸)'로 여겨서인 듯하다. 《동국문헌비고》(1770)에도 같은 내용이 수록되어 있다. 안정복(1712~1791)도 이익의 기술을 그대로 인용했다. [14] 이후 이긍익(1736~1806)의 《연려실기술》,[15] 《만기요람》(1808)[16]에도 '가지'가 언급되어 있고, 그 밖에 대부분의 문헌에 '가지어' 또는 '가지'가 언급되어 있다. 이렇듯 '가지어' 호칭은 오래전부터 보였지만 조선시대에 '가제'라는 말은 문헌에 보이지 않았다.

그렇다면 '강치'라는 명칭은 언제부터 보이는가? 이규경(1788~1856)은 《오주 연문 장전 산고(五洲衍文長箋散稿)》의 〈嘉支强治海馬鯣鰇辨證說〉에서 '가지(嘉支)'와 '강치(强治)' 등의 해수에 대해 변증했다. 또한 그는 〈울릉도 사적에 대한 변증설〔鬱陵島事實辨證說〕〉에서는 "바다 속에 소처럼 생긴 큰 짐승이 있는데, 눈동자는 붉

---

10) 한철호, 앞의 글, 2012, 237쪽.

11) 다만 이들이 목격했다는 가지도, 가지도구미, 가지어굴 등은 울릉도 주변일 가능성이 더 크다.

12) 《성호사설》 제3권, 〈천지문〉 '울릉도'; 〈水族則只有嘉支魚 穴居巖磧 無鱗有尾 魚身四足 而後足甚短 陸不能善走 水行如疲 聲如嬰兒 脂可以燃燈云〉

13) 《여암전서》 7 〈강계고〉 4, '소대(昭代)/울릉도'

14) 《동사강목》(1778) 부록 하권/예고(濊考)

15) 《연려실기술》 별집 제17권/변어전고(邊圉典故) 제도諸島)

16) 《만기요람》 〈군정편〉 4 해방/동해

고 꼬리는 없으며,[17] 떼를 지어 해안가에 나와 누워 있다가 혼자 가
는 사람을 보면 해치고 … 이름을 가지(可之)라고 한다"고 하여《문
헌비고》를 인용했다. 뿐만 아니라 이규경은 '해구(海狗)'에 대한 변
증설도 남겼다.[18] 그는 왜 가지와 강치, 해구 등을 변증하려 했을
까? 가지와 해구, 해려(海驢) 등은 이규경 이전부터 보이던 호칭이
지만, '강치'는 이규경이 처음 사용했다. 그렇다면 '가지'와 '강치'의
어원을 살펴보자.


(1) 가지어(가지)

장한상과 박세당은 '可支魚'라고 했지만, 이익은 '嘉支魚'라고 표
기했다. 정조 연간에는 다시 장한상의 표기대로 '可支魚'로 나온
다. 안정복의 《동사강목》에는 '嘉支魚'로 되어 있고, 신경준은 '可
之', 《연려실기술》과 《만기요람》에는 '可之'로 되어 있다. 이규경은
'可之', 이유원도 '可之'로 표기했다. 1882년 검찰사 이규원은 '可支
魚'[19]로, 1887년 울릉도 첨사 박태원도 '可支魚'로 표기했으나,《증
보문헌비고》(1908)에는 '可之'로 되어 있다. 이렇듯 '가지어'에 관한
표기를 보면, 可支魚-嘉支魚-可之-可之魚-可支魚-可之로 변전
하고 있다. 모두 '가지어'를 가리키는데 그 표기가 다르다는 것은
무엇을 의미하는가? 이는 '가지어(가지)'에 또는 한자가 뜻을 빌려
〔訓借〕 표기한 것이 아니라 '가제' 혹은 그와 유사한 우리말에 가까
운 음을 빌려〔音借〕 표기한 것임을 의미한다. '가지'라는 호칭이 고

---

17) 《성호사설》에는 비늘은 없고 꼬리가 있다고 했는데, 이규경은 꼬리가 없다고 했다.
　　바다사자는 짧은 꼬리를 가지고 있다.

18) 〈海狗辨證說〉

19) 이규원은 해우와 해구 외에 '可支魚'를 언급했다. 이혜은·이형근, 《만은 이규원의
　　〈울릉도 검찰일기〉》(한국해양수산개발원), 2006, 159, 195쪽.

유어라면 이렇듯 표기가 다양하지는 않을 것이기 때문이다.

이규경에 따르면, '嘉支'는 '可之'를 전사(傳寫)하다 잘못 적은 것이라고 한다. 이는 맞지 않는다. 이규경 이전에 보인 것은 '可之'뿐만 아니라 '可支'도 있기 때문이다. 오히려 시기적으로는 '可支'가 먼저다. 그러므로 '可支'에서 '嘉支'로 와전되었다고 한다면 개연성이 있지만, '可之'가 없던 상태에서 '嘉支'로 와전되었다고 하는 것은 논리적으로 맞지 않는다. 어찌 되었든 전사하다가 잘못된 표기가 여러 개라는 사실은 당초 하나의 호칭에서 시작된 것이 아니었음을 방증한다. 이규경은 이전에 보인 세 가지 명칭(可支魚, 嘉支魚, 可之魚)을 알고 있었지만, 신경준이 호칭한 '可之'를 택했다. 이규경은 왜 신경준의 '可之' 표기를 따랐을까? 이는 이규경의 학문태도와 관계있다. 그는 〈울릉도 사적에 대한 변증설〉에서 《지봉유설》과 《성호사설》을 인용했지만 대부분은 신경준의 《강계고》 내용을 수용했다. 이는 그가 신경준의 고증적 태도를 인정했음을 의미한다. 이규경은 '가지'와 '강치'를 언급하고 이들 명칭에 대해 변증했다. 그런데 역사상 가장 먼저 보인 명칭이 '가지어'라면, '강치'가 '가지어'에서 파생했을 가능성은 있는가? 이는 강치의 어원을 고찰해보면 알 수 있을 것이다.


(2) 강치


앞에서 언급했듯이, '강치'라는 명칭을 제일 처음 사용한 사람은 이규경이다. 이규경은 '强治'라고 표기했는데 한자는 그에게만 보인다. 1957년에 '강치' 명칭이 다시 보이지만 한자 표기는 없다. 이규경은 왜 '强治'라고 했을까? 한자에서 '바다사자' 또는 해수를 연상하기는 쉽지 않으므로 '强治'의 뜻과 '가지어'가 연관성을 지닌다고 보기는 어렵다. 우리는 '强治' 표기의 단서를 어류의 명명 방식에서 찾을 수 있다.

　보통 어명에는 'ㅇ어' 아니면 'ㅇ치'가 붙는데, 대구어, 명태어, 청어, 목어, 고등어 등은 전자의 예이고, 갈치, 넙치, 준치, 삼치, 날치, 멸치, 가물치 등은 후자의 예이다. 특히 후자는 속명이다. '강치'도 후자와 같이 다루어질 수 있다. 이들 어류(藻類 포함)에 대한 표기는 우리말과 속명(俗名), 문헌명(훈차) 표기가 일치하지 않는 경우가 많은데, 대부분의 지명이나 물명(物名)이 그렇듯이, 1차적으로는 문헌명 표기부터 접한다. 《동의보감》에는 일부 어종에 대하여 한글 표기가 보이지만,[20] 《해행총재》, 《자산어보》 등은 한글 대신 우리말을 그대로 한자로 표기한, 이른바 속명 표기가 문헌명 표기와 함께 보인다. 근대기에 일본도 한국 수산물의 속명을 한자로 병기했다.[21] 일반적으로 대구어, 청어, 고등어, 연어, 장어, 도미, 빙어 등의 문헌명은 鱈, 鰊, 鯖, 鮭, 鰻鯉, 鯛, '鮂魚' 등이다. 이에 대한 속명 표기는 大口魚, 靑魚, 古刀魚(高道魚), 鱅魚, 長魚, 道美魚, 氷魚[22] 등이다.[23] 즉 우리말을 그대로 음차 표기한 것이다. '치'자가 들어간 이름 즉 갈치, 준치, 삼치, 날치, 멸치, 가물치, 넙치 등의 문헌명을 보면, 대체로 刀魚(鮆), 鰣(眞魚), 麻魚(鰆), 鱴, 鰯魚(鱴兒), 鱧魚(加火魚), 廣魚(鮃, 比目魚) 등이고, 속명 표기는 葛治, 俊治, 訥治, 蔑治, 甘乙治 등이다. 이들에서 '치'자의 한자가 모두 '治'[24]이므

---

20) 《동의보감》에 보이는 문헌명 표기와 한글 표기를 일부 들어보면, 다음과 같다. 鯽(붕어), 烏賊魚(오증어), 蠡魚(가모티), 鰻鱺魚(배얌댱어), 石首魚(조긔), 鯔(숭어), 比目魚(가자미), 鮏魚(가오리), 河㹠(복), 八梢魚(문어), 大口魚(대구)

21) 《한국수산지》 등에서 어명의 문헌명은 한국 문헌의 어명과 일본 문헌의 어명이 다른 경우가 있고, 혼재되어 있다.

22) 《연경재전집》, 《해행총재》

23) 다시마, 우뭇가사리, 고래, 조기, 오징어 등도 속명이므로 문헌명은 昆布, 石花菜, 鯨魚, 石首魚, 鯛(烏賊魚) 등이 되는데, 조선 후기가 되면 多士麻, 牛毛加士里, 高來魚, 曹機, 烏賊魚 등으로도 속명이 음차 표기된다.

24) '치'자가 붙은 어명이 학공치(魟鱵, 象鼻魚)를 방언으로 '昆雉'로 부르듯((牛海異魚

로 '강치'와 '強治'도 그 연장선에서 생각해 볼 수 있다. 정약용은 어류에 '치'자를 붙이는 방식을 방언이라고 보았다.[25] 그렇다면 '강치'도 방언식 표기로 볼 수 있지 않을까 한다. 조선시대에 해마, 해구 등 '海'자를 붙인 어족을 제외하면, 포유류 강치도 '치'자가 붙어 어류로 분류한 것이다. 이규경(1788~1856)은 정약용(1762~1836)보다 후대의 사람이다. '강치'라는 명칭이 정확히 언제 성립했는지는 알 수 없지만, 이규경은 '가지어'와는 별개의 명칭 '강치'를 탄생시킨 것이다. 이규경은 '가지'는 동해사람의 호칭, '강치(強治)'는 북해사람의 호칭이라고 했다. 그렇다면 북해인은 왜 '강치'로 명명했을까? 그 배경을 두 가지로 생각해볼 수 있다. 첫째, 북해인들이 이 해수를 발견한 뒤 형상에 따라 '강치'로 명명했을 가능성이다. 해수를 발견한 사람은 장한상 시대를 기준으로 보면 오히려 동해인이 아니라 북해 즉 함경도인이 먼저였을 가능성이 크다. 《성종실록》에 관련 기록이 먼저 보이기 때문이다. 다만 성종 연간 김한경 등은 이 동물에 명명하던 단계는 아니었다. 그러다 점차 이 지역에서 자주 발견됨에 따라 '가지'와는 다른 '강치'라는 이름이 생겨난 것이고 이것이 이규경 단계에 오면 '強治'로 표기하게 된 것이 아닌가 한다. '강치'로 명명하게 된 데는 몸집이 크고 강하다는 것과 관계가 있을 것이다. 멸치와 넙치, 갈치, 날치 등이 어떤 형태를 연상시키듯 '강치'도 강하다는 것을 연상시키기 때문이다. 다만 어명이 성립하는 선후관계로 보면, '강치'라는 속명이 있은 뒤에 음차 표기한 것이 '強治'이지, '強治'가 먼저 있었다고 보기는 어렵다. 강치의 '치'자를 '治'로 한 것도 다른 어류와 같은 방식일 뿐 특별한 의미는 없어 보이기 때문이다.

譜》, 1803) 모두 '治'자 표기는 아니다.

25) "方言魚名必加治字"(《여유당전서》 제1집, 雜纂集 제24권 雅言覺非, 鮀魚) 다산은 위에서 언급한 것 외에도 '치'자가 붙은 어명으로 莾治, 辣治, 杭塞治, 於瘼治를 더 들었다.

또 하나의 배경으로는 '강치'가 '가제'라는 방언과 연관된 것일 가능성이다. '가지'는 울릉도 방언 '가제' 또는 '가재'에서 온 것으로 알려져 있다.[26] '가지'가 '가제'에서 왔다면 '가지' 표기의 역사는 장한상 시대로 거슬러 올라간다. 그렇다면 '가제'라는 방언이 있던 동시대에 북해지역에서도 '가제'가 있었고 그것이 '강치'로 와전되었을 가능성을 생각해볼 수 있다. 즉 가제에서 파생된 강치가 먼저 있었고 한자는 이규경 단계에 성립하게 된 것으로 볼 수 있다는 점이다. 그런데 '가재'의 방언은 가아자 · 기 · 까자 · 까재 · 까지[27] · 가제[28]로 알려져 있기도 하다. 石蟹[29]에 대한 속명도 '가재'이며 이는 '可才'로 음차 표기된다. 이때의 '가재'는 갑각류 '가재'를 의미한다. 그러나 울릉도에서 호칭된 '가제'는 갑각류 '가재'와는 다른 종류를 의미한다. 갑각류 '가재'는 표준어이고, 포유류 '가제'의 동의어로서의 '가재'는 방언이다. 따라서 이 경우 방언(가제, 가재)에서 다시 방언(강치)이 파생될 수 있는가 하는 문제가 있다. 그러므로 강치가 반드시 '가제'라는 방언과 관계있는 것은 아닐지라도 북해 지역의 고유 방언에서 파생되었을 가능성이 있다. 그럴 경우 이규경의 지적대로 '강치'가 동해의 방언 '가제'와는 관계없이 별도로 성립한 북해지역의 고유호칭으로 볼 수 있다. '가지=강치'로 보고 이규경의 변증설에 근거하여 '해구'와의 차이를 표로 나타내면 아래와 같다.[30]

---

26) '가지'가 방언 '가제'에서 왔다는 사실이 밝혀진 시기는 1950년대이고, 국어사전에는 1970년대에 와서 보인다.

27) 한국학중앙연구원,《한국민족문화대백과》참조.

28) 강남형 편,《국어대사전》, 영창서관, 1954.

29) "石蟹(속명 可才)"(《玆山魚譜》, 1814)

30) *日稱 즉 일본 호칭은 변증설에는 없는 내용인데, 필자가 보충했다.

〈표-1〉 이규경의 변증설에 따른 세 동물의 차이

| 명칭 | 가지 | 강치 | 물개 |
|---|---|---|---|
| 한자 | 可之 | 强治 | 海狗 |
| 어원 | 嘉支魚(장한상) | 가제 | |
| 별칭 | | 海馬 | 膃肭, 膃肭臍, 海豹 |
| 日稱* | 海驢 | 海驢, 海鹿, 海馬, 葦鹿, 아시카, 토도, 미치 | 膃肭臍(오토세이) |
| 명칭 | 東海之嘉支 | 北溟之强治(古之所謂鯛鱅也) | 膃肭臍(《本草》) |
| | 鬱島所産嘉支 | 北海人則呼之以强治 | |
| | 嘉支者傳寫有異也 | | |
| 형상 | | 其狀如牛似馬 有尾鬐毛短黑褐色 | 渾身圓如魚鮮 雄黑雌黃 |
| | | 頭大如牛 | 大者二三尺 全體類魚有毛頭似猫 兩脅有鰭無足(《화한삼재도회》) |
| | | 無鱗有尾(장한상) | 無鱗而生毛 |
| | | 魚身四足 而後足甚短(장한상) | 前後足 非足乃鰭也甚短 |
| | | | 前鰭狹 後鰭廣 |
| 산지 | 東海 鬱島 | 北關六鎭慶源慶興海中 | 我東則産於東北海上(嶺南則産於寧海)關東則産於平海蔚珍三陟 北關則産於六鎭沿海慶源廣 興穩城鏡城 |
| | | | 日本則産於奧州松前蝦夷則産於本土海中 |

위의 표로 보더라도, 이규경이 묘사한 가지어(강치)와 물개의 특성은 엄밀히 구분되지 않는다. 이규경은 물개의 특성으로 "앞뒤 다리는 다리가 아니라 지느러미인데 매우 짧다"고 했다. 이는 강치의 특성이기도 하다. 비늘이 없고 꼬리가 있는 형상도 비슷하다. 위 특성만으로 두 동물의 구분 기준으로 삼기는 어렵다. 이런 혼동은 현대에도 계속되고 있다.

## 3) 바다사자의 사전적 정의와 가지 · 강치 · 해구

《독도 사전》[31]에 따르면, 바다사자(학명 Zalophus californianus)[32]는 바다사자과(Otariidae)에 속한다. 다섯 발가락에 발톱 흔적은 있으나 네 발은 지느러미 모양으로 변화했다. 물개(海狗, 학명 Callorhinus ursinus, 영명 northern fur seal)도 역시 바다사자과에 속하지만 앞발과 뒷다리의 길이가 같으며 이들이 몸체의 4분의 1에 이른다. 앞다리보다는 뒷다리가 더욱 발달했으며 발가락 사이에는 막이 형성되어 있다.

이규경은 〈가지 강치 해마 옹용 변증설(嘉支强治海馬鰅鱅辨證說)〉에서 '가지(강치)'를 '해마'로 보는 경우가 있지만 이는 다른 류(類)라고 보았다. 물소(水牛)도 마찬가지다. 그는 "東海之嘉支 卽北溟之强治 而古之所謂鰅鱅也"라고 하여 '가지'와 '강치' 두 부류를 옛 '옹용(鰅鱅)'[33]의 범주에 넣어 다루었다. '가지'와 '강치'는 이름만 다를 뿐 같은 류로 본 것이다. 그러나 그는 '가지(강치)'와 '해구'를 분리시켜 인식했다.[34] '해구'에 대해서는 이덕무(1741~1793)가 먼저 언급한 바 있다.[35] 이덕무가 언급한 '해구' 산지는 이규경이 언급한 지역과 거의 일치한다. 이규경이 해수(海獸)의 범주에 넣은 것은 牛魚,海馬,海

31) 한국해양수산개발원, 2011.

32) 일본 학술서에서 바다사자과를 다룬 최초는 1936년 무라타 시게마로(村田懋麿)의 《鮮滿動物通鑑》이다. 이 책에는 바다사자를 '아지카(あじか)'로 표기했고, 영명은 'Steller's Sea-Lion'(현재 큰바다사자의 영명임-필자주)으로 되어 있다. 《鮮滿動物通鑑》에는 '아시카'의 조선 명칭을 '해려, 해룡'이라고 했다. 한상훈 박사 제공 자료에 따르면, 학명을 'Zalophus lobatus'로 붙인 것은 1938년 구로다 나가미치(黑田長禮)이다.

33) '鰅鱅'에 대해서는 설이 일정하지 않다. 어명은 중국에서 온 것이 많지만 시대에 따라 바뀌어왔고, 한국에 들어오면 한국식으로 변화하고 있다.

34) 〈海狗辨證說〉

35) "올눌제(膃肭臍)는 해구(海狗)이다. 우리나라의 영해 · 평해 등지에서 나는데 모두 수컷이다. 해마다 떼를 지어 바다를 따라 남으로 가다 남해현에 이르러 암컷을 만나 교미하다 가는데, 암컷을 낳으면 그 지방에 두고 수컷을 낳으면 동해(東海)로 옮겨간다."(《청장관전서》 49, 〈이목구심서〉)

驢,海貛,海狗,海豚,海猫,海獺이다. 이규경이 언급한 것 외에 海狮, 海鹿, 海龍, 海豹도 해수 범주에 속한다. 이들 가운데 '가지(강치)'에 비겨지는 것으로, 한·중·일 3국에 공통적인 것은 '海驢'이다. 조선은 '해려'보다 '가지어'와 '강치'로 호칭한 반면, 중국과 일본은 '海鹿'36)을 같은 의미로 사용하고 있다. '海狮'는 말뜻대로 '바다사자'로 해석되지만, 조선시대 문헌에 '海狮'라는 표기는 잘 보이지 않는다.

이렇듯 조선시대에 가지어와 강치는 동일한 것으로, 해구는 다른 것으로 다루어졌지만, '강치'라는 호칭은 이규경을 제외하면 근대기에도 거의 사용되지 않았다. 이에 비해 '가지'라는 호칭은 근대기에도 계속 사용되었다.37)

## 4) '강치' 호칭의 실종과 명칭 혼동

근대 이전에도 '바다사자' 관련 표기가 다양했지만, 근대 이후에는 일본 명칭이 유입되고 '海狗'와 혼동해서 표기의 일관성이 더 없어졌다. 1900년대의 신문을 보면, '可之'38)와 '膃肭臍'39) 관련 기사가 같이 나오고, 무엇보다 '海驢'40)라는 명칭이 많이 보이기 시작했다. 이규경도 '海驢'를 언급한 바 있지만 '가지'와 동일시하지는 않았다. '海驢'는 일본 에도시대 문헌에 등장한 이래 1900년대까지도

---

36) 일본은 海驢를 '아시카'로 훈독하지만, '아시카'의 '시카'가 '鹿'에서 왔다는 설도 있다. '葦鹿'으로도 쓴다.

37) 이규원의 기록과 황성신문 기사가 그것이다.

38) 《황성신문》, 1903. 12. 10. '鬱島沿革始末'.

39) 《황성신문》, 1902. 6. 24(양력), '韓海膃肭臍'.

40) 《대한매일신보》, 1909. 10. 2, '海驢多産'. 본문에는 "북한각지에는 연안도서에 海驢가 다수 산출한다더라"고 했다.

줄곧 등장하는데 '아시카(ア シ カ)'로 읽는다. '미치(ミ チ)', [41] '海驢', [42] '토도(ト ド)' [43]라는 호칭도 함께 보인다. [44] '海驢'라고 한 것으로도 알 수 있듯이 일본 역시 큰바다사자와 강치를 혼동한 것으로 보인다. 1903년 《한해통어지침》에는 '해마(海馬)'로 되어 있고, 1904년에 나카이 요자부로가 〈대하원〉에서 칭한 호칭은 '海驢'였다. 驢자가 '鱸'자로 오기되기도 하지만, 근대 이후에는 '海驢', '海驢ア シ カ' '海鱸(ア シ カ)' 'ア シ カ' 등의 형태로 보인다. 1907년 《朝鮮水路誌》에는 'ト ド'로 나온다.

일본 정부에 독도 편입의 계기를 부여한 '해려어업 독점'이 신청된 이후에도 명칭 혼동은 지속되었다. 강치와 해구를 명확히 구분하기 어려웠던 점도 명칭 혼동을 지속시켰다. 그러다가 1906년 이후 일본이 독도를 불법으로 편입, 강치어업을 허가제로 하여 울릉도인의 강치 어로가 막히게 되자 한국인의 인식도 희미해져갔다.

1940년대가 되면, '海驢', '海狗', '물개(膃肭臍)', '옷도세이(膃肭臍)', '해구(海狗)' 등으로 표기가 다양해졌다. 현대에 오면 한국 언론에 '옷도세이', '아시카'라는 일본 명칭이 추가되고 있다. 1940년 《매일신보》 [45]에는 "이 '아시카'는 '물개'보다 머리와 발이 크고 이번에 창경원 동물원 안에 온 '아시카'만 하드라도 기리가 머리끗부터 발끗까지 약 다섯 자나 되며 빗갈은 적갈색을 하고 있다. … 실은 물개가 아니고 '아시카'라고 한다"고 했다. 이 기사는 창경원의 동물이 물개가 아니라 '아시카'임을 분명히 한 것이다. 그런데 이때 '해려'(아시카)와 '물개'는 언급되어 있지만 '가지'나 '강치'는 보이지

---

41) 〈竹嶋之御尋書の御返答書〉, 1695. 12. 24, 《竹嶋之書附》

42) 《竹島圖說》, 1763.

43) '鬱陵島現況'(1905. 7. 31 보고) 《통상휘찬》 50(1905. 9. 3, 관보 9. 18)

44) 《竹島考》(1828)에는 '蘆犀(ア シ カ)', '海鹿(ア シ カ)' 일명 ミ チ 등의 호칭이 보이며, '海獺'과 구분하고 있다.

45) 《每日申報》, 1940. 6. 3, '動物園에 珍客 海驢夫婦入養 －人氣를온몸에 愛嬌'

않는다.

해방 이후 '독섬(독도)'에 관한 관심이 한층 더 높아졌지만, 이때도 '강치' 호칭은 보이지 않는다. 언론에서는 주로 "海狗獵(옷도세이)",[46] "조선에서 보기 드문 해구(海狗)"[47] 등으로 표현했다.

1947년 8월 조선산악회의 울릉도·독도 답사 결과를 보도한 조선일보는 "海獸로는 海狗(오또세이)가 많이 발견되고 있다. 해구는 울릉도민이 '可之'라고 부르고 있다"라고 했다. 울릉도의 '可之'를 써주되 '海狗(오또세이)'로 보고 있는 것이다.

그런데 이때부터 '가지(가제)'와 '바다사자'가 함께 보이고 있으며, 물개와의 차이를 인식하고 있었다. 조선산악회의 울릉도 학술조사[48] 결과는 언론에 보도되기 시작했는데, 석주명은 독도에서 잡아온 물개 종류는 물개보다 크므로 "日名으로는 도쏘, 英名으로는 바다사자"[49]라고 했다.

석주명은 함께 간 윤병익에게 '가제'라는 말이 조선 기록에 나온다는 사실을 말해주었다. 홍종인은 《한성일보》에 보고기를 4회에 걸쳐 연재했지만 '가제'는 보이지 않는다. 그런데 《서울신문》 '학예(學藝)'란에 '가제'라는 제하의 기사가 실렸다.[50] 가제의 그림을 그려 놓고 괄호에 '(獨島産)'이라고 썼다. 윤병익은 기고문에서 가제와 물개, 바다사자를 구분했다. 그는 가제에 대하여 "물개 속(Otaxida□□[51]e)의 일종이며, 學名이 Zilophus jabatus Gray고, 英名 Southern Sea-lion, 日名 아시카며, 한자로는 海驢라고 쓴다"

46) 《공업신문》, 1947. 10. 15, '독도의 국적은 조선, 입증할 엄연한 증거자료 보관'

47) 《조선일보》, 1947. 8. 23, '鬱陵島學術踏査隊, 獨島踏查, 意外의 海狗發見'

48) 조사 기간은 8월 19일부터 26일까지였다.

49) 《서울신문》 1947. 9. 9.

50) 이 기사는 2회 연재되었다(11. 15, 11. 18) 필자는 윤병익(尹炳益)이다. '세의대 조교수'로 되어 있는 것으로 보아 세브란스의대 조교수인 듯하다. 학술조사대의 일원으로 참가했다. 가제를 천연기념물로 지정할 것을 요청했다.

51) 미상(未詳).

고 했다. 그러나 '가지'는 보이지 않는다. 그는 가제와 같은 동물로
서 "물개 Callotaria Ursina I.(英名, Sea-Bear, 日名 옷토세이), 바다사자
Umetopias Jubata Schreber(英名 Northern Sea-Lion, 日名 토도), 먹바다
사자(Eumetopias Gillspii Macbin. 캘리포니아 가제 Zalophus Californianus)" 등
으로 구분하고 있어 지금의 구분과는 차이가 있다. 이렇듯 당시에
도 가지와 가제, 바다사자가 동시에 언급되던 것은 아님을 알 수 있
다. 당시 '강치'는 언론에 등장하지 않았다.

한편 울릉도 주민 홍재현은 1947년의 진술에서 '엽호(獵虎)'라고 칭
했다.[52] 최남선은 〈鬱陵島와 獨島〉(1953)[53]에서 "독섬에 서식하는 해
수는 국어로 가지 또는 물개, 가지는 보통으로 海驢라고 쓰는 것이
니 수컷 한 마리가 암컷 열 마리를 거느리고 5, 6월 경 새끼를 1~2
마리를 낳는다"고 했다. 그 역시 '가지'를 '해려'와 동일 대상으로 보
았지만, '물개'와 혼동하고 있었음을 알 수 있다. 이숭녕도 〈내가 본
독도〉(1953)에서 '가제(海驢, 옷도세이의 일종)'를 언급하고 있다. 1955
년에 외무부는 "가지, 물개", "가지어", "일본인의 海驢 포획지"[54]라
는 표현을 했다. 이 시기에는 '가지(해려)'를 물개의 일종으로 보거나
물개와 동일시하는 등 혼동하고 있었다. 다만 이때도 가지(가제), 물
개, 해려는 보이지만 '강치'라는 명칭은 보이지 않고 있다.

그렇다면 '강치'가 국어사전에 보이기 시작한 것은 언제부터인
가? 조선총독부가 펴낸 《朝鮮語辭典》(1920, 일본어)을 보면, '가재'에
대하여 "石蟹·가재"라고 했고, '가제'를 '가재'와 같다고 했다. '海
驢'에 대해서는 "葦鹿(あしか)"이라고 했다. 《조선어사전》(1928) 역
시 '가재'에 대하여 "蝲蛄(石蟹, 가제)"라고 했지만, '가제'에 대해서
는 "가재와 같다"고 했다. 이후 대부분의 국어사전에는 '가재'가 보

---

52) 외무부 정무국 편, 《독도문제 개론》, 외무부, 1955.

53) 《서울신문》, 1953. 8. 발표; 《신석호 전집》, 1996, 679~704쪽에 수록됨.

54) 외무부 정무국 편, 앞의 책, 1955.

이며 '가제'와 동의어로 되어 있지만, 이때의 '가제(가재)'는 '강치'를 의미하지 않는다. 1954년의 《국어대사전》[55]에도 '강치'는 보이지 않고, '가제'는 '石蟹'를 가리킨다.

필자가 조사한 바에 따르면, '강치'가 국어사전에 처음 보이는 것은 1957년 한글학회가 펴낸 《큰사전》이다. '강치'에 대해 설명하기를, "강치과(海驢科)에 딸린 짐승"으로 오뉴월에 한 두 마리의 새끼를 낳는 동물이라고 묘사했다. '해려=海驢, 해룡=海龍, Zalophus lobatus, Cray. アシカ'를 동의어로 언급했다. 이 사전에 '바다표범'은 보이지만, '바다사자'는 보이지 않는다. '바닷개'에 대해서는 "해려과에 딸린 짐승"이라고 했으며 '海狗, 膃肭, 오토세이'를 동의어로 언급했다. 이어 1958년에 국어국문학회가 펴낸 《국어대사전》에도 '강치'가 보인다.[56]

그러나 국어사전에서와는 달리 연구자들의 논저에서 '강치'가 보이는 것은 훨씬 뒤에와서이다. 1957년에 역사학자 황상기가 연재한 독도 관련 기사에는[57] "…(당시)는 獨島産 海驢를 可支魚라 稱함…"이라고 하여 '海驢'와 '可支魚'를 언급했다. 1960년의 〈독도의 내력〉[58]에서는 '가제(可支)'를 언급했고, '가제(海驢)'도 언급했다. 그리고 "가제는 울릉도 사람이 옷도세이를 가리켜 말하는 것으로 우리나라 고기록에는 可支魚로 기록되어 있다"고 했다. 이 시기에 오면 주로 '가지'와 '가제'를 언급하되 '물개'와 혼동하고 있었음을 알 수 있다. 이병도는 일본이 《인슈시청합기(隱州視聽合記)》에서 칭한 '해록(海鹿)'은 '海驢(물개)'를 가리킨다고 했다.[59] 최남선도 1961년 12월, 맥아

55) 강남형 편, 《국어대사전》, 영창서관, 1954.

56) 1950년대의 사전에 모두 '강치'가 나오는 것은 아니다. 문세영의 《우리말 사전》 (1957), 신기철·신용철의 《표준국어사전》(1958)에는 '강치'가 보이지 않는다.

57) 《동아일보》 1957. 2. 28; 3. 2.

58) 신석호, 〈독도의 내력〉, 《사상계》 1960. 8., 《독도》(1965)에서 재인용.

59) 이병도, 〈독도의 명칭에 대한 사적 고찰〉, 1963년 《불교사 논총》에 게재, 《독도》

더 총사령관에게 보내려 써둔 원고의 일부 안에서 '해려'[60]를 언급
했다.

이렇듯 1960년대 초까지도 한국에서는 '海驪' '海狗獵(옷도세이)',
'海狗', '해구(오또세이)', '可之', '可支', '가제(海驪, 옷도세이의 일종)'
등으로 다양하게 표기되고 있었다. 이어 '海驪' '가제(海驪)' '海驪(물
개)' 등의 표기는 점차 '海驪'로 옮겨갔다. 이로써 한국의 학자와 언
론이 대부분 가지(가제)와 해려, 물개, 옷도세이[61]를 혼동하고 있었
음을 알 수 있다. 그런데 현대에 오면, 근대기에 자취를 감추었던
'가제' '가지어' 호칭이 되살아나고 있었다. 독도에 대한 관심이 높
아지고 조사가 빈번해진 탓에 '가지(가제)'를 독도 산물로 보던 전통
적인 인식이 되살아난 것이다.

1962년 경향신문은 독도를 "면적이 23정보, 동도와 서도, 암초까
지 합치면 섬의 수효는 모두 36개,[62] 둘레는 延 2.2킬로가 된다. 海
驪(오토세이)"[63]의 섬이라고 소개했다. 이즈음 '해려'는 '오토세이'를
아우르는 호칭이 되었지만, '강치'라는 호칭이 보편화된 것은 아니
었다.

<hr>

(1965)에서 재인용.

60) 〈독도는 엄연한 한국영토〉, 《독도》(1965)에서 재인용.

61) 옷도세이는 올눌제의 새끼를 이른다고 한다. 사료상의 '海狗'가 모두 '물개'인지도
논의가 필요한 부분이다(한상훈 박사 의견).

62) 독도의 부속도서를 36개로 보던 것이 84개로 바뀌게 된 배경도 조사할 필요가 있다.

63) 《경향신문》, 1962. 9. 18, '독도의 근황'.

## 5) 1960년대 '강치' 명칭의 보급

1963년《동아일보》는 '창경원에서 보관중인 강치'라는 사진을 실었다.[64] 기사명은 "물개, 鐘路서 〈밤의 散策〉—漁夫가 잡아 맡겨논 집 下水口로 탈출"이었고, 내용은 "서울밤거리에서 강치(물개의 일종)가[65] 나타나 한때 소동을 일으킨 후 창경원 동물원에 임시수용되었다. ○ 문제의 강치는 길이 1미터… ○ 이 강치는 경남 龜浦의 한 어부가 사로잡아 서울로 이송, 창경원에 팔려고 종로구 ㅁㅁ동 41 이성우(51)씨에게 위탁보관한 것인데 하수구로 빠져 〈밤의 산책〉을 나온 것"이라는 것이었다. 강치를 물개의 일종으로 보는 인식은 여전하지만, '강치' 호칭이 부활하고 있음을 볼 수 있다. 1963년 판[66]에는 강치를 "물개과에 딸린 바다에서 떼를 지어 사는 짐승"으로 설명했지만, 한자 표기는 없다. '가재'를 "가재과에 딸린 민물게"로 설명했지만, '가제'는 보이지 않는다.[67] '바닷개'에 대해서는 "물개과에 딸린 짐승, 사지가 짧고 오리발처럼 되어 헤엄치기에 편리함 … 수컷의 생식기를 해구신이라 하여 강정제로 유명하다"고 했고, 해구(海狗)와 물개를 바닷개의 유의어로 보았다. 이 밖에 국어사전에서 강치와 유의어로 나온 것은 海驢·海龍이다. 1963년경 강치는 해려·해룡과 유의어로, 물개는 해구·바닷개와 유의어로 되어 있는 것이다. 이후 대부분의 사전에는 강치가 해려[68]·해룡과 동의어로 나온다. 학술적으로는 가제와 해려가 동의어로 다루어지고 있었

---

64)《동아일보》, 1963. 5. 6.

65) 원문은 띄어쓰기가 안 되어 있다.

66) 이희승이 펴낸 것으로 초판은 1961년(민중서관)에 나왔고 1963년은 재판이다. 국회도서관에는 1963년 판만 소장되어 있다.

67) '바다사자'라는 표제어도 보이지 않는다. 바다표범이 '海豹'로 나온다.

68) 1971년 국어국문학회가 펴낸《표준국어대사전》에는 강치에 대해 "강치과(海驢科)에 딸린 바다짐승"으로 기술하고 있어 강치과와 해려과를 동일시하고 있다.

으나, 사전에서는 가제와 해려를 동의어로 다루고 있지 않았던 것
이다.

'가제'가 '강치' '해려'와 함께 등장하게 되는 것은 1970년대에 와
서이다. 1975년 한갑수가 펴낸《국어대사전》에도 '강치'가 나오는
데, "물개과의 바다짐승"이라고 했고, 해려(海驢), 해룡(海龍), sea-
lion〔あしか〕을 함께 써주었다. 영어명과 일본명을 함께 써준 것이
특징이다. 1976년판《한국어대사전》[69]에는 "강치＝가제＝해려＝해
룡"으로 나와 비로소 강치가 가제와 동의어로 되어 있다. '바다사
자'는 별개의 표제로 나온다. 1981년의 국어대사전(이희승 편)에도
'바다사자'는 따로 보이며, '가제'에 대해서는 "① 강치, ②(방)가재
(전남, 제주)"로 되어 있다. 강치가 표준어이고, 가재는 방언으로 되
어 있는 것이다.

이렇듯 1960년대에 '강치' 호칭이 부활했지만 해려, 해룡, 가제
등과 동의어로 보는 시각이 있는가 하면, 물개 또는 물개의 일종으
로 보는 시각도 있었다. 지금도 일본 문헌상의 '海驢(あしか)'를 '강
치'로 번역하지 않고 '물개'로 번역하는 연구자도 있다. 광복 후 '가
지(가제)'라는 호칭이 부활했는데도 국어사전에서는 1950년대에 와
서야 '강치' 호칭이 부활하게 된 이유는 무엇일까? 이규경이 '강치'
와 '물개'를 구분했음에도 불구하고 현대까지 혼동을 지속하는 이유
는 무엇일까? 아마도 海驢, 海龍, 海狗, 膃肭臍 외에 아시카, 옷토
세이 등 외래 명칭이 유입되어 혼란을 야기했기 때문이 아닐까 한
다. 1905년 일본의 독도 편입을 전후해서 '아시카(해려)'라는 호칭이
한동안 지속되었던 것도 '가제'나 '강치' 호칭의 부활을 지연시켰을
것이다.

---

69) 한국어사전편찬회 편, 현문사 발행.

## 6) 언론에도 '바다사자' 등장

1960년대 후반이 되면 언론에서도 '바다사자'라는 호칭을 쓰고 있다. 사전상으로는 1975년에 'sea lion'이 보였지만, '바다사자'로 명명한 단계는 아니었다. 1967년《경향신문》(10월 31일)은 미국 수족관의 동물을 소개하면서 '바다의 사자'라는 이름을 거론했다. 1968년에도(10월 16일) '바다사자' 한 쌍이 창경원에 입주했음을 보도했다. 동해의 바다사자는 아니지만 바다사자가 한국에 처음 소개된 것이다. 독도의 바다사자가 보도된 것은 1970년대다. 1976년《동아일보》(7월 24일)는 '이대 조사반'이 독도에 '바다사자'가 서식하고 있음을 확인했다고 보도했다.《동아일보》는 이 기사에서 울릉군 공보실장이 1960년 이후 서도 가제바위 부근에서 새끼 한 마리를 그물로 잡았다고 증언한 사실도 보도했다. 독도의 서도에 가제바위[70]가 있다고 함으로써 울릉도민이 바다사자를 '가제'로 불러왔다는 사실을 밝힌 것이다.

1979년(7월 31일),《동아일보》는 강원도 희귀동물 139종을 소개하면서 '동해의 바다사자'가 서식하고 있음을 보도했다. 1990년대 후반이 되면 '강치(바다사자)'[71]로 함께 기록되기에 이른다. 예전에는 '가제(海驢)'로 병기했다면, '강치(바다사자)'로 병기하게 된 것이다. 따라서 '강치'와 '바다사자'가 자연스레 언론에 등장하게 된 것은 1960년대 이후부터라고 할 수 있는데, 다만 '가제'나 '해려'가 아니라 '강치'나 '바다사자'를 주로 칭하게 된 배경에 대해서는 알 수 없다. 굳이 찾는다면, 부르기 쉽고 이해하기 쉬워서가 아닐까?

이런 변전이 있었음에도 여전히 독도 관련 저서에서는 '강치'라고

---

70) 울릉도에도 가제바위, 가재굴이 있다.

71)《경향신문》, 1998. 8. 19.

표현하지 않았다. 독도 총서가 1985년[72]과 1996년[73]에 나왔지만, '강치'를 언급한 적은 없었다. 1998년 신용하는 《독도 영유권 자료의 탐구》 1권에서 이규경의 '울릉도 사실 변증설'을 실었고, "가지어는 동해안 어민들이 속칭 '강치'라고 부르던 海驢(zalophus gillespii)를 가리킨 것으로 해석된다"[74]고 했다. 이것이 독도 관련 저서에서 '강치'를 언급한 최초가 아닌가 한다. 이후 '강치'는 독도 관련 저술에서 자주 사용되고 있다.

1992년에 나온 《국어대사전》(금성출판사)에는 '바다사자'를 "물갯과의 한 종으로 물개과 중 가장 크며, 북태평양에서 번식하며 겨울에는 한국 동해안 및 홋카이도까지 나타난다"고 기술했다. '강치'에 대해서는 "강치과의 바다짐승으로 몸은 물개와 비슷하나 앞뒷다리는 지느러미 모양"이라고 했다. 강치의 동의어로서 '가제'와 '해룡'을 언급했고 '가제'를 방언으로 보았지만, 여전히 강치와 물개를 혼동하고[75] 있음이 엿보인다.

이렇듯 '강치'와 '바다사자'는 국어사전에 늦게 등장했을 뿐만 아니라 해양생물학적 정의와도 일치하지 않는다. 강치와 가제, 강치와 해구, 강치와 바다사자를 혼동하는 경향은 오래 지속되었다. '가제'는 방언이라는 증언이 있었지만, 강치나 바다사자와도 다른 종

---

72) 1985년 한국 근대사자료연구협의회는 독도 전문가의 글을 모아 《독도 연구》를 펴냈다. 이 책에도 '강치'란 말은 보이지 않는다. 정문기는 '물개(海豹)'로 표현했다. 같은 책에서 송병기는 "可支魚(可支·可之 海驢, Zalophus Iobatus)"라고 표현했다. 일본 측 문헌을 인용하여 설명할 경우에는 '海驢(可支魚)'라고 표기했다. 강만길은 '海馬'로 표기했다. 신용하는 '물개'라는 표현을 썼다.

73) 한국정신문화연구원은 《독도연구》를 펴냈는데, 강치라는 표현은 보이지 않는다. 김병렬, 《독도—독도자료총람》(1998)에도 보이지 않는다.

74) 《독도 영유권 자료의 탐구 1권》, 1998 초판, 331쪽.

75) 현재 여수 해양엑스포공원 안의 수족관에는 'South American sea lion'이라고 칭한 동물이 있다. 이를 '오타리아(한국명), 南美海獅(중국명), オタリア(일본명)'라고 써 놓았고, 설명문에는 '바다사자'와 '오타리아물개'를 병칭하고 있다. 바다사자와 물개를 혼동하고 있음을 보여주는 예이다.

류로서 다루어지기도 했다. 《한국방언사전》[76]을 보면, '가재'가 강
치를 가리키지 않는다. 다만 이 사전은 '가재'는 경북(영덕)과 강원
(호산), 전남(강진, 고흥)의 방언으로, '가제'는 전남(진도, 완도), 제주
(노형), 경북(울진) 전남(해남, 장흥)의 방언으로 되어 있다.[77] '가재'와
'가제'가 둘 다 방언이라는 점도 '가지'가 이에 대한 가차(假借) 표기
임을 방증해준다.[78]


## 7) 맺음말

이렇듯 바다사자에 관한 명칭과 인식에서 혼란을 겪은 이유는,
해양생물학적 관점에서 보면 바다사자과에 3종이 있는데, 3종의
하나인 바다사자과는 다시 '바다사자아과'와 '물개아과'로 분류되어
복잡하기 때문이다. 이 외에 단순히 형상만으로 보더라도 생김새가
비슷해서 혼동하기 쉽다. 우리나라에서는 "경상남도 언양 반구대
암각화에 바다사자의 그림이 묘사되어 있어, 선사 이전부터 우리나
라 해안에 서식한 것으로 추정된"[79]다고 했지만, 그때부터 명칭이
있었던 것은 아니다. 명칭이란 대체로 그 형상을 따서 붙이지만 발
견지의 언어와 밀접한 관계가 있음도 부정하기 어렵다.

이규경이 말한 강치 산지 '북해'는 북관 6진(六鎭)[80] 지역의 해안

---

76) 최학근, 1978.

77) "가지도는 울릉도에서 가지가 가장(원문대로) 있었기 때문에 붙여진 이름인 셈이다.
또한 가지어가 울릉도 사투리였음은…"(한철호, 앞의 글, 2012, 250쪽)이라고 하여 가
지어를 울릉도 방언으로 보았다. 그러나 가제(가재)가 방언이고 이를 음차표기한 것
이 '가지'라고 보아야 할 것이다.

78) 울릉도 출신 홍순칠은 《이 땅이 뉘 땅인데》(1997)에서 '바다사자'로 칭했다. 1950년
대의 일을 회상한 수기에서 '가제'라 호칭하지 않는 대신 당시에는 흔히 사용하지 않
던 호칭인 '바다사자'를 언급한 것은 의아하다.

79) 《독도 사전》의 '바다사자' 항목.

80) 함경도 종성, 온성, 회령, 경원, 경흥, 부령의 진을 말한다.

을 말한다. 그런데 장한상의 조사에 앞선, 성종 연간 '삼봉도' 조사 당시의 출선지는 두 곳이었다. 하나는 강원도 울진이고, 다른 하나는 함경도 지방이었다. 강원도에서 출발한 박종원은 섬에 이르지 못하고 돌아왔지만, 경성(鏡城)의 김한경 일행은 부령, 회령, 경원을 거쳐 삼봉도에 가서 섬의 형상을 그려왔다. 강원도에서 출발할 경우 울릉도를 거쳐 독도로 가지만, 함경도에서 출발할 경우 울릉도를 거치지 않고 바로 독도로 들어갈 수 있었던 것으로 보인다. 이 경우 반드시 독도에 도착할 가능성이 더 컸다고 단정하기는 어렵지만, 함경도 사람의 삼봉도 발견 즉 독도 발견은 이와 무관하지 않았을 것임을 시사한다. 당시 '바다사자'가 울릉도와 독도에 모두 서식했다고 한다면, 동해인 외에 북해인도 발견할 수 있었을 것이므로 북해인의 호칭이 따로 존재했을 가능성은 충분하다. 그렇게 본다면, "현재 독도 강치는 울릉도 사투리였던 '가지' 혹은 그것이 변한 '가제'나 '가재'로 불러야 한다"[81]고 단정할 수 있는 것도 아니다. 동해와 북해, 두 지역에서 모두 '바다사자'가 발견되었다고 한다면, 두 호칭이 모두 역사성을 지니기 때문이다. '가제'와 '강치'라는 호칭은 생성된 지역은 다르지만, 둘 다 한반도 연안에서 서식한 바다짐승에 대한 호칭이라고 할 수 있다. 그러므로 호칭을 '가지'로 제한하면 산지에서 북해를 배제하고 동해에 국한시키는 것이 된다.

'가제'로 부를 것인가, '강치'로 부를 것인가의 문제로 돌아가면, 일본이 동영상에서 '아시카'가 아닌 방언 '메치'로 칭한데 대한 대응 차원에서라면 우리도 '가제'로 부르는 것이 전통적인 호칭으로 보일 것이다. 그런데 가제는 가재와 동의어이므로 하나로 정하기 어려운데다 갑각류와 혼동할 우려도 있다. 한편 '메치'가 '아시카'나 '미치'를 대체할 만큼 역사적인 명칭인지도 의문이다. 일본은 '메치'라고 표현하여 지방색을 드러내려 했지만, 도리어 그 자체가 비역사

---

81) 한철호, 앞의 글, 2012, 254쪽.

성을 드러내고 있다. 실제로 문헌에 '메치'로 기술된 것은 많지 않기 때문이다. 문헌에는 주로 '미치'나 '토도'로 기술되어 있다. 게다가 '미치'는 에도시대 돗토리번 요나고 어민의 기록에서 보인 호칭이지 동영상에서처럼 오키 어민의 기록(구술 포함)에서 보인 호칭이 아니다.[82]

독도 영유권과 관계된 바다짐승이라는 측면에서는 '가지어'로 호칭하는 것이 더 정통성을 지닐 수 있을 것이다. '가지어'는《조선왕조실록》에 일관되게 나온 명칭이기 때문이다. 신경준과 이규경은 '가지'로 호칭했지만 어류(또는 바다짐승)임을 나타내준다는 측면에서는 '가지어'로 호칭하는 것도 부적절한 것은 아니다. 한편 전통적인 호칭이라는 측면에서 보면, '가제'가 더 고유 호칭이기도 하다.

그런데 현재 언론 및 독도 관련 연구서에서는 '가제'나 '바다사자'보다 '강치'라는 호칭을 더 많이 쓰고 있다. '가제'는 '강치'를 설명하기 위한 부수적인 명칭으로 쓰이는 정도다. 일본 측 문헌의 '아시카'를 설명해야 할 때 '가제'로 번역할 것인지도 문제이다. 그렇다고 같은 대상인데 일본 측 문헌에 대해서는 '강치'로 번역하고, 한국측 문헌에서는 '가제'로 칭하는 것도 이상하다. 해양 관련 기관 학자는 주로 '바다사자'로 칭한다. 국어사전은 시대를 반영하여 만들어지는데, 최근 발간된 국어사전은 대부분 '강치' 항목을 두고 있으며 설명도 자세하다. '바다사자' 항목은 따로 있다. '가제'는 "동의어 강치, 방언 가재"라고 하듯이, 짧은 설명으로 끝난다. '해려'도 "동의어 강치"라고 기술하는 정도다. 언어란 시대에 따라 변하며, 사전은 시대의 언어를 반영한다. 그러므로 언론이 '가지어'를 쓰도록

---

82) 동영상은 구미 지역의 일본인들이 '메치'에게 먹이를 주거나 바다에서 함께 헤엄친 일 등을 언급하고 있다. 학생들에게 들려준 오키 어민의 경험담은 80년 전, 즉 1930년대의 일이다. 그러나 1930년대에는 강치가 오키 지역에서 거의 서식하지 않았다. 강치는 습성상 인간의 냄새만 맡아도 멀리 도망가는 동물이다. 동영상은 구미 지역과 독도를 구분하지 않고 교묘하게 섞어 이야기를 엮어내어 영유권의 논리를 학생들에게 주입하고 있다.

계도한다고 해서 정착하는 것도 아니다. 최근에는 오히려 '가제'와 '해려'라는 호칭이 '강치'와 '바다사자'라는 호칭에 포섭되는 느낌을 받는다. 그렇다면 남는 호칭은 '강치'와 '바다사자'다. 둘 가운데 어느 것으로 정해야 할까? '강치'가 엄연한 역사적 명칭이라면, '바다사자'는 엄연한 학술상 명칭이다. 호칭을 정하는 문제가 어려운 것은 이런 점을 고려해야 하기 때문이다.

〈참고자료〉 문헌 속의 강치 표기 비교(학명 중심)[83]

| 구분 | 한국어 | 영명(英名) | 일명(日名) | 한자 | 학명 | 연도(출전) |
|------|--------|-----------|-----------|------|------|-----------|
| 물개 | | Sea-Bear | 옷토세이 | | Callotaria Ursina I | 1947(《서울신문》, 윤병익) |
| | 물개 | northern fur seal | 옷도세이(腦肭臍) | 海狗腽肭臍 | Callorhinus ursinus | 현재 |
| 바다사자 | | | 니혼아시카 (日本アシカ) | | Zalophus japonicus | 1866(Peters)[84] |
| | 바다사자 | | | | Zalophus californianus | 《독도사전》 |
| | 海驢, 海龍 | Steller's Sea-Lion[85] | 아시카(アシカ) | | Eumetopias jubata, Forster | 1936(무라타) |
| | 海驢, 海龍 | Steller's Sea-Lion | あじか | | Zalophus lobatus(Gray) | 1938(구로다) |
| | 海驢, 가제 | Southern Sea-lion | 아시카 | | Zilophus jabatus Gray | 1947(《서울신문》, 윤병익) |
| | | Northern Sea-Lion | 토도[86] | | Umetopias Jubata Schreber | 1947(《서울신문》, 윤병익) |
| | 강치 | | アシカ, 海驢 | | Zalophus lobatus Cray | 1957(《큰사전》) |
| | 가지어, 강치, 海驢 | | | | zalophus gillespii | 1998(신용하) |
| 큰바다사자 | 먹바다사자 | | | | Eumetopias Gillspii Macbin(Zalophus Californianus) | 1947(《서울신문》, 윤병익) |
| | | | 토도(トド) | | Eumetopias jubatus | 현재 |

83) 위의 표는 영명과 학명의 표기를 일람하기 좋게 정리한 것이다. 표에서 보듯이 영명과 학명이 시대마다 달라 바다사자와 큰바다사자를 구분하기가 어렵다. 일본에서 아시카와 미치, 토도가 함께 보인 것도 두 종을 구분하려 했던 정황을 보여준다.

84) 한상훈 박사가 제공한 자료에 따름.

85) 한상훈 박사는 이 종을 '큰바다사자'로 보았다.

86) 윤병익은 '바다사자'와 '먹바다사자'를 구분하고 있지만 그가 말한 바다사자는 '큰바다사자'의 일본명칭 '토도'와 같다.

# 참고문헌

## 1. 국내 자료

《各部請議書存案》(규장각)

《慶尙南北道來去案》(규장각)

《高宗實錄》《舊韓國外交關係附屬文書》제2권 海關案 2(고려대학교 아세아문제
    연구소 편)

《舊韓國外交文書》제4권, 日案 4(고려대학교 아세아문제연구소 편)

《舊韓國外交文書》제5권, 日案 5(고려대학교 아세아문제연구소 편)

《舊韓國外交關係附屬文書》제5권 外衙門日記

《舊韓國外交關係附屬文書》제7권 交涉局日記(고려대학교 아세아문제연구소 편)

《南溪集》(한국문집총간 수록)

《內部來去文》(규장각)

《內部來去案》(규장각)

《端宗實錄》

《東萊港報牒》(규장각)

《東史綱目》

《萬機要覽》

《邊例集要》

《星湖僿說》(이익, 국립중앙도서관)

《肅宗實錄》

《承政院日記》(신경준, 고려대학교도서관)

《旅菴全書》

《與猶堂全書》

《研經齋全集》(성해응, 고려대학교도서관)

《燃藜室記述》(이긍익, 고려대학교 도서관)

《鬱島記》(우용정, 고려대학교 아세아문제연구소)

428

《倭語類解》(1781~1782 경, 국립중앙도서관)

《仁川港關草》(규장각 소장)

《正祖實錄》

《駐韓日本公使館記錄》제13권(국사편찬위원회 소장)

《駐韓日本公使館記錄》제14권(국사편찬위원회 소장)

《增正交隣志》

《芝峯類說》(이수광, 1614, 국립중앙도서관)

《懲毖錄》

《昌原港報牒》(규장각 소장)

《捷解新語》(1721, 국립중앙도서관)

《靑莊館全書》

《太宗實錄》

《韓國水産行政及經濟》(한국정부재정고문본부 편, 1904)

《韓國水産誌》 1집

《海遊錄》(신유한, 1719 이후, 국립중앙도서관)

《漢城旬報》

《皇城新聞》

《海東諸國記》(신숙주, 1471, 국립중앙도서관)

《海行摠載》


《국어대사전》(강남형 편, 영창서관, 1954)

《우리말 사전》(문세영, 삼성문화사, 1957)

《표준국어사전》(신기철·신용철, 을유문화사, 1958)

《국어대사전》(이희승, 민중서관, 1961)

《표준국어대사전》(국어국문학회 편, 학문사, 1971)

《한국어대사전》(한국어사전편찬회 편, 현문사, 1976)


《경향신문》

《공업신문》

《독립신문》

《동아일보》

《대구시보》
《매일경제》
《서울신문》


2. 일본 자료

《磯竹嶋覺書》
《島根縣統計書》(島根縣)
《島根縣農商統計表》(1890～1903, 島根縣)
《多氣甚麼雜誌》
《東涯隨筆》(《日本儒林叢書》第⊠卷, 1978)
《鮮滿動物通鑑》(村田懋麿, 1936)
《山陰新聞》(1902년 5월 14일)
《水路雜誌》(1883)
《大日本水産會報》(大日本水産會)
《〈秘〉竹島》(島根縣)
《涉外關係綴(竹島關係綴)》(1953, 島根縣)
《日本水路誌》(水路部 編, 1920)
《日本地誌提要》(1873～1879)
《朝鮮通交大紀》
《朝鮮海通漁組合聯合會報》
《鳥取藩史》(島根縣)
《竹島考》(1828)
《竹島考證》(1881)
《竹島關係資料集 第2集》(島根縣 소장 행정문서 1)
《竹島關係綴》(1953)
《竹島及鬱陵島》(1907)
《竹嶋紀事》(1726)
《竹島圖說》
《竹嶋貸下海驢漁業書類》

《竹島渡海一件記》
《竹島一件書類》
《竹嶋之書附》
《竹島雜誌》
《草盧雜談》(滝本誠一 編,《日本經濟叢書》卷7, 1917:《日本經濟大典》第12卷, 1967)
《通商彙纂》
《通航一覽》
《韓海通漁指針》
《県税取扱規程》(国安久助 編, 1891)
《県治要領》
《現行地方制度提要》(川又岩吉, 1892)
《黒龍》(黒龍會 편)


일본 외무성 기록 3.8.2.4.《朝鮮國蔚陵島へ犯禁渡航ノ日本人ヲ引戻之儀ニ付
     伺》(외교사료관 소장, 아시아역사자료센터 미공개)
일본 외무성 기록 3.5.3.2.《欝陵島に於ける伐木關係雜件》(외교사료관 소장,
     코드번호 B11091460000)
일본 외무성 기록 6.1.6.10.〈韓國鬱陵島事情〉《부산영사관 보고서 2》(외교사료관 소
     장, 아시아역사자료센터 미공개,《通商彙纂》10책 제234호에 동일 내용 게재)

## 3. 중국 자료

《圖書編》(欽定四庫全書)
《登壇必究》(四庫禁毀書叢刊, 北京出版社, 2000)
《武備志》(茅元儀, 全240卷, 四庫禁毀書叢刊, 北京出版社, 2000)
《北史》(欽定四庫全書)
《隋書》(欽定四庫全書
《兩朝平攘錄》(續修四庫全書 434, 上海古籍出版社, 1995)
《日本考略》(薛俊,《百部叢書集成》, 藝文印書館)
《日本風土記》(侯継高, 東京: 珍書同好会, 1915)

《鄭開陽雜著》
《籌海圖編》(欽定四庫全書)


4. 저서

경상북도 사료연구회 번역, 《竹島考》(상·하), 경상북도 사료연구회, 2010.

권오엽·권정 번역, 《나이토 세이추우의 독도논리》, 지식과 교양, 2011.

김강일·윤유숙, 《울릉도·독도 일본사료집 Ⅱ -竹島記下書· 上-》, 동북아
　　역사재단, 2013

김병렬, 《독도-독도자료총람》, 다다미디어, 1998.

김선희, 《다무라 세이자브로의 〈시마네현 다케시마의 신연구〉 번역 및 해제》,
　　한국해양수산개발원, 2010.

김수희, 《근대 일본어민의 한국진출과 어업경영》, 경인문화사, 2010.

김학준, 《독도연구》, 동북아역사재단, 2010.

김현수·박성욱, 《독도영유권과 실효적 지배에 관한 연구》, 한국해양수산개발원, 2007

대한공론사, 《독도》, 1965.

박병섭, 《안용복 사건에 대한 검증》, 한국해양수산개발원, 2006.

_____, 《한말 울릉도 독도 어업》, 한국해양수산개발원, 2009.

송병기, 《독도 영유권 자료선》, 한림대학교 출판부, 2004.

_____, 《울릉도와 독도 그 역사적 검증》, 역사공간, 2010.

송휘영 편역, 《일본 향토사료 속의 독도》, 신인, 2014.

신용하, 《독도 영유권 자료의 탐구 1권》, 독도연구보전협회, 1998.

_____, 《한국의 독도 영유권 연구사》, 독도연구보전협회, 2003.

_____, 《독도 영유권 자료의 탐구 4권》, 독도연구보전협회, 2001.

외무부 정무국 편, 《獨島問題槪論》, 1955.

외교통상부, 《독도문제개론》, 2012

유미림·조은희, 《개화기 울릉도·독도 관련사료 연구》, 한국해양수산개발원, 2008.

유미림, 《우리 사료 속의 독도와 울릉도》, 지식산업사, 2013.

_____, 《1877년 태정관 지령에 관한 연구》, 한국해양수산개발원, 2014.

이종학, 《한일어업관계조사자료》, 사운연구소, 2000.

432

이혜은 · 이형근, 《만은 이규원의 〈울릉도 검찰일기〉》, 한국해양수산개발원, 2006.

이훈, 《외교문서로 본 조선과 일본의 의사소통》, 경인문화사, 2011.

정영미 역, 《독도자료집 2-〈竹島考證〉》, 동북아의평화를위한바른역사정립기획단, 2006.

정영미, 《일본의 독도 인식에 관한 연구》, 서울시립대학교 국사학과 대학원 박사학위논문, 2013.

정태만, 《태정관 지령이 밝혀주는 독도의 진실》, 조선뉴스프레스, 2102.

정태만, 《17세기 이후 독도에 대한 한국 및 주변국의 인식과 그 변화》, 단국대학교 사학과 대학원 박사학위논문, 2014.

한국 근대사자료연구협의회, 《독도 연구》, 1985.

한국정신문화연구원, 《독도연구》, 1996.

_____, 《한국민족문화대백과사전》(1988-1991)

한국해양수산개발원, 《2006년 독도연구센터 자료수집 보고서》, 2006.

_____, 《독도사전》, 한국해양수산개발원, 2011.

한철호, 《明治時期 日本의 獨島政策과 인식에 대한 연구 쟁점과 향후 전망》, 한국해양수산개발원, 2006.

허지은, 《근세 쓰시마 조선어통사의 정보수집과 유통》, 서강대학교 사학과 대학원 박사학위논문, 2008. 8.

현대송 편, 《한국과 일본의 역사인식》, 나남, 2009

홍순칠, 《이 땅이 뉘 땅인데》, 혜안, 1997.

內藤正中, 《竹島(鬱陵島)をめぐる日朝関係史》, 多賀出版, 2000.

內藤正中 · 金柄烈, 《(史的檢證) 竹島 · 獨島》, 東京 : 岩波書店, 2007.

羽原又吉, 《日本近代漁業經濟史》, 岩波書店, 1952.

竹島問題研究會, 《竹島問題100問100答》, ワック出版, 2014.

竹內誠 · 深井雅海, 《日本近世人名辭典》, 吉川弘文館, 2005.

池內敏, 《大君外交と〈武威〉 : 近世日本の國際秩序と朝鮮觀》, 名古屋大學出版會, 2006.

池內敏, 《竹島問題とは何か》, 名古屋大學出版會, 2012.

川上健三, 《竹島の歷史地理學的研究》, 古今書院, 1966.

下條正男, 《竹島は日韓どちらのものか》, 文春新書, 2004.

## 5. 논문

김수희, 〈나카이 요사부로(中井養三郎)와 독도어업〉, 《인문연구》 58호, 영남 대학교 인문과학연구소, 2010.

김호동, 《《죽도고증》의 사료 왜곡〉, 《일본문화학보》 40집, 한국일본문화학회, 2009. 2.

_____, 〈메이지시대 일본의 울릉도 독도 정책〉, 《일본문화학보》 46집, 한국일 본문화학회, 2010.

_____, 〈"明治 10년 太政官 指令−竹島外一島件에 대하여 本邦과 관계없다− 를 둘러싼 제문제(杉原隆)"의 비판〉, 《독도연구》 12호, 영남대학교 독도연 구소, 2012. 6.

_____, 〈"鬱島郡節目"을 통해 본 1902년대의 울릉도 사회상〉, 《장서각》 30, 한국학중앙연구원, 2013.

박병섭, 〈日本의 獨島 領有權 主張에 대한 觀点〉, 김병우 외, 《한일 양국의 관 점에서 본 울릉도 독도》, 지성人, 2012.

_____, 〈2000년 이후 독도 관련 일본학계의 역사학 연구〉, 《일본문화연구》 49 집, 동아시아일본학회, 2014.

박성준, 〈1901~1910년 해세 징수체계의 변화〉, 《역사문화연구》 31, 한국외국 어대학교 역사문화연구소, 2008.

손과지, 〈중국문헌으로 본 일본의 '죽도(竹島)' 주장〉, 《동양학》 제56집, 단국 대학교 동양학연구원, 2014. 5.

송휘영, 《한일 양국 정부의 독도 홍보사이트의 비교검토》, 영남대학교 독도연 구소 춘계학술대회 발표자료집, 2015. 2.

신용하, 〈조선왕조의 독도 영유와 일본 제국주의의 독도침략: 독도 영유에 대 한 실증적 일연구〉, 《한국독립운동사연구》 3집, 독립기념관 한국독립운동 사연구소, 1989.

요네타니 히토시(米谷均), 《《全浙兵制考》〈近報倭警〉에서 본 日本情報〉, 《한 일관계사연구》 제20집, 한일관계사학회, 2004.

유미림, 〈대한제국 칙령 제41호 '석도=독도'설 연구현황〉, 한국해양수산개발 원(비공개), 2013.

윤유숙, 《《천보잡기》 소수 울릉도 관련 사료〉, 《영토해양연구》 1, 동북아역사
　　재단, 2011.9.

이상규, 〈17세기 전반의 朝日關係 전개와 倭學譯官 제도의 변화〉, 《조선시대
　　사학보》 62, 조선시대사학회, 2012, 2

정승혜, 〈한글 簡札을 통해 본 近世 譯官의 對日外交에 대하여〉, 《대동한문학》
　　37집, 대동한문학회, 2012,

정영미, 《《죽도고증》의 〈마쓰시마 개척원〉과 아마기함의 울릉도 조사: 메이지
　　시대 새로운 마쓰시마=독도 창출 일(一)과정〉, 《한일관계사연구》 43집,
　　경인문화사, 2012.

차혜원, 〈중국인의 '南倭' 체험과 임진전쟁(1592−1598)〉, 《歷史學報》 제221
　　집, 역사학회, 2014.

한철호, 〈독도 · 울릉도 '가지'(강치)에 대한 인식의 변화와 그 의미〉, 《한국사
　　학보》 제49호, 고려사학회, 2012.

호리 가즈오(堀和生), 〈1905년 일본의 다케시마(竹島) 영토편입〉, 《한국과 일
　　본의 역사인식》, 나남, 2008.

호사카 유지, 〈'다케시마문제연구회'의 '다케시마문제에 관한 조사연구 최종보
　　고서'의 문제점−태정관 지령문에 대한 시모조 마사오의 견해를 중심으로〉,
　　《일본문화연구》 25집, 동아시아일본학회, 2008.

홍성근, 〈라포르트의 울릉도 조사보고서와 1899년 울릉도현황〉, 《영토해양연
　　구》 6, 동북아역사재단, 2013.

현대송, 〈일본 고지도로 본 일본의 독도인식〉, 《지해해양학술상 논문수상집》,
　　한국해양수산개발원, 2010.


杉原隆, 〈淺井村士族 大屋兼助外一名の松島開拓願について〉, 《鄕土石見》 83
　　號, 2010.

朴炳涉, 〈竹島＝獨島漁業の歷史と誤解(1)〉, 《北東アジア文化硏究》 第33號, 鳥
　　取縣短期大學, 2011.

舩杉力修, 〈繪圖 · 地圖からみる竹島(II)〉, 《竹島問題に關する調査硏究 最終報
　　告書》, 竹島問題硏究会, 2007.

兒島俊平, 〈隱岐漁民의 竹島(鬱陵島)行〉, 《鄕土石見》 21號, 1988.2.

井上貴央 · 佐藤仁志, 〈隱岐島のアシカ獵〉, 《隱岐の文化財》, 22號, 1991.

井上貴央,〈日本海竹島のニホンアシカ 2 捕獲頭数の変遷〉,《海洋と生物》96, vol. 17 no. 1, 生物研究研究社, 1995.

竹内猛,〈'竹島外一島'の解釋をめぐる問題について〉,《鄕土石見》87號, 2011.

池內敏,〈竹島考ノート〉,《江戸の思想》9, 東京：ぺりかん社, 1998.

塚本孝,〈竹島領有權問題の經緯〉,《調査と月報》(ISSUE BRIEF) 244, 國立國會圖書館, 1994. 11.

_____,〈日本の領域確定における近代國際法の適用事例─先占法理と竹島の領土編入を中心に〉,《東アジア近代史》3, ゆまに書房, 2000.

_____,〈獨島領有權をめぐる日韓兩國政府の見解〉,《レファレンス》617, 2002. 6.

_____,〈'竹島領有權紛爭'が問う日本の姿勢〉,《中央公論》, 2004. 10.

_____,〈竹島領有權問題の經緯(第3版)〉,《調査と情報─ISSUE BRIEF》No. 701, 2011. 2.

_____,〈韓國の保護・併合と日韓の領土認識〉,《東アジア近代史シ》第14號, 東アジア近代史學會, 2011. 3.

## 6. 기타

한국 외교부 독도 홈페이지(dokdo.mofa.go.kr/kor)

일본 외무성 홈페이지(www.mofa.go.jp/region/asia−paci/takeshima/index.html)

일본 수상관저 홈페이지(www.kantei.go.jp/jp/headline/takeshima.html)

일본 내각관방 홈페이지(www.cas.go.jp/jp/ryodo/ryodo/takeshima.html)

# 출전

# 부록

회도-1

〈磯竹島略圖〉:《공문록》, 국립공문서관

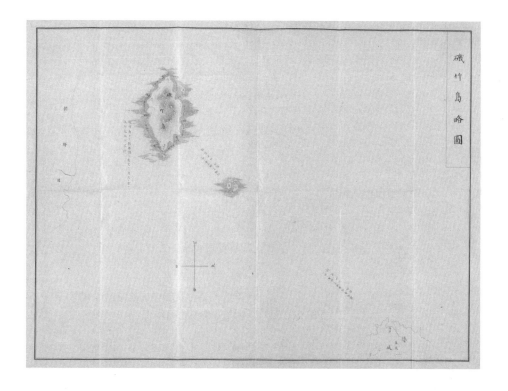

회도-2

〈고타니 이헤가 제출한 다케시마회도(小谷伊兵衛より差出候竹嶋之繪圖)〉(1696)

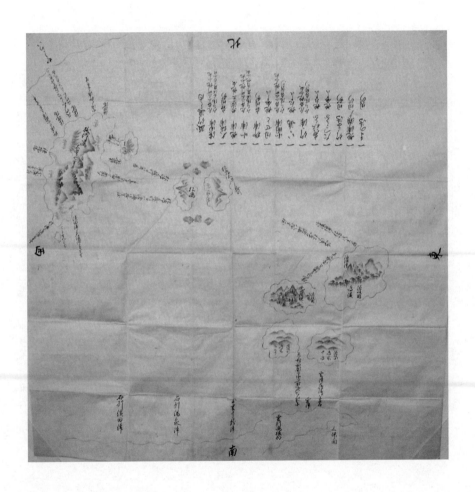

회도-3

〈고타니 이헤가 제출한 다케시마회도를 필사한 회도(小谷伊兵衛二所持被成候
竹嶋之繪圖之寫)〉(1724)

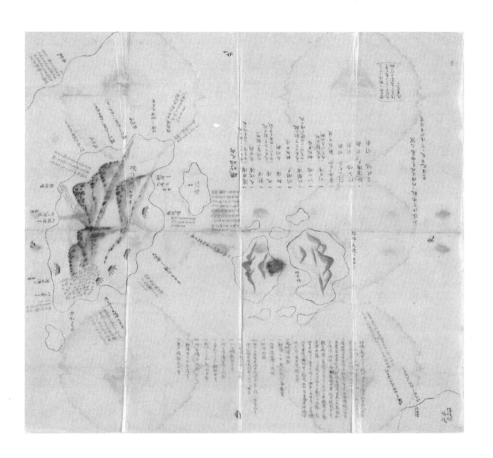

회도-4

〈竹島渡海一件記〉에 첨부된 회도 〈竹嶋方角圖〉(1836) : 도쿄대학 부속도서관 소장

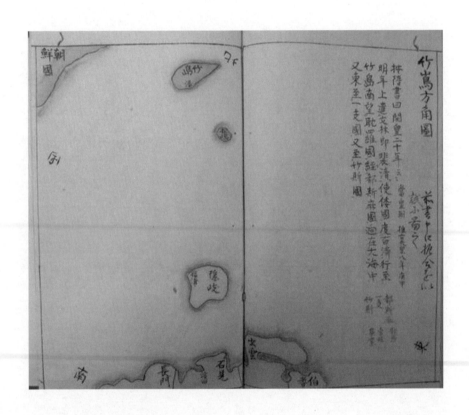

# 찾아보기

444

446